（第6版）

新闻心理学概论

邵华泽题

刘京林 / 著

中国传媒大学出版社
·北京·

图书在版编目(CIP)数据

新闻心理学概论 / 刘京林著. --6 版. --北京:中国传媒大学出版社,2019.10（2025.1 重印）
新闻传播专业“十三五”规划教材
ISBN 978-7-5657-2580-7

Ⅰ.①新… Ⅱ.①刘… Ⅲ.新闻心理学—高等学校—教材 Ⅳ.①G210

中国版本图书馆 CIP 数据核字(2019)第 207773 号

新闻心理学概论(第 6 版)
XINWEN XINLIXUE GAILUN(DI-LIU BAN)

著　　者	刘京林		
策划编辑	阳金洲		
责任编辑	阳金洲　赵　欣　张　笛		
封面设计	拓美设计		
责任印制	李志鹏		
出版发行	中国传媒大学出版社		
社　　址	北京市朝阳区定福庄东街 1 号	**邮　　编**	100024
电　　话	86-10-65450528　65450532	**传　　真**	65779405
网　　址	http://cucp.cuc.edu.cn		
经　　销	全国新华书店		
印　　刷	北京中科印刷有限公司		
开　　本	787mm×1092mm　1/16		
印　　张	17.5		
字　　数	430 千字		
版　　次	2019 年 10 月第 6 版		
印　　次	2025 年 1 月第 6 次印刷		
书　　号	ISBN 978-7-5657-2580-7/G·2580	**定　　价**	49.80 元

本社法律顾问：北京嘉润律师事务所　郭建平

第 6 版修订说明

《新闻心理学概论》第 6 版在保留第 5 版整体框架的基础上做了一些补充和修改。补充内容有：介绍了第九届、十届、十一届新闻与传播心理研讨会的具体情况，并在数字资源里增加了我们所能搜集到的从 20 世纪 80 年代到 2018 年国内出版的有关新闻心理学和传播心理学方面的著作，其中一部分是由石慧敏整理的。这种补充可以使我国新闻与传播心理研究的历史发展轨迹更加清晰和完整，发展状况更加准确和翔实。修改部分在保留比较经典事例的基础上，增加了反映新媒体时代的受者心理特点和规律的案例。本书以新换旧的事例，主要是由中国传媒大学传播学专业传播心理方向的博士生李玲查寻的。

本书对后三届新闻与传播心理研讨会具体情况的介绍，主要参考了由中国传媒大学新闻学院陈锐副教授以及传播心理方向 2016 级研究生董玮、邓培颖、陈梓鑫、韩娟、马珍珍、徐晓晓所提供的资料。在此对参与本书补充和修改工作的师生及出版社的编辑表示衷心的感谢！

刘京林

2019 年 7 月于红庙

第5版修订说明

从2007年《新闻心理学概论》第4版问世至今已七年有余。随着传媒技术的发展,尤其是互联网的崛起,传播者对于新媒介的认知和使用,以及受众对于媒介信息的感知和接受,都发生了巨大的变化。这些变化使这本书无论是理论的建构还是实践的应用都显得有些滞后。第5版的修订力求在这两个方面都有一点突破。

第5版《新闻心理学概论》更新了很多实例,删去了新闻管理篇,同时根据传媒业的发展增加了两章:"新闻评论受众心理的影响"(由四川师范大学新闻与传播学院讲师车玥撰写)和"网民心理"(由中北大学新闻传播学院副教授石慧敏撰写),还增加了"建构论""灾难中的新闻采访心理""新闻写作中的辩证思维""准社会交往"等内容。

鉴于当前我国新闻与传播类院校(系)还没有普遍开设心理学方面的课程,为了帮助新闻与传播专业的本科生和传媒从业者以及对这门学科感兴趣的人,在学习新闻心理学时更容易理解其中所运用的心理学理论和心理学知识,本书仍以"解释水平"为主,即主要运用普通心理学和社会心理学的基本理论和基础知识,直接阐释新闻传受者的心理和行为。可以说,这是一本新闻心理学的基础教材。

在修改过程中,我院在读传播心理方向的硕士研究生洪欣宜、李宁、穆一婧为本书例证的修改做了许多工作。特别是编辑阳金洲老师为本书的再次修订对我进行了多次非常诚恳的劝说,令我十分感动。在此,对阳老师,对参与本书修订的师生及出版社的同志表示衷心的感谢!

刘京林

2014年5月于红庙

目 录

序 一 / 1
序 二 / 1
前 言 / 1

第一章 绪 论 / 1
第一节 新闻心理学的对象 / 1
第二节 新闻心理学的任务 / 3
第三节 新闻心理学的研究方法 / 5

第二章 我国新闻心理学研究概览 / 9
第一节 我国新闻心理学研究的历史 / 9
第二节 我国新闻与传播心理研究的状况及其发展趋势 / 13

第三章 新闻心理学理论 / 21
第一节 马克思主义的反映论是新闻心理学重要的理论基础 / 21
第二节 西方大众传播学理论和社会心理学理论对新闻心理的阐释 / 25

新闻传者心理编

第四章 新闻工作者的心理素质 / 34
第一节 新闻工作者心理素质的构成 / 34
第二节 新闻工作者的非智力因素 / 36
第三节 新闻敏感的心理机制 / 45
第四节 对记者向性的测量和思考 / 50

第五章　新闻采访心理　/ 57
第一节　新闻采访心理的内容和特点　/ 57
第二节　新闻采访的社会认知模式　/ 58
第三节　新闻采访的社会认知过程　/ 64
第四节　记者和采访对象的印象管理　/ 68
第五节　采访情境　/ 75
第六节　灾难报道中的采访心理　/ 79

第六章　新闻写作心理　/ 89
第一节　新闻写作心理的内涵　/ 89
第二节　新闻写作的心理状态　/ 91
第三节　新闻写作中的思维形式　/ 94
第四节　新闻写作中的辩证思维　/ 103

第七章　新闻编辑心理　/ 108
第一节　制约新闻编辑心理产生的因素　/ 108
第二节　编辑的胆识　/ 109
第三节　编辑的向性　/ 114
第四节　编辑与记者、受众之间的心理互动　/ 116
第五节　不同媒体新闻编辑心理的差异　/ 118
第六节　网络新闻编辑心理　/ 119

第八章　播音员和主持人心理　/ 125
第一节　移情　/ 126
第二节　应变　/ 130
第三节　魅力　/ 133

新闻受众心理编

第九章　新闻受众心理概述　/ 144
第一节　新闻受众心理的内涵和本质　/ 144
第二节　新闻受众心理的特点和功能　/ 146
第三节　媒介差异和受众心理　/ 153
第四节　受众的注意　/ 160
第五节　新闻受众的需要、动机和兴趣　/ 165
第六节　新闻受众的群体心理　/ 170

第十章 受众的态度 / 183
第一节 受众态度概述 / 183
第二节 影响受众态度改变的因素 / 186

第十一章 新闻评论对受众心理的影响 / 203
第一节 新闻评论的定义、特点和重要性 / 203
第二节 新闻评论对受众心理的具体影响 / 209

第十二章 网民心理 / 228
第一节 网民的心理特征 / 229
第二节 网民的新闻心理特征 / 231
第三节 网络谣言的接受和破解心理 / 240

附 录 心理测验 / 247
一、气质类型的测量和鉴定 / 247
二、内外向人格调查表 / 249
三、卡特尔十六种人格因素测验(AB合并本) / 251
四、意志品质自测简易量表 / 261

参考书目 / 263

序 一

孙昌龄

新闻心理学在我国是一门新兴的学科，可以说，它正处于刚刚起步成长的阶段，它的理论体系和学科构架还在探讨之中，远没形成一门具有自己体系的独立学科。在1991年9月出版的国内最具心理学权威性的《中国大百科全书·心理学》中找不到"新闻心理学"这一条目，这一佐证表明，新闻心理学在我国心理学界还没有引起足够的关注，我国心理学工作者还鲜有人涉猎这一学科领域。但我相信，随着我国现代化社会、新闻宣传事业的迅猛发展，人与人之间关系的日益密切，信息交流、影响的愈加频繁以及新闻学与心理学这两门学科的阔步发展，新闻心理学必将很快踏上一个新的发展台阶。

新闻心理学既是新闻学的一门边缘学科，也是心理学的一个分支，它本应是心理学与新闻学的有机联系与结合，无奈当前我国的一些新闻工作者和心理学工作者由于对待新闻心理学的立场、观点可能有分歧，因而侧重点不同，前者往往从新闻学的角度出发，而后者则一般着眼于心理学。造成这一缺憾的主因恐非导源于"仁者见仁、智者见智"，而是缺少在新闻学与心理学双方面的理论与实践功底都坚实丰富、游刃有余的研究工作者。近几年来相继出版了一些题名为《新闻心理学》《新闻与心理》《心理学与新闻》之类的书籍，作者绝大部分都是新闻工作者，他们掌握了一些心理学知识，对新闻实践作了经验性总结，可是从科学心理学的视野来深入探讨新闻心理学的书籍却甚为罕见。我个人认为新闻心理学应该是运用心理学有关的基本理论、观点与方法、技术，研究在人类的新闻活动中人与客观事实之间、人与新闻本身之间以及人与人之间的互动关系实态；同时研究新闻传播者(包括记者、编辑、播音员、节目主持人、新闻发布人、新闻从业人员等)和新闻受众(包括个体和群体的读者、听众、观众等)双方面在诸如采集、写作、编排和传播新闻等全过程中的心理活动和行为表现规律。由此可见，心理学在新闻心理学中占据着何等重要的位置。

本书作者刘京林同志多年来在北京广播学院新闻系从事心理学的教学与研究工作，她也是北京市社会心理学会理事，热忱于社会心理学的科学研究与普及宣传工作。她根据在教学与研究领域耕耘的收获写成此书，这部书稿经过慎重的修改与补充，今日得以和广大读者见面，我为她辛勤劳动的成果终于付梓而庆幸，也钦佩她勇于攀登，克服艰难，为我国新闻心理学事业的开拓作出有益贡献。

本书分"新闻传者编"、"新闻受众编"和"新闻管理心理编"三大部分。第一编较详尽地论述了新闻工作者的心理素质、新闻采访心理、新闻写作心理、新闻编辑心理、播音员和节目主持人心理，这些均属有的放矢之作。第二编除了分析新闻受众的心理内涵和实质、特点和功能、需要和兴趣以及媒介差异和受众心理的关系等问题之外，还着重论述了受众态度是怎样形成与改变的。对受众态度问题的探讨在新闻与宣传工作中至关紧要，因为新闻宣传的最终目的就是通过有目的、有计划的新闻信息的传播去影响、导向受众态度的形成与改变，进而唤起、激发受众产生符合传播者意图的行为活动。因此，对受众态度形成与改变问题的讨论，从理论上或从实际上看都是十分重要的。第三编“新闻管理心理”，作者曾有割爱之念，但考虑到教学需要仍保留下来。我个人肤浅体会，如今正值大力倡导与发展市场经济之际，教育或将成为一种特殊类型的“产业”，是产业就得经营、管理，因而经营管理之道不可荒废。本书第三编侧重从心理学理论方面论述对新闻工作者的个体与群体的思想工作管理，比如，强调在思想工作管理中要重视不同的心理素质以及如何鉴别个体差异，怎样针对个体差异进行思想工作管理，怎样根据不同的需要与激励作用进行思想工作管理等，都很有针对性并具有现实指导意义。“对个体差异鉴别的手段”，介绍了流行于许多国家的测试正常成人的智力因素与非智力因素的几个主要心理测验方法，特别是介绍了外国新闻界设计的“记者自我考核表”，对于广大新闻工作者测查他人和自我测查都会有益处。统观全书，本书所提出的较系统化的理论观点和富有实用性的应对策略方法，会对新闻理论研究者和实际工作者有所启迪。

本书收录了作者一些有关新闻心理学的研究成果。比如，书中的第四章第四节“对记者向性的测量和思考”的基本内容，就是根据作者刊登在1992年第3期的《中国广播电视学刊》上的同名文章写成的。这篇文章发表后曾博得一些新闻界人士的好评，《中国广播电视学刊》副主编罗弘道高级编辑赞誉此文：“第一，题目选得很好，选了一个很有研究价值而过去很少有人研究的题目。……起了开拓研究领域的作用，是一个贡献。第二，……采用实证科学方法，对提出的问题，通过心理测量和计算机处理，得出明确的结论，具有相当的科学水平和很强的说服力……。第三，……不仅具有理论价值，尤为难得的是对实际工作有现实指导意义。第四，……表述清楚，逻辑性强。”罗弘道同志这四点肯定意见，在本书中程度不同地有所体现，为本书增辉添色。此外，全书还尽力以辩证唯物主义为指导思想，以马克思主义反映论为理论基础，同时又在立足于我国新闻实践的基础上，注意吸收西方大众传播理论和社会心理学理论对新闻心理的阐述，这些也是本书的特色，应予以肯定。

末了，我还想就作者在本书“前言”中的一段话，谈谈自己的一些想法。作者写道：“怎样才能使新闻学和心理学的结合不是捏合、‘缝合’、凑合，而是有机的融合、‘化合’，进而构成新闻心理学自己的独立体系。就目前条件看，要想做到这一点有如‘想要喝干海水’般的艰难。”前一个句号里的这段话，正是我想寄希望于作者刘京林同志的，因为对她说来，只有从心理学的理论修养和新闻工作的实践方面去不断地充实自己、提高自己，并联合同仁，协力攻关，方能期望越来越接近“构成新闻心理学自己的独立体系”的境界，而为了早日达到这一理想目标，没有大无畏地为科学献身的精神是很难办到的。我愿把我国唐代著名文学家与哲学家刘禹锡的名句“千淘万漉虽辛苦，吹尽黄沙始到金”赠给刘京林同志共勉。

1993年2月28日

于中央教育科学研究所

序　二

艾　丰

《新闻心理学概论》一书，是北京广播学院刘京林老师苦心钻研多年，以讲义的形式写成的一本学术专著。新闻心理学是近年来新闻界和新闻学研究者们颇为关注的一门新的学科。据我所知，已经有几本这方面的著作问世了。而刘京林老师的这本书，把人们在这个领域的耕耘或开拓，又向前推进了一步。这无疑是值得肯定和赞许的事情。

我是一个新闻工作者，没有认真研究过心理学，甚至可以说，在这方面，连认真地、系统地学习也谈不上。刘京林老师在她构思这部著作的过程中，曾经找过我。我当时的体会是，她之所以找我探讨问题，一方面是因为我写过一些新闻学的著作，另一方面，可以说是更主要的方面，是她把我当成了一个记者，工作过多年的新闻工作者，简言之，是把我当成她的新闻心理学的一个研究典型来对待的。对后一点，我也是很乐意配合的。我记得，她交给了我一个相当复杂的问卷，我填好以后交给了她。过了些日子，她根据我的答卷，对我的心理特点作了一番描述。我觉得她作的描述还是符合我的实际的。因此，更增加了我对新闻心理学研究的兴趣，并希望她把这一工作坚持下去。

我很佩服她的执着精神。从第一次她"解剖"我以后，过了大约三年的时间，再次见到我的时候，就拿出了这部著作。正像她自己所说的，这是一个很艰苦、很复杂甚至是很浩瀚的研究领域。但不管怎样她总是理出了自己的头绪。

我觉得此书至少有如下特点值得肯定：一、占有大量的材料；二、形成了一个自己的完整的体系；三、使新闻心理学更多地具有了心理学的色彩；四、在若干问题上有自己的新见解；五、有一些观点很有实践的价值。

北京广播学院是培养新闻人才的地方，如何招收新生，用什么样的标准来招收学生，就是一个很实际的问题。过去对生员的心理素质的考察往往是不够的，甚至是被忽略的。应该承认，觉悟的概念、能力的概念、政治的概念、道德的概念，并不能代替心理素质的概念。同样觉悟和能力的人，同样政治水平和道德水平的人，由于心理素质的不同，更适于在什么岗位上是不同的。反过来说，新闻工作这个岗位，对从事这种工作的人的心理素质有一定的特殊的要求。虽然这个要求不是"铁"的，但总是有更适合和比较不适合之分的。不错，在本书中，也在有的章节中讲到，意志可以起作用，意志可以帮助新闻工作者克服自己性格和素质上的某些缺陷。但这总是要花气力的。顺水行舟和逆水行舟总是不同的。例如我这个人，在内在心理素质上就有脸皮薄的缺点（这一点许多人不相信，其实这往往只有自己知道得最清楚），为了克服它给我造成的障碍，我不知付出了多少努力。

重视新闻心理学，研究新闻心理学，运用新闻心理学，它的意义是多方面的。从选择生员开始，就把心理素质最适合的入选进来，教学就会相对容易些，人才也就会容易成长起来。参加工作以后，懂得新闻心理学，既可以有效地调整自己的心理，使之适合新闻工作，又可以明白整个过程的各方面人的心理，那么你的工作就会更有成效。从一个新闻工作者来说是如此，对整个的新闻工作来说，又何尝不是如此呢？

举一个我自己经历的很小的例子来说明这个问题：我刚刚参加工作的时候，看见同组的一位同志，每次写稿都是那样的认真，而且认真得“过分”。他总是把稿纸铺在那里，一杯茶、一盒烟，一写就是一个大夜班。每篇稿件写成了，他的人都要小了一圈。我看着他，就想，他的工作态度确实是值得我学习的。但是照他这样的写法，怎么受得了呢？我一辈子要干新闻工作，一辈子要写稿，一辈子就这样度过吗？真是有点不甘心。于是我决心采取另一种写作方法，不想好了我不写，要写的时候，就要一气呵成。这样我往往是越写越高兴，越写越来劲。慢慢地我就养成了这样的一种写作习惯，并且受益了多年。其实，这里面就包含着新闻写作心理的问题。

就新闻工作宏观指导方面说，新闻心理学也是有用的。例如有些领导同志，为了宣传某一问题，总是片面地希望多登点、登长点。他们总是认为说得多、说得长，总是比说得少、说得短好。如果我们明白受众心理，就会知道，其实未必总是如此。有的时候说得过多、过长，受众反而会产生逆反心理，这叫作“过犹不及”。

作为一个新闻工作者，而不是作为专业的研究者，学习新闻心理学，我认为应该多从实际出发，而不必更多地从概念到概念，更不必在概念上钻牛角尖。我甚至冒昧地认为，现今的心理学(不只是新闻心理学)之所以在应用方面不够理想，同这种学术味过浓有关，起码同缺少比较通俗的、可以运用的心理学论著，缺少深入浅出的心理学论著有关。

从本书的论述中受到启发，我认为，学习、研究和把握新闻心理学，需要明确这样的几条线索：

一、要确信心理问题是新闻工作或新闻活动中的一个基础性的问题。新闻工作是人做的，人在工作中都是有一定的心理过程的；新闻活动是社会活动，所谓社会活动不过是人与人发生交往的过程，因此也必然伴之以心理活动和心理交流活动。不注意心理问题，是很难做好新闻工作和开展好新闻活动的。

二、新闻心理，我认为可分为两大类：社会心理和业务心理(在这一点上，我同本书的作者在观点上有一点区别)。

所谓社会心理，我认为是新闻工作者和新闻受众作为社会的人所具有的心理。这种心理主要是随着社会情况的变化而变化的。比如说，在“文化大革命”之前，我国人民的顺向思维(或曰顺向心理)比较强，因此对于我们的宣传总是倾向于全部相信。而经过“文革”之后，由于受过错误路线的影响，人们有一种受了欺骗的感觉，于是在社会上，普遍增长了逆向思维(或曰逆向心理)，这时一些人对报纸上的宣传，往往倾向于怀疑和不信任。这种心理的内涵和变化的原因，都主要是社会上的，不是发生在新闻传播的内部和传播过程中。

所谓业务心理，主要是指在新闻传播的过程中发生的心理现象。如果说上述的心理问题是属于社会政治范畴的话，那么这一类心理主要是在业务过程中发生的，所以它是业务的范畴，因此也就是我们的新闻心理学主要应该研究的范围。我们说“记者心理”“编辑心理”“受众心理”“采访心理”“写作心理”，等等，都是从这个角度加以研究和概括的。这种心理是相对稳定的，在新闻媒介的总体情况不发生巨大变化的时候，这方面的心理过程和趋向往往是并不发生明显的改变的。例如受众的求新心理，他读报纸和听广播第一需求是找新闻，找新鲜东西。诸如此类的心理是不会经常发生变化的。

要做好新闻工作，只有把握这两方面的心理，并把它们结合起来，才会成功。

三、正像本书所说的，新闻心理又可以分为宏观心理和微观心理。宏观心理研究的对象是群体或整体，微观心理研究的是个体或局部。这两者是有联系又有区别的。因此，要全面把握新闻心理现象，必须从这两方面入手来加以研究。

与此相类似的还有共性与个性的区别和联系。例如，一般的受众是欢迎新闻媒介把不同的意见呈现在他的面前的，这就是“舆论不一律”的宣传效果的由来。但对不同的对象，这种要求又有所不同。对知识界来说，这种要求更强烈一些；对一般的没有文化的人来说，如果是众说纷纭，反而觉得莫衷一是，无所适从。

四、要正确理解心理素质和心理活动的关系。心理素质，是一个人在心理方面的品质。就一般讲，我们讲到心理素质的时候，是静态的，是没有顾及具体的活动的。而心理活动则是心理素质在一定条件下的具体心理上的动作。这种心理活动是要由心理素质决定的。但是在具体的心理活动中，又要受到多种因素的影响。简言之，心理素质是心理活动主体具备的心理活动的条件和可能性，而心理活动则是心理主体的心理素质在一定条件下的现实性。因此，把两者等同起来也是不对的。

心理活动其实又有两种不同的情况，一种是本人在独处时的心理状况，一种是在与人交往时的心理状况。独处的心理状况，更多地取决于自身的因素和独处时的条件，而与人交往时的心理状况，则还要看对方的情况。这时人们的心理状况往往成为一个彼此互激的心理过程。这种过程可能是正反馈的，也可能是负反馈的。

五、本书把心理素质分为智力因素和非智力因素。这可能是心理学上的划分。我不是反对这种划分，只是想从一个心理学的外行角度再做一点补充。

也许在承认这种划分的情况下，还应该加入这样的两种划分。一种是素质性的心理因素，一种是认识性的心理因素。所谓素质性的因素，就是本人已经养成了的东西，是多年的一种“积淀”。所谓认识性的因素，更多的是指本人通过对外界事物的认识而形成的心理因素。比如有的人先天的性格就是内向的，不好言语，这就是一种积淀式的东西，一下子是难以改变的。另一情况则不然，如有的人通过一种学习，认识到了某些事物的本质，那么他的心理活动则有可能由喜欢这种东西转变成讨厌这种东西，或由喜欢某种表达方式变成讨厌某种表达方式。

从此延伸，心理过程还可能划分为自发的心理过程和自觉的心理过程。自发的心理过程多半是素质性的心理活动,而自觉的心理过程多半是认识性的心理活动。当然,两者又是可以互相转化和互相渗透的。许多次的自觉过程,有可能转化为自发的过程。有的心理过程则是自发和自觉的混合物。

……

还可以说出一些体会来。如果那样,我这篇“序言”就成了长篇大论的论文了。所以还是就此打住。不过我说这些话的意思,还是希望我们在学习和研究新闻心理学的时候,更多地做一些理清思路的工作。这在一门新的学科成长的时候,更显得重要。我的这些具体说法中,可能有一些令人发笑的外行话,那也许并不重要,我以后努力学习就是了。但是从根本上理清思路的问题,却是值得重视的。

总之,我祝贺刘京林老师的这本著作的出版,并借此机会,发表一点不成熟的感想,供有兴趣的同志参考。

1993年3月15日

于人民日报社

前 言

《新闻心理学概论》是我在北京广播学院新闻系多年从事心理学教学的讲义和发表过的新闻心理学论文的基础上写成的。

本书是运用心理学理论于新闻实践领域里的一种尝试。本书以在新闻活动中的传、受双方——新闻传播者和新闻受众为经线，以心理学的基本理论和知识为纬线，力图找出二者之间的交叉点、相关处；寻找在新闻传播中的传、受双方心理活动的特点和规律，借以构筑新闻心理学的框架结构。有人说："单是一个结构，即大厦的构造，就可以耗尽作者的全部智力活动。"这句话道出了我在构思这本教材整体结构时的艰辛，究其原因，主要有以下三个方面：

第一，虽然新闻心理学的母体学科新闻学和心理学都已成为独立的学科，但是作为它们的边缘学科——新闻心理学在我国才刚刚起步，因而目前它欲以一门独立的学科体系自立于世，条件尚不成熟。研究者往往难以摆脱已有的思维定势，有意或无意地将新闻心理学导入新闻学或心理学原有的学科体系里，使之难以独成体系。

第二，基于上述原因，目前在国内已出版的新闻心理学专著（包括本书），还不能从理论的高度完全概括出新闻传播者和新闻受众心理活动的全部特点和规律。因为这是一个相当复杂、相当烦琐的问题。可以说人类共有的心理现象在新闻传播者和新闻受众身上都有体现。以知觉（包括社会知觉）的选择性为例，无论是记者、编辑、播音员、主持人，还是读者、听众、观众，面对多种刺激都会进行主动的选择并各具特色。倘若我们以新闻传播者和新闻受众为横坐标，而以人的所有的心理活动为纵坐标，则可以排列组合出上百种，甚至上千、上万种心理现象，这还没有包括认识主体的个体和群体的心理差异以及因环境的影响而造成的认识活动主体心理上的变化。可以想象，这样一个庞大的错综复杂的心理活动体系，没有较成熟的理论指导是很难纲举目张的。

第三，新闻活动的传、受双方的心理活动属于内隐的精神世界，目前这枝被恩格斯誉为"地球上最美丽的花朵"还缺少加以准确测量和研究的方法。

虽然可以借助认识主体(例如记者)的言行或作品进行间接的认识和分析,但是“正如全归纳不可能一样,科学程序也无法搜集到这个系统中发生的全部事件……即使能够做到这一点,也不能证明这个系统的环境因素对它的运行所起的作用”。因而经常凭借认识主体的反省、自我报告或对其作品的分析,去做经验性的推理、演绎,其可信度就得打折扣。

总之,怎样才能使新闻学和心理学的结合不是捏合、“缝合”、凑合,而是有机的融合、“化合”,进而构成新闻心理学自己的独立体系,就目前条件看,要想做到这一点,犹如想要喝干海水般的艰难。

可喜的是,已有勇敢者在这块处女地耕耘了。这些同志大多是新闻工作者,他们撰写的《新闻心理学》可以称之为新闻工作者的新闻心理学。特点是书里有大量新闻工作者的来自丰富的新闻实践的切身感受,读起来令人感到亲切,有较强的实用性。从学科性质上看,这类新闻心理学可以列入新闻学的一个分支。而本书则是由心理学工作者著述的,可以称之为心理学工作者的新闻心理学,归入心理学的分支。从本书主要是运用了心理学的理论、观点、方法于新闻活动之中的传、受双方的心理活动及其规律的角度看,本书又可归入应用心理学的范围。

本书欲在建立新闻心理学的体系上进行探索,试图从宏观上、理论上把握这门学科的整体框架而有意忽略细枝末节,故取名为《新闻心理学概论》。

本书力图融普通心理学、社会心理学、认知心理学、管理心理学的有关理论和知识与新闻学于一体,尽量涵盖报刊、广播、电视的新闻工作者和读者、听众、观众共同的心理活动的规律以及各自的特点,并注意吸取国内外一些研究成果,力求科学性、理论性和实用性相结合。每章后附有思考题,全书后附有参考书目和四个心理测验。本书可以作为大专院校新闻系基础课教材,也可以供新闻工作者或心理学工作者及爱好者阅读、参考。

北京大学沈德灿教授曾对本书大纲,北京广播学院播音系张颂教授曾对本书第八章进行了认真的审阅,并给予了具体的指导和帮助;本书编写中还曾得到北京师范大学心理系郭德俊副教授、程正方副教授以及北京广播学院赵玉明教授、曹璐教授、王振业教授的热情鼓励和大力支持。特别是北京广播学院电视系郭镇之博士对全书初稿认真审阅后提出了许多宝贵的意见。还要提到的是我的同事余小梅老师在该教材大纲的酝酿以及该教材里有关记者个性特征的调查研究中,曾做过大量工作。

承蒙北京市社会心理学会副理事长、中央教科所研究员孙昌龄和人民日报经济部主任、高级记者艾丰为本书作序,人民日报社社长邵华泽为本书题写书名,不胜荣幸,在此对他们表示诚挚的感谢。

由于新闻心理学是一门新兴的学科,其理论体系、学科构架还不够成熟,所以,这本书难免捉襟见肘,挂一漏万,甚至出现谬误,恳请同行、读者不吝赐教。

刘京林
1993年2月

第一章 绪 论

新闻心理学属于新闻学和心理学相互交叉和渗透的边缘科学。它是研究新闻传播者和新闻受众(亦称在新闻活动中的传、受双方或新闻活动认识主体)的心理现象及其规律的科学。本章主要简述三个问题:新闻心理学的对象、任务和研究方法。

第一节 新闻心理学的对象

任何一门学科都有自己独特的研究领域。新闻心理学是探讨新闻活动认识主体在新闻活动中心理现象的产生和发展规律的科学;是探讨新闻活动认识主体在新闻媒介沟通和人际沟通并驾齐驱的环境里,在心理上相互影响、相互制约的特点和规律的科学;是探讨新闻活动认识主体心理活动的生理和心理机制的科学。

一、新闻活动认识主体的内涵

新闻活动认识主体包括新闻的制作者、传播者即新闻传者和采访对象以及新闻的接收者即新闻受众。

新闻传者,对传统媒体而言,在我国一般称之为新闻工作者,主要指记者、编辑、播音员和节目主持人及制作、传播新闻的其他工作人员。在新媒体时代,新闻传播者的外延扩大了许多,还可以增加新闻评论员、新闻发言人和能够起到发布新闻信息作用的官博、政府的微博、微信以及网络名人和目击新闻事件并随即传播新闻的个体。采访对象指记者在采访活动中索取情况和意见的对象或主动以各种方式向记者提供情况和意见的人。新闻受众按新闻媒介分类有:报刊读者、广播听众、电视观众、网民。新闻传者和新闻受众是新闻传播活动中的一对主要矛盾,二者相互依存、相互影响。有人认为:网络新闻传播,传者和受众的角色有些模糊,因为受众也可以随时通过网络发布新闻。但是从中国的现实情况看,重大的新闻还是由专业新闻工作者采制和发布的。从在新闻活动中的地位和作用看,前者为后者服务,同时也负有指导后者的任务。新闻受众是新闻活动的起点和归宿,因而,要想更好地为受众服务,传者必须重视对受众心理的研究。从这个意义上可以说,研究受众心理是新闻心理学的一个中心课题。

新闻传者和受众都有个体和群体之分。从实际意义上看,新闻传者和受众主要指群体。如传者通常指某个新闻机构,比如新华社、人民日报社、中央广播电视总台(中央人民广播电台、中央电视台、中国国际广播电台)和省市县各级新闻单位。从新闻业务上看,日常所说的"记者""编辑""播音员"一般也是群体概念,而不是指某位同志,不过,新闻节目的主持人虽然也代表某个群体,但其个性特征是很明显的。同理,"受众"这个概念也是一个群体概念。广义讲,新闻受众就是广大群众,狭义讲,可以按不同的特征来划分。比如按年龄可以分为少年读者、中老年听众;按职业可以分为农民观众、大学生读者,等等。

研究新闻活动中传、受双方的心理,既应从个体心理的方面分析人们在采制、传播、接收新闻时最一般的认知规律,又应重视群体共同的心理活动的规律和特点。比如舆论、气氛、从众、模仿、暗示等群体心理对于受众接收某类新闻时会直接起到推动或阻碍的作用。

二、研究新闻传播活动中的心理现象

央视一位记者曾讲过:"新闻就是关注人。"所谓关注人,无非就是关注人的心理和行为。所以研究新闻传播活动中人的心理现象和行为表现(二者一个内隐,一个外显)应当成为新闻心理学的最重要的任务。新闻传播是大众传播的组成部分,新闻传播活动只是围绕着在人类信息活动中有关新闻信息的制作、传播、接收时的那部分活动。新闻活动,在传者有:采访、写作、编排、制作、播出等;在受众有:读报、听广播、看电视、上网以及对新闻的监督和反馈等。传者与受众的互动推动了新闻事业的发展。

新闻活动中的认识主体生活在媒介沟通和人际沟通并驾齐驱的环境里。受众在接收新闻信息的同时,其心理状态和心理活动往往会受到他人的影响。比如对某新闻持何种态度,周围人的评论就是重要的参照因素。所以探讨受众心理不应把新闻活动与人际互动截然分开。

新闻心理是新闻活动认识主体对新闻现象和新闻活动的主观映象。如记者对新近(或同时)发生的(或变动的)事实的反映,采访对象对记者采访的反映,编辑对记者提供的新闻稿件的反映,受众(读者、观众、听众、网民)对经由传播工具(报刊、电视、广播、网络、手机)所传播的新闻的反映。这种种反映的内容都来自客观世界,但因有个体差异,所以不同的人对同一新闻的认知往往带有主观色彩。这种主观认识的积淀,又会对受众认识和理解后继的新闻事件起到积极的建构作用。

研究新闻心理现象时,要注意区分在不同的新闻活动中不同的认识主体的心理现象。比方说,记者的写(制)作心理,是指记者在从事新闻写作活动时其头脑中所产生的心理活动,像感知、记忆、思维、想象等的特点和规律。而不能简单地用求真、求新、求快心理去代替,而这几种心理严格讲更偏重于受众心理。

因新闻活动中的认识主体和新闻活动范围的区别,有人把新闻心理细分为:采访心理、写(制)作心理、编辑心理、读者心理、网民心理等,进而又把新闻心理学相应地划分为几个子学科,即采访心理学、新闻写(制)作心理学、读者心理学、网络新闻心理学等。本书不可能包容这若干子学科的全部内容,只能择其要而论之。

三、从心理学视角看新闻现象

各种新闻现象都有其存在和发展的理论基础和历史沿革。从心理学的角度去寻找它们的存在及其发展的心理依据，是深化新闻学研究的一条途径。比如：新闻工作者的非智力因素对其智力活动的影响和制约，新闻领导者的心理特征，新闻记者的向性特征，记者和采访对象之间的互动规律以及网民心理等问题都可以从普通心理学和社会心理学中找到令人信服的心理学根据。再如：现场短新闻、视觉新闻，新闻的真、新、快、短、活等特点，以及不同的新闻媒介，特别是新媒体对受众心理品质的导向等也都能够在心理学理论里得到令人耳目一新的解答。

总之，研究受众心理，特别是摸清受众在接收新闻时所发生的心理活动的特点、规律及生理机制，可以使新闻宣传更有针对性。这进一步说明，研究受众心理是新闻心理学的一个极为重要的内容。

第二节 新闻心理学的任务

新闻心理学既是一门理论学科，又是一门实践性很强的应用学科。新闻心理学的基本任务有三点：一是从理论上探讨在新闻活动中人们的心理活动的特点和规律，正确阐述、理解，准确地预测和有效地调控新闻工作者、采访对象及新闻受众的心理活动；二是探索运用新闻心理学理论指导新闻实践活动的行之有效的方法和途径，从而提高新闻宣传的社会效益，推动新闻改革，使新闻工作更好地承担党和国家喉舌的重任，更好地为社会主义、为人民服务；三是新闻心理学的发展可以推动新闻学和心理学自身的深入发展。

一、新闻心理学的理论任务

作为新闻战线的一项战略性任务——提高新闻队伍的素质，不仅表现在提高这支队伍的政治思想和业务水平上，还应当表现在提高这支队伍的心理素质上。因为从广义上讲，人的精神世界就是人的心理活动的总合；从狭义上讲，政治思想与人的心理现象之间是相互交织、密不可分的关系。

政治思想是指认识的内容，而心理活动则是指认识的过程。人只有通过认识过程才能获得认识内容。比如，新闻工作者的马克思主义理论修养、革命的人生观、崇高的职业感、正确的新闻观等都属于政治思想范畴，而这些观念的获得必须以人自身的心理活动为中介。新闻工作者只有凭借眼、耳、鼻、舌、身等感受器官，亲身感知、体验人民群众的实践活动；只有凭借思维活动对什么是邓小平建设有中国特色社会主义理论、什么是习近平新时代中国特色社会主义思想等问题进行分析、综合、比较、抽象、概括之后，方能获得正确的认识。可以说离开了人的心理活动，人就无法认识客观世界，无法形成正确的认识，当然也就谈不上提高政治思想觉悟。从这个意义上可以说，提高新闻工作者的心理素质是提高他们的政治思想素质的一个重要前提。

再者,由社会主义国家新闻事业的本质属性所规定,人民群众是新闻宣传的对象,又是新闻事业的主人。所以,新闻心理学不仅要从理论上探讨新闻传者和受众各自心理活动的特点和规律,还要注意研究受众在接受新闻宣传时的心理活动的过程、特点以及生理和心理的机制,从而使新闻宣传既能入(受众)耳、入目,又能入脑、入心,使党的路线、方针、政策能真正深入到亿万人民群众的心里,并转化为巨大的物质力量。

二、新闻心理学的实践任务

新闻心理学是一门应用心理学,根本任务在于将其理论成果应用于新闻活动中去,从而提高新闻活动的效率和新闻宣传的效果。

对新闻传者和受众的心理现象及其规律不仅要从理论上加以认识,还应采取有效的办法和途径去实现理论的构想。例如,提高新闻工作者的心理素质的前提就是科学地认识他们现有的心理水平,提高一般新闻工作者的心理水平首先应提高领导干部和各级管理者的心理素质。对于这两个方面,可以采用一般的调查研究的途径去了解,还可以使用心理测量的方法对人们的心理水平给予数量化的考量,质的描述与量的研究相结合使其更趋科学化。

三、推动新闻学和心理学自身的发展

新闻心理学是新闻学和心理学的交叉学科。它脱胎于二者,又独立于二者。虽然新闻心理学的形成和发展建立在新闻学和心理学的基础上,但它一旦自成体系,就会对母体学科的发展产生积极的作用。

新闻心理学对新闻学的影响主要体现在其对新闻理论、新闻现象进行心理学的解释,寻其心理依据,达到知其然又知其所以然的目的。比如,社会主义新闻理论强调新闻工作者的党性原则,而新闻心理学则探讨立场、世界观、动机、需要等非智力因素对新闻工作者行为的定向作用;再者,对于新闻报道必须"坚持正面宣传为主的方针"这一观点进行心理学的思考,则是探讨正面宣传对受众的社会化及态度的形成或改变起到什么样的影响。总之,新闻心理学着重从心理学角度分析、解释新闻传者和新闻受众在制作、传播和接收新闻时的心理活动的特点和规律。这有助于拓宽、加深新闻学的研究范围和深度,丰富和发展马克思主义新闻学。同样,新闻心理学的产生和发展也会促进心理学的发展,丰富应用心理学的内容。

心理学包括许多分支学科,社会心理学是与新闻学联系最密切的学科之一,因而社会心理学是新闻心理学的母体学科的主要组成部分。社会心理学是研究在一定的社会条件下,个体与群体相互作用规律的学科。新闻活动为社会心理学的研究提供了一个特定的社会生活条件。在这种生活环境中充满了新闻工作者的群体(或个体)与受众群体(或个体)以及各群体内的个体与个体之间的相互作用。研究在新闻活动中人们相互关系的特点和规律,需借助社会心理学的理论与方法。可见,新闻心理学的产生和发展为社会心理学的蓬勃发展注入了新的力量。社会心理学面向社会的范围越广泛,就越有其存在的价值,就越有生命力。反之,社会心理学如果失去了对社会现象的指导作用就会成为无源之水,无本之木,就有可能自生自灭。

第三节 新闻心理学的研究方法

新闻心理学的研究方法包括方法论和具体研究方法。方法论又分为一般方法论和专门方法论。一般方法论是指一般的哲学观点,即研究问题总的指导思想;专门方法论是一般哲学原则在特殊研究对象中的应用。

方法论问题是任何一门学科的根本问题之一。正确的方法论原则在一门学科的研究中能否得到体现和验证,是该学科是否成熟的重要标志。

我国新闻心理学研究的一般方法论原则是辩证唯物主义和历史唯物主义。

研究新闻心理学的专门方法论原则主要有客观性原则、整体性原则、发展性原则和扬弃原则。

一、新闻心理学的专门方法论原则

(一)客观性原则

坚持客观性原则是指在新闻心理学的研究中坚持实事求是的原则。新闻活动认识主体在新闻活动中产生的心理活动是客观存在的事实,是认识主体与一定的客观条件相结合的产物。研究新闻心理现象应严格贯彻客观性原则,切忌主观臆想。譬如,记者的业务能力的高低主要看其采访和写作能力,尤其是其新闻作品的质量和社会影响的大小;采访对象对采访所持的态度是否真诚,关键在于他是否提供了事实的真相;某新闻单位的新闻宣传效果如何,要由受众去"打分",去检验。

(二)整体性原则

整体性原则又称系统性原则,是指把新闻活动中的传、受双方的各种心理活动视为一个整体结构进行研究,揭示新闻心理发展的总体规律。整体性研究的优点是全方位、多角度。这种方法把传者和传者以及传者和受众、受众与受众之间的心理互动都视为本学科的研究对象。同时,把心理活动本身又视为不同水平的自动调节系统,注重在主客体相互联系中进行分析。

新闻心理学是一门相当复杂的学科。这不仅因为它的研究牵涉到两门学科,还主要在于人的心理现象本身的极端复杂性。有科学家指出,人的心理现象是宇宙间最复杂的现象之一,它是一个多维度、多水平、多层次的极其复杂的开放系统。但是无论人的心理现象有多么复杂,它在任何活动中的表现都是一个统一的整体。如读报这样的活动,不仅靠知觉、思维、想象等心理活动,而且情感、意志、性格、气质等都会同时起作用,只不过有的外显,有的内隐罢了。

再比如,受众之所以凭借不同的感觉通道去接收媒介信息,是因媒介差异造成的。

因而探讨广播声音之于听众，报刊文字之于读者，电视图像和声音之于观众，网络的文字、图像和声音之于网民，便成了研究者撰文著书的一个课题。然而，从人的心理活动的整体性原则看，不论起初媒介刺激了哪种感觉器官，当媒介信息传入大脑后，都要汇集于大脑皮层的联合区上进行整合。也就是说，媒介符号群虽然不同，但是它们通过人的心理、生理的系统整合后所产生的总的心理效应，即受众对新闻信息总的认识是大体相似的。

(三)发展性原则

人的心理活动不是静态的，而是处于不断发展变化之中，即使是比较稳定的个性心理特征，在长期的各种因素的影响下也会或多或少地有所改变。如随着时代的变迁，受众的需要、兴趣、审美观、价值观、求知欲和心理承受力等都会有不同程度的变化，有时甚至有天壤之别。“新闻是对人的变化着的关系的报道”①，“变化着的关系”包括变化着的心理，这也是新闻心理学研究的课题。

(四)扬弃原则

有中国特色的新闻学、心理学都处于不断完善和持续发展之中。在我国，目前这两门学科的整体框架还是舶来品，在此基础上建立的新闻心理学的研究方法肯定需要借鉴大量国外的研究成果。由于国情不同，人的心理特点的差异，所以在借鉴时必须采取扬弃的态度：取其精华，去其糟粕，为我所用。

二、新闻心理学具体的研究方法

新闻心理学具体的研究方法②主要有定性的、定量的(实证的)、质的和以问题为中心的研究方法。

(一)新闻心理学的定性研究

定性研究主要基于形而上学的思辨传统，基本上没有系统收集和分析原始资料的要求，具有较多的随意性、习惯性和自发性，发挥的主要是一种议论和舆论的功能。目前我国已出版的新闻心理学著作及有关新闻心理学的论文，大多采用的是定性的研究方法。

(二)新闻心理学的定量(实证)研究

所谓定量研究指“依靠对事物可以量化的部分及其相关关系进行测量、计算和分析，以达到对事物‘本质’的一定把握”③。(包括实验法、调查法、内容分析等方法)

---

① 哈瑞斯，雷特，约翰逊. 全能记者必备：新闻采访·写作·编辑的基本原则[M]. 宋晓男，等译. 北京：中国新闻出版社，1988：46.

② 刘京林. 新闻心理学原理[M]. 北京：中国广播电视出版社，2004：26-35.

③ 陈向明. 质的研究方法与社会科学研究[M]. 北京：教育科学出版社，2000：作者前言.

1. 实验法

实验法指“按照研究目的，有计划地严格控制或创设条件以主动引起或改变被试的心理活动，从而进行分析研究的客观方法”①。比如前些年喻国明教授领导的中国人民大学舆论研究所传播心理实验工作室，对传播效果所做的一系列研究，探索受众在接受信息刺激时所产生的生理、心理反应，像《读者阅读中文报纸版面的视觉轨迹及其规律》《意识阈限下信息刺激的传播效果研究——基于ERP的实验研究》等。

2. 调查法

调查法指“通过向被调查人的口头或书面提问，收集有关的心理活动的资料，进而探讨心理活动发展变化规律的方法”②。如对新闻从业人员心理倦怠状况的调查，对网络民意以及微信红包传播中的用户心理进行调查和分析等。

3. 内容分析

内容分析指对传播所显示出来的内容进行一种客观的、系统的、量化的研究方法。③如对新闻报道进行内容分析，分析某类新闻出现的频数、时长及其在新闻总量中的比例等。

（三）新闻心理学质的研究

质的研究方法指“以研究者来作为研究工具，在自然情境下采用多种资料收集方法对社会现象进行整体性研究，使用归纳方法分析资料和形成理论，通过与研究对象互动及其行为和意义建构获得解释性理解的一种活动”④。

1. 访谈和焦点团体访谈

前者如对某位节目主持人进行访谈，然后对其话语、语意、语境等进行分析，从而判断这位主持人驾驭语言的能力或其语言风格；后者如通过对一群人的访谈了解不同层次的网民在接受手机新闻时的心理和行为表现。

2. 观察法

观察法指有目的、有计划地观察被试在一定条件下言行的变化，并作出详尽的记录，然后进行分析处理，从而判断其心理活动的一种方法。如有研究者就卡塔尔半岛电视台人员的工作情况做实地观察和研究。

3. 实物分析法

实物分析法是质的研究中另一种收集资料的方法。这种方法类似“个案法”，即对个体最直接、最简单的一种心理研究法。如有研究者对央视《新闻周刊》的主持人白岩松进

---

① 朱智贤.心理学大词典[M].北京：北京师范大学出版社，1989：606.

② 车文博.心理咨询大百科全书[M].杭州：浙江科学技术出版社，2001：110.

③ 肖明，丁迈.精确新闻学[M].北京：中国广播电视出版社，2002：112.

④ 陈向明.质的研究方法与社会科学研究[M].北京：教育科学出版社，2000：12.

行个案分析。通过对白岩松的个人传记和随笔散文等方面进行研究,分析他的个性特征及其与他主持的节目风格之间的内在联系。

(四)以问题为中心的研究方法

以问题为中心的研究方法指的是根据具体的研究目的、研究内容采取相应的研究方法,甚至对同一问题的不同侧面也可以采用不同的研究方法。例如对“电视新闻质量评价系统的研究”,可以采用问卷调查法、实验法和对新闻评论进行评议分析等方法。

本章复习要点在第20页。

复习题

1. 新闻心理学的研究对象是什么?
2. 为什么说“提高新闻工作者的心理素质是提高他们政治思想素质的一个重要前提”?
3. 你怎样理解新闻心理学的专门方法论原则?
4. 在新闻心理学的研究中你采用过何种研究方法?你对“以问题为中心的研究方法”有何认识?

第二章　我国新闻心理学研究概览

第一节　我国新闻心理学研究的历史

我国对于新闻心理学较全面的、形成一定规模的研究虽然是在 20 世纪八九十年代，但是对新闻心理现象的研究却可以追溯到 20 世纪 20 年代。当时，我国新闻界的有识之士曾把新闻心理作为新闻学研究的一个重要内容，例如《循环日报》的主编王韬，便力主新闻应反映"人心之趋向"，并把报纸作为传者与受者互动的工具，指出"民隐得以上达"，"君惠得以下达"。《京报》创始人邵飘萍也提出新闻事业应"默察多数国民之心理与人群发达进步之潮流"。由于报纸的产生比广播、电视早得多，因而最初的研究是从报纸读者开始的。邵飘萍在其 1923 年出版的《实际应用新闻学》一书中就曾指出："所谓有价值的新闻，第一即在多数之人爱读而已。于此应研究多数人何以爱读？则必直接间接与多数人不无关系，而为彼等所皆欲知之事。""则外交记者于迎合多数读者心理之外，且负制造多数变换社会心理之能力与任务也。"①

1941 年，新闻学家任白涛在《综合新闻学》一书中专辟一个章节论及新闻专业与心理的关系。

新中国成立后 70 年，我国新闻心理学的发展大致可以分为四个阶段：萌芽、酝酿、初步形成和蓬勃发展。

一、萌芽阶段(1949 年至 1978 年)

新中国成立后到"文革"前，读者心理依然是新闻工作者研究的重点，有代表性的是复旦大学王中教授，他在 1956 年写的《新闻学原理大纲》中，把"不断寻求和发掘读者的需要与兴趣"视为现代报纸改进的方向。他的关于"应当不断解决办报人的主观意志与读报人的客观需要之间的矛盾"的论述揭示了探讨读者心理的意义。

"文革"十年，由于新闻心理学的母体学科之一——心理学被打成伪科学，所以同心理学的命运一样，我国对新闻心理学的研究在这一时期也几乎处于停滞状态。当科学的春天到来时，对新闻心理学的研究才得以恢复。

1978 年 2 月，新华社记者李耐因在该社举办的国内记者业务训练班上旗帜鲜明地提

---

① 松本君平，等. 新闻文存[M]. 余家宏，等译. 北京：中国新闻出版社，1987：450-451.

出在我国建立一门崭新的学科——新闻心理学的必要性。他呼吁:“当今世界上边缘科学特别发达,各门学科相互渗透,是科学发展的新趋势,如生物物理学、经济地理学、遗传工程学,等等,新闻学和心理学为什么不可以‘搭伴’? 何况已经有了教育心理学、体育心理学、医学心理学,新闻心理学自然也可以成为一门学科。”

1979年年底,当时在复旦大学新闻系任教的徐培汀,就我国新闻界在1978—1979年期间对于读者心理、采访心理等方面的研究进行了概括和总结之后,也明确提出在我国开展新闻心理学研究的观点。在这一阶段,新闻心理学虽然被作为一门学科提出来了,但具体研究内容还较少。

二、酝酿阶段(1979年至1986年6月)

1978年召开的党的十一届三中全会在中国开创了一个以改革开放为显著标志的崭新的历史时期。1979年心理学被彻底“平反”了,这就为新闻心理学的发展扫清了障碍。在20世纪80年代初期,率先向新闻心理学进军的是一些思想活跃、有开拓精神的中国社会科学院新闻研究所的学子们。他们曾以读者心理为中心,写出了一批较有分量的论文。如岳颂东的《报纸读者的心理研究》、邢平安的《论新闻效果及其心理内涵》、杨壮的《外国读者对中国报纸的兴趣》等。

从1978年到1986年,又有几十篇新闻心理学方面的论文问世。其中福建日报社《新闻研究》编辑的《新闻心理学刍议》汇集有41篇;被南京大学图书馆陈远焕收编到《中国心理学文献索引》中的有23篇。这当中有关受众心理的有16篇,除读者心理外,开始出现研究广播听众和电视观众心理的论文。像张陆游的《听众心理与广播稿写作》①、马国力的《从观众心理需求看电视新闻的改革》②,虽然篇数不多,但毕竟拓宽了新闻受众心理研究的范围。

除了研究受众心理之外,这个阶段还出现了研究采访心理、编辑心理和播音员心理的论文。1985年8月广西大学朱执中教授编写的《采访与采访心理学》里,虽然采访心理只占九节,但是把采访心理编进新闻教材中,这在国内可能是第一次。

尤其令人瞩目的是,这期间我国新闻界的某些颇有影响的领导同志曾就重视新闻工作者和新闻受众心理研究发表过专门的论述。

1982年,《新闻战线》第8期刊登了时任《经济日报》总编辑安岗的文章,题目是《研究读者是一门学问》。文中强调:“办好党报必须深知自己的读者,我们的敏感首先就要表现在这方面。人民和党心连心,这不是一句空话,而是生活的现实。我们就是要研究人民的心,掌握他们的脉搏。”对于读者来信,“我们要研究这些信是怎么写出来的,要做政治的分析和心理的分析”。

事隔两年,时任新华社副社长郭超人撰文阐述新闻工作者的政治素质与心理素质的关系,并指出在选拔新闻人才时不仅应重视其思想品质,也要了解其气质、性格是否适合当记者。这在当时,对于那些从事新闻心理学研究的同志在精神上给予了极大的鼓舞和

---

① 张陆游.听众心理与广播稿写作[J].北京广播学院学报,1981(4):17-19.

② 马国力.从观众心理需求看电视新闻的改革[J].北京广播学院学报,1982(2):32-38.

有力的支持。

1986 年 7 月，由上海复旦大学新闻学院的张骏德、刘海贵合著的第一本以《新闻心理学》命名的专著出版了。这标志着我国新闻心理学的发展已经从酝酿阶段进入初步形成一门独立的科学体系的新阶段。

三、初步形成阶段（1986 年 7 月至 1994 年 5 月）

这十年，我国的政治、经济发生了历史性的变化。党的中心工作的转移，社会主义市场经济体制的逐步建立，要求我们的新闻工作不仅应遵循新闻规律，而且还必须遵循市场经济规律。

在这个时期，我国的电子媒介（尤其是电视）得到迅猛发展。据统计，到 1993 年，我国广播和电视的覆盖率分别为 75.6％和 81.4％。广播电视作为最大众化的传播媒介，其接收者已达 8 亿之众。[①] 从媒介市场"供求"规律上看，在某种意义上可以说，能否抓住听众、观众（当然也包括读者），这不仅仅是一个坚持党性原则的问题，而且也是一个直接关乎新闻传媒自身的生存和发展的大问题。正是在这种背景下，使听众、观众感到真实、亲切的节目主持人和主持人节目蓬勃发展起来了。《东方时空》《一丹话题》《敞开你的心扉》《人生热线》等与普通百姓息息相关的视听节目纷至沓来。新闻工作者对听众、观众心理的探求兴趣也空前高涨。他们在理论和实践中从来没有像今天这样迫切地需要从"探索人类心灵世界"的心理学中汲取营养。

运用心理学理论于各个领域，进而产生了广告心理学、新闻心理学、文艺心理学、大众传播心理学等边缘学科，这绝不是个别现象，而是社会的物质文明和精神文明发展之必然。正如专家所言："在人类对较低级的物质运动形式有了相当的认识以后，自然要把探索人类心灵的秘密提到主要的日程上来。这是完全合乎逻辑的。"[②]因而，无论是从我国社会政治经济发展的大气候，还是从世界科学发展的总趋势上看，新闻心理学在我国已经到了呼之欲出的阶段。自 1986 年以来，围绕着新闻心理学的种种研究更是紧锣密鼓地展开了。

1986 年 10 月 23 日，首都新闻学会同中国人民大学新闻系联合举行"新闻学与相邻学科"学术讨论会。社会心理学被列入"相邻学科"之一。新闻学和心理学的专家学者坐到一起共同探讨这两门学科的内在联系。

从 1986 年 2 月到 1987 年 9 月，《新闻战线》展开了关于"新闻与想象"的讨论，先后刊登了十几篇文章。虽然组织者的初衷旨在从理论上进一步解决新闻真实性问题，但讨论所论及的有关思维和想象的论述，实际上已经涉及新闻心理学范畴。

1988 年华中理工大学举办首届全国新闻学新学科学术讨论会。据统计，这类新学科已达 30 余种，新闻心理学也在其中，此外还有新闻经济学、新闻哲学、新闻管理学等。孙旭培在《中国大陆传播研究的回顾与前瞻》一文中对新闻心理学的研究状况作了中肯的分析，他写道："自 1986 年以来已有著作 10 本左右。较早的两本是张骏德、刘海贵的《新

---

① 刘洪海. 论广播电视跨世纪发展战略的方针[J]. 中国广播电视学刊，1994(3)：9.

② 车文博. 心理学原理[M]. 哈尔滨：黑龙江人民出版社，1986：59.

闻心理学》和虞达文的《新闻读者心理学导论》。运用社会心理学、认知心理学等学科的原理,解释新闻传播领域中的心理问题,是这类著作的特点。但有些著作有生搬硬套的毛病,用新闻传播方面的实践材料进行论证的较少。"除了张骏德、刘海贵、虞达文外,还有一些新闻工作者和大学教师也写过有关新闻心理学的著作。如申凡、汪新源、徐培汀、刘京林等。

令人欣喜的是,在这一阶段,电视工作者和心理学工作者联手对电视观众的收视心理以及电视新闻、电视广告、电视专题节目评价指标等问题进行了调查研究,并发表了几篇质量较高的论文。

据不完全统计,在这8年里,仅新闻心理学的专著(含论文集)在我国就出版了14本,约400万字(截至1994年5月)。这些著作所涉及的新闻领域的广度和深度是前所未有的。

为了总结我国新闻心理学的研究成果,1994年5月,由北京广播学院(今中国传媒大学)牵头,召开了首届新闻心理学研讨会。这次研讨会是在建立社会主义市场经济,人们的社会心理发生巨大变化的大背景下召开的。在研讨会上,同志们提出了不少新的研究课题。事实证明,这次研讨会对我国新闻心理学的深入发展起到了积极的推动作用。

四、蓬勃发展阶段(1994年6月至今)

从1994年到2019年,在这20余年期间,新闻心理学的发展受到两股力量的冲击。其一是,20世纪80年代中期传播学从西方传入中国,在国内掀起了学习传播学的热潮。这股热潮也影响到新闻心理学的研究。1989年韩向前率先出版了《传播心理学》,在其后的十几年间陆续又有20余本传播心理学专著问世。90年代初,出现了新闻心理学和传播心理学并驾齐驱的局面。学界通常把这两门应用心理学简称为新闻与传播心理学。为了适应这种变化,2002年在张家界召开的第四届研讨会的名称,从前几届的"新闻心理学研讨会"改为"新闻与传播心理研讨会",而因为"传播心理专业委员会"①是中国社会心理学会下属的一个二级分会,所以应中国社会心理学会的要求,将该届会议的名称又改为"新闻与传播心理研讨会暨中国社会心理学会传播心理专业委员会第一届年会"。会议名称的这种表述延续至今。其二是随着改革开放全面、深入的推进,对人的尊严、人的心智、人的潜能的开发越来越受到人们的重视。特别是由于媒介技术的快速更新,新媒体对传统媒体形成了强烈的冲击。在媒介市场,无论是新媒体欲站稳脚跟,还是传统媒体想守住原有的阵地,都必须把研究人的心理(包括受众的接受心理和传者的应对心理)的特点和规律提到议事日程上来,这就给新闻与传播心理学的发展和应用带来了难得的机遇。在这几十年里,对新闻与传播心理学理论的探索,对新闻与传播心理学著作和教材的撰写,对新闻与传播心理学人才的培养,对新闻与传播心理学知识的普及,以及新闻与传播心理学研究机构的设立,与国际相关研究的接轨和全国性研讨会

---

① 因民政部要求专业委员会的名称只能是单一的,所以将"新闻与传播心理专业委员会"改为"传播心理专业委员会"。

的召开，都呈现出蒸蒸日上的局面。由于本章第二节“我国新闻与传播心理研究的状况及其发展趋势”中对此有较详细的介绍，故不在此赘言。

第二节　我国新闻与传播心理研究的状况及其发展趋势

本节主要从新闻与传播心理研究的内容、研究队伍的知识结构、研究方法以及相关的教学、科研、学科建构等方面对我国新闻传播心理研究的现状进行总结，并从单一向多元辐射，从随意性向规范化迈进，从前科学向科学性过渡这三个维度对新闻与传播心理研究的发展趋势进行梳理。

一、从单一向多元辐射

（一）研究内容和研究渠道从单一向多元扩展

所谓研究内容的“单一”主要指新闻心理方面的内容，“多元”指除新闻心理外，又向广告心理、影视心理及听众、观众、网民心理等传播心理方向延伸，从国内研究到翻译国外同类著作；所谓研究渠道的单一是指传统媒体，多元指网络和手机等新媒体的传播方式如博客、微博、微信等。

20 世纪 80 年代，主要是运用普通心理学理论分析新闻活动中人的心理现象和规律。研究者所关注的大多是采访心理、写作心理、编辑心理和报刊读者心理。到 90 年代，心理学理论和知识逐步渗透到新闻活动的方方面面，如新闻传播者已扩展到播音员和主持人心理、新闻工作者的角色定位、工作满意度、社会技能、心理健康、心理倦怠等方面。新闻受众则增加了广播听众心理、电视观众心理、网民心理。值得一提的是，在这个时期，陆续出现了有关新闻心理学理论和内容构建的论文，它们触及了新闻心理学学科建设的根本性问题。与此同时，传播心理学的内容也日渐增多，并进入初创阶段。这时的研究视角不再局限于普通心理学，已向社会心理学、管理心理学及现代心理学的五种流派（神经生物论、行为主义论、精神分析论、人本主义论、认知论）方向发展。到 21 世纪，对网民心理的研究陡然升温。在第一、二、三届新闻心理学研讨会上还没有一篇关于网民心理的文章，但在第四届研讨会（2002 年）就出现了 9 篇，占总篇数的 22%。21 世纪以来，网络和自媒体的研究成为热点。仅以 2004—2016 年为例，有关新闻与传播心理的文献中涉及网络以及新媒体的论文高达 59.5%，而且内容也更加丰富。比如从心理学角度研究“标题党”产生的动因及“标题焦虑”；研究微信朋友圈、网络剧中的心理因素等。

随着媒介技术日新月异的变化，相信今后新闻与传播心理研究内容向多种维度渗透的趋势会更加明显。对新闻心理、广告心理、影视心理、网民心理甚至手机用户心理的研究不仅会越来越深入，还会朝着多种媒体共存共荣、互动融合的方向推进。

（二）研究队伍的知识结构从单一学科向交叉学科转变

“研究队伍”有两层含义：一是指研究队伍中的个体，二是指研究队伍整体。“单一学科”在这里指“新闻学”或“传播学”或“心理学”之中的一种;“交叉学科”指新闻心理学或传播心理学。新闻与传播心理研究队伍比较理想的知识结构是,每一位成员都具有新闻学(或传播学)以及心理学(包括社会心理学或心理测量学等)之中的两种或两种以上的知识。这是由新闻心理学和传播心理学属于新闻学(传播学)与心理学的交叉学科的性质所决定的。但是,由于种种历史原因,我国新闻工作者大多缺少心理学的知识,直到今天还有一些新闻院校(系)没有开设心理学或新闻与传播心理学课程;同样,心理学工作者中懂新闻学和传播学的也不多。所以,这支队伍中个体的知识结构大多比较单一。不过,随着新闻与传播心理研究的深入开展,这支队伍整体的知识结构正在悄然发生变化,从较多比例单一专业向较多比例多种专业方向转变。20 世纪 80 平代,这支队伍几乎是清一色的新闻工作者,到 90 年代,有一些心理学教师和研究人员介入其中。如参与第一、二、三届新闻心理学研讨会的高校教师共有 45 人,其中以讲授新闻学和传播学为主的共 35 人,占总数的 78%,而讲授心理学、社会心理学、社会学的老师只有 10 人,占总数的 22%。到 2002 年第四届研讨会,参会者中的高校教师共有 36 人,其中讲授心理学、社会心理学、心理测量学的教师达到 15 人,占总数的 44%,是前三届的两倍。2005 年第五届研讨会又增加了研究哲学、统计学的教师。据对 2014—2016 年国内有关新闻与传播心理文献的梳理,可以看出自第六届研讨会之后,论文作者的学科背景更加广泛。广告、电视、网络等属于传播学的研究者越来越多。

这支研究队伍整体知识结构从单一向交叉学科的转变,虽然有利于吸纳不同学科的研究者,但同时也带来了队伍的不稳定性。以前四届参会者为例,参与这四届研讨会的共有 118 人,其中参加过两届的有 16 人,约占总数的 13%;而参加过三届者才 11 人,仅占总数的 8%。出现这种情况有多种原因:多数研究者有自己主要的专业,之所以参与新闻与传播心理的研究,有的出于社会责任感(适应新闻改革的需要),有的出于学科建设的需要(学校要求开设这类课程),还有的则出于个人的兴趣。当这种“时代性”“阶段性”“个体性”时过境迁时,有的人对新闻与传播心理研究的迫切性和热情可能会降低,因而,这支研究队伍的不稳定性就难以避免。从不稳定性向稳定性过渡的根本途径是培养更多的具有交叉学科知识的人才。当这类研究者的人数大量增加时,这支研究队伍才能变得比较稳定和有力。

(三)研究方法从定性研究向定性与定量(实证)研究相结合的方向发展

据不完全统计,20 世纪 80 年代,在我国出版的有关新闻心理学的书共 9 本,几乎没有一本涉及定量研究,这是由于当时对新闻心理学进行开拓性研究的一批老新闻工作者的学科背景比较单一(大多是新闻学)而造成的。而新闻学的研究方法是“以逻辑为主,以某个理论为依据,推导很多理论,属于直观式研究”①。因此,当时非常缺少实证研究的客观条件和知识经验。

新闻心理学和传播心理学作为交叉学科,需要综合新闻学、传播学以及心理学的定

---

① 张骏德. 试论中国传播学与新闻学的关系[G]//张国良,黄芝晓. 中国传播学:反思与前瞻——首届中国传播学论坛文集. 上海:复旦大学出版社,2002:8.

性和定量的研究方法。20 世纪 90 年代这类研究方法逐渐增多。以北京广播学院出版的两本论文集《新闻心理学论文集》《传播·媒介与心理》为例，这两本书共搜集了 52 篇论文，其中属于定性与定量研究相结合的论文有 13 篇，占总数的 25%。这应当是今后此类研究的发展方向。

坚持定性与定量相结合研究方法的前提是研究者具备实证研究的基础知识，然而从我国新闻与传播研究者的实际情况看，真正懂得实证研究的人并不多。随着这支队伍中心理学、传播学、社会学研究者人数的增加，这种状况有所扭转。分析 2014 年召开的第九届新闻与传播心理研讨会发言的论文可以发现，在研究方法上，采用实证研究的数量明显增多，质量也有了较大的提高。比如在问卷调查中，能够充分考虑抽样技术、样本量大小、样本代表性、数据适用性等。调查方式涵盖了传统的纸笔调查和新兴的网络、手机客户端调查等；内容编码既包括人工编码，也包括基于自然语言处理的机器自动编码。另外，不管是问卷调查还是内容分析，对数据的统计分析和结果表述也更加严谨，更符合学术规范。①

二、从随意性向规范化迈进

所谓随意性，是指对新闻与传播心理学的教学和科研更多的属于个体或个别院校的行为；所谓规范性，是指将新闻与传播心理学的教学和科研纳入国家有关部门的计划之列，并有相应的人力、物力和法规保障其实施，且研究者有自己正式的或非正式的组织或团体，能正常开展活动。

(一)新闻与传播心理学教学和科研已逐步走上正轨

1. 新闻心理学教学已正式纳入我国高等教育学科分类的序列之中

由国家技术监督局 1992 年 11 月 1 日公布的“学科分类与代码(中华人民共和国国家标准)”中将“新闻学与传播学”列为一级学科(学科代码 860)，其下有新闻理论、新闻史、新闻业务等七个二级学科，新闻心理学(学科代码 8601045)属于新闻理论(86010)这个二级学科下面的一个三级学科。

随着学科发展的需要，1995 年新闻心理学被正式列入全国高等教育自学考试新闻专业考试的一个科目，同时有一些高校也开始着手开设新闻心理学课程。据 2004 年由中国传媒大学传播心理研究所对全国 138 所新闻学院、校(系)的调查，当时已有 42 所高校开设了有关新闻心理学或传播心理学的课程。其中有 23 所讲授新闻心理学；有 24 所讲授传播心理学，包括广告心理学、影视心理学(其中有 5 所学校同时开设新闻心理学和传播心理学)。这说明新闻心理学和传播心理学已正式列入部分新闻学院、校(系)的教学计划里。对比 1994 年、1996 年、1999 年有关高校开设新闻与传播心理学课程的数量(依次为:4 所、14 所、19 所)，2004 年分别是这几年的 11.8 倍、3.4 倍和 2.5 倍。

---

① 陈锐.新闻与传播心理研究的多元视野——第九届新闻与传播心理研讨会暨中国社会心理学会传播心理专业委员会第六届年会会议综述[J].现代传播，2014(12):140-141.

2010年，中国传媒大学传播心理研究所又对国内412所设有新闻传播学院(系)的高校进行调查，发现其中有184所开设了有关新闻与传播心理方面的课程，约占总数的45%。

2. 有的高校已经招收新闻心理学和传播心理学的硕士生和博士生

为了培养新闻心理学和传播心理学的高级人才，有的高校如中国传媒大学于20世纪90年代中期和21世纪初就先后设立了新闻心理学的硕士点，在传播学博士点中增设了传播心理方向。该校于1995年设置新闻心理学(后于1998年改为传播心理学)硕士点；2003年开始招收传播心理学方向的博士生。截止到2018年，已毕业硕士生105人，博士生15人，表明在这个领域里培养高级人才方面迈上了一个新的台阶。

(二)新闻与传播心理学研究机构的建立

1. 传播心理研究所

2000年11月，北京广播学院领导批准成立传播心理研究所，并聘请新闻学、传播学、心理学领域里有影响的9位顾问和31位兼职教授。该所的成立为我国新闻与传播心理学的教学和科研活动的开展提供了一个志同道合者相互沟通、互相学习的平台。为此，研究所的师生做了一些有益的工作。

第一，向兄弟院校和有关单位印发《传播心理研究动态》。从2001年9月到2018年6月，内部共发行60期，介绍新闻与传播心理学类国内外出版的新著和论文，并及时通报学术进展情况。同时于2004年开通网站。2014年7月，研究所在微信里开设了公众号。

第二，协助中国社会心理学会发展会员。

第三，不定期举办全国性的新闻与传播心理研讨会。

此外，2006年中国人民大学舆论研究所成立传播心理实验工作室，致力于用实验的方法对传播活动中传受者的心理和行为的生理机制进行探究。2013年河北大学成立传播心理研究所。

2. 传播心理专业委员会

2001年10月，在“中国社会心理学会第五届会员代表大会暨2001年学术会”上，组委会决定设立“传播心理专业委员会”(筹)，后于2006年民政部批准成立中国社会心理学会传播心理专业委员会，并将地址设在北京广播学院新闻传播学院内。日常工作由该院传播心理研究所承担。

(三)举办全国性的新闻与传播心理研讨会

由中国传媒大学发起，联合兄弟院校及社会力量，1994—2018年共举办十一届全国性的新闻与传播心理研讨会。通过召开研讨会的方式，将社会上分散的个人力量聚集为群体的力量和智慧，为新闻心理学和传播心理学的学科建设打下了良好的基础。

1994年第一届新闻心理学研讨会在北京广播学院召开。时值该院40周年校庆，此次会议受到广电部领导和该院领导的高度重视。这届研讨会的论文以新闻心理学领域的课题为主，集纳为北京广播学院出版社1996年出版的《新闻心理学论文集》。

第二、三届新闻心理学研讨会得到人民日报社驻辽宁记者站段心强站长的大力支持。

第二届新闻心理学研讨会于1996年在沈阳召开，比较关注新闻心理学的学科性质、特点及这门学科的研究取向，如新闻心理学究竟应当强调实践方向还是理论方向。会后，出版论文集《传播·媒介与心理》。

第三届新闻心理学研讨会于1999年在大连召开。其特点是：多位学者提出新闻心理学学科构建的具体设想，首次在研讨会上出现传播心理学方面的论文。

第四届新闻与传播心理研讨会暨中国社会心理学会传播心理专业委员会第一届年会于2002年在湖南张家界举办。此会得到湖南师范大学的大力支持，易法建教授做了许多工作。这次研讨会有两个显著特点：一是有关传播心理方面的研究明显增多。在“论文摘要集”里56篇论文中属于传播心理内容的有41篇，占总数的73%；二是有关网民心理的研究成为一个新的学术热点，这类论文有9篇，约占总数的22%。

第五届新闻与传播心理研讨会暨中国社会心理学会传播心理专业委员会第二届年会于2005年在中国传媒大学举办。会议收到论文80余篇，包括五大类：新闻心理、影视心理、广告心理、网络心理和综合类。有些内容在以往研讨会上很少涉及，比如对我国古代传播思想的分析，对手机短信传播中的新型人际关系的探索，对新闻从业者职业枯竭的阐释，对伪公共卫生事件成因的传播心理和媒体对受众心理治疗等问题的探究，显示出传播心理研究范围的广度和深度。

第六届新闻与传播心理研讨会暨中国社会心理学会传播心理专业委员会第三届年会于2008年在云南举行，是和云南财经大学传媒学院联合举办的。会议收到论文41篇，论文特点是着力于理论联系实际。半数以上的论文涉及传媒与青少年、农民工、奥运会、女性、少数民族、突发事件、灾后重建等现实问题，有较强的指导意义。

第七届新闻与传播心理研讨会暨中国社会心理学会传播心理专业委员会第四届年会于2010年在上海举行，是和华东师范大学传播学院联合举办的。会议收到论文60篇。会上第一次介绍了西方传播心理学的教材。一本是展江、向兢合译的，由英国考文垂大学的戴维·贾尔斯(David Giles)撰写的《媒介心理学》和由相德宝翻译的，美国心理学家理查德·哈理斯(Richard Jackson Harris)撰写的《媒介心理学》。通过这两本译著，我们可以了解到国内外对同类问题研究的差异及各自的特点。这对学习西方传播心理学的研究成果，建立有中国特色的新闻与传播心理学可以起到他山之石的作用。

第八届新闻与传播心理研讨会暨中国社会心理学会传播心理专业委员会第五届年会于2012年在长春召开，是和东北师范大学传媒科学院联合举办的。自1994年举行第一届研讨会以来，这是第一次邀请国外同仁参会。俄罗斯莫斯科大学新闻系教授叶琳娜·普罗宁娜在会上作了《传播心理学：新闻学现实问题研究的新方向》，另外两位美国学者虽因故未能出席会议，但她们发来了视频资料。她们的研究使与会者开阔了眼界，增强了信心：我们的研究与国际同类研究基本是吻合的。

第九届新闻与传播心理研讨会暨中国社会心理学会传播心理专业委员会第六届年会于2014年在中国传媒大学召开。会议收到论文70余篇，来自国内外的80多位专家学者参会。会议论文呈现出国际视野、视角多元和研究方法多样化等特点。与新媒体相关的研究明显增多,如对用户手机使用行为进行实证研究;对社交网络的交往边界、情绪边界和隐私边界进行界定和梳理;对微信人际关系的强度与积极情绪的关系,对微信平台负面信息的特点及传播效果等问题进行了探析。

2016年,由中国传媒大学、中国社会心理学会传播心理专业委员会、河北大学共同主办的第十届新闻与传播心理研讨会暨中国社会心理学会传播心理专业委员会第七届年会在河北保定召开。来自国内外高等院校、研究机构和媒体的近百位代表参会。本届研讨会共收到论文和研究报告46篇。与会代表围绕“传播心理研究与舆论引导”这一主题,就传播心理与舆论的关系,传播心理与媒体实践、传播心理与社会管理等议题进行了较充分的交流和讨论。研究呈现出紧扣热点、实践指示性强等特点。

第十一届新闻与传播心理研讨会暨中国社会心理学会传播心理专业委员会第八届年会于2018年6月30至7月1日在贵阳召开。本届研讨会是由中国传媒大学、贵州民族大学、北京外国语大学联合举办的。本届会议主题是“多元·对话·展望:新时代的新闻与传播心理研究”。会议收到75篇论文,来自国内外高等院校、科研机构和媒体的180余名专家学者参会。叶琳娜·普罗宁娜教授介绍了当今时代信息与传播的特点;法国雷恩大学的埃里克·纳夫教授从情感社会学的角度探讨了新闻业发生的变化;哥伦比亚大学新闻学院达特新闻与创伤中心的凯瑟琳·麦克马洪博士分享了关于创伤主题的新闻报道对新闻从业者的影响。国内一些专家学者也做了发言。会议在正式开始前安排了学术讲座,在开幕式当天晚上开展了学术对话活动,闭幕后又安排了新闻与传播心理教学研讨工作坊活动。

三、从前科学向科学性过渡

30多年来,我国新闻与传播心理学的教学和科研已经取得可喜的成绩。据不完全统计,2000—2010年期间出版的新闻与传播心理方面的著作(含教材)至少有90余本。通过对国内知名的学术期刊网站CNKI数据库中2000—2010年的相关文献进行检索,涉及新闻与传播心理学的论文已达3 522篇。其中至少有两篇获中国新闻奖,多篇获省、部级奖。尽管如此,也不能不承认,关于新闻心理学与传播心理学的研究,目前仍处于前科学水平或曰“初级阶段”,离学科独立尚有很长的路要走。经过几十年的共同努力,当前至少在两个方面正朝着学科的科学性方向过渡。

(一)从以描述性为主向学科构建方向发展

20世纪80年代的作品,对新闻心理现象的分析大多停留在描述性阶段。随着新闻改革的不断深入和研究者心理学知识的逐步积累,到20世纪90年代中、后期至21世纪初期,对新闻心理学和传播心理学研究触及学科建设的一些根本性问题。有研究者明确提出了新闻心理学的理论构架和内容构架。前者包括学科界说、归属、性质等,“旨在认识学科的质的规定性,明确本学科与其他学科的本质区别”。内容架构,“主要指新闻心理学这一学科的各种各样的基本素材如何科学地、合理地、有序地进行排列组合”,并提出三种基本模式：一曰纵向线型模式，二曰横向面型模式，三曰立体交叉体型模式[①]；有研究者系统地介绍、分析了国内外关于大众传播对人的影响，深刻地探讨了心理学和大众传播研究的关系；有研究者运用现代心理学的理论对传受者的心理进行分析；有研究者对人类传播心理宏观模式进行考察；还有研究者专就受传者的内向传播做了较为深入的阐释，通过"一个新理论""两个发现""四个改造"[②]对传播心理学的理论构建提出了自己独到的见解。诸如此类的研究使我国新闻与传播心理学的研究呈现出百花齐放的景象，朝科学性发展方向又迈进了一步。

（二）注重理论与实践相结合

新闻心理学和传播心理学在我国肇端于新闻与传播实践活动的需要，它们的产生本身就带有鲜明的中国特色。20 世纪 80 年代，在改革开放的大背景下，一批老新闻工作者首先扛起新闻心理学研究的大旗。他们的著作密切联系中国新闻传播业的实际，给人以启迪；20 世纪 90 年代对传播心理的研究顺应媒介市场的要求，不仅将触角深入到广告、影视、网络等领域，而且还直接为处于传媒第一线的工作人员服务。如为央视宣传部人员做卡氏 16 种人格因素测验和瑞文标准推理测验，又如对央视的几个对象性节目《大风车》《夕阳红》等做内容分析，并与北京六城区观众的心理需求进行应对性研究。近十年来新闻与传播心理方面的研究越来越接地气，越来越关注社会的热点、焦点问题。如对重大突发事件，对网民及手机用户、对谣言传播、对养生传播等方面存在的社会心理问题进行分析。当然，在这方面的研究与媒介对我们的期望还有很大的差距。今后我们在继续进行学科构建方面研究的同时还需要进一步强化为传媒实践服务的意识，尽可能快地、有效地将我们的研究成果转化为直接的生产力，跟上媒介市场日新月异的变化，为建立有中国特色的新闻与传播心理学而共同奋斗！

四、从传统导向朝问题导向深入

施拉姆(Schramn)曾指出，心理学在传播学发展中的地位有一个变化的过程："早期是心理学从各自的学术传统出发，把传播现象作为心理学各自领域的一个研究对象，如霍夫曼、勒温及他们的学生均是如此，可称为传统导向的研究。以后则逐步改为问题导向的研究，即把具体的传播现象作为研究的出发点，心理学的理论和方法仅作为一种研究工具。"虽然施拉姆提出的"传统导向"和"问题导向"其本意在于诠释心理学和传播学之间的学术渊源，但这其中也暗含着新闻心理学研究的两种导向(或曰两种取向、思路)。

新闻心理学研究的传统导向指，从心理学视角出发，运用心理学理论去阐释新闻传播活动中人的心理现象；新闻心理学研究的问题导向指，从新闻学视角出发，运用心理学

---

① 周庆元.浅论新闻心理学的学科构架[J].现代传播，2000(5)：18-21.

② "一个理论"是传播的二级效果论。"两个发现"，一是发现心理系统是人身上专司接收传播信息的接收器，也是传播信息的能量转换器；二是发现人类传播系统和人的心理系统是人类精神生产流水线上紧紧相扣、不可分离的两道工序。"四个改造"是改造"传播心理学"旧的建构基石，改造"传播心理学"旧的建构思路，改造"传播心理学"旧的建构方式，改造"传播心理学"旧的理论框架。引自林之达.传播心理学新探[M].北京：北京大学出版社，2004：封底.

理论或者心理学的研究方法去分析新闻传播中人的心理现象。

这两种研究导向既相互联系又有区别。区别在于研究问题的立足点不同。传统导向的立足点是心理学,更多地侧重于心理学的视域。比如用心理学中的"需要"理论泛泛地分析一般受众对新闻的需求。而问题导向的切入点是新闻学,是为解决在新闻传播活动中出现的心理问题,比如专门探讨网民对网络新闻的需求。这种研究的难度更大,而且具有一定的创新性。所以我们的研究不能只停留在传统导向水平,而应深入到问题导向的领域中。

复习要点(第一、二章)

对新闻心理学的对象、任务、研究方法和发展历史作一般性的了解。除此之外,还应重点掌握两个内容:

一、新闻心理学的学科性质

新闻心理学是一门新闻学和心理学相交叉的边缘学科。新闻学和心理学均属舶来品,但它们的交叉学科新闻心理学却是我国的产物,从诞生那天起就带有鲜明的中国特色。

新闻心理学的学科定位有两种取向:一是心理学取向,它可列入应用心理学范畴;二是新闻学取向,它可归入新闻理论范畴。新闻心理学的产生和发展对于扩展和深化我国新闻学和心理学都有积极的意义。

二、提高新闻从业人员心理素质的必要性

重视提高新闻从业人员的心理素质,因为人的心理素质和政治思想素质之间有密不可分的关系。良好的心理素质是形成正确的政治思想观念和良好的道德品质的基础,也是人们顺利接受思想政治教育的前提条件;反之,正确的世界观、人生观、政治观的形成,又可以对一个人的心理品质及其行为起到导向作用。二者相辅相成,互相影响,缺一不可。

复习题

1. 新闻心理学是一门什么样的学科?
2. 提高新闻从业人员心理素质的必要性是什么?
3. 简述我国新闻心理学研究的历史、现状及其发展走向。

第三章　新闻心理学理论

恩格斯曾指出:“一个民族要想站在科学的最高峰,就一刻也不能没有理论思维。”同样,一门学科如果没有理论作指导,就不可能立足于科学领域。

社会主义的新闻心理学最根本的理论指导是马克思主义的辩证唯物主义和历史唯物主义。新闻活动传受双方心理的产生和发展遵循马克思主义反映论的原理。由于新闻心理学是一门新兴学科,还没有形成本学科独立的系统的理论和方法,所以批判地吸取国外的新闻学、传播学和心理学的有关理论是十分必要的。

第一节　马克思主义的反映论是新闻心理学重要的理论基础

马克思主义的反映论原理是社会主义新闻心理学的理论基础。新闻活动传受双方的心理是客观现实在其头脑中的主观映象;新闻活动认识主体心理是在社会实践中产生、发展并受其制约的。

虽然新闻传播者和新闻受众心理归根到底都来源于客观世界,但是在新闻活动中,他们接受的直接刺激物是不同的。新闻传播者直接接触的是客观物质世界(即感性世界),而新闻受众直接接触的是媒介世界。他们的心理活动便打上了直接或间接作用于他们感官的那个客观世界的印记。新闻活动的传播者和接受者作为认识主体,既具有自然属性又具有社会属性,是自然体与社会体的统一。客观世界在他们身上引起何种反映,不仅取决于外界刺激的性质,也取决于反映者本身的自然结构(主要指人脑和神经系统)及其社会属性。因此,新闻活动传受双方的心理带有明显的主观色彩。

提到认识主体的主观色彩,就不能不关注西方后现代主义的理论之一:建构论的观点。建构论的基本假设是:“我们以为在物质现实中存在的东西完全依赖于概念、分类和描述等的产物,随它们而变,因而仅是这样的产物。而概念、分类和描述是我们在不同的情境——诸如科学和日常的情景中活动的过程中碰巧‘发明’和‘创造’的关于现实和事情的东西。”[①]虽然建构论带有唯心主义色彩,但是从认知建构的角度看,它还是有可取之处的。马克思主义在强调世界本源是物质第一性的基础上,并不否认人的认识带有强烈的主观性,这个主观性其实就是认识主体认知建构的结果。

---

① 车文博.中外心理学比较思想史:第3卷[M].上海:上海教育出版社,2009:532.

美国心理学家哈里斯在其撰写的《媒介心理学》一书中曾提出过这样的问题:"媒介是反映世界还是建构一个新的现实?很显然,媒介以很多方式反映世界。但媒介同样也有选择地告诉我们周围的世界(议程设置),之后我们接受了媒介的这样一种解释,并成为我们记忆和体验的一部分。"①"综观全书,我们关注的一个主题就是受众接受了媒介信息之后建构的认知现实问题。"②

事实上,无论是传者对新闻的采制,还是受众接收、理解新闻信息,均离不开认知的建构。坚持马克思主义的能动反映论者,既反对简单的反映论,也不赞同绝对的建构论,而是认为"反映与建构相互依存,彼此统一。一方面,反映体现了认识的内容及其客观真理性,它既是建构的基础,又是建构的结果。离开所反映的经验现象,就无法建构或整合;另一方面,建构又是反映的深入和必要的前提。没有建构和主体的能动性、创新性的发挥,就无法实现对客观真理的认识。应当认识到心理是客观现实的反映,心理规律可以为人们所研究、所认识,心理学理论就是这种认识或反映的结果。但也应认识到这种反映并不是机械的'镜像式'反映,而是能动的反映。它所反映的不是事物的'镜像',而是内在本质或者普遍联系。把反映与建构结合起来,既承认客观实在性和客观真理的存在,认为人可以认识与反映客观对象,又承认主体的主观能动性,认为理论知识是主体对经验材料的整合、建构与对客观实在的解释"③。

由上文可知,新闻心理论首先要坚持马克思主义反映论,在此基础上,也不排斥建构论中合理的成分。只有这样,我们才能找到传者的"议程设置""舆论导向",以及在不同文化、不同情境下不同受众的群体或个体,对同一新闻经常会产生不同的,有时甚至是大相径庭的认知结果的理论依据。

一、客观现实是新闻传播者和新闻受众心理活动的源泉

新闻传播者和新闻受众心理活动的内容源于客观世界。用列宁的话来说,我们知觉、表象的映象是客观事物在脑中的"复写、摄影、模写、镜像"④。

(一)新闻传播者的心理

新闻传播者是从事采集、写作(制作)、编辑、播出新闻的人。其中记者的主要任务是采制新闻,他们直接接触的是客观世界(主要是社会现实)。记者凭着感觉器官、脑,真实地反映客观刺激物,是保证新闻报道真实性的前提。写消息、通讯须再现人和事的原貌,采制广播新闻须记录真实的音响,拍摄电视新闻须录制真实的画面,写新闻评论则一定要有现实存在的特定的某一个或某一类评论的对象。非新闻工作者的网民在网络上采制并传播自己目击到的新闻,也是他们直接感知到的客观事实。

新闻传播者的心理是在社会实践中产生的。人民群众的社会实践活动是记者新闻

---

① 哈里斯. 媒介心理学[M]. 相德宝,译. 北京:中国轻工业出版社,2007:47.
② 哈里斯. 媒介心理学[M]. 相德宝,译. 北京:中国轻工业出版社,2007:350.
③ 车文博. 中外心理学比较思想史:第3卷[M]. 上海:上海教育出版社,2009:534.
④ 中共中央马克思恩格斯列宁斯大林著作编译局. 列宁选集:第2卷[M]. 人民出版社,1972:184.

报道的源泉，是检验新闻作品的社会价值的唯一标准。记者必须深入到人民群众的实际生活当中，采写出无论是整体还是细节都真实的新闻。任何道听途说、捕风捉影、以点代面、以偏概全、合理想象、夸大渲染、移花接木、偷梁换柱等现象都是违背马克思主义反映论的原理的。坚持新闻的真实性原则，就要像习近平总书记在党的新闻舆论工作座谈会上所强调的："新闻舆论工作者要转作风、改文风、俯下身、沉下心、察实情、说实话、动真情，努力推出有思想、有温度、有品质的作品。"①

引起编辑在编排稿件中产生的种种认识活动的主要客体是记者或通讯员采写的稿件(包括制作的广播、电视节目)。播音员(主持人)在播出(或主持)新闻时进行再创作的客观刺激物是编辑已编好的稿件。而网络编辑则是在采集来的素材的基础上，进行分类、审校、加工，编写稿件，并进行网站专题、栏目、频道的策划及实施。虽然编辑、播音员(主持人)工作的对象，其中有相当一部分是由记者、通讯员提供的精神产品，但是他们在新闻活动中产生的心理活动，归根结底还是来源于客观世界。

(二)新闻受众心理

新闻受众②心理因媒介不同分为读者、听众、观众。在新闻活动中引起新闻受众心理活动的客体主要来自由新闻传播者所提供的媒体世界。新闻媒体是新闻信息的载体，主要是指报刊、广播、电视、网络。新闻媒体凭借文字、声音、图像等有序的符号群来刺激新闻受众。

20 世纪 80 年代，随着电子业的发展和电子媒介的普及，广播、电视逐渐成为家庭的"第五壁"。新闻媒介所传播的新闻信息几乎充满了人类整个生活空间。人与环境的互动关系在很大程度上变成了人与信息环境的互动关系。这个信息环境对于人们的态度产生了巨大的影响。

新闻受众是生活在感性的物质世界和媒体世界并驾齐驱的环境中，他们在接受媒体信息时，往往以积淀于内心的丰富的实践经验为参照，认知、验证、评价媒体世界所提供的新闻信息的真伪、美丑、善恶，从而产生相应的一系列复杂的、丰富多彩的心理活动。

二、新闻的制作和新闻价值的实现，是两种信号系统在新闻传播者和新闻受众双方的头脑中协同活动的结果

两种信号系统的学说是俄国生理学家巴甫洛夫在晚年提出来的。他认为，高级神经活动的基本方式主要是条件反射。他把用具体事物作为条件刺激物所建立的各种各样的条件反射叫作第一信号系统；把用词语作为条件刺激物所建立的各种各样的条件反射叫作第二信号系统。新闻的制作和新闻价值的实现，是两种信号系统在新闻传播者和新

---

① 霍小光，李斌. 习近平总书记主持召开党的新闻舆论工作座谈会并到人民日报社、新华社、中央电视台调研侧记[EB/OL]. (2016-02-20)[2019-03-25]. www. xinhuanet. com/politics/2016-02/20/c_1118106530. htm.

② 新闻受众是一个大概念，包括传统媒体和新媒体中所有接收新闻信息的人。虽然在新媒体时代，受众的角色发生了一些变化：当他们利用自媒体主动发现并发送新闻时，他们扮演着传播者的角色。但是从总体看，在很长一段时间内，新闻的采制、播报的任务主要还是由新闻从业者承担的，新闻工作者仍是一种重要的职业。大多数网民、手机用户在大多数时候还是处于接收新闻的状态，因而他们依然是新闻受众。

闻受众双方的头脑中协同活动的结果。

对记者来说，在采访中他所接触的主要是第一信号系统的实物(如人、事)刺激信号，即客观存在的有新闻价值的新闻事实。通过采访、制作，记者、编辑把第一信号系统的实物刺激信号转化为第二信号系统的包括文字、声音、图像、视频在内的一系列符号群。而新闻受众在阅读报刊、收听广播、收看电视节目和上网时的神经活动过程正好与记者写作时的神经活动过程相反。受众通过接收第二信号系统的符号群，在大脑里还原为第一信号系统的实物刺激，从而间接地在头脑中再现新闻事实。在受众头脑中再现的新闻事实和记者采访时所直接接触的新闻事实之间是不是相同或相似，在很大程度上受制于新闻传播者把第一信号系统的实物刺激转化为第二信号系统的符号群的动机和技巧。

三、新闻活动认识主体的选择性

虽然新闻活动中的传、受双方心理活动的产生和其内容都取决于客观现实，但他们并不是被动地接收客观刺激。新闻传播者选取什么样的新闻事实，新闻受众接收何种新闻报道，都离不开认识主体的需要。他们对客观事物的选择有着很强的主观能动性。这说明，新闻活动中的传播者和受众的心理是客观现实在他们头脑中的主观映象。

(一)新闻传播者的选择性

新闻机构是新闻传播者群体的代表，而不同社会制度的国家的新闻机构又代表着不同党派、集团或阶级的利益。在新的历史时期，我国的新闻传播者对新闻信息内容的选择、数量的控制，既要强调新闻工作的党性，又不可忽视新闻工作自身的规律性，“要坚持政治家办报的原则”，自觉地掌握传播新闻的主动权，能动地传播有利于物质文明、精神文明建设的信息和成果。在这个总框架内允许记者在新闻事实的选择、加工等方面发挥主观能动性。

新闻事实是客观存在的，但记者和编辑采写、编排新闻的过程却是一种带有明显个体特点的精神活动过程。美国心理学家乔治·凯利(G. Kelley)认为，每个人都“以自己的独特方式寻求对自己和他人的行为及对环境事件的理解和预期”。他说：“人类由他创造的各种半透明的模式或样板去观察世界，然后试图去适应构成这一世界的现实。……让我们把这些供人们试用的大小模式取名为不同的构建吧。它们就是解析世界的各种方法。”不同的人有不同的构建，便决定了他们对新闻事实的选择、提炼、组合和创造水平等方面有个体差异。正因为如此，由不同的笔写出的新闻作品(哪怕是同一素材)或深刻、或肤浅，或充实、或空泛，或生动、或平淡，都会有精细之差，文野之别，高下之分。

在各种新闻文体中，尤以新闻评论最能表达评论者的主观认识。因为新闻评论就是针对某一种或某一类特定的评论对象去论说的。针对性本身就体现了认识主体的选择性。

(二)新闻受众的选择性

新闻受众对“每日获得的”“经记者过滤后由国家的传统新闻机构或网络媒体提供

的”“海量的信息”不是也不可能采取来者不拒的态度。接收什么、接收多少，完全取决于受众的主动选择（如关掉收音机、电视机或网络）。不论传播者的主观意图如何，新闻信息所形成的舆论力量有多么强大，有时也会显得无能为力。

只有那些为受众主动选择、吸收、消化、认同，并引起情感共鸣的新闻作品才可能实现其新闻价值。受众的选择性还表现在对同一新闻报道，不同的人因“境一而触境之人之心不一”造成的选择性记忆和理解，正所谓有一千个读者，就有一千个哈姆雷特。

四、新闻活动中的传播者和受众各自的选择性紧紧围绕着新闻的基本特性

新闻的基本特性有：真实性、新异性、时效性和公开性等。受众之所以选择新闻节目，是因为他们可以从新闻中获得在戏剧、小说、诗歌等精神产品中得不到的具有新闻特点的信息。目的在于消除头脑中的不确定因素，及时了解社会发展的最新动态，并以此为据，调节自己的心理和行为，适应日新月异的社会变化。

基于受众的这种需要，新闻传播者的活动必须紧紧围绕新闻的几个特性进行。大至主题的提炼、布局谋篇，小到一个标题、一个音响、一个镜头、一个字的使用，无不千方百计、处心积虑地追逐新闻的真、新、快、短等特点。许多中外记者为了获得独家新闻，亲赴事件发生的第一线，即使身处险境，甚至牺牲生命也在所不惜。

第二节　西方大众传播学理论和社会心理学理论对新闻心理的阐释

一、大众传播学理论和模式对新闻心理的阐释

大众传播是各种社会系统中的一个重要系统，新闻传播是大众传播的核心，因此大众传播学的理论和模式基本上适用于新闻传播。

（一）关于大众传播学的一般理论和模式

大众传播学的理论和模式（模式是理论的一种简化形式，可以使人对社会事件的内在机制和事件之间的关系作直观而简捷的认知）相当丰富，几乎每一个传播环节都有相应的理论和模式。与新闻心理联系较紧密的理论有：大众传播的效果理论和本来属于社会心理学理论，然而又在大众传播理论中同样占有重要一席的如“认知一致论”、“态度改变理论”以及“社会学习理论”等。对新闻心理学研究有重要参考价值的大众传播模式有由西方学者命名的拉斯韦尔模式、香农—韦弗模式、奥斯古德—施拉姆模式、纽科姆的ABX模式和马莱茨克的大众传播过程模式等。

关于大众传播的研究，大都指向两类问题：一是信息源的意图，研究大众媒介如何更好地、有意识地影响人，如何设置节目，以吸引更多的受众；二是研究受众，主要是探讨受众接收媒介的效果，而不管信息源的意图如何。在这两者中，似乎对后者的研究更具有全局性意义，因为传播的最终目的是为了让受众接受。虽然传播者的意图影响接收效

果,但是传播效果的最终实现还要靠受众。在大众传播效果的研究中曾先后出现过“直接效力模型”(即子弹论)、“有效力模型”和“有条件下的强效模型”等。这些模型的核心问题是探讨在大众传播过程中传播者和受众的地位及作用。其发展的总趋势是由强调传播者的主观意图,忽视受众的能动性,到反过来强调受众对媒介信息的选择和解释的主动性,降低传播者的决定性作用,再发展到既重视大众传播对受众的影响,同时也十分重视受众的主观因素对传播效果强大的反作用。

(二)马莱茨克的大众传播过程模式

德国学者马莱茨克于 1963 年提出来的大众传播过程模式,是一个“有条理的、经过周密考虑建立起来的模式,显示出大众传播是一个心理学上非常复杂的社会过程,其中解释可能多属于多因素类型而不是单因素类型”①。

当代传播学新流派,使用与满足理论的倡导人丹尼斯·麦奎尔(Denis McQuail)和他的助手斯文·温德尔(Sven Windahl)曾指出:德国学者马莱茨克的这个大众传播过程模式是“数十年来从社会心理学角度研究大众传播之总结”。“该模式如此详尽,可以作为从社会心理学角度研究大众传播过程的相关因素的一份清单,因此,如果人们希望对这些过程的描述做分析的话,可以使用这个模式。”②由此看来,该模式对探讨新闻活动中的传播者和受众的心理活动及其规律有着直接的重要意义。图3-1是完整的马莱茨克模式图。

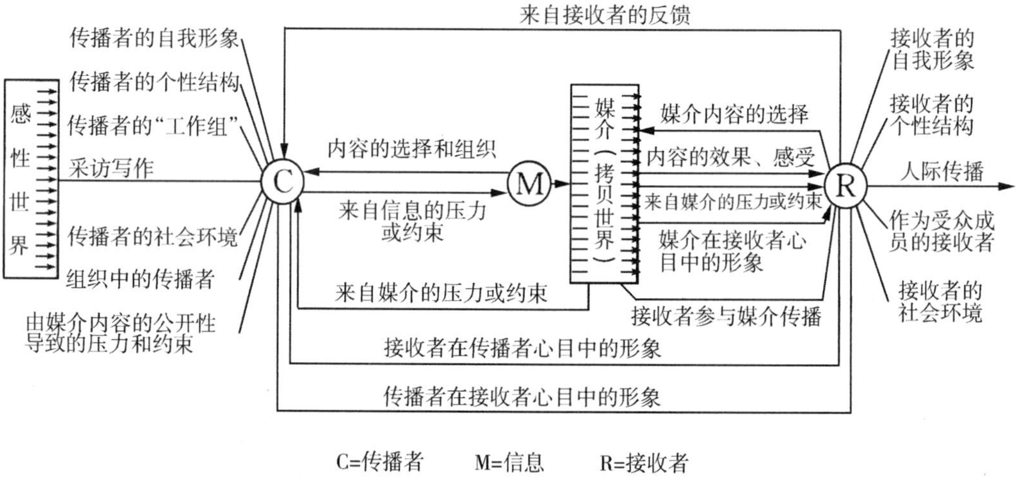

图 3-1 完整的马莱茨克模式③

说明:C 可以理解为新闻活动主体,主要指记者、编辑、播音员、主持人等;R 表示新闻信息的接收者(受众):读者、听众、观众、网民。

---

① 麦奎尔,温德尔. 大众传播模式论[M]. 祝建华,武伟,译. 上海:上海译文出版社,1987:51.

② 麦奎尔,温德尔. 大众传播模式论[M]. 祝建华,武伟,译. 上海:上海译文出版社,1987:57.

③ 麦奎尔,温德尔. 大众传播模式论[M]. 祝建华,武伟,译. 上海:上海译文出版社,1987:56.

新闻传播者的主要社会心理活动有以下几个方面：

(1)传播者的自我形象：传播者的个体或群体对自己的职业角色的认知。

(2)传播者的个性结构：个性意识倾向性和个性心理特征对传播行为的影响。

(3)传播者的"工作组"：同一群体的上司或同事的行为对传播者个体心理的影响，即传播者的活动在某种程度上受到工作群体的规范和价值观的限制。

(4)传播者的社会环境：传播者对媒介内容的把关方式和制作方式取决于他所处的社会环境。

(5)组织中的传播者：媒介组织中的规范、宗旨、所有制形式和政策等所构成的工作环境直接影响传播者的行为。媒介组织要求传播者服从明确的或不成文的规章制度。

(6)由媒介内容的公开性而形成的压力和约束：新闻传播者的工作效果受到公众的监督、审查，这样就从心理和法律上给传播者以约束。

新闻接收者的主要社会心理活动有以下几个方面：

(1)接收者的自我形象：接收者个体对自己的角色、态度、价值观的感知，构成了他在接收新闻信息时的心理态势，决定了他接收或拒绝某种新闻信息。

(2)接收者的个性结构：接收者的个性心理特征，如气质、性格、能力、场依存性、场独立性等对接收者接收新闻的影响。

(3)作为受众成员的接收者：作为受众成员的接收者在接收新闻信息与接收面对面的人际传播信息时会有不同的心理感受和行为表现。

(4)接收者的社会环境：指接收者生活的社会、社区、家庭及其所归属的群体对他的影响。

从新闻心理学的角度看，该模式揭示了在新闻活动中主要的认识主体——传者和受者的地位及作用；表明了引起二者各种心理活动的主客观因素。对这些影响传者与受者的种种主客观因素可以从以下几个方面进行综合分析：

第一，感性世界之于传播者，媒介(拷贝)世界之于接收者。

新闻传播是通过新闻媒介向许多人公开传递新闻信息的过程。它与人际传播(即人与人之间面对面的信息交流)的主要区别在于传播者和接收者之间横亘有媒介物(电视、电脑、收音机、报纸、手机等)。新闻媒介既是向广大新闻受众传递新闻信息的物质条件，又会造成传者与受者之间"关系的非人格性"。这是因为媒介的阻隔使新闻信息从传者向受者的传递"间接化"和"远距离化"，即原来是人与人之间直接传递，心传、口传，直截了当。现在，人与人不打交道，而是人与物，与书、报、杂志接触，或者人与电视机、电脑、录像机等机械发生联系。[①] 传者，尤其是记者采访新闻，主要接触的是用感官能直接接触的外部世界，即马克思称为的"感性世界"，而接收者直接接触的却是信息世界，或曰拷贝世界、虚拟世界。"拷贝世界是由大众传播媒体形成的精神世界，是利用大众传播媒体对感性世界的摹写和抽象。"[②]感性世界之于传播者，信息世界之于接收者，是不同性质的客观刺激物，因而势必引起认识主体产生不同的心理活动。

---

① 沙莲香.社会心理学[M].北京：中国人民大学出版社，1987：323.

② 沙莲香.社会心理学[M].北京：中国人民大学出版社，1987：58.

第二,反馈的间接性和延迟性。

对传统媒体而言,新闻传播链条的薄弱环节是反馈。媒体的介入,造成了传者与受者在信息反馈上的间接性和时间上的延迟性。表现在新闻传播,一般主要凭借受众调查、报刊发行量、广播电视收听收看率、受众来信和打电话等间接方式来考察传播效果,而不能像人际沟通那样自由自在地进行同步反馈。

反馈的间接性和延迟性容易造成受众对接收新闻信息抱一种无任何压力和漫不经心的态度,除非有非常吸引人的内容或主体出于某种需要才会转入注意状态。而这种状态又会因种种干扰而不稳定。

如何增加反馈渠道?怎样方可缩短反馈时间?这就成了传者颇费心机的问题。多年来,传者采取种种措施,如让受众走进电台、电视台参与节目的播出,在转播节目时同时穿插现场采访的镜头,用通电话的方式与听众同步反馈等,收到了开拓反馈渠道、缩短反馈时间、及时沟通传者与受众的心理交流、提高新闻宣传的社会影响等显著效果。进入21世纪以来,网络媒体的出现解决了反馈的间接性和延迟性的问题,尤其是对某些新闻信息的评论,可以实现众多网民的即时反馈,其社会影响之广、之迅速,是传统媒体难以匹敌的。

第三,确立以受众为中心的观点。

受众是新闻活动的起点和归宿,是新闻事业的服务对象,是新闻效果的检验者。从这个意义上看,在新闻传播过程中,受众是当之无愧的核心。为了提高新闻传播的社会效益,传者必须认真研究受众认知媒介信息的规律及其生理、心理机制,探讨影响受众接收新闻信息的诸多主客观因素:受众的自我形象、个性结构、社会环境等,同时还需要探讨传播者怎样才能真正充当接收者的代理人,以及需求和兴趣的解释者。总之,要确立以受众为中心的观点,树立全心全意为受众服务的思想。

二、社会心理学的角色理论

从新闻学与传播学作为一级学科的角度看,新闻心理学属于新闻理论的一个次级学科,但是从心理学的视角看,新闻心理学又应当属于一门应用心理学,是心理学在新闻传播领域中的应用。因此,心理学理论成为新闻心理学这门学科重要的理论基础。而心理学学科的构成是相当庞杂的,其中有许多理论都可以解释新闻主体心理活动的特点和规律,如普通心理学、社会心理学、发展心理学、人格心理学,等等。本节仅以社会心理学中的角色理论为例,说明心理学理论对于分析新闻主体心理活动的重要作用。

角色理论属于符号互动理论的一种,是西方社会心理学的一个重要理论。该理论是用角色来解释个人社会行为的理论。角色又称“社会角色”,是从戏剧舞台表演那里借来的,20世纪20年代由美国心理学家米德(G. Mead)首先引入社会心理学理论。

角色理论认为人们在社会中产生的种种社会心理和社会行为与他们所处的社会地位、所具有的社会身份,即承担的某种社会角色分不开。社会上的其他人对某种角色都会有一种公认的期望,即“角色期望”,并以这种角色期望来要求承担这种角色的人。

下边用角色理论来解释新闻活动中的传者和受众的心理和行为。

(一)对新闻活动中的传者和受众的角色规定

角色,是角色理论的基本概念。美国社会心理学家林顿认为,角色——这是地位的动力方面。个体在社会中占有与他的地位相联系的权利和义务时,他就扮演着相应的角色。美学家朱光潜说:“话必须是由具有一定身份的人说,说给具有一定身份的人听的。”这里的“一定身份”即一定的“角色”。

新闻活动中的传者,是因为采访、制作并传播新闻而在新闻活动中起主导作用的人。这种角色地位赋予了他们相应的权利和义务。在我国,新闻活动的传者通常被称为新闻工作者。社会主义新闻工作者的角色所应承担的义务就是全心全意为人民服务。他们应当确立这样一种观念,即以党和国家、人民群众的利益为最高利益,个人利益应当服从党和人民的利益。

社会为各种角色制定了必须遵守的行为准则。从角色理论的角度看,1991 年 1 月 19 日在中华全国新闻工作者协会第四届理事会第一次全体会议上通过的《中国新闻工作者职业道德准则》就是为我国的新闻工作者规定的角色规范。

采访对象虽然不属于新闻工作者,但应当包含于新闻传播者之列。他们一般只在新闻活动的采访阶段出现。采访对象是记者索取新闻事实的主要对象,包括当事人、目击者、新闻发布人员等。采访对象这种社会角色的主要义务是向记者反映真实的情况,这是保证新闻真实性的前提。

新闻受众既是新闻事实的制造者(源泉),又是新闻信息传播的对象。他们是新闻事业的主人和服务对象。这种社会角色决定了他们有接收新闻信息的权利和以主人翁的态度信任、支持并积极参与社会主义新闻事业的义务。

(二)新闻受众对新闻工作者的角色期望

角色期望又叫角色期待,是指群体或个体对某种角色应表现出的特定行为的期望。

社会主义国家的新闻受众(实际上是广大人民群众)对新闻工作者的角色期望很高。首先,期望新闻工作者能够真正成为“党和人民的忠实代言人”“人类灵魂的工程师”;其次,期望新闻工作者能够不断地为人民群众提供优质的为百姓喜闻乐见的新闻作品,以满足人们的精神需要。

角色理论家认为,实现角色期望的关键在于内因,在于“被期望者”真正领会“他人对自己的期望”,否则,就不可能产生很大的期望效果。新闻工作者从理论上认识到受众对于自己的角色期望并不难,难的是将这种期望转化为自己的言行。有少数新闻工作者把新闻商品化,以权谋私,搞“有偿新闻”,利用采访机会吃请受礼,甚至发展到公开索取采访对象的馈赠。这些行为完全违背了人民群众对党的新闻工作者的角色期望。

(三)新闻工作者的角色冲突

角色冲突,是指居于一定地位的个体与不相符合的期待发生冲突的情境。角色冲突主要有两种表现形式:角色内部的冲突,即由角色承担者内部的矛盾引起的冲突;角色之间的冲突,即因角色承担者承担了几种角色而引起的内心冲突。

同一角色内的冲突主要有:当新闻工作者的言行与党和人民的期待发生矛盾时出现的内心冲突。如是坚守党的新闻工作的职业道德,做到真实、全面、客观、公正地采制新闻,还是为一己或小集团的利益搞假报道?面对吃请受礼的情况是坚决抵制,还是以“别人都如此”“下不为例”为借口,照吃照拿?

因不同角色引起的内心冲突,大多表现为新闻工作者作为一个常人和作为一个记者(或编辑)这双重角色时,内心出现的矛盾冲突。有人撰文云:新闻工作者既是“现实的参与者,又是现实的旁观者”;既是“历史的当事人,又是现实的见证人”,这种职业与人的双重性常使人感到进退两难。比如,作为记者应当在报道中坚持原则,但是作为常人,又免不了把自己的情感倾向掺入新闻作品之中;作为记者应当在报道中坚持原则,但当被报道的事件与自己有利害冲突时,又有可能徇私情。

角色冲突容易引起角色扮演者内心紧张、不平衡,党的新闻工作者消除角色冲突的最重要的原则是:排除私心杂念,自觉地服从党和人民的根本利益。

(四)新闻活动中的角色互换

角色互换又叫“扮演他人的角色”,是指不同角色之间为了一个共同的目标或公开地或隐蔽地进行角色互换,旨在认知、体验与己有关的另一种角色,以便更自觉地履行本角色的职能。

在新闻活动中,相对稳定的角色是职业角色,如记者、编辑、播音员、主持人、采访对象、读者、听众、观众等。由于工作需要,有时他们需暂时放弃自己原来的角色去实际充当或在想象中充当另一种角色,并通过移情去认知、体验别种角色的需要、兴趣等心理活动。由于任何一种角色都是以与之相关联的另一种角色的存在而存在的,所以角色互换有助于加深对自己原来角色的认知,增强人们之间的相互理解。美国心理学家米德认为扮演他人的角色,也就是说,从交换伙伴的角度旁观自身的能力,是顺利实现人们相互活动的必要条件。

1. 角色互换的形式

角色互换的形式主要有两种:一是实际表现出来的可以被感知到的角色互换;二是隐蔽在角色内心的凭借想象进行的角色扮演。在新闻活动中,大量存在的是后一种角色互换形式。

(1)实际表现出来的角色互换

实际表现出来的角色互换是指暂时离开自己的主要角色,实际去承担另一种角色,从中认知、体验这种角色的心理活动。表现形式主要有:

·记者自己充当采访对象,即从记者的角色暂时变为采访对象的角色。在采访学里,把记者参与采访对象活动的采访形式叫作“体验采访”,是指记者亲自去感受与采访事件有关的活动。例如,记者为写关于交通拥挤的报道,有意隐去记者身份充当乘客,亲自体验乘车难的滋味。

·记者或编辑充当电台(或电视台)的播音员(或评论员)。

·采编播合一的节目主持人,在采制新闻时充当记者的角色,在修改稿件时充当编辑的角色。

·新闻受众参与新闻传播活动，如被邀请到电台（电视台）跟主持人一起主持节目，又如报刊发表的读者来信，广播播出的听众点播、听众来信、来电（电话），受众或嘉宾到网站做客，回答网民提出的问题，等等，新闻受众暂时充当传者的角色。

·通讯员和自由撰稿人是不在编的记者，他们主要的社会角色是新闻受众，同时又经常以通讯员的角色为新闻单位撰稿，成为传者的一部分。

·对于网络新闻而言，尤其是在匿名的情况下，传者和受众的界限几乎消失，他们的角色在不断地转换。

（2）凭借想象的角色互换

凭借想象的角色互换主要指在自己的头脑中凭借想象、移情去设身处地体验服务对象的角色。主要表现形式有：

·记者要带着受众的眼睛、耳朵去采访、去观察、去倾听、去写作。有时，在记者看来明白无误的问题，而在受众却不一定明白清楚。体验受众的心理，有助于排除受众在理解上的障碍。

·编辑立足于受众修改稿件。

叶圣陶先生曾强调：编辑写完稿后，应当“自己好好念一遍，就是自己来检验一下，写下来的那些语言上不上口，顺不顺耳”。这就是让编辑设想自己处在受众的位置上去发现稿件中的问题。

·编辑以主持人的身份撰写主持人节目的稿件。

编辑是以主持人“我”的身份，而不是以自己的身份写稿。作为撰稿人，头脑里要装着主持人的形象，时刻想着我就是主持人，要有意识地写主持人说的话，表现出主持人的感情、气质和风格。

2. 移情在角色互换中的作用

移情，在角色理论中占有极重要的地位。移情是指不仅在认识上，而且在情绪上进入他人角色的能力，也就是说，不仅知道而且体验到他人的角色。通俗讲，移情就是设身处地。

移情是实现角色互换的重要手段和检验标准。只有通过移情才能实现在认知和情感水平上的角色转变。反之，验证是否实现了角色互换，要看是否达到了移情水平。

角色互换，“换”是手段，不是目的。换来换去，万变不离其宗。这个“宗”就是加强传者与受者之间的认知和情感交流，其根本目的是传者更有效地为受者服务。

复习要点

一、新闻活动认识主体心理的实质

人的心理的实质是回答“人的心理是怎样产生的?”“是在人的哪个部位产生的?”“其与客观世界的关系是什么?”等问题。这历来是西方不同心理学流派争论的焦点，它反映出研究者不同的世界观和方法论。辩证唯物主义同唯心论、形而上学、机械唯物主义的斗争，在对人的心理实质的论述上泾渭分明。我国的新闻心理学坚持马克思主义的反映论原则，并将辩证唯物主义和历史唯物主义作为这一门学科的理论基础。用一句话来概括新闻活动认识主体心理的实质,即客观现实在人的头脑中主观能动的反映(而主观能动性又带有认知建构的观点)。由于新闻活动认识主体的不同,这里的客观现实也有区别。对于新闻传者而言,主要是指人们可以直接目睹、感知、触摸到的感性世界(如军民齐心抗洪抢险的场面);对采访对象而言,主要是指记者的采访过程,包括记者的态度、提问、语气等;对新闻受众而言,主要是指经由新闻传者头脑过滤并制作出的媒介世界(如新闻节目)。

二、马莱茨克的大众传播过程模式

新闻传播是大众传播的主体,所以大众传播的理论和模式基本上适用于新闻传播。德国学者马莱茨克的大众传播模式从多因素、多角度分析了来自新闻传播者和新闻接收者主要的社会心理活动,这对于我们认识新闻传播是一个在心理学上非常复杂的社会过程,是十分有益的。

三、社会心理学的角色理论

从戏剧舞台借用的角色理论是西方社会心理学的一个重要的解释人的社会行为的理论。该理论是由一系列相互有关联的概念组成的,像角色规定、角色期望、角色冲突、角色互换等。这些概念可以帮助我们从角色理论的视角来认识新闻传者和新闻受众的心理和行为的形成、变化和发展的规律。

复习题

1. 具体分析新闻传者和新闻受众心理的实质。
2. 按照马莱茨克的大众传播模式,讲述新闻传播者和新闻接收者的社会心理活动的内容。
3. 试用角色规定、角色期望、角色冲突、角色互换这几个概念来解释新闻传者的心理活动(注意联系实际)。

新闻传者心理编

新闻传者是新闻活动的主体。他们的政治觉悟、道德水准、业务能力和心理素质的高低，对于新闻事业的发展至关重要。本部分着重探讨记者、编辑、播音员、主持人等新闻从业人员在新闻采访、写作、编辑、播报和主持节目等新闻活动中出现的心理活动的特点和规律。

第四章　新闻工作者的心理素质

第一节　新闻工作者心理素质的构成

谈心理素质，首先应该从素质说起。“目前人们对素质概念的一般认识概括起来有三点较趋向一致：素质是有机体(人)特有的；素质是人基本的、稳定的、内隐的特性(品质)；素质形成的基本条件既包括先天生理基础，又离不开后天环境(含教育)的影响。”① 有心理学家认为：“人的全部心理活动可以一分为二，有些归于智力因素，有些归于非智力因素，第三者是没有的。”②从这个意义上看，我们可以把新闻工作者心理素质的构成视为智力和非智力因素两大类。智力因素是先天的禀赋，非智力因素与环境和教育有关。这两大类各自包括的内容请见图 4-1。

- 人的心理现象(活动)
  - 心理过程
    - 认识过程：感知、记忆、思维、想象、言语——智力因素
    - 情绪情感过程
    - 意志过程
  - 个性心理
    - 个性心理特征
      - 能力③
      - 气质
      - 性格
    - 个性意识倾向性：动机、需要、世界观、信仰、兴趣
  - 心理状态：觉醒、疲劳、睡眠、注意

（情绪情感过程、意志过程、个性心理、心理状态——非智力因素）

图 4-1　人的心理现象(活动)

从图 4-1 可以看出，智力因素指认识过程中的诸因素，非智力因素则包括情绪情感、意志过程和个性心理及心理状态。

一、智力因素

探讨新闻工作者的智力因素，首先应搞清楚智力的内涵。因为智力与能力关系密切，所以把这两个概念放到一起分析。

---

① 张大均.论人的心理素质[J].心理与行为研究，2003(2)：143.

② 燕国材.关于非智力因素的几个问题[J].上海师范大学学报(哲学社会科学版)，1988(4)：137.

③ 有心理学者认为“能力”应归入“智力”范畴。

智力是大脑的一种心理潜能。能力则是智力在一定条件下被开发和发展的一种心理特征，是指人顺利地完成一定活动所具备的稳定的个性心理特征。智力和能力"二者既相互区别，又相互联系。它们之间维系着一种内隐和外现的辩证关系"[①]。美国心理学家大卫·韦克斯勒(David Wechsler)在《成人智力测验》中写道："智力是个有目的的行动，理智地思考以及有效地应付环境的整体的或综合的能力。"人们在论及智力时常常用能力去表达，反之讲能力时又离不开对智力的分析，二者难分难解。比如，美国朱利安·哈瑞斯(Julian Harriss)等人在《全能记者必备》一书中论述记者的素质时写道："渊博的语言知识和得心应手地遣词造句并自成一格的能力是一名优秀记者最基本的武器。""记者必须始终保持警觉并能迅速考虑好如何顺利地从一项任务转向另一项更有新闻价值的报道。""记者大多是在时间压力很大的情况下工作，他们不断地与时钟赛跑以赶上截稿时间，所以记者的另一素质是必须具备在压力下安静工作的能力。"著名记者黄远生在《远生遗著》里提出记者应具备的四个条件(即能力)是：(1)脑筋能想；(2)腿脚能奔走；(3)耳能听；(4)手能写。有人在论述记者的智力因素时指出，记者的能力因素应包括："广交朋友的社交才能""永不满足的创新意识""随机应变的发散式思维""超乎寻常的洞察能力""捕捉信息的新闻敏感""见微知著的预测能力"。以上种种能力归纳起来，即写作能力、社交能力、使用新媒体的能力、应变能力、心理承受能力、观察力、新闻敏感、预测力等。

21世纪是信息时代，数字技术是这个时代的主要特征，在新闻采集和生产中扮演着极其重要的角色。尤其是以互联网为代表的新媒体的发展，正在改变着传统新闻的获得、制作和报道的方式。信息时代，对记者的能力提出了新的更高的要求：其一，新时代要求记者转变思维方式，用互联网的非线性、多元的思路去看问题；其二，新时代要求记者具备高效的学习能力，要懂一些虚拟现实、人工智能方面的知识。互联网技术更新非常快，所以记者在转变思维的同时，要尽快学习新技能，完成对目标信息的统筹。

由于智力与能力之间相互包容、交织在一起很难划分，所以不少心理学家对智力和能力进行统一的研究和论述，并把它们统称为"智能"。因而，新闻工作者的智能因素也可以叫作新闻工作者的智力因素。关于这个问题，将在以后的章节里陆续阐释，故不在此赘言。

二、非智力因素

非智力因素是指人们进行各种活动除智力和能力因素以外的全部因素的总称。它是由能力、气质、性格、动机、需要、信仰、兴趣、意志、情感等心理要素组成的。

"智力因素基本上属于先天形成，后天只是开发的问题"[②]；而非智力因素则主要有赖于后天的培养。要使成才变为现实，必须在实践中把已具备的智慧潜能转化为智慧行为。在这一转化中，非智力因素起决定性作用。如果说智力因素在人的实践活动中属于执行操作系统，即对所接受的信息起着接收、加工、处理、掌握的作用，那么非智力因素则

---

① 王仁欣.智力心理学[M].福州：福建教育出版社，1991：93.

② 专家研究成才过程表明非智力因素起决定作用[N].人民日报(海外版)，1992-5-20.

是动力调节系统,它对智力活动起着始动、定向、维持、调节的作用。智力和非智力因素在人的各种活动中互为影响、相互制约。离开了非智力因素,人的智力活动难以发挥作用,但若失去了智力活动,非智力因素也就失去了启动、引导、强化、调节的对象。前新华社社长郭超人曾对重视记者的非智力因素作过精彩的论述:"……很长时间以来,我们选拔新闻人才的标准,往往是按照一般党政干部的要求,而没有结合新闻工作的特点。选出来的人,政治表现、家庭出身都不错,但三五年过去了,有的始终上不了路,有的人就是适应不了记者工作。所以,新闻工作者除了要具备党政干部的共同标准以外,还要有自己的特殊要求。……记者要有适应各种生活环境和密切联系群众的本领,能够在任何艰难困苦的条件下同需要采访的任何人打交道。……记者就是要有敲开采访对象心灵大门的本领,让他们觉得可亲可信,有滔滔不绝的话告诉你,这不一定是什么思想品质问题,而是同一个人的气质、性格有关。"①

国外一些著名记者在总结优秀记者的素质时也大都把侧重点放在非智力因素上。如美国的麦克杜戈尔认为,记者的素质应包括:"机敏、才智、勇气、坚韧不拔、乐观、诚恳、想象力、观察力、适应力,等等。"法国的让·布尔内说:"依我看,好记者的素质有三条:一、随时随地可以投入工作;二、严谨;三、精确。"日本的加藤俊氏说:"真正的大记者、名记者,几乎无一例外,都是温和的、谦虚的人。"

以上引文中的有关气质、性格、意志等方面的内容,像机敏、才智、勇气、坚韧不拔、乐观、诚恳、想象力、观察力、适应力等,都属于非智力因素,可见非智力因素对于新闻工作者至关重要,所以单列一节阐述。

第二节 新闻工作者的非智力因素

探讨非智力因素对新闻工作者的影响,有助于选拔和培养新闻人才,有助于新闻工作者自觉地、充分地发挥自己的才智,有助于新闻队伍整体素质的全面提高。

非智力因素是一个有机的整体。它通过相互渗透性来影响人们的智力活动。为叙述方便,本书主要分析动机、情绪情感、意志、性格这四种非智力因素在新闻工作者的智力活动中所起的作用。

一、动机对新闻工作者智力活动的激发与导向作用

著名记者范长江曾云:"报人在精神……应当念念于职业的神圣,一管笔除了为国家为人民公共利益外,不容曲用。"著名播音员齐越认为:"人生在世,事业为重。"

"念念于职业的神圣",视国家和人民的事业为己任,就是优秀新闻工作者的动机和奋斗的内驱力。

动机是发动行为使其达到某种目的的内部心理动力,曰内驱力。

动机是直接推动个体活动的动力,人的需要、兴趣、爱好和价值观等都需要转化为动

---

① 郭超人.培养新闻人才要跟上时代的需要[J].新闻业务,1993(8).

机后才能对活动产生动力作用。动机有积极与消极之分。但是，无论哪种动机都能激发人们的智力活动，都具有发动有机体活动的作用，关键要看由动机激发起的行为的目标是什么。从这个意义上讲，动机这种非智力因素对人们智力活动的作用主要体现在内驱力的方向——目标导向上。

人的一生无时无刻不伴随着各种生理的、物质的、精神的需要。但是引发人们行为的动机并不是随时可呼之即来的，它必须在人的某种需要和某个具体目标相结合时，才能使人跃跃欲试并产生朝向目标的动力。这个动力会激发人们的智力活动。

记者的新闻活动也是如此。埃德加·斯诺当年在心中始终蕴藏着一种为追求真理伸张正义，伺机捕捉世界重大事变的需要，但仅有这种需要是产生不了行为动机的，只有当这种需要与"突破国民党对苏区的封锁，到中国共产党领导的红区去"这个具体的目标相结合时，才有可能在他心中激发起一股不可遏制的动机，即"向全世界报道红色中国的真相"。在这种动机的推动下，他破釜沉舟，毅然"踏上前途未卜的非凡旅程"。可见，动机对人的行为有目标导向作用。

动机是在需要的基础上形成的。由于人的需要层次及追求的目标有高低之分，所以二者相结合形成的动机也会有差异，这种差异表现有二：一是有强有弱，二是有正有负。

如为谋取个人名利的需要所产生的动机，可以是很强的，也可以是很弱的。但无论动机是强还是弱，由于谋取个人名利属于低层次的需要，因而由其产生的动机的方向对人民的利益而言就是负方向。对于掌握传播话语权的记者而言，如果传播的目的不是以社会和人民的利益为最高需要，而是将个人利益置于公众利益之上，甚至为了个人利益不惜损害公众利益，那么由这种动机激发的行为必定会带来负面影响。为什么在新闻界虚假新闻不断出现，有偿新闻屡禁不止？最重要的原因就是某些记者传播的动机是为制造假新闻以引起轰动效应。如 2017 年 6 月 7 日《温州晚报》"看温州"客户端的图片新闻，题为《温州一女生因迟到两分钟被拒绝进入高考考场》，事实是该女生在规定的 15 分钟没有进考场之后又迟到了两分钟，而非高考开始后的两分钟。自媒体公众号"长江警笛"于 2017 年 8 月 10 日刊发《十堰一农妇遭五步蛇空袭　怒撕毒蛇为儿加菜》，后被证实完全是子虚乌有。2017 年 12 月 1 日山东莱阳教育部门通过官网发布消息《莱阳 14 岁小神童与麻省理工学院签约》。而麻省理工学院称，不会主动去签某一学生，所有的学生都是在高中最后一年开始申请的。该虚假稿件由莱阳教育系统宣传员所写，为的是宣传需要。[①] 从 2017 年假新闻可以看出，假新闻首先发自社交媒体，专业媒体仅经过简单的复制、粘贴，便造成了假新闻的扩散，而假新闻制造者的动机无一不是为了引起轰动效应，扩大社会影响。

高层次的需要（视党和人民的需要为自己的需要）一旦与合适的目标相结合，就会产生正向的强大动力，推动新闻工作者为党的新闻事业充分发挥才智。例如，原人民日报社记者焦翔于曾屡次作为中国媒体唯一代表参与重大战役事件报道，在战乱、动荡地区驻守 1 200 天，在右耳因枪声震伤、造成听力损失的情况下依然坚持不下火线。2011—

① 年度虚假新闻研究课题组. 2017 年虚假新闻研究报告[J]. 新闻记者，2018(1)：21-31.

2014 年,他先后在埃及、利比亚、叙利亚、黎巴嫩、约旦等国驻站、采访,报道了埃及穆巴拉克政权被推翻、利比亚大撤侨行动、利比亚卡扎菲政权被推翻以及叙利亚冲突、化学武器危机等近年来的国际热点事件。①

动机如此重要,新闻工作者是否对自己每一次行为的动机都那么明了?不一定。行为主体并不一定时时刻刻都能意识到它的存在。但无论是否意识到它的存在,动机对主体的行为都会顽强地起着目标导向的作用,这是不以人的主观意志为转移的。

优秀的新闻工作者都有一颗忠于党的新闻事业的心,他们经过长期艰苦的新闻实践的锻炼,已逐步将党和人民的需要视为自己的需要,并带着这种需要自觉地、坚持不懈地去捕捉那些有益于社会的目标。久而久之,由这种需要和目标相结合而产生的积极的动机就会形成一种定势,并最终内化为主体人格的一部分,并进入潜意识之中,一旦遇到合适的目标,就会迸发出巨大的力量。2013 年 4 月 20 日是雅安电视台记者陈莹举办婚礼的日子。上午她刚化完妆,准备去酒店,在举行婚礼的途中,地震突然发生了。身穿白色婚纱的陈莹本能地拉着为自己拍摄婚礼的摄像师,跑到街上,第一时间对刚逃出屋外的市民进行采访。她的敬业精神感动了很多人,被网友称赞为“最美新娘”并送上祝福。

而厦门《东南晚报》记者柳涛,因拍摄一组骑车人雨中摔倒的连续动作的照片而受到舆论的谴责。许多人认为他冷酷无情、不关心他人的感受等,并由此引发了一场关于记者职业行为边界问题的讨论。其实柳涛拍摄这组照片的主观动机是好的,他想用冲击力强的照片警示路人水中有坑,谨防摔跤,而且为了拍到这组照片他在狂风暴雨中站了将近一个小时。无独有偶,2012 年 12 月 3 日中午,一名韩裔乘客与一名非洲裔乘客在美国纽约时代广场附近 49 街地铁站发生争执,前者被后者推下站台后死亡。从 4 日《纽约邮报》在头版刊登的一幅大照片上可以看到:这名乘客左胳膊扒在齐胸高的站台上,拼命地往上爬,身后是一辆飞快驶近的列车……照片上配有文字:“这个人被推到地铁轨道上,他快死了(pushed on the subway track,this man is about to die)。”图片下方还加上一条醒目的大标题:“没救了(Doomed)。”这则消息立刻引发了人们的争议。有不少读者不仅指责《纽约邮报》的处理方式,还质疑摄影师阿巴西为何“见死不救”。由此可见,尽管有时记者的传播动机是积极的,但其传播行为并不一定符合社会道德。记者应该尽量处理好社会角色和职业角色的关系,在某些危急的情况下,应首先关注社会角色,然后再去履行记者的职责,因为“你首先是人类的一分子,其次才是新闻工作者”②。

总之,要想成为优秀的新闻工作者,就必须在平凡的工作中有意识地逐步树立起为党为人民的新闻事业奋斗终生的信念和动机。

二、情绪情感对新闻工作者智力活动的激发、选择和调节作用

情绪情感是人的心理活动的一个重要方面,它是人对客观事物的一种特殊的反映形式,即人对客观事物与人的需要之间的关系的反映。情绪情感是主体认识结构中最活跃

---

① 王金雪,秦华. 全国优秀共产党员焦翔先进事迹[EB/OL]. (2016-07-01)[2019-03-21]. dangjian. people. com. cn/n1/2016/0630/c117092-28513239html.

② 史密斯. 新闻道德评价[M]. 李青藜,译. 北京:新华出版社,2001:340.

的、恒常的、必不可少的非智力因素。它对人的智力活动起着激发、选择和调节等作用。

在日常生活中,情绪与情感常被视为同义词而混用。但是在心理学里,它们是有区别的。原始的情绪被看作是与人的生理的需要满足与否相联系的心理活动。在此,我们取其日常生活的意义,一般不对二者做严格的区分。只有在与人的高级的社会性情感如道德感、理智感、美感相关联时,才采用"情感"一词。

(一)情绪情感是激发新闻工作者智力活动的催化剂

新闻"一快二新"的特点,要求新闻工作者具有较高的智力。然而智力因素只有经过情绪情感的激发才可催化成最佳组合并发挥出最高的效能。徐迟在写《哥德巴赫猜想》时,完全处于一种"抑制不住的激动"之中。他"被生活和人物强烈感染",达到了"下笔如有神"的境界。他认为"记者不被生活所激动,激动到身不由己、欣然命笔的程度,就不是好记者"。

一个新闻工作者如果对自己服务的对象漠然置之,即使智商再高也很难写出撞击人们心灵的作品,很难播出动人心弦的节目。智力只有被情绪情感所激发,才能催化出绚丽的智慧之花。大凡成功的记者都有着用自己的情感甚至是血泪凝聚而成的感人之作。如穆青的新闻作品始终洋溢着对广大人民群众的鱼水之情和一片赤子之心。用他自己的话说:"每当我听到或是见到他们掺和着血和泪的事迹时,就产生了一股强大的冲动,简直如呆如痴,整天吃不下饭,睡不着觉,周围的一切好像忽然都不存在了一样,不把他们的精神面貌如实地写出来,就是对人民犯罪,就对不起党,对不起我们伟大的时代。"①

(二)情绪情感在新闻工作者的智力活动中的选择功能

人的情绪情感对人的认识活动有选择性功能,这是由情绪情感的本质所决定的。情绪情感的一个重要特征就是它和人的需要密切相关,并对客观对象进行选择性的接受。凡满足了主体需要的对象,主体就会对它产生肯定性的情绪情感体验,就乐意选择它;反之则会产生否定性的体验,因而竭力回避它。

情绪情感在新闻工作者智力活动中的选择性功能突出地反映在记者的道德感和对新闻的价值取向上。道德感属于人类高级的社会情感,它是和人们已有的道德观念相联系的。当客观事物符合人们的道德观念时,主体就会产生一种肯定的愉快的情感体验。道德观念的殊异将会导致新闻工作者对新闻事件产生不同的价值取向。美国著名新闻学教授麦尔文·曼切尔(Melvin Mencher)说过:"几乎所有的作品都是建立在作者所要表达的观察、情感或意见的基础上的。"记者采写什么,从哪个角度去写,是受其道德感制约的。同样,编辑选编什么样的稿件,把它安置在报纸的什么位置上,同样也要受道德感的制约。

上海有两家报纸的夜班编辑,在已经拼好第二天版面的情况下才获得当天发生的一件新闻:在许多围观者都不去救一个溺水者的情况下,女工陈燕飞不顾自己已经怀孕五个月的身子涉水救人。要不要拆掉原版,补进这条新闻,引起了这两家报纸的夜班编辑

---

① 王忠奇.凌云健笔意纵横——试论穆青作品中的四种意识[J].记者摇篮,2006(9):31-32.

的思考。他俩都曾先后给陈燕飞所在单位通话,了解她平时的表现,答曰:"平时表现一般。"这样,两位编辑都面临一个如何看待陈燕飞在关键时刻的不寻常表现与平时表现一般的问题。编辑自身的价值观、道德观必然会折射到他们对这条新闻的价值取向上。结果,有一家报纸的编辑倾向于单位对她平时表现的评价,没有改版;而另一家报纸的编辑则更看重她关键时刻挺身而出的行为,毅然换版,还将消息刊发在突出位置上。事实证明后者的选择在社会上产生了良好的效果。

(三)情绪情感对新闻工作者智力活动的调节作用

情绪情感对新闻工作者智力活动的调节作用主要体现在两个方面:一是某种稳定的高级的社会性情感,如民族自豪感、爱国主义、国际主义情感潜移默化地影响、控制着主体的认知活动;二是当情感与认知不协调时,需要调节自己的情感使之与认知相统一。

为做到前者,就要求新闻工作者不断培养自己热爱党、热爱人民、忠于党的新闻事业的思想感情。清华大学新闻与传播学院的学生李强写的农村调查《乡村八记》受到温家宝总理的表扬:"从事新闻事业,我以为最重要的是要有责任心,而责任心之来源在于对国家和人民深切的了解和深深的热爱。只有这样,才能真正做到用心观察,用心思考,用心讲话,用心做文章。"

为做到后者,新闻工作者应该从以下三个方面去努力。

第一,掌握好情绪情感的度。情绪情感虽然对智力活动起积极的激发作用,但是人的情绪情感并不是无羁的。著名心理学家林传鼎教授指出:"人们在增进智力的同时,也必须提高情绪的稳定性,控制冲动性,否则智力是提不高的,即使提高了也会出现反复。"20世纪90年代,心理学家对于控制情绪情感问题产生了兴趣。美国耶鲁大学的塞拉维(Salovey)和新罕布什尔大学的梅耶(Mayer)在1990年首先提出了情绪智力的概念,即"个体监控自己及他人的情绪和情感,并识别、利用这些信息指导自己的思想和行为的能力",也就是对自己和他人情绪状态的识别和理解,并利用这些信息来解决问题和调节行为的过程。因情绪智力的提出又引出了情商(EQ)的概念。这一概念是与传统的智商(IQ)相对而言的,它是指情绪智力的高低。1995年美国心理学博士戈尔曼(Goleman)在其著作《情绪智力》中指出:"真正决定一个人成功与否的关键是情商而非智商。"尽管时至今日,对情商的定量测定还不够完善,但是,有关情绪智力是决定人们成功的重要因素的思想,已逐渐为人们所接受。

作为新闻工作者,既应具有较高的智力因素,也不能忽视其情感智力①,要学会有效地控制自己和他人的情绪情感。在采访中,应力求做到恰如其分地控制自己的情绪情感:既放得开又收得拢,不温不火,不卑不亢。比如敬一丹有一次去河北灾区采访,与一位在抗洪一线牺牲的中校的妻子交谈时,激动得止不住地流泪,忽视了自己的记者身份。回来编辑时发现竟难以找到自己不流泪的镜头,她不得不用空镜头或者背影代替所有流

① 笔者认为,情绪情感属于非智力因素,而"情绪智力"的提出是与传统的以认知活动为中心的智力因素相对而言的,所以情绪智力的"智力"可以当作对智力的一种特殊的狭义的用法。从总体上看,情绪智力仍属于非智力因素范畴。

泪的镜头。“通过这次采访，我发现，作为一个经常出镜的电视记者要有分寸地流露个人主观情感，要有控制。如果忘了自己的职业角色，只顾个人的真情实感，节目的分寸感将会受到影响，记者的主观痕迹过于明显，必然影响观众收看节目的效果。”①

第二，把握好情绪情感在时空上的平衡。情绪情感结构可以从空间意义和时间意义的角度去研究，目的是为在新闻领域里能主动地寻求科学、合理的情绪情感分布，并借此提高新闻活动的效果。

从采访的角度分析，记者应有意把握住情绪情感的平衡，对采访对象不可“春暖秋凉”、时亲时疏。如有的记者和编导为了得到采访对象的配合，在完成采访任务（或者节目录制）之前，对采访对象像“冬天里的一把火”，而任务一旦完成，对采访对象的态度则如“寒流”入侵。再有，对采访对象不应厚此薄彼，而应一视同仁，尤其是在电视节目中，有些嘉宾因为是名流身份，便被视为高人一等，几乎抢了所有的镜头，而平民嘉宾则备受冷落。

第三，寻找新闻工作与受众之间情绪情感触发的敏感区，强化新闻传播的效果。新闻工作者服务的对象是受众，情绪情感是二者认知的中介，积极的情绪情感有利于加深二者之间的相互理解。因文化背景、所受教育、性别、年龄、职业等方面的差异，不同的受众其情绪情感的敏感区也不尽相同。新闻工作者必须了解各类受众，寻找自己与受众之间情感触发的敏感区，控制自己的情绪情感量及表达方式，以期达到较佳的传播效果。比如，2008 年 5 月汶川地震后，5 月 14 日，央视主持人赵普在直播连线地震现场的前方记者时，得知一位在现场抢救伤员的护士长在自己的孩子也被埋在倒塌的校舍里音信全无，却依然奋不顾身地抢救伤员时，被深深地感动了，当他在说完“为什么我们能够这样？是因为这片土地的人民懂得互相守望和帮助”后，双眼满含泪水，声音哽咽。但他能在停顿数秒后，迅速恢复到播报的常态。对此，大部分观众表示理解，有观众称“被主持人的落泪所感动”。

三、意志对新闻工作者智力活动的强化作用

有的心理学家把人的心理过程分为知、情、意三大类。所谓知，是指认识过程，它的任务在于使人们通过感官去认识客观世界的性质；情，即情感，它是认识过程与意志过程的中介，它既可以驱动人们饶有兴趣地观察、思考客观世界，又能将人们的认识过程延续到意志过程中去，从而使人们在一定目的的驱使下，自觉地调节自己的行动去达到追求的目标，进而完成改造世界的任务；意，即意志，它是人们智力活动的强化剂，凭借它的威力，人们得以反作用于环境，并实现对客观世界的变革。

对新闻工作者来说，靠意志力去强化智力活动更具有特殊意义，这是与新闻工作的特点分不开的。与其他一些职业相比，新闻工作带有更大的冒险性和竞争性。

冒险性表现在：要想获得真实、新鲜的第一手新闻，记者有时不得不冒着生命危险奔赴新闻现场。尤其是面对突发性事件时，如战争、地震、海啸、森林大火以及绑架人质等，其危险程度要远远高于其他工作。据国际新闻工作者联合会 2017 年数据显示，

---

① 叶子. 中国电视名记者谈采访[M]. 北京：长城出版社，1999：6.

全球至少81名记者在2017年殉职，死亡原因包括暗杀、汽车炸弹袭击和交火事件等。国际新闻工作者联合会主席菲利普·勒鲁斯对此表示，虽然就数字而言为十年来最低，相比2016年少12人，但全球范围内针对媒体人员的暴力程度“依然高得令人难以接受”。此外，还有250名记者受到拘禁或关押，针对媒体从业人员的暴力和骚扰大幅增加。[①] 即使在和平时期，从事新闻行业也有危及生命的可能。比如，处在转型期的中国，舆论监督有时是有风险的。特别是从事批评性报道的记者，有时会受到采访对象的恐吓和威胁。记者遭报复已发生多起，甚至在一定程度上已经成为一种“现象”[②]。例如《经济观察报》记者仇子明因采写了凯恩股份公司关联交易内幕的调查性批评报道而遭凯恩股份总部所在地浙江遂昌县公安局以“涉嫌损害公司商业信誉罪”进行全国通缉(后被撤销)。又如曾有黑社会组织悬赏500万元要“中国揭黑记者第一人”王克勤的人头。新闻工作本身的冒险性决定了记者必须以顽强的意志力和拼搏的精神去从事新闻工作。

新闻要求快，要求高效率。新闻的这种“一快二新”的特点，要求记者的状态是“时刻准备着”，要有“全天候”的工作意识。在新媒体时代，竞争会越来越激烈，新闻工作者的工作强度在不断增强，竞争压力在逐渐增大。要想抢到独家新闻，就必须有强烈的竞争意识和勇于夺冠的精神状态。这同样要求记者意志坚强，临危不惧，处变不惊。《圣何塞信使新闻》的娱乐记者娜拉·维拉格兰曾经这样说过：“如果前门被锁了，试着去敲后门。如果后门也被锁了，试着从窗户进去。”“前门”指公关人员，“后门”指演员联合会及演员经纪人，“窗户”则表示朋友、商业合伙人或者是演员的亲属。[③]

为培养坚强的毅力，新闻工作者应进行多方面的锻炼，其中有两个方面最为重要。

(一)增强自控力

战胜种种困难的前提是战胜自我，战胜自我就是靠意志力去控制自我。而控制自我的关键是要控制自我的情绪，情绪既可以成为意志行动的动力，也可以成为意志行动的阻力。用坚强的意志去控制情绪，使情绪服从理智，这将对新闻的采集与制作起到推动、支持作用。

自我控制是心理能动性的重要表现。它包括两个内容：一是遏制不符合目标需要的心理状态及活动的抑制性机能，也就是克服和抵制不符合行动目的的主客观诱因的干扰。转型时期的中国，肩负着舆论监督任务的新闻工作者一定要增强自我约束力，坚决抵制不良因素的影响和侵蚀，尤其要抵制拜金主义、享乐主义和极端个人主义，坚守职业良知。二是激发和保持为实现目标而进行的探讨、选择、排除干扰、坚持计划等活动所需要的积极进取的心理状态和活动机制。在新闻的采集与获得过程中做到锲而不舍、百折不挠，勇于克服各种困难，顺利完成采访任务。同时，遏制、控制是为了激发，为了以顽强的意志力去改造客观世界和人的主观世界。

---

① 胡若愚. 新闻人不容易 2017年全球至少81名记者殉职[EB/OL]. (2018-01-01)[2019-03-25]. http://www.xinhuanet.com/world/2018-01/01/c_129779866.htm.

② 刘畅. 社会转型期的舆论监督实践及记者责任[J]. 青年记者，2005(5)：6-7.

③ 梅茨勒. 创造性的采访：第3版[M]. 李丽颖，译. 北京：中国人民大学出版社，2004：131.

（二）增强心理承受力

承受力包括生理的和心理的。相对来讲，人们承受来自心理上的压力比承受生理上的（如遭受皮肉之苦）更困难。

新闻工作与其他一些职业相比，其心理承受力应当更高，因为新闻工作的服务对象更广泛。从大众传播的角度来看，可以说其服务对象是世界上所有的人，因此新闻工作者较之其他行业与人打交道的机会更频繁，人际关系错综复杂，处理起来相当困难。举个例子，一位刚从学校毕业的年轻记者去采访一位女校长，校长一见到“小记者”，非但脸色不好看，还说了一些刺耳的话：“你这么年轻，报社怎么派你来了？我是个有身份有地位的人，你能采访好我这么有丰富人生经历的人吗？叫你们领导派报社最优秀的记者来。”这位年轻的记者只好哭着回去了。由于新闻工作者接触社会范围较广，涉足社会程度较深，社会的每一个角落并不都能够被阳光照射到，有很多阴暗面依然存在，有很多问题长时间得不到解决。面对压力与无奈，新闻工作者的韧性比激情更为重要，每天拍案而起、义愤填膺根本解决不了问题，最重要的是要调节好自己的心态，增强自我承受能力。尤其是对于从事某种特定领域新闻报道或专栏（如有关心理健康方面的谈话类节目）的新闻工作者而言，由于长期被负面信息所笼罩，心里积郁了很多沉重感，如果不能及时进行自我调节，也可能出现心理问题：感到忧郁、绝望，甚至自杀。

从事批评性报道的记者，经常要在装聋作哑和勇往直前之间做选择，自我承受力便显得尤为重要。装聋作哑会违背记者的职业良知，而勇往直前会承受来自各个方面的阻力，如从说情、吃饭、行贿到施加政治或法律方面的压力，甚至遭受打击、报复、诬陷以至于危及生命安全。例如，2012 年 12 月 6 日《财经》副主编罗昌平微博实名举报时任国家发改委副主任刘铁男涉嫌严重违纪的当天，能源局就以官方名义为刘的“清白”背书，并宣布对罗的“污蔑造谣”报案报警。又如，一向以“以笔为矛揭黑幕”著称的《中国安全生产报》记者黄雄，经常受到邪恶势力的辱骂、威胁、恐吓。2006 年，黄雄因披露湖南省郴州市临武县非法开采各类矿洞的事件，当地黑恶势力肆无忌惮地扬言：“无论黄雄躲在哪儿，花多少钱，我们都要干掉他！”直到当年的 9 月 19 日，黑恶势力被惩罚，黄雄心里紧绷的弦才得以舒缓。① 然而，随着纸媒的衰落，深度报道曾经的辉煌不再，以调查记者为研究对象的学者张志安在 2017 年撰写《新媒体环境下中国调查记者行业生态变化报告》时，仅仅联系到 175 名调查记者，对于很多媒体人而言，曾经的新闻理想已被疯狂的营销手段吃了个干净。②

如今，记者的职业已经被列为最危险的职业之一。从事新闻事业，一定会遇到很多的艰难困苦，如果没有英勇顽强的精神和坚韧不拔的意志是无法胜任记者工作的，意志是新闻工作者非常重要的心理素质。因飞机失事，伊朗 78 名记者遇难。在生死存亡的最后时刻，他们还以惊人的镇定发回了最后的报道：“我们的飞机遇到了麻烦，一个发动机冒烟……”

---

① 黄雄. 我的恐惧和希望[J]. 青年记者，2006(21)：24.

② 张志安，曹艳辉. 新媒体环境下中国调查记者行业生态变化报告[J]. 现代传播，2017(11)：27-33.

四、性格对新闻工作者智力活动的制约作用

在新闻工作者队伍中,不乏这类情况:两个年龄、学历、智力相仿的人,一个在短短几年内突飞猛进,成为单位的业务尖子,而另一个却业务平平,无所建树。造成这种结果的原因很多,其中重要的一条就是两个人在性格上的差异。

性格是表现对现实的态度和行为方式中的比较稳定并且具有核心意义的个性心理特征。性格之所以在人的心理特征中具有核心意义,就在于它是以世界观为核心的,它在一定程度上反映出一个人的本质特征。

世界观是人们对人生、对自然、对社会总的看法,它处于性格的最高层次,并对个性心理特征中的其他两个组成部分——气质和能力(内含智力)具有统帅性的作用。它最能体现一个人真实的精神面貌。

由于性格表现在人们对万事万物所持的态度及与之相适应的行为方式上,因而性格会在一个人所有的内潜与外显活动中涂上一层独特的色彩,以区别于他人。

从以上分析不难看出,性格对一个人成长的重要性及影响的广度、深度是其他心理因素所不能比的。

首先,性格在形成中离不开人的智力活动,但它一旦形成就对智力活动起到有力的制约作用。我国著名的有贡献的新闻工作者都有共同的优异的性格品质:对祖国、对人民、对正义的事业、对新闻工作执着的爱及甘愿为之献身的精神;勇于探索、敢于创新的开拓精神;自尊自强、勇于剖析自己的精神;兢兢业业、一丝不苟、实事求是的精神,等等。这些优秀的性格品质无疑大大促进了他们智力的发挥。例如,凤凰卫视的记者卢宇光,在 2004 年俄罗斯别斯兰人质事件中第一次为凤凰卫视做现场记者,3 天内他从非职业记者变为凤凰卫视的特约记者、驻莫斯科记者、驻莫斯科首席记者。卢宇光能够迅速获得凤凰卫视的认可,是因为他在人质事件中出色的现场报道,而这恰恰得益于他勇敢、坚强、临危不惧的性格和视岗位比生命重要的精神。“当子弹不停地在身边飞,雇来的俄罗斯摄像早已不知去向,一名外国记者中弹倒地”①的情况下,卢宇光仍然坚持和凤凰卫视主播连线,而他的声音,也是唯一一个从前线传来的华人记者的声音。

其次,性格上的弱点常常成为新闻工作者智力表现和发展的障碍。优秀的记者经常能意识到自己性格中的某些弱点,并努力超越自我。“如果一个演员总是过于‘本色’,那至少他不是一个戏路很宽的好演员。好记者也是这样,内在的本色不能丧失,内心追求的目标不能丢,但一定要争取在采访技巧上超越自己的本能、自己的性格。法拉奇是个个性很强的人,超越这种个性是极难的,但她做到了,那才是伟大的记者。”②

软弱、缺乏自信、意志薄弱、懒惰马虎、情绪波动、不善与人沟通等性格常常成为一些新闻工作者一事无成的主观原因。

最后,性格特点有可能补偿智力的某些弱点。俗话说,“勤能补拙”。就是说性格上的勤勉可以弥补能力上的不足。

---

① 张林.卢宇光:恐怖现场跳出来的记者[J].青年记者,2006(11):21.

② 叶子.中国电视名记者谈采访[M].北京:长城出版社,1999:146.

正因为性格对人的智力有重要的制约作用，新闻工作者就应当自觉地培养自己优良的性格品质，克服性格中的弱点，充分发挥自己的聪明才智，为党的新闻事业作出积极的贡献。

综上所述，非智力因素对人的智力因素起到始动、定向、调节、制约及强化等作用。非智力因素对于新闻工作者的健康成长至关重要。当然，我们强调非智力因素，并不是轻视智力因素的作用，实际上二者在个体身上是相辅相成、相互促进、共同发展的。李希光教授曾撰文谈“清华将培养什么样的新闻人才”时指出：“清华大学未来培养的记者不仅要具备高超的语言表达能力如写作能力，永无休止的好奇心，对新闻事业的热爱，团队精神，懂得使用电脑写稿件，了解市场和受众，有良好的人际交往能力，他们更需要的是无偏见的公正的态度。中国下一代记者应该更多地与民众建立密切联系，要深入采访民众，获得第一手资料。”在现今媒体转型战略背景下，对于新闻人才有了更高的要求：不仅能专攻和精通一两项新闻实务技能，还应全能，即“尽可能多地掌握新闻生产的实务技能，懂得利用尽可能多的媒介技术，能自如地在多介质平台上呈现与传播其新闻作品，为完整的筹划报道贡献自己的力量”①。从以上条件看，这包括智力和非智力两方面的素质。所以，只有智力因素与非智力因素都得到发展，才有可能成为德才兼备的新闻工作者，也才有可能承担时代赋予我们的神圣使命。

第三节 新闻敏感的心理机制

新闻敏感是记者的政治敏感和业务水平的集中表现。新闻敏感的强弱直接影响记者采写新闻的数量和质量，甚至决定记者的职业命运。

探讨新闻敏感的心理机制，有助于记者自觉培养这种职业素质，也有利于适应时代需要的新闻名篇的问世。

新闻敏感是新闻工作者发现和判断有价值新闻的能力，是一种职业敏感。

探索新闻敏感的心理机制可以有许多角度，比如说新闻敏感是一种明察秋毫的社会知觉，是思维的一种顿悟现象或者是新闻工作者区别于其他职业的一种特殊能力，等等。从心理学方面看，与新闻敏感联系最直接的心理现象就是社会认知。记者采访属于社会活动，在采访中出现的心理现象自然也就属于社会心理。而社会心理的内在过程是从社会认知开始的。社会认知的最初阶段是社会知觉，在此基础上形成社会印象和社会判断。记者面对纷繁复杂的社会现实，迅速、准确地选择出具有新闻价值的事实，进而判断、预见自己选择的新闻事实的社会反响，记者这一系列的心理过程，既是认知过程，也是新闻敏感产生的过程。

---

① 钟剑茜. 在“全能”与“专精”之间把握平衡——全媒体转型战略下的新闻人才培养[J]. 中国记者，2013(2)：54-55.

一、新闻敏感与社会认知

(一)新闻敏感与社会知觉

新闻敏感的第一步就是记者须从无数事实中优先、准确、迅速地选择出具有新闻价值的事实来,这正是社会知觉选择性的一种表现。“记者有着特殊的眼镜,他们运用这些眼镜看某些东西,但对某些东西却视而不见;同时又以某种方式,见他们所见的东西。他们进行某种选择,并对所选择的进行建构。”其中,“特殊的眼镜”是指记者特有的感知方式,是指“解释组织感知,限定看得见与看不见的东西的那些无形结构”①。因此,不同的记者把自己的新闻敏感点落在不同的事实上,或落在同一事实的不同角度上,造成这种差异的原因主要在于记者的内因,即心理背景。心理背景是由已有的知识经验、动机、需要等心理要素转化来的。这个心理背景决定了记者对哪些事实最敏感、最易被其社会知觉所选择。

2002年夏天,全球有16家媒体记者获准进入车臣采访。他们有的选择写贫穷,有的选择写战乱,而一名中国记者却选择了写战争对人性的异化。他写了一个年仅五岁的车臣女孩,打死了送给她巧克力吃的俄罗斯中尉。这篇报道体现出记者对生命的尊重,对人性的关怀,对战争和恐怖行为的厌恶。

(二)新闻敏感与社会印象

社会印象是在社会知觉的基础上形成的,是留在记忆中的认识客体的形象,即表象。

当记者通过社会知觉选择某一事实作为报道对象时,这仅仅是新闻敏感的开端,记者还须将该事物与自己头脑中积累的丰富的知识经验和各种印象进行比较、分析,进一步证实所选择的事实的准确性,预测其新闻价值的大小。

担任美国《华盛顿邮报》驻莫斯科首席记者的杜德尔曾于1984年初不仅抢在他的同行之前,也先于美国白宫和中央情报局,只身在莫斯科捕捉到了一个震惊世界的大新闻——苏联领导人安德罗波夫去世了。当他通过电传连夜向报馆发出这条新闻的第二天,苏联才宣布安德罗波夫的讣告。

杜德尔对这一特大新闻高度的新闻敏感是经过对一系列事实的分析、比较而产生的。

1984年2月10日那天,从黄昏到午夜杜德尔敏感地捕捉到一系列不寻常的迹象:

(1)在当晚的电视节目中,苏联高级官员演讲中省了一句陈词老调,他没有向托木斯克人民转达安德罗波夫的问候。他还注意到当该电视讲话结束后,将原已安排好的流行音乐改换上了严肃的古典音乐;

(2)两年前,一位苏联朋友告诉他,安德罗波夫的健康状况急转直下;

(3)苏联国防大楼正常情况下只有四个窗户有灯光,而这晚有几百扇窗户亮着灯;

---

① 布尔迪厄.关于电视[M].许钧,译.沈阳:辽宁教育出版社,2000:17.

(4)在通往克里姆林宫的路上,增加了执行任务的保安人员。

这一系列不寻常的迹象与杜德尔记忆中储存的信息(即社会印象)诸如:安德罗波夫的健康情况急转直下,在15个月前勃列日涅夫去世时,苏联电视台将流行音乐改换为古典音乐,以及苏联国防大楼灯光陡增……形成了鲜明、清晰的对照。经过分析、比较,杜德尔初步确认安德罗波夫去世了。

(三)新闻敏感与社会判断

判断一位记者的新闻敏感是强还是弱,不仅仅看他选择了什么,分析比较了什么,更重要的是看他对选择的事实加以分析比较后得出的社会判断是否正确。社会判断是在社会知觉和社会印象的基础上形成的对认知客体的评价和推论。社会判断是记者下决心将所选择的事实转化为新闻报道的前提。只有当新闻报道被受众承认并且产生较强烈的社会反响时,人们才会肯定该记者具有较高的新闻敏感。

2005年11月下旬,哈尔滨市因松花江遭遇严重污染而全市停水,全国为之震惊。远在千里之外的浙江《今日早报》编委会快速认定这一事件的普遍价值,并果断决策,抢在省内、国内其他媒体之前,在第一时间派出记者赴哈尔滨。在11月24日至11月28日之间,该报共计推出12个整版刊出该事件的相关新闻,在读者中引起广泛反响,也受到省内外同行的高度赞扬。

二、新闻敏感与记者的人格

人格是一个带有全局性的、根本性的问题,对于记者来讲它不仅直接影响新闻敏感程度的强弱,而且对记者所有的心理素质都有制约作用。

纵观中外记者,数以千万计,每个人都会有不同程度的新闻敏感,但往往只有名记者才具有高度的新闻敏感,或者说具有高度新闻敏感的记者才有可能成为名记者。他们所选择的新闻事实,所写出的报道常常产生振聋发聩的社会效果。原因何在?

美国心理学家凯利(H. H. Kelley)认为:"每个人头脑中都构成了一定的心理组织结构,如同一个有色镜头,人所看到的一切事物都要经过这个'有色镜头'的过滤。"名记者与一般记者的差异正是在于他们各自的"有色镜头"不同。组成这个"有色镜头"的因素非常复杂,包括个人的知识经验、生活方式、文化背景、情感意志、兴趣爱好、认识方式、个性特征等,正如美国心理学家吴伟士指出的,人格是个体行为的全部品质。

记者的人格制约着他反映客观现实的那个"有色镜头",而该"镜头"又制约着他的新闻敏感的强弱。

被誉为"驰骋全球"的"新闻史上的哥伦布"的美国著名记者埃德加·斯诺就是一个人格高尚且集各种优秀心理品质于一身的杰出记者。他所具有的新闻敏感是举世公认、无与伦比的。在黑暗的旧中国,当我们自己的同胞中还有不少人分不清"延安""西安"时,他居然能施展出"20世纪新闻记者……最了不起的绝技",写出了使"中国沸腾"、令"世界震撼"的爆炸新闻,他在被世人誉为"宏大、勇敢、辉煌的著作"——《红星照耀中国》(即《西行漫记》)这部书的结尾预言"中国社会革命运动最终会获得胜利"。面对这个事实,谁也不会否认斯诺具有高度的新闻敏感,但谁也不会将他的辉煌成果仅仅归结到新闻敏感上,而是将其归结到他那崇高的人格上。斯诺具有“无畏的探索精神,当机立断的勇气,追求真理的坚韧意志”,敢作敢为的性格和极强的好奇心、探索欲,尤其值得称道的是,斯诺在“时代的急流中……毅然将自己置身于中国人民之中接受中华民族魂的启迪。他对中国有一种热爱之情……”①可见,斯诺超乎寻常的新闻敏感正是他崇高人格的一个侧面、一种体现。

在中国新闻史上,各领一时风骚的名记者像梁启超、章太炎、瞿秋白、蔡和森、邹韬奋等也都是人格高尚的人,他们以其高度的政治敏感、新闻敏感写出了许多叱咤风云的报道。

如今改革的时代又造就了一批有社会责任感、使命感,具有新的知识结构和价值观念的中青年新闻工作者,他们的新闻敏感具有新的高度、时代的特色。如《齐鲁晚报》高级记者、张刚工作室主任、智慧社区事业部总监张刚在2010年启动大篷车公益服务以来,敏锐地捕捉到社区新闻、社区活动以及社区治理的发展方向,通过和政府职能部门联合下沉服务,8年来办了600多场进社区活动,通过“项目负责制”,打造公益助学、助老等多个项目,实现了从媒体栏目到服务机构的转变。当下新媒体对于传统媒体的冲击不可遏制,在这一冲击下我们看到的,除了一些传统媒体的相继离场,也有一些改变思维观念的成功案例,而带领转型的媒体工作者更是具有敏感的时代嗅觉和突出的人格魅力。②

总之,记者的人格决定其新闻敏感水平的高低,记者新闻敏感的强弱也正是记者人格的一种反映。

三、怎样增强新闻敏感

(一)培养高尚人格品质,优化记者的职业敏感

对于记者来讲,新闻敏感固然重要,但也不能把提高自己的职业敏感仅仅放在这一点上,而应在培养自己高尚的人格品质上下功夫。因为人格的作用“就像一个指南针,调节和控制着个体,使他适应社会环境和自然环境”。在改革开放的今天,时代要求记者首先应具有高度的社会责任感、使命感,“使命感是产生新闻敏感的内驱力,使命感越强,完成使命的驱动力越大,毅力越坚强,情感越生动,知觉越灵敏……而当使命和人生目标、人生价值的实现融为一体时,人的兴趣、爱好、情感都会倾注于使命,产生职业钟情,使命钟情,就会形成实现使命的巨大动力、不屈不挠的毅力和高度的职业敏感”③。例如,新华社记者马丽、歧晓峰正是因为在高度的使命感和责任感的驱使下,冒着巨大的风险,克服层层干扰和重重困难,深入到河南上蔡县文楼村等地艾滋病高发区进行采访,由于是与艾滋病患者面对面地交谈,拍到了大量真实反映艾滋病患者艰难生存状态的镜头。正是

---

① 刘力群.纪念埃德加·斯诺[M].北京:新华出版社,1984:87.

② 张刚.齐鲁晚报张刚大篷车:从媒体栏目到社会服务机构——一名社区记者的八年探索[J].中国记者,2018(6):72-74.

③ 康文久.新闻敏感系列谈[M].北京:新华出版社,2003:123.

因为这些报道，引起了中央领导对艾滋病群体的高度重视，引起了社会各界对艾滋病人群的关注与援助。①

因此，记者要坚持党的领导，坚持正确政治方向，坚持以人民为中心的工作导向，不断更新价值尺度、价值取向，敏锐发现、反映改革中的新事物、新人物。只有具备了以上素质，记者才能具有高度的新闻敏感。

（二）不断更新知识，丰富自己

“谁知道的最多，谁就看到的最多。”谁的知识越丰富，谁的社会知觉阈就越低（社会知觉阈是指引起刺激反应所需要的最少限度的社会刺激量），社会知觉阈越低意味着其社会知觉反应越敏感。艾丰在《新闻采访方法论》一书中写道：“老的记者往往对可能有新闻价值的新的事实的‘生长点’和‘临产状态’有较为深刻的了解。”这里所说的新的事实的“生长点”和“临产状态”，正是心理学所讲的社会知觉阈。新事实的“生长点”和“临产状态”是在与旧事实相对比中表现出来的。知识经验越丰富的人，对新、旧事实的判断也就越迅速，其新闻敏感性也就越强。

当今社会知识更新的速度很快，处于时代前沿的记者一定要善于学习，否则很容易落伍，甚至由于知识陈旧而丧失辨别真假新闻的能力，更不要说增强新闻敏感了。记者要有“海绵”精神，不断地学习吸收新观点，接受新信息。在网络时代，记者要想提高对网络信息的敏感度，就必须认真学习有关网络方面的知识，学会熟练地使用网络。与此同时，记者要有目的、有计划地读书，尤其要多读一些能开阔思路、增强思辨能力、帮助找到解决问题途径的诸如社会学、心理学、哲学和历史学等方面的书。善于从同行身上取经，也是一个比较好的学习方法。比如，经常思考报道同样的题材，其他媒体的记者在采访手段和选题角度上是否比自己更好，比较的过程就是学习的过程。

（三）扎到生活的海洋中，贴近生活的脉搏

社会生活是新闻报道内容的源泉，也是产生新闻敏感的根源。培养高度的新闻敏感，仅靠一般地了解生活是不够的，需要记者扎到生活的海洋中，贴近生活，用新闻眼、新闻鼻、新闻耳全神贯注地对新事物进行搜索、追踪，并不断地对新、旧事物做精细的比较、分析，从而提高对新事物的感受力，迅速地觉察到别人觉察不到的情况和细节，体察到别人体察不到的广度和深度。

“新闻记者的新闻敏感有点像电光石火。电子枪点燃煤气灶一打就着。如果缺乏新闻敏感，就好像用火镰打受潮的柴火，火星四溅，就是打不着火。生活里面这种火星是非常多的，如何让这些火星点燃自己心中的火苗，是一门大学问。”②《辽沈晚报》的记者葛红霞经常到居民家走走，从海阔天空的闲聊中敏锐地抓住有价值的信息，通过串门聊天收获独家新闻。有些记者抱怨在媒介竞争日趋激烈的情况下，获取独家资源、独家素材越来越不容易。其实，记者只有“卧”生活的底，才能将湮没在浩繁的生活中的新闻素材识

---

① 安冬.走进“艾滋病村”的记者[J].青年记者，2006(13):39-40.

② 南振中.记者的战略眼光[M].北京:新华出版社，2000:114.

别出来。厦门卫视新闻部主播林懿琳如果不是多次驻点台湾采访,经常往返于两岸之间,也不会成为2014年“好记者讲好故事”的全国十强,被中国记协网评论“用心贴着土地,用梦裹着情谊,用回家的温暖消弭远游的距离”。中央电视台驻拉丁美洲记者刘骁骞如果不是在巴西探访了各色的贫民窟,也不会得到巴西贩毒集团首领的同意,深入制毒工厂和毒品交易现场采访,并推出了《世界杯倒计时系列特别节目·走进“上帝之城”》,展示了里约热内卢这座城市不为人知的一面。

第四节 对记者向性的测量和思考

一、对记者向性的测量

向性,属于非智力因素,是心理学家对性格类型的一种分类方法。包括内向(内倾)型和外向(外倾)型。属于内向型者,心理活动多指向个体的内部世界,其认知方式和行为活动的主要参照点是主体的知识经验。这类人的性格表现为:沉静孤独,处事谨慎,深思熟虑,反应迟缓,不善交际,适应环境能力较差。属于外向型者,心理活动多指向个体的外部世界,其认知方式和行为活动的主要参照点是外界的物质和社会环境。这类人的性格表现为:活泼好动,情感外露,不拘小节,思维敏捷,善应变、愿交际,能适应环境的变化。介于二者之间的为中间型。

探讨记者职业(本节专指从事采访报道的记者)与记者向性类型的匹配,对优化记者的心理素质,提高采访效率和采写质量有积极意义。以往研究者对记者的向性大多只作质的描述,缺乏量的调查和分析。在质的描述方面又较多地凭经验推断记者为外向型。如有人认为,对于作为社会活动家的新闻记者来说,“属于内倾型的人就不太适合”;还有人把“外向型的性格”作为新闻记者的心理品质的重要组成部分。究竟是不是外向型者更适宜当记者?带着这个问题,20世纪80年代,北京广播学院新闻系的两位心理学教师采用在国内外人格量表中被公认信度、效度都较高的卡特尔(Cattell,美国心理学家)16种人格因素测验(简称16PF),对中央人民广播电台、中央电视台、中国国际广播电台、人民日报社、新华社以及部分省市电台、电视台的123名新闻工作者进行了心理测量,其中三分之二以团体方式进行,三分之一以个体方式进行。收回有效答卷81份,其中男50份,女31份。每人每次的结果均以剖析图形式表示,经过对这81份问卷的计算机处理,获得了一系列数据。其中关于向性平均值的结果如表4-1:

表4-1 部分新闻工作者16PF测量结果

	变量名称	平均值	标准差	最小值	最大值	N
	性别			1	2	81
	年龄	33.27	9.03	22.00	56.00	81
A	乐群	6.00	2.09	2.00	10.00	81
B	智慧	5.96	1.81	1.00	10.00	81

续表

	变量名称	平均值	标准差	最小值	最大值	N
C	稳定	5.46	1.81	1.00	10.00	81
E	恃强	4.96	1.68	1.00	9.00	81
F	兴奋	6.01	1.68	2.00	9.00	81
G	有恒	5.02	1.60	1.00	8.00	81
H	敢为	6.11	1.57	3.00	10.00	81
I	敏感	6.85	1.67	1.00	10.00	81
L	怀疑	5.85	1.61	2.00	9.00	81
M	幻想	7.02	1.74	3.00	10.00	81
N	世故	5.02	1.75	2.00	9.00	81
O	忧虑	5.58	2.24	1.00	10.00	81
Q1	实验	5.42	1.39	1.00	8.00	81
Q2	独立	6.17	1.51	1.00	10.00	81
Q3	自律	5.20	1.45	2.00	9.00	81
Q4	紧张	5.80	1.94	1.00	9.00	81
X1	适应与焦虑	5.72	1.94	.10	9.10	81
X2	内向与外向	5.83	1.87	1.50	9.60	81
X3	感情用事与安详机警	4.25	1.71	.50	9.00	81
X4	怯懦与果断	5.97	1.57	1.30	9.30	81

注：本测量结果由北京大学心理系 1989 级研究生周爱宝同志整理。

从表中可以看出，这 81 位记者的向性平均值 X2 为 5.83。该向性分数 95%的置信区间为：$5.22<\mu<6.44$（t 检验 $P<0.05$），以正常成人的向性数据为标准差，从 1～10 是标准差的两个端点。1 表示极端内向，4 表示从内向型到中间型的阈值；10 表示极端外向，7 表示从中间型到外向型的阈值。从 1～10 中间有若干等级，任何一个人或某个群体（指平均值）的向性值均可在这个向性数轴上找到自己相应的位置。5.83 处于 4～7 这段向性居中的区域内，所以说这 81 位记者的向性平均值表现为中间型。

二、对记者向性的思考

81 位记者向性测试的实际结果是中间型，这跟我们过去凭经验推测的明显外向型有显著差异。这个差异引起了我们对记者向性类型的重新思考。

（一）过去的推测有片面性

过去凭经验判断记者应当是明显的外向型。理由是：记者是社会活动家；他们的工作对象是社会公众，活动方式是以采访为主的社会交往；记者职业要求记者的心理活动必须时时指向外部世界，吃透中央精神，摸清群众“脉搏”，对社会变动很敏感，反应快、善交际、广交友。这些都属于外向型的特点，这无疑是对的，但是忽略了记者是独立的脑力劳动者这个特点。记者的活动方式经常表现为单枪匹马、各自为战。即便是小群体，如采访、拍摄小组需要相互配合，但每个人的工作都有其相对的独立性。为抢新闻常需只身入“虎穴”，遇到突发性或重大新闻事件，需要独立思考，准确判断。尤其是在写作(或制作)阶段，注意力要稳定，能坐得住，想得深。既要有激情，又要头脑冷静，落笔(摄取镜头)谨慎，报道适度等。这些又多属于内向型特点。可见，记者职业要求记者在向性方面不能走极端。这次测试之后，施测人员又和一些高级记者讨论了这个结果，大家都认为：记者较理想的向性类型是集内向和外向之长处的中间型。

(二)向性类型对采访写作的影响

如果说政治思想觉悟决定了记者站在什么立场上用什么观点去采访去写作(录制)，那么向性类型则主要影响记者的工作效率和质量。假如向性类型和记者职业要求比较一致，记者自身的潜力就容易得到充分发挥，无论处于何种复杂艰苦的采访环境中，都能保持良好的心境，情绪饱满、乐此不疲、事半功倍。反之，二者倘若相悖，记者则需要分出相当多的精力去调节自己的心理状态。根据“心理能量守恒”的原理，每个人的心理能量(或称精力)是一个常量。如果在某方面消耗多了，则分配到其他方面的心理能量就会减少。比方说，一个典型的内向型者，在采访时，往往要以较大的毅力去摆脱情绪紧张、手足无措、思维被压抑、言语受阻滞的困境，而不能把全部精力集中于观察、倾听、提问、分析思考等正常的采访活动上来，这势必影响采访的效率和质量。

(三)优化向性构成，适应记者职业

虽然记者职业对记者向性的要求大体一样，但是由于记者个体差异较大，所以一般说，记者个体的向性类型与记者职业的要求不会完全适应。测量 81 位记者的向性结果仅仅说明他们的向性平均值属于中间型，这并不等于人人都是这个数值。这 81 位记者有的是较明显的外向(或内向)型，有的是稍偏于外向(或内向)型，即使同属于中间型，其具体组合也有区别。所以每个记者都应当明了自己的向性弱点，并有意识地克服。但是向性类型一旦形成便会有很强的惰性，不是一朝一夕能够改变的。这是因为向性是人的先天素质和后天教育、环境影响的产物。改变已形成的向性特性，哪怕仅仅是其中的一小部分，都是非常困难的，有时甚至很痛苦。没有强烈的事业心，不经过长期的磨炼，是很难做到的。

例如，某报记者曾是一个性格极其内向的人，见生人或遇大场合就情不自禁地脸红、心跳。初次采访心里紧张，说不出话来，窘态百出，结果一无所获，内心十分痛苦。强烈的责任感促使他逼着自己和别人打交道，不断摸索与采访对象沟通感情的方法。经过多年“很苦、很累”的奋斗，他总算摆脱了内心的困扰，能够比较自如地和各类人交往。

当然，向性的改变，不一定非得“脱胎换骨”。场合不同，向性特点的表现可以有所侧重。在日常生活中不妨更多地保留自己的天性，而在工作中，则可以展示自己个性的另一侧面。有时，这两个侧面的差异较大，但并不一定不和谐。这是因为人的个性（包括向性）的构成相当复杂和多样化。

新华社一位记者对孟加拉国优秀记者默迪尔的描述是这一观点的绝妙注脚：

"他寡言少语，然而每逢记者招待会总要发问；他行动言语迟缓却不断抓到'活鱼、大鱼'，令同行刮目相看；他看似不善交际却非但各界朋友如云，而且深交者不少，许多政府部长和外国驻孟大使甚至将卧室的电话号码都给了他，令同行妒羡不已。"

写作时的默迪尔"显得英姿勃发，眼睛发出光辉，边写稿边和同事谈笑，兴头上还哼上几句小调，这是他最愉快的时刻。一位作家说过，对某种事业的追求，能改变一个人的性格和气质。也许正是对新闻工作的酷爱，使得相互矛盾的东西得以在默迪尔性格中和谐地存在着"①。

由此可以看出，事业心、职业感对性格、对向性的构成有导向和制约作用。

（四）年龄与向性发展的关系

向性既有惰性，又有可塑性。随着年龄的增长，个体的向性特点可能会发生不同程度的变化。

从对 81 位记者的 16PF 测量结果发现：35 岁（含）以上者较之 35 岁以下者更趋于内向型：

表 4-2　不同年龄记者向性分析

		数量	平均值	标准方差	标准误差
第一组	≥35 岁	29	4.8655	1.799	0.334
第二组	<35 岁	52	6.3731	1.704	0.236

从表 4-2 中可以看出：P<0.01

35 岁（含）以上者 X2 为 4.8655

35 岁（含）以下者 X2 为 6.3731

测量结果表明：年龄增长与社会化程度的提高与向性的发展呈正相关。这就是说，随着年龄的增长，人会更加成熟，思维更缜密、深沉。向性的这种发展有助于记者事业的成功。但不应忽视的是，年龄的增长容易使人迟钝、敏锐性降低，更喜好独处，接触面变窄。老同志应当努力克服这些不足，保持笔头的活力。相反，年轻人精力旺盛，活泼好动，敏感性强，但又有不够成熟、容易偏激、认识肤浅等问题。这正是年轻人应向老同志学习的地方。

不过需要说明的是，在某种特殊情况下，在较短的时间内，有时年龄增长与人格向性的发展不一定都呈正相关。北京师范大学心理系和北京广播学院新闻系曾联合对北京广播学院新闻系 1982 级学生在校学习时与参加新闻工作后的人格变化情况进行过对比

---

① 宣增培. 默迪尔的智慧——记孟加拉国一位优秀记者[J]. 中国记者，1990(8)：59.

研究,并发表了《工作经历对人格结构的影响》的测量报告。① 现将该报告中有关向性变化的部分内容摘引如下:

对象与方法

一、测量工具

卡特尔16种人格因素测验(16PF)是当今世界上最富有权威性和特色的人格测验之一。它不仅广泛应用于各种群体的比较研究,而且还大量用于对个体人格特质的分析与预测。本研究采用16PF中的修订本为测量工具,依据华北师范大学修订的全国常模为主要参照点,并参考1981年辽宁省教科所修订的辽宁常模。

二、对象与施测

被试取自原北京广播学院新闻系学生,现任全国各省市记者。

第一次施测于1985年以团体方式进行,共38人。第二次施测于1989年以个体方式进行,收回有效答卷25份,其中男、女分别为13份和12份。每人每次的结果均以剖析图形表示。

对本研究的第一次施测结果进行分析,16PF测试结果与被试的自我评价具有较高的一致性,90%以上的被试认为16PF测试结果符合或基本符合自己的性格,表明该研究是有效的。

结果分析

工作前后的人格特征比较

表a列出了25名被试工作前后的人格特征、结构变化。

表a 工作前后的人格特征比较

因素	A	B	C	E	F	G	H
1985年	5.96	7.20	6.00	5.40	5.56	5.16	5.88
1989年	5.96	7.16	5.64	5.68	6.64	4.32	6.60
t	.00	.57	1.10	—.86	.367	2.99	—2.52
因素	I	L	M	N	O	Q1	Q2
1985年	6.32	4.72	5.60	4.84	4.32	5.24	5.56
1989年	6.08	5.12	6.12	4.96	4.24	5.72	5.80
t	.92	—0.1	—1.73	—.25	.22	—2.21	—.59
因素	Q3	Q4	Xl	X2	X3	X4	
1985年	5.04	5.00	4.42	5.76	4.76	5.34	
1989年	5.40	5.92	4.80	6.59	5.03	6.64	
t	—1.3	.33	.10	—2.87	—1.02	—2.04	

P<.05,P<.01

从表a里可以看出,1985年这个班学生的向性平均值(即表里的X2因素)是5.76,

① 阎巩固,刘京林.工作经历对人格结构的影响[J].心理学探新,1992(1):47-50.

而1989年当他们从事记者工作三年后的向性平均值为6.59，$P<.05$表明二者有显著变化，向性因素X2显著提高。这种变化表明，被试的人格特征表现得更加外向、开朗、善于交际。这是因为他们处于从校门走向社会，从学生角色向记者角色转变的特殊情况，而且又是在一个不太长的时间内(三年)发生的。随着年龄的增长，尤其是进入中老年后，其向性发展与前一测试结果可能会趋于一致。①

复习要点

一、新闻工作者心理现象(或心理活动)的构成

新闻工作者心理现象(或心理活动)的构成与人的心理现象(或心理活动)的构成是一样的。虽然不同的职业对人的心理素质有不同的要求(如飞行员的空间知觉能力、注意的广度；教师的口头表达和组织课堂教学的能力)，但是作为人，他们的心理现象(或心理活动)的组成内容是一致的。

二、新闻工作者的智力和非智力因素

1. 辨清智力和非智力因素的内涵以及二者之间的关系，了解新闻工作者的智力因素应当包括的主要内容。

2. 重点掌握新闻工作者的非智力因素。非智力因素是指除智力和能力之外的其他全部心理因素，主要由情绪情感过程、意志过程、个性心理和心理状态组成。个性心理又包括个性心理特征(气质、性格)和个性意识倾向性，包括动机、需要、世界观、信仰、兴趣等。心理状态有：注意、觉醒(意识状态)、疲劳、睡眠等。

新闻工作者的非智力因素主要是在后天形成的，其基本功能在于对新闻工作者的智力活动起到始动、定向、引导、保持、强化、调节、制约等作用。这部分要求能联系新闻实践活动具体阐述：(1)动机对新闻工作者智力活动的激发与导向作用；(2)情绪情感对新闻工作者智力活动的激发、选择和调节作用；(3)意志对新闻工作者智力活动的强化作用；(4)性格对新闻工作者智力活动的制约作用。非智力因素对智力活动的影响最终表现在新闻工作者的人格对其智力活动的激发或制约上。

三、新闻敏感的心理机制

新闻敏感是新闻工作者发现和判断有价值新闻的能力，是在政治敏感基础上的一种职业敏感。从社会认知(包括社会知觉、社会印象和社会判断)的角度分析新闻敏感，可以帮助我们从心理机制的层面理解新闻心理学和新闻学在研究对象上的区别。

社会知觉表现出记者对有新闻价值的事实的优先选择；社会印象是对所选择的事实在大脑中进行分析比较；社会判断则是对新闻事实的社会效应进行评价和推论。这三步由低向高层层递进，相互依存。在社会判断的基础上记者就会采取相应的采访活动。

新闻敏感的强弱不仅取决于记者社会认知水平的高低，更与其人格有关。人格是个体行为的全部品质的综合。其中的世界观、信仰、动机、性格等因素对记者的新闻敏感会产生重要的宏观调控作用。优化个体的人格品质，汲取各类知识，深入人民群众的生活实际，是增强新闻敏感的主要途径。

---

① 刘京林.对记者向性的测量和思考[J].中国广播电视学刊，1992(3)：24-26.

复习题

1. 请详细说明新闻工作者心理现象(活动)的构成。
2. 陈述新闻工作者的智力和非智力因素的组成及二者之间的关系。
3. 联系新闻实践活动,举例说明新闻工作者的非智力因素对其智力活动的影响。
4. 陈述新闻敏感的内涵及培养新闻敏感的途径、记者的新闻敏感与其人格的关系。

第五章　新闻采访心理

第一节　新闻采访心理的内容和特点

一、新闻采访心理的内容

新闻采访心理是指在新闻采访活动中记者和采访对象心理活动的特点及其规律。

从心理学角度看，采访活动可以分为“采”和“访”两部分。“采”，侧重于研究记者在采访活动中对新闻事实(包括人或物)的认知过程及其规律，主要表现在记者对客观事物的观察、思考和收集(包括拍摄、录像)上；“访”，侧重于探讨记者和采访对象之间的人际互动及其规律。采访实际上是“代表背后的观众，双方以对话的形式来交换信息，以达到任何一方都无法独自达到的知晓程度”①。采访活动是一个人与人之间多层面的对话，涉及意识层面、潜意识层面、语言层面和非语言层面等。它是新闻活动全过程的第一阶段，是有新闻价值的客观事实通过记者的感官和意识加工转化为记者的主观认识的过程。这个过程为下一步的新闻写作或制作(即把主观认识物化为媒介符号)打下基础。

在采访过程中，虽然从组织、引导、目的达到的角度看，记者处于主导地位，然而，从是否愿意提供(包括提供的质量和数量)新闻信息的方面看，采访对象也并不总是被动的。采访对象心理包括其对记者采访意图的认知、理解的程度，所抱的态度(积极的或消极的)以及表达新闻事实的能力。

二、新闻采访心理的特点

(一)新闻采访心理离不开对新闻基本特征的认知

新闻采访是一场探求事实真相的战斗，要求记者在尽量短的时间里，在意料不到的情况下排除干扰，迅速地(因为新闻有时效性)、准确地(因为新闻有真实性)、生动地(因为新闻有新鲜性)认知有新闻价值的客观事物。这就对记者的心理素质提出了较高的要求。此外，采访对象对提供具有真、新、快、活特点的新闻负有道义上的责任，这个责任不仅是对某个新闻单位，更是对广大受众的。

---

① 梅茨勒.创造性的采访：第3版[M].李丽颖，译.北京：中国人民大学出版社，2004：12.

(二)新闻采访心理离不开对采访环境的认知和把握

从记者活动的舞台是整个世界的角度看,采访环境即社会环境。但是采访环境一般并不会直接影响采访活动,对采访活动直接起作用的是采访情境。采访情境不同于一般的采访环境,而是记者和采访对象"从主体予以规定和把握的环境……"①记者选择什么样的环境才能让采访对象知无不言、言无不尽,这取决于记者和采访对象对具体的客观环境规定(认知)和把握(控制)的程度。采访的环境不同,采访中所获得的事实真相的程度也会有所差异。有研究者把采访环境分为"绿色的"、"黄色的"和"红色的"几种不同情况。所谓"绿色"采访,是指采访双方情绪愉快(或不带任何不佳情绪),事实真相会自然而然地随着谈话的进程而表露出来;在"黄色"采访中,我们应该警惕采访对象不安的情绪,他们很可能会使事实真相蒙上浓重的感情色彩;而"红色"采访则表示采访处于一种十分不稳定的状况,危机随时可能发生,采访对象指责与敌对的情绪随时都可能爆发。②

(三)采访心理主要是在人际互动中产生的

采访活动是一种重要的新闻活动,而新闻活动是"沟通交流情况的一种社会活动,是人与人之间对新近发生的事实进行相互传达的基本方式"③。所以采访心理主要是在人际互动中产生的,是记者和采访对象围绕着新闻事实的"取"与"给"的矛盾产生的,是记者和采访对象在感知、情感、理智等方面相互感应的产物。

记者和采访对象对采访活动的认识带有明显的主观色彩,这种主观色彩源于认识主体的生活经历、知识积淀、功利目的和心理需求等。

(四)采访活动中的心理互动属于角色互动

虽然,通常记者是以个体方式去采访,而且记者和采访对象一般是一对一的交往,但是采访对象很清楚,记者绝不是代表个人而是代表某个新闻单位(实质上是代表某个阶级、某个集团或某个政党的利益),记者个体是记者群体角色的体现。反之,在许多情况下,采访对象也不仅仅代表他自己,而是某群体(如企事业)或某党派的代表(或一分子)。因而,认识主体在采访活动中的人际互动,交织、渗透着不同的群体或集团的利益。

第二节　新闻采访的社会认知模式

一、认识新闻采访的一个新视角

"采访,实质上是人的一种认识客观事物的活动。贯穿于采访活动全过程的主要矛

① 沙莲香.社会心理学[M].北京:中国人民大学出版社,1987:49-50.
② 梅茨勒.创造性的采访:第3版[M].李丽颖,译.北京中国人民大学出版社,2004:129.
③ 余家宏,宁树藩,等.新闻学简明词典[M].杭州:浙江人民出版社,1984:68.

盾，是认识主体——记者同被认识的客体——事实之间的矛盾。简言之，即主观同客观的认识与被认识，反映与被反映的矛盾。”[①]而采访心理就是要说明和解释认识主体——记者在完成采访活动时进行着怎样的心理活动。如认识主体觉察到新闻事实的哪些特征，看到了不同事物之间的什么关系，外界信息是怎样存储于头脑之中的，为解决问题（指完成采访任务）利用了哪些信息，采取了什么样的思维策略等。但事实上，直接进行这一研究是相当困难的。因为记者认识客观事物时的心理活动是内隐的，具有私密性。人们内部的认知结构不能为他人直接观察（至少在目前的科学水平上）。因而，研究采访心理就不能因循采访学的路子，仅从外部探讨记者“为采集新闻而进行的调查或访问活动”[②]，需要另辟蹊径，寻找认知采访心理的新视角。

由于采访心理仅是人类认识客观事物的一种表现形式，所以探讨采访心理的新途径离不开人类认识客观事物的总途径。20 世纪五六十年代在美国兴起的认知心理学就是这个总途径的突出代表。运用认知心理学理论分析、解释采访心理，可以打开人们的思路，以一种新的视角来认识采访心理。

认知心理学是近几十年来心理学研究的新方向。从广义上看，它是研究人的认知过程的心理学，将认知过程看成一个由信息的获得、编码、储存、提取和使用等一系列连续的认知操作阶段组成的按一定程序进行信息加工的系统。个体通过感觉、知觉、表象、想象、记忆和思维等形式，把握客观事物的性质和规律的认识活动；从狭义上看，它就是通常所说的信息加工心理学。

信息加工心理学借用通信技术、信息论概念和规律来描述人类的认知系统，把人的不可见的内隐的认知过程类比为可观察到的外显的信息通道处理信息的过程，从而在“研究具体事件的计算机科学和研究抽象事件的心理学之间架起了一座桥梁……”[③]

计算机的结构和人脑的结构完全不同，为什么二者可以进行类比呢？因为“类比不是在计算机的硬件和人脑的结构间进行的，而在计算机的程序所表现的功能和人的认知过程之间进行类比”[④]。比如，计算机有信息的输入、存储、恢复、缓冲、输出等过程，而人们认知客观事物时也有一个如何接收信息，如何对信息进行加工编码，如何决策，如何把输入信息转换为人们的内部认知状态，以及如何把这种状态转换成为输出的过程。显然，计算机和人脑的工作原则，即信息加工的原则大体是一致的。从二者的功能上看，是可以类比的。新闻采访心理是人类认识活动的一种表现形式，所以用以解释、分析人类一般认知活动规律的认知心理学理所当然地也可以用来解释、分析采访心理。

在采访活动中，记者是通过采访对象去了解客观事实的，记者信息的获得就是接受直接作用于感官的刺激，所以说采访不仅是对一般事物的认知过程，更是一个对人的社会认知过程。

---

① 艾丰. 新闻采访方法论[M]. 北京：人民日报出版社，1982：5.

② 余家宏，宁树藩，等. 新闻学简明词典[M]. 杭州：浙江人民出版社，1984：98.

③ 司马贺. 人类的认知：思维的信息加工理论[M]. 荆其诚，张厚粲，译. 北京：科学出版社，1986：序言 2.

④ 司马贺. 人类的认知：思维的信息加工理论[M]. 荆其诚，张厚粲，译. 北京：科学出版社，1986：39.

二、记者在采访活动中的社会认知模式

用认知心理学理论研究记者在采访活动中的认知过程就是探讨记者如何在客观环境中获得、加工、存储、使用信息的过程。图 5-1 是记者在采访过程中的信息加工系统示意图。

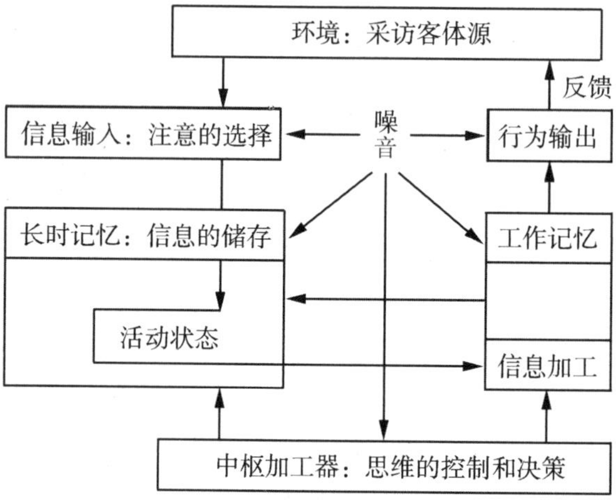

图 5-1　记者在采访过程中的信息加工系统示意图

对该图可做以下几个方面的分析：

(一)客观环境：采访客体源

环境包括自然环境和社会环境。来自环境的采访活动客体是引起记者一系列认知活动的刺激物，是从环境中输入记者主体的信息，是记者在采访中认知的对象，包括：人、事、物，其中人是核心。这里的人即采访对象，是记者在采访活动中获取情况和意见的对象，或主动以各种方式向记者提供情况和意见的人。采访对象是记者获取新闻信息的中介。

(二)注意的选择

大千世界的万事万物每时每刻都在冲击着人们的感官，而在这些信息中只有少数可以引起记者的注意。注意是心理活动对一定对象的指向与集中。选择何种信息？对同类信息选择何种角度？这既有赖于记者注意的选择，又受制于记者采访的目的、兴趣和需要等。

注意具有"单线加工的特点"，也就是说，在某一时刻内，大脑只能对有限的信息进行加工；注意有过滤的功能，只有把同时涌入大脑的暂时不用的信息过滤掉，才能保证意识对输入的有限的信息，如符合记者主体需要、与报道目标和宣传思想一致的信息进行清晰、准确的加工。比方说，跑文化娱乐方面信息的记者，其关注点主要集中在文化娱乐的

发展动态上，而对教育、法律、卫生等方面的信息则相对关注得较少。即使不同的记者选择了相同的报道素材，也会有不同的注意点：有的抓正面样板，有的抓反面典型。就算是都从正面报道，其兴奋点也不一样。随着社会的发展，媒体人关注的重点也会发生相应的变化。例如 2018 年 6 月，国务院办公厅印发《进一步深化"互联网＋政务服务"推进政务服务"一网、一门、一次"改革实施方案》的通知，要求充分运用信息化手段解决企业和群众反映强烈的办事难、办事慢、办事繁的问题。在这种政治环境下，新闻工作者不仅要关注通知内容，还要深入一线观察各政务服务窗口的落实情况，进行深入细致的报道。总之，注意的选择性可以保证记者对所需要的信息进行清晰的加工、编码。

（三）记忆对输入信息的影响

"信息加工心理学认为，当给被试刺激时，他要靠头脑中的经验才能决定做出什么反应。所谓经验，包括机体的状态和记忆存储的内容。因此，刺激和被试当前的心理状态，这二者共同决定着被试做出什么反应。"①

用这个观点联系记者采访，可以做这样的理解，就是由注意选择并输入记者头脑中的信息，会引起记者做何种反应，主要依靠记者头脑中已积累的知识经验，这种知识经验存储于人的长时记忆中。如果在记者的长时记忆中存在着被其注意选择的信息，那么这种信息就很容易被提取到记者的工作记忆（又叫短时记忆、操作记忆）里去直接参与当前的认知活动。例如，从偏僻农村走出来的记者，由于对普通农民的生活、心态和命运较为了解，因而会对关于农村教育、医疗和农民收入等方面的话题较为敏感，驾驭这方面的选题一般比城里长大的记者有更多的经验和优势。但倘若在记者的长时记忆里缺少与输入刺激有关的知识经验时，就很难对之进行内化，必须在积累到一定程度时，才有可能对该刺激发生反应。如人民日报社记者艾丰写《重视城市的中心地位和作用》一文，从酝酿、准备到写成，时间跨度"足有半年"。最初他对该问题是"脑子空空"（即长时记忆中有关这方面的积累很少）。通过几个月的努力，他"阅读和归纳了近百万字资料"和"若干其他采访活动的成果"，头脑充实了（即知识经验已存入长时记忆结构里了）。这时，他才有可能通过大脑这个中枢加工器对近百万字的材料和若干次采访的成果进行加工、编码，写出千余字的评述性文章（这属于行为输出）。

（四）思维对输入信息的控制和处理的策略

1. 思维对输入信息的控制

思维是人脑"对客观事实的间接的概括的反映及其过程。思维这个概念，一般是在两种意义上使用，一种是思维的过程，叫思考；一种是思维的结果，叫理性认识或思想"②。在信息加工心理学里，中枢加工器指人脑。思维是人脑的智力活动的核心，它对于其他心理活动起到统领、控制、调节作用。像注意的选择、记忆活动都是在思维的控制下进行的。

---

① 司马贺. 人类的认知：思维的信息加工程论[M]. 荆其诚，张厚粲，译. 北京：科学出版社，1986：5.

② 宋书文. 心理学名词解释[M]. 兰州：甘肃人民出版社，1984：233.

2. 思维对输入信息处理的策略

“心理活动的最高级层次是思维策略。”思维策略表现在问题的解决上。记者的采访活动是运用思维策略解决问题的过程。在这里，所谓“解决问题”就是千方百计获得新闻素材。

认知心理学认为，问题的解决有两种途径：一种是“理论驱动归纳”，即先有理论（在采访中可以理解为先有新闻报道的主题，即所谓的“新闻策划”），有预测，然后用事实印证；另一种是“材料驱动归纳”，即先搜集大量的材料，然后分析这些材料，找出带有规律性的东西。

记者在采访活动中的思维策略同样也可以采用这两种途径。2017 年是《中国铁道建筑报》记者刘英才报道海外铁路建设的第 6 个年头。6 年的海外采访，刘英才一次次见到了中国铁路在海外的功勋，真切感受到中国铁路对于那里人们的意义。正是有了这样的经验，他在即将奔赴非洲采访前便已明确此次去尼日利亚，自己要深入了解阿卡铁路，那条非洲开通的海外首条采用中国技术、中国标准的铁路，这才有了《阿卡铁路帮大忙》《走向世界的传奇》等新闻作品。这就是他成功地运用“理论驱动归纳”思维策略的结果。而新华社记者郁玮 2014 年成为一名战地记者，在耶路撒冷驻地时，她认真观察，从防空警报到慌乱的人，记录了大量材料，并通过对当地人进行真实采访后，才写出了《巴以冲突已致 167 名巴勒斯坦人死亡上千人受伤》《中国智慧点亮烽火他乡人》《战火中感受中国力量》等作品。这些报道是记者目睹现场后，对采访获得的大量素材进行一番艰苦的思考后写出的，属于“材料驱动归纳”。

3. 定势

从认知心理学的视角看，定势是指“人们在解决问题时具有的每次都用的相同的方式（即相同的知识结构）的倾向”①。（参见本章第四节记者和采访对象的印象管理）在多数情况下，定势指的是思维定势。思维定势对于问题的解决，既可以起促进作用，也可以起妨碍作用。如果已有的知识结构是解决当前实际问题所需要的，那它就能促进问题的解决。如久经赛事的体育记者，面对新的体育竞赛，紧张有序从容不迫，报道成功率高。这是因为他们在这方面已经积累了丰富的知识经验。反之，在条件变化的情况下，思维定势可能会成为一种束缚，使人难以跳出旧的思路，从而产生消极的影响。我国一些记者在国际性大型记者招待会上“往往表现谨慎有余，闯劲不足”“不敢提敏感性的热点问题，若提问，也是四平八稳，不痛不痒”“锻炼可能是个原因，但主要是思想不解放，被条条框框束缚”②。这里的“思想不解放，被条条框框束缚”正是思维定势消极影响的一种表现。

---

① 乐国安. 论现代认知心理学[M]. 哈尔滨：黑龙江人民出版社，1986：300.

② 戴枫. 主动提问[N]. 编采业务，245.

（五）行为输出

记者的内在思维策略是通过外显的采访行为体现的。“随机应变”这个成语，最能概括出记者的思维和行为的关系。记者通过思维不断地观察、分析变化着的客观情况，据此，在行动上做出相应的灵活反应。这种行为反应就叫行为输出，它是受认识主体思维的操纵和控制的。

大凡优秀的记者，都有随机应变的能力。这种能力的高低与记者善于破除消极思维定势的影响，创造性解决问题的能力呈正相关。

2003 年 11 月 3 日，衡阳发生特大火灾。许多新闻记者参与这一事件的报道，多数记者记录解放军武警官兵奋力扑火救人的感人事迹，而有的记者却把镜头对准了自己的同行：面对烈火残垣，《衡阳晚报》记者李凌依然紧护自己的采访相机，在火灾现场拍下一个个瞬间。这篇报道被广为转载，并为李凌带来了一串奖杯，入选中国风云记者榜名单。① 又如新华社记者杨臻，2014 年 9 月至 2017 年 3 月在新华社驻叙利亚大马士革分社工作，多次前往交火前线和恐怖袭击现场进行报道。正是靠着出色的应变能力，他在不绝于耳的爆炸声、枪炮声、战机呼啸声中带回了叙利亚北部重镇阿勒颇战事正酣的报道，其摄影作品《决战阿勒颇》获得人民摄影（2016 年度）“金镜头”新闻摄影作品评选突发新闻类组照银奖。②

（六）噪音

克劳特·申农（Claude Shannon）和华伦·韦佛（Warren Weaver）认为，在信息传送者和接受者之间，必然循着一个管道（Channel），但噪音同时进入管道，且会发生作用——干扰，使信号扭曲，甚至于将之遮盖。

“在通信装置中，人们并不希望传送的一些声音不知不觉地进入传送通道，因此接受者听到了另外一些声音，这就叫作噪音。……一些心理学家由此而考虑到，人的认识过程也就是信息传达过程。例如，儿童阅读图书时出现的阅读错误可能来自他头脑内部，以至于产生不完全阅读；打字员在打字时出现的差错可能不是因为打印材料，而是因为他的打字习惯；汽车司机由于分心而没有知觉到红灯，以至于继续行驶。在这种情况下，可以把错误考虑为噪音，因为它们降低了信息传送的准确性。”③造成采访失败的各种主客观因素均可称为采访活动中的噪音。

因记者主观原因形成的噪音有：违背职业道德，如因见报心切不择手段，甚至制造假新闻；为追求生动搞合理想象，致使新闻报道局部失真；迫于压力搞违心报道，或者因接受贿赂而搞有偿新闻；思想方法主观片面（偏听偏信、想当然）；采访不深入，从互联网上下载相关信息，奉行拿来主义，不再去调查；采访技巧不娴熟以及自身的知识陈旧或者经

---

① 李造雄，滕丽. 说说记者的个性魅力[J]. 新闻记者，2005(8)：53.

② 杨臻，车宏亮. 新华社记者亲历阿勒颇决战[EB/OL]. (2016-12-12)[2019-04-29]. http://www.xinhuanet.com/world/2016-12/12/c_1120100371.htm.

③ 乐国安. 论现代认知心理学[M]. 哈尔滨：黑龙江人民出版社，1986：300.

验不足导致被表面现象迷惑等。再者,由于采访动机过强或者个人心理素质较差而造成的情绪紧张、惶恐、烦躁和压抑也是采访活动中经常出现的噪音。

因客观原因形成的噪音有:采访对象不配合,如谎报"军情",或者有意设置障碍阻止采访活动的顺利进行,有的甚至胁迫、操纵采访活动等。此外,文化的因素也会导致采访失败,如价值观的问题,在某国被推崇的价值观也许在另一国则被贬斥。不过在实际采访活动中,主客观原因往往是同时起作用的,很难截然分开。新闻界有这样一个例子很能说明报道失误的主客观原因。

"1961年9月,联合国秘书长哈马舍尔德去刚果调停内战。一天黄昏,站在警戒线外的记者,在哈马舍尔德专机预计着陆的恩多拉机场,看见一个身材修长的金发男子从刚着陆的飞机里走出,赶忙发稿,声称哈马舍尔德已经到达非洲,并将同卢蒙巴总统会谈。实际上,在记者发稿时,这位秘书长乘坐的专机已经在离机场十公里的地方坠毁了,乘客和机组人员全部遇难,记者看见的是一位英国外交官。后来,这名记者说,'我看见一个我认为很像哈马舍尔德的人,其他记者也声称他们有把握。于是大家对了一下笔记之后,就去发消息了'。"①

在这件事上,形成采访活动噪音的客观原因有:黄昏(时间)、"站在警戒线外"(空间)、"一个身材修长的金发男子"(与哈马舍尔德身材、长相相似);主观原因则在于记者自以为是,都"声称他们有把握",于是只"对了一下笔记"而没有进一步核对事实。

对采访中因各种原因形成的噪音,记者应及时清除,以防报道失真。

第三节 新闻采访的社会认知过程

社会认知指在直接的面对面的人际交往中,人们对于交往对象、对于自己、对于交谈者相互关系的认知。新闻采访的过程是一个社会认知的过程,其中充满着记者和采访对象在认知对方、认知自我以及认知相互关系的极其复杂的种种矛盾。准确的社会认知有利于交谈双方调节心理状态,得体适宜的态度和方法有利于记者提高采访效率,达到采访目的。

一、认知对方

采访是双向、互动的活动,是记者和采访对象之间相互认知、相互感染、相互影响、相互制约的过程。

(一)认知对方的目的、动机

记者和采访对象参与采访活动的目的和动机对于采访过程起着引发(产生某次采访活动)、指向(导向特定方向)和强化(促进)的作用。

采访对象需要了解记者为什么采访自己,是为了获取什么情况?是批评还是表扬?

① 蒋亚平,官健文,林荣强.新闻失实论:下册[M].北京:中国新闻出版社,1986:335.

采访结果与自己的利害关系等。当然,记者同时也要揣摩采访对象接受采访的动机。比如,被访者接受采访是为了出名,还是想在媒体上阐明对某个问题的立场?是想通过表达对某个问题的态度来教育公众,还是欲张扬个性?记者应搞清采访对象提供的情况有没有掺杂个人的目的。如果采访对象拒绝接受采访,记者应试图弄清楚原因:是被访者不信任自己代表的媒体,还是对具体的某个记者反感?是采访的时机不妥,还是对采访话题不感兴趣?是对记者的采访目的不认同,还是对记者把握复杂话题的能力缺少信心?是避免被曝光,还是面对摄像机晕场?等等。

(二)认知对方是不是合格的对话者

对记者而言,采访对象是不是合格的对话者包含两层意思:一是这个采访对象是不是自己要找的人,二是找到的这个采访对象能不能提供真实的情况。

第一点包括,记者在采访前和采访当中,要不断地思考这个采访对象与要调查的事件或欲报道的对象之间是什么关系,是事件的发起者?参与者?目击者?还是赞同者?反对者?是报道对象的领导?同事?亲友?从中推测采访对象对采访的态度,初步判断他提供的情况的真伪程度。同样,采访对象也要了解记者是不是“知音”“善写”。所谓“知音”主要指记者对自己所提供的情况是否听得明白,理解得正确。例如,有的人生阅历丰富的被访者不喜欢刚出校门的年轻记者采访自己,认为他们的人生经验不够丰富,未必能读懂自己。“善写”则指记者能否把自己的话生动、准确地传达给受众。只有记者和采访对象都认为对方是合格的对话者,采访活动才能够顺利进行。

(三)认知对方的个性特点

采访是一门与人打交道的艺术。采访技巧就是记者一进入采访情境就能很快把握住对象的个性特点,从他们的言谈举止判断其脾气性格。如有人外向,口齿伶俐,思维敏捷;有人则内向,缺乏生气,言语迟缓。对不同气质、性格类型的对象,记者要揣摩他们的心理,采用不同的采访策略,使采访在和谐、融洽的氛围中进行。

例如,对个性强、固执、倔强者可采用迂回包抄的方法,尽量避免用激将法刺激被访者。语言要外柔内刚,绵中带针,使其不得不回答记者的提问。以央视某记者采访李阳家暴事件为例。李阳身为英语教育界的名人,又是一个典型的家庭暴力实施者。他坦言恐惧失去自己的事业,并对家庭暴力持轻视态度,因而对记者的采访表现出明显的抵触心理。在采访中他带着挑衅的口气反问记者:“在我心目中你是一个事业强人,我相信你会用大量时间扑在工作上,你没有选择。”记者回道:“如果我没有办法对我身边的人起到应有的爱和责任,我其实是没有能力来完成一个好的采访的。”记者尚未讲完,李阳便接道:“你只要完成对你爸爸妈妈的责任,其实丈夫并不是最重要的人。”记者笑道:“你知道伴侣是人类最亲密的关系。”如此几个回合,记者并未恶语相还,而是用冷静的思维,寻找对方谈话逻辑中可还击的点,驳回对方的观点,采取适当的语言将问题还给了企图逃避问责的李阳,最终顺利地完成了采访任务。[①] 对思维呆板、反应较慢、不善言辞者,记者要耐着性子听他们讲,并善于从有限的、断断续续的话语里找有用的线索,顺藤摸瓜,一点一点地抠出所需要的情况。而对思维混乱、语无伦次、口若悬河者,要高度紧张地倾听,迅速"捞出"被淹没于语言海洋中的有用的信息,趁对方喘气的瞬间,追根究底,不断地把失控的"火车头"引上"轨道"。当然,与此同时,采访对象也在自觉或不自觉地认知记者的个性特点和采访风格,用相应的交谈方式与之配合。

二、自我认知

"采访是什么?采访是生命间的往来,认识自己越深,认识他人越深,反之亦然。"[②]在人际交往中,人们对他人的认知习惯于以己度人,即以自己的观点、好恶去评价别人。自我认知和对他人的认知是相辅相成的,因为这两种认知是互为参照的。在采访中,记者和采访对象在认知对方的同时,也常"以人为镜",并自觉地"修正"对自我的认识,使之更符合实际。

自我认知包括物质的自我、社会的自我、精神的自我这三个方面。物质的自我指对自己的容貌、身材、体魄等肌体方面的认知;社会的自我主要指对自己在社会生活中的地位、角色、名誉以及个体与他人之间的关系等方面的认知;精神的自我则主要指个体对自己的智力、品德、个性特征等方面的认知。这三者是相互联系、相互影响的统一的整体。

在采访活动中,自我认知主要表现在自我反省和记者与采访对象在观察对方的言语及非言语的信息中,获得在对方眼里"我是一个什么样的人"的认识,从而增强或降低自信力。受到被访者欢迎的那类记者应该具备以下的这些素质:考虑周全,报道准确,访前准备充分,提问富有创造性,思维开放,认真倾听被访者的回答。

(一)记者的自我认知

1. 是否有自信心

在面对重要人物或比较棘手的采访对象时,或者在采访一开始就受到挫折时,或者第一次采访就失败时,记者应保持自信,尽快调解内心的冲突和不安,做到不乱方寸,调动自己内在的潜力,将敌对、愤怒或者沮丧等消极情绪转化为奋发向上的积极情绪。只有这样,才能充分发挥聪明才智,沉着而灵活地摆脱困境。

2. 是否有激情

新闻记者应始终保持从业的激情。"有了这种热情,可以不觉疲倦,夜以继日;有了这种热情,可以不在乎失败,收拾好行装再出发;有了这种热情,可以从每一件不起眼的报道做起,不惧一时一地的得失和人们小视的目光。"[③]但是,新闻记者的激情应该是一种

---

① 谢明香,王玥璐.论受访者心理预设障碍突破与沟通策略——以中央电视台《看见》栏目为例[J].新闻爱好者,2012(24):55-57.

② 柴静.看见[M].桂林:广西师范大学出版社,2013:96.

③ 郑庆东."热"与"冷"——新闻采写断想(三)[J].新闻战线,2006(6):48.

理性控制下的、深藏不露的“地火”，它的张力足以使记者克服一切困难，拿到新闻事实；但它又必须是“可控”的、内敛的，既要“纸包着火”，又要“冰裹着火”，不能让“热情”影响采访效果。[①]

3. 能否处理好记者的多角色关系

记者既是采访者又是普通人。在采访活动中，记者的角色被强化了，但不能因此而忽略了作为常人的自我感觉。有时，特别是在突如其来的事情降临或常规被打乱时，记者容易被职业角色紧紧束缚，心里只想着任务，眼睛只盯着“稿子”，结果失去了普通人的自我认知，对本应引起注意的材料往往“视而不见，听而不闻”，结果与精彩的新闻素材失之交臂。例如，在重大灾难现场采访时，记者一定不要忘记灾民的心理是很脆弱的，应该时时体现出对他们的理解和关怀，在有条件的情况下，尽量提供一些帮助，特别是进行“心理危机干预”（当然，这项工作主要由心理学工作者来做）。

4. 记者个性上的弱点是否妨碍了采访对象的谈话

一个比较内向、不苟言笑的记者往往让采访对象望而生畏，感到与之对话紧张且索然无味。相反，一个外向善侃的人，又有可能置采访对象于不顾，滔滔不绝，自我陶醉。记者应随时调节自己，前一种个性的记者要通过表明自己的采访目的、认真倾听、对采访主题和采访对象表示必要的热情等方式打破采访僵局，要有意识地调动自己的眼神、表情，增加反馈信息帮助被访者建立自信；而后者，则需控制自己的多嘴多舌，以免喧宾夺主、讨人嫌。

5. 是否是个好的倾听者

倾听，也可以称为“用心去关注”。优秀的倾听者肯花时间思考自己听到的东西，而且肯阶段性地回顾谈话者已经说过的和接下来要说的话。他们还会使用其他论据来权衡谈话者的见解，从“字里行间”听出一些暗示过但未直接表达出来的观点和态度。[②] 采访者应有意识地通过自己的穿着、态度、体态、眼神和其他行为传达自己对对方谈话的兴趣，并告诉对方自己正在认真倾听。

总之，记者要很好地审视自己，尤其是在采访活动进行不顺畅时，一定不要把责任都推到客观环境或者采访对象身上，检查一下是不是因为自己的言语、态度、行为等方面出现了问题。

（二）采访对象的自我认知

揣摩记者对自己的看法，我讲的情况他是否相信？我说的是不是他所需要的？根据以人为镜的原理，采访对象会从记者问话的内容、语调及其面部表情、眼神、手势、身姿等信息中解读记者对自己的态度和评价。

我（尤其本人就是被报道者）提供的情况宣传出去将会对我的威信、地位、人际关系、

---

① 胡展奋. 记者的采访心理危机和应对[J]. 新闻记者，2006(2)：15.

② 梅茨勒. 创造性的采访：第3版[M]. 李丽颖，译. 北京：中国人民大学出版社，2004：89.

亲属有何影响？我的自我认知有没有偏差(高估或低估了自己)？

三、对相互关系的认知

在采访中，人们之间的相互关系主要有：记者和采访对象之间的关系(隐含着新闻单位和被报道单位之间的关系)，采访对象和采访对象之间的关系(如被报道者和其周围人的关系)。

作为采访活动的组织者、引导者——记者，必须对这些关系有清楚的认识。

第一，对于为写批评、揭露性报道而进行的采访活动要格外谨慎，处理好与被批评单位的关系。表明揭露、曝光、不是针对某个人或某个单位，而是针对事件。任何人都难免犯错误，报道事件是为了吸取教训，对今后的工作起到警戒作用。

第二，虽然记者和采访对象在采访中的地位是平等的，但由于他们都有多重角色，例如，采访对象是国家领导人，或是普通百姓，记者在与他们打交道时，会有不同的心理感受。这种感受是由采访活动之外的人际关系的性质引发的。

第三，记者在同时召集若干采访对象时，必须事先明了他们之间的关系，尤其是围绕要报道的内容，他们之间有何利害冲突，他们对采访各抱什么态度。不注意这一点，采访对象就容易出现：有人缄口不语，有人不讲真话，有人相互攻击，甚至导致采访“流产”。

第四，记者还应了解采访对象与其单位领导的关系。在我国，通常记者到一个生疏的单位采访，首先要向该单位的领导通报，并由领导指派采访对象。采访这种人获得的材料难免带有某些人的主观色彩，所以记者应注意找各种意见、观点的人交谈，防止报道失真。

第四节　记者和采访对象的印象管理

一、什么是印象管理

“印象管理”又叫“印象整饰”(impression management)，是指有意识地控制别人对自己形成某种印象的过程。在人际交往中，行为者选择适当的言辞、表情或动作，使知觉者对自己产生某种特定的看法。

人们为什么要进行印象管理？美国社会学家戈夫曼(I. Goffman)认为：“人在生活舞台上演出的种种行为和戏剧表演一样，分前台和后台。前台是展现于观众(即交往对象)面前的一种情境，个人前台专指印象整饰。一旦人们进入前台，就会使自己的种种外表和举止同他人的期望相一致，若要做到这一点，位于前台的人必须以理想化的形象，表达的控制以及一定的社会距离等手段来取得观众的信任和尊重。”①他还指出：“当个体扮演一种角色时，他便不言而喻地要求观察者认真对待在他们面前建立起来的印象。”②其意

---

① 翟学伟. 中国人际心理初探——“脸”与“面子”的研究[J]. 江海学刊，1991(2)：57-64.

② 翟学伟. 中国人际心理初探——“脸”与“面子”的研究[J]. 江海学刊，1991(2)：57-64.

义在于控制他人的行为，特别是他人对他的回应方式。

西方有一种职业叫“形象专家”，是专为政治人物进行印象整饰的人。据报道，当撒切尔夫人20世纪70年代在英国政坛上初露头角时，她的声音又细又尖，毫不动人，后经形象专家的指点，她开始以雄浑有力的音色在国会“舌战群儒”，成为有“铁娘子”之称的女首相。在美国，“形象专家”专门为总统候选人进行印象整饰，精心搭配衣着及配饰（领带或首饰），精心设计发型，精心整饰面容、面色，为的是给选民以精神焕发的感觉和较强的可信赖的印象。同样，在新闻界，形象设计也非常重要。形象设计可以运用多种手段。尤其是出镜记者，应该根据自身的特点、节目或者栏目的需要以及受众的审美要求不断地调整、完善自己的形象。凤凰卫视的当家花旦吴小莉曾经换过几个造型顾问。造型顾问对她采访时的每一个手势和行走、站立的姿势都进行精心设计，使其成为现代传媒精心包装的形象代言人之一。

普通记者和采访对象虽然不必如政界人物和出镜记者那样，刻意追求在公众面前的形象，但是有意识地向对方展示美好的自我、吸引对方也是有必要的。一般来说，记者和采访对象一旦进入采访情境，就会很快进入角色，都会自觉或不自觉地向对方呈现出特定的自我形象，使自己的言谈举止、仪表风度、思想观点、兴趣爱好等与对方的期望相一致，博得对方的好感，制造融洽的采访气氛。

二、自我呈现和印象管理

记者和采访对象在采访活动中的印象管理，首先表现在自我呈现上。所谓“自我呈现”又叫“自我表现”，是指“个体在人际交往中以自我满意的方式表现自己的过程，是自我意识的外现”。[①] 在日常生活中，在不妨碍党和人民利益的前提下，人们尽可以展示自己的内心世界，表现自己的五彩人生。然而在从事某种职业时，这种展示就必须纳入职业角色的需求中。

角色理论家认为，不论是谁扮演某一角色，其态度、行为都有相似性。社会对记者这一职业有着共同的角色期望，谁违背这一角色期望，就会受到批评或谴责。从这个意义上说，记者无论处于何种社会制度，他们有怎样的个性特征，只要一进入新闻活动领域，就要在某种程度上“去个性化”，意思是记者个体在对记者角色认同时而产生的一种失去个性的内心体验。在行为上表现出自觉控制或掩饰个性，服从社会对记者角色的要求。不同的社会、不同的阶级对记者的角色期望不尽相同。社会主义国家要求新闻记者个体服从社会主义新闻事业的整体需要，要求记者忠诚地充当党的喉舌和耳目。那些以强调个性自由而放弃党性原则的做法会给党的新闻事业带来严重后果。当然，“去个性化”绝不是压抑个性的正常发展，在服从社会主义新闻工作者职业道德的前提下，每个记者都可以充分发挥个人的聪明才智，都应当形成个人的采访风格。遵守职业道德和发挥个人特长是不矛盾的，是相辅相成的，是对立统一的关系。在资本主义国家，记者也不可能想怎样就怎样，他们首先要为自己的老板服务，否则任你再有才华也会被“炒鱿鱼”的。

---

① 高玉祥，等. 人际交往心理学[M]. 北京：中国社会科学出版社，1990：52.

记者自我呈现的方法无一定之规,全凭个体依据对象、环境、采访内容等方面的情况做具体分析。例如,根据采访对象的身份地位及其类别(是被报道者?知情者?受表彰者?挨批评者?)来呈现自我的形象:对长者尊重,对平辈有礼,对幼者亲切,对领导者不卑不亢;即使对被揭露者,也要在人格上给予尊重。总之,无论记者面对什么地位的人,都应一视同仁,因为被访者在人格上与记者是平等的。有的记者有职业优越感,在采访中气焰嚣张,咄咄逼人,这种态度不可取。记者要靠自己的内涵去震撼对方,把握局面。又如,记者可以利用媒介差异来展示自己。电视采访的特点是它的可视性,采访过程中双方的语言交锋、表情、姿态、音调的真实记录以及现场环境的展示等构成了丰富的信息源,这种全方位信息的精彩是其他媒介无法替代的。电视记者要在屏幕上露面,在现场报道时就应把握好自己的整体形象,在仪表风度、举手投足之间透着从容大方、信心十足,给观众以较高的可信度。同时,要注重与被访者的沟通与交流,注重表现他们的情感反应。而广播记者则可以凭借声音的特点来展示个人风采。

采访对象要根据自己的日常角色和采访中所处的地位来修饰自己的形象,既可以呈现自己美好的一面,也可以有意倾诉自己的难言之苦。不论怎样,都是通过自我控制、自我调节,在记者面前表现出自认为最合适的形象。

三、人际吸引和印象管理

人际吸引是指在人际交往中形成的、以感情因素为主的对交往对象给予积极评价的倾向。人际吸引的决定因素包括:情境层面(时空接近性、重复曝光)、个体属性层面(外表吸引力、相似性、自尊)以及个体行为层面(好感的传达)。[①] 人际吸引可以加强印象管理的效果。

采访中的人际吸引主要指记者有意识地运用各种人际吸引规律想方设法与采访对象在理智上认同、感情上相融,双方从生疏到熟悉,从不了解到了解,从关系淡漠到产生感情和继续交往的愿望。

(一)接近吸引律

美国心理学家G. L. 克莱思科认为:人们通常喜欢和他们相似的人。接近吸引律正是利用交往双方的某些接近点,有意识地缩小相互之间的心理距离,达到相互吸引、相互信任的目的的规律。

1. 时空接近

交往双方利用他们在时间和空间方面的共同之处,达到相互吸引的目的。这是在采访活动中有经验的记者经常采用的而且也是很有效的方法,如从采访对象的口音认老乡,从对方的经历找共同点:像同一学校毕业,同一地区工作过,同一年出生等。如果实在找不到这方面的直接的共同处,还可以找间接相似点,例如:我爱人和你是一个县的人,我兄弟同你是校友。这同样也能使对方产生亲切感。

---

① 阿伦森,等.社会心理学:第5版[M].侯玉波,等译.北京:中国轻工业出版社,2007:299.

时空接近为什么会缩短心理距离，产生人际吸引？据心理学家研究发现，对密切人际关系感兴趣的人，一般倾向于结构小些、更封闭一些的空间，认为这样才可以建立起邻近感。此外，相同的年龄、相同的地理环境容易引起人们对自己的经历和所熟悉的生活习惯的联想，从而产生"自己人效应"，缩短彼此之间的心理距离。

2. 兴趣和态度相似

尽管时空接近效应有助于提升陌生人之间的熟悉程度，引发双方的好感，促使友谊的建立，但如果双方关系要进一步发展，还需要其他的"燃料"，这就是相似性——我们和他人的兴趣、态度、价值观、生活背景或是人格因素上的匹配程度。有研究表明，是相似性而不是互补性把人们结合到了一起。相似性在人际吸引中显得非常重要，至少有三个原因：其一，我们趋向于认为，那些和我们相类似的人将会喜欢我们，所以我们有可能主动建立人际关系；其二，那些相似的人们确证着我们的特点和信念，也就是说，他们带给我们一种我们是正确的感觉；其三，对于在重要问题上和我们意见相左的人，我们会作出一些负性的推论。简言之，被人喜爱的渴望、被人确证的需要以及我们对人的性格所下的结论，都在提升一对相似心灵之间的吸引力或降低一对相异头脑之间的吸引力上起了十分重要的作用。[①] 既然人们喜欢与自己的兴趣、态度、观点相似的人，认为和这种人打交道容易有共同语言，所以记者在采访时应当着意寻找自己和采访对象在兴趣爱好、态度观点、价值取向和人际风格等方面的相似处，并以此为突破口，打开对象的话匣子。比如，从墙上挂的画谈美术，从采访对象亲自做的家具议室内布置，从采访对象疾恶如仇说为人，见到工人侃企业，碰到教师论教育。虽然这些问题不一定和采访内容直接相关，但只要双方谈得来，情投意合，就可以为进入正题铺平道路。社会心理学家费斯廷格(L. Festinger)对这种现象的解释是："人人都具有自我评价的倾向，而他人的认同是支持自己评价的有力依据，具有很高的酬偿和强化力量，因而产生很强的吸引力。"[②]

（二）情感吸引律

情感吸引律是指交往双方通过表情的渠道达到心灵交融、情感共鸣、心理接近、相互感染的良好的人际关系的规律。

记者和采访对象在情感上默契、交融、共鸣是采访成功的一个重要条件，这是因为情绪情感具有组织和激发全部行为的作用，它可以协调社会交往和人际关系。

记者在采访中是处于向采访对象"索取"情况的地位。一般来说，采访对象对记者的意图在认知上是很容易了解的，但在感情上是否情愿"给予"则在很大程度上取决于记者对他的态度。而这种态度又是通过语言和"表情"（包括面部表情和身体语言）传达的。"在社会交往中，表情是情绪反应的最敏感的指示器……"[③]记者的一颦一笑、一举一动都能折射出记者的内心活动。无论记者面对什么，作出何种表情，传达何种情感，其核心是一个"诚"字，正如俗话所说：诚之所至，金石为开。记者靠真情实意去吸引、感染采访对

---

① 阿伦森，等. 社会心理学：第5版[M]. 侯玉波，等译. 北京：中国轻工业出版社，2005：290-291.

② 高玉祥，等. 人际交往心理学[M]. 北京：中国社会科学出版社，1990：78.

③ 斯托曼. 情绪心理学[M]. 张燕云，译. 沈阳：辽宁人民出版社，1986：序言 6.

象,使其感到不是在向记者"卖"材料,而是在和朋友谈心、交底儿。在这样一种心心相印的情境中,采访的成功是不言而喻的。

前新华社原社长穆青同志在几十年的记者生涯中,给予许多普普通通的劳动人民以诚挚而深沉的爱。

被余秋雨誉为"上海都市的良知"的《文汇报》首席记者周玉明,在40年的工作生涯中,一直激情燃烧。她的侠义心肠,她出于本能的对"善"、对"真"的追求,在40年中一直没有改变。尤其是她"亲"被访者,用一个"亲"字来处理采访者和被访者的关系,把被访者当自己家人,脚踏实地地为她遇到的每一个珍贵的生命解决问题,提供抚慰,以至于许多她采访过的人都成了她的莫逆之交。

新华社记者杨建业采访马寅初时,不因第一次采访吃了闭门羹而退缩,他急马老之所急,想马老之所想,为马老平反奔走呼吁,上书中央。他的诚心感动了马老,他们因此成了好朋友。

凡此种种,情况虽殊,但因真挚的情感吸引了采访对象,使采访获得了成功却是共同的。

四、印象管理效应

印象管理效应是指在进行印象管理时带有规律性的行为反应。这些行为反应在采访活动中经常出现,并产生较大的影响。

(一)首因效应和近因效应

首因效应又叫"最初效应",即日常所说的"第一印象"。它是社会知觉中的一种主观倾向,指"第一次交往过程中形成的印象对双方以后交往关系的影响"[①]。社会心理学家阿希(S. E. Asch)在研究中发现,第一印象的作用不仅强烈而且持久。

近因效应又叫"最近效应",也是社会知觉中的一种主观倾向。意思是在最近交往过程中所形成的印象对双方交往关系的影响。近因效应和首因效应在时相上相反,是指认知对象最后给人留下的印象。一般来讲,首因效应更多出现在和陌生人的交往上,而近因效应则更多出现于熟悉者之间。

通常,首因效应(即第一印象)的作用更为明显。有经验的记者十分重视自己在采访对象面前的第一次亮相:从仪表服饰、态度表情到第一句话,都做精心的设计和妥帖的安排,以求赢得对方好感。著名记者萧乾对此颇有体会,他说:"做记者还要适当注意仪表,要衣着整齐。我这个人一向邋遢,记者生活强迫我克服了这个毛病。在旧社会做记者,不管家里多穷,出门也要西服笔挺,否则人家看不起你。新社会当然不存在这种事了。但是假如你搞得很脏,在被采访者面前又是抠鼻子,又是掏耳朵,就会使人感到不愉快,不乐于同你谈话。"

沈德灿教授曾在《现代心理学和现代西方心理学》一文中指出:重视第一印象,"这是

---

① 费穗宇,张潘仕.社会心理学辞典[M].石家庄:河北人民出版社,1988:217.

一个有关个人能否成功,能否抓住机会,使自己时来运转的问题,是一个能否在社会环境里适者生存的问题”。

如果记者因种种原因,没能给采访对象留下良好的印象,则应设法利用近因效应,给对方留下较佳的最后印象。比如,第一次采访由于缺乏经验,用语不当,引起采访对象反感,不愿与你交谈,记者就应迅速调整心理状态,主动消除误会,逐步取得对方好感。采访结束时,如果对方改变态度,主动邀请你再次采访,这就是近因效应起了作用。

(二)晕轮效应和扫帚星效应

晕轮效应和扫帚星效应在意义上相反,都是人们在人际知觉中产生的一种知觉偏见。晕轮效应又叫光环效应,是指对某个人的某个方面有了好的印象之后,便对这个人的其他方面也做出好的认识和评价。反之则叫扫帚星效应。

心理学家凯利曾于 20 世纪 50 年代做过关于印象形成的实验。他把 55 名学生分成两组,分别向他们介绍同一位新招聘的教师,基本材料一致:26 岁,已婚,是社会学专业研究生,曾任心理学教师 3 年,当过兵。差异在于,对第一组学生说:这位教师“待人热情”,而告诉第二组学生,这位教师“待人冷淡”。然后,新教师以同样的内容和教态、教法分别授课并组织两组学生进行 20 分钟课堂讨论。最后,实验者通过问卷调查发现,两组学生对这位教师形成的印象显著不同。第一组认为他有同情心,而另一组却认为该教师严厉、专横等。

这个实验说明两个问题:一是对人的评价以“人品”为中心向外泛化,对人的品格褒贬的词语谓之“中心词”;二是“中心词”的褒贬含义会相应地使认知者产生晕轮效应或扫帚星效应。作为记者当然要力争前者,避免后者。

由于文化背景的不同,对“人品”的评价也会有差异。中国人讲求做人要厚道忠实,而西方人推崇个人奋斗。在同样的采访情境里,中国记者大多“露而不耀”,力求给人以谦虚之感,而西方人则可能更欣赏直露个人才华的记者。

(三)定势效应和刻板印象

定势最初是“由德国心理学家缪勒(G. E. Muller)和舒曼(F. Schumann)于 1889 年提出的,它原来是指对某一特定的知觉活动的直接准备性。目前定势一词已广泛地运用于各种心理活动,它是由先前心理活动所形成的准备状态,决定着同类后继心理活动的趋势”①。定势有知觉定势、思维定势等,因社会现象形成的定势称“社会定势”。这里的“定势效应”主要指“社会定势效应”,是指在人们头脑中形成的关于他人或某种社会现象的固定看法。所谓刻板印象则指人们对某个群体形成的一种概括而固定的看法。如对于生活在同一地域或同一文化背景的人以及对于职业、年龄、性别、党派属同类者,人们在认知上常会产生一种固定的模式。定势效应侧重于对个体的认知,而刻板印象则主要表现在对群体的认知上。虽然这两种效应有助于人们较快地对某人或某个群体进行概括的认识,但是也容易因“先入为主”的偏见妨碍人际认知和交往,所以无论是记者还是采

① 朱智贤.心理学大词典[M].北京:北京师范大学出版社,1989:118.

访对象都应有意识地避免。不过在现实生活中很难逃脱这两种效应的消极影响。

据说有这样一件事。“文革”后,某大报一位很有名气的女记者下乡采访,下了公交车后便步行向目的地走去。谁料雨后道路泥泞,等跋涉到目的地时已狼狈不堪。地方干部目睹这位女记者裤筒儿泥点斑斑、鞋底半寸厚泥的惨相,任凭她拿出记者证怎样说明自己的身份也不肯相信。在他们看来,从北京来的大记者只能乘车来,哪有“走着来”的?这正是当时的老百姓对名记者的一种刻板印象。

五、印象管理的策略

记者和采访对象之间是平等的同志式的关系,彼此的态度都应当是真诚的,为什么还要控制别人对自己的印象呢?这是因为真诚的态度与交往成功不是绝对的因果关系。动机好但方法、策略不当,有时也会“砸锅”。印象管理本身无所谓好坏,它只是在交往中作为调节和润滑人际关系的一种手段。在目的正确、态度诚恳的前提下,再辅以恰当的印象管理的策略、方法、技巧,就能大大提高采访的成功率。下边介绍几种印象管理的策略。

(一)“登门”之计

“登门”之计又叫“得寸进尺”,意思是,促使人们首先接受一个小的要求后,就有可能让他接受一个大的要求。这就有点像登门槛,只要对方乐意稍稍打开一个门缝,就有可能进而推门迈进门槛,登堂入室。

美国《华盛顿邮报》记者鲍勃·伍德沃德和卡尔·伯恩施坦在调查水门事件之初,曾被害怕接受采访的人拒之门外。他们在《总统的左右手》一书中有过这样的描述:关键就在迈进门槛……一次,伯恩施坦去拜访一个女人,她轰他。他注意到桌子上有一盒烟,要求抽完烟再走。后来她喝咖啡,他也呷上了,慢悠悠地品着味儿。就这样,不知不觉之中,对方开口了。采访后,记者顺藤摸瓜,深入调查,他们的报道导致尼克松下台。这两位记者成功地运用了“登门”之计。

这种策略之所以灵验,原因在于,对较小的要求人们一般容易接受(如为别人提供某种方便),而一旦“卷”进去,就会有意无意地把自己与这事联系起来,当别人提出更大的要求时,人们为了满足“在人面前树立一个有益于人的自我形象的愿望”和给人一种“前后一致”的好印象,也就倾向于接受。

记者有时会遇到这样一种情况,采访对象出于谦虚或其他原因不愿接受采访,就可以采用得寸进尺的策略,说:“我理解您的难处,不愿接受采访没关系,聊聊家常总是可以的吧?”如果记者年纪轻,就说:“别的咱们不谈,就当是学生和老师谈谈心行吗?”还可以说:“我知道您很忙,就占用您十分钟还不行?总不能让我白跑一趟吧?”诸如此类的小要求,采访对象一般很难拒绝,只好同意“就范”,殊不知“上当”了,往往话匣子一开就收不住,不知不觉就进入了记者设的“圈套”。

(二)“后转弯”之计

“后转弯”又叫“保留面子”,是说,当人们拒绝了别人的一个大要求(哪怕是合理的),

或者做出了有损于个人形象的事情后，常常会为保留面子而接受一个小的要求。

有位记者去采访某名人，被秘书“挡了驾”，说他近日很忙，概不接受采访。记者不仅不理会，反而以强硬的口气，死缠硬磨非要马上采访。虽然目的没达到，但把秘书纠缠得心烦意乱，恨不能马上把他打发走。此时，记者忽然降低了要求，说：“不让采访也罢，请你告诉我这位名人近日常去什么地方总可以吧？”秘书为了给人留下“我不是不爱帮助人”的印象，只好满足了他的这个小要求，其实这正是记者本来的意图。

“后转弯”策略在于利用一个大的要求激起对方歉疚之情（因无法满足），为挽回面子，容易答应接受一个小的要求。

（三）“放大呈现”和“收敛呈现”策略

这是一对意思相反的策略，指在特定的情况下，行为主体有意夸大或贬低自己的一些信息，以强化别人对他的某种印象。

当记者面对地位高的名人或某一领域里的权威时，不必胆怯心虚，谨小慎微，应有意放大、夸张自己，“见到小科学家，就谈大科学家；见到大科学家，就谈爱因斯坦；见到爱因斯坦，就谈牛顿；见到牛顿，就谈达尔文；总之，我要高你一头。不能让采访对象瞧不起我这个记者。让他从心眼里佩服我”①。因为“小心翼翼地虚张声势，会让人觉得与你这人还值得一谈”。需要注意的是，事先记者一定要有充分的准备，力求初次见面就提几个能砸到点子上的问题，使对方感到遇上了知音，愿意和你交谈。倘若你一开口就谦虚客套一番，并直言相告：自己的水平如何如何低，对您研究的问题如何如何生疏，把自己摆到“不合格”的对话者的位置上，那人家干吗要跟你浪费时间？！

相反，记者在采访普通百姓时，切不可以“教师爷”或“钦差大臣”的口吻说话，伤害对方的自尊心。即使你精通采访对象的职业，也不妨“收敛”一下，做出个大智若愚的样子，以请教、学习的口气提问题，让对方感到你平易近人，和你谈得来，这样成功的采访就离你不远了。

采用这种策略，一定要掌握好“度”。“放大”多少，“收敛”多少，要因人、因事、因环境而定。例如，在某些“对峙性采访”中，对抗的双方，一个要“揭”，一个要“捂”，这种情况下记者一定要放大自己。尤其是对待那些品格低下、犯了错误还拼命抵赖狡辩的采访对象，记者一定要非常清楚事情的来龙去脉，对各种事情了如指掌，让被访者感到他的狡辩在记者掌握的大量事实之前显得苍白无力。

第五节　采访情境

采访活动总是在一定的社会环境中进行的。采访活动主体——记者，不仅应当善于适应，而且更应善于选择、利用和控制采访环境，以达到激发起采访对象“想说”的目的。美国著名的科学家、认知心理学和人工智能的创始人之一司马贺在强调应当重视环境的

---

① 童宁．电视记者新概念［M］．北京：中国广播电视出版社，2004：141．

研究时曾说:“我们所研究的人类机体总处于一定的环境之中,而且适应性又很强,人们的行为既决定于机体本身,它同时又是适应环境的结果。所以我们只描述机体本身是不够的,还需要研究机体与周围环境的关系。”

一、社会环境、采访情境、心境

社会环境、采访情境、心境是三个既相联系又相区别的概念。

(一)社会环境

社会环境是指与“社会生活主体发生联系的外部世界”,它是客观存在的。从记者活动的舞台是整个世界的角度看,社会环境即采访环境。社会环境不直接影响具体的采访活动,一般只起社会背景的作用。

举一例说明。《人民日报》记者金凤采访一等功臣郭金升后写了这样一段体会:“这是位真正的英雄,他的炽热的情感绝不外露,很难捉摸。”“年近40,沉默寡言,谈事迹就是简短的几句,尤其谈不出他的思想活动。”没办法,金凤只好变换采访方式,寻找最能触发对方情感的通道:

> 我站起身来,约郭金升同志沿着前门大街到天安门广场转转。他刚从硝烟迷漫、炮声隆隆的战场下来,我想,看到祖国首都一派和平繁荣的景象,也许会打开他心灵的闸门。前门大街商店林立,人来人往,非常热闹。天安门广场上一队队的红领巾在唱歌、跳舞,在英雄纪念碑前献花和朗读少先队员的誓词。一些北京的老居民在放风筝,许多象征和平的白鸽风筝,在北京十月金色的阳光下翩翩起舞……我看到郭金升同志十分感动,他那长年累月战斗在野外、饱经风霜的严峻的面容变得柔和起来,他脸上那一条条刀刻似的皱纹舒展开。……他笑了,轻轻叹息着:“他们多么幸福!”话题打开了……我们在天安门广场上像老朋友似的边走边谈了三个小时。

从上文看,金凤采访郭金升的宏观的社会背景是新中国成立初期的首都北京,当时北京呈现出“一派和平繁荣的景象”。

(二)采访情境

采访情境是社会环境的一部分,是“从主体上予以规定和把握的环境”。采访情境是认识主体眼里的世界,它“不是纯客观的,而是多少加进了主观成分”①,是采访环境和认识主体内在因素的统一。这种统一往往以某种气氛、氛围的形式体现出来。善于按照采访的目的去利用或营造某种气氛,诱发采访对象“愿说”“想说”,这是记者的采访艺术的体现。

---

① 沙莲香.社会心理学[M].北京:中国人民大学出版社,1987:48.

在上例中，由前门大街商店林立、人来人往和少先队员在人民英雄纪念碑前举行的各种活动以及在金色阳光下翩翩起舞的白鸽风筝所构成的一幅具体的、动人的和平繁荣景象直接触发了郭金升的心灵。充溢于郭金升身边的这一幅生机勃勃的场景与早就印入他心中的那幅“硝烟迷漫、炮声隆隆的战场”的景象形成鲜明的对照。正是这一鲜明对照使郭金升把天安门广场的客观景象纳入了主体认知的系统之中，并给予了带有强烈主观色彩的认知和把握。正是在这个基础上，我们说，社会环境中这一部分变成了采访情境。只有在这种特定的采访情境之中，郭金升才不由自主地从沉默不语变得滔滔不绝。

（三）心境

心境是主观的，是认识主体在认知和把握客观环境时产生的情感体验，是一种情绪状态。郭金升在天安门广场上的激动心情，正是彼时他的心境。心理学意义上的心境，含义比较窄，只是指“在某段时间内比较持久而弱化了的情绪状态”，而我们这里所说的采访活动中认识主体的心境则泛指各种情绪状态，它可以是平和、自然、愉快的，也可以是激动的，这要因时、因地、因人而异。志愿军战士郭金升在采访中的心境属于激情（指在天安门广场上）。有的记者在采访农村姑娘时，有意选择在她们日常劳动的场地——山野上，则是为了让她们像往常一样保持平和、自然、愉快的心境。

总之，社会环境、采访情境和认识主体的心境是既不相同又密不可分的。采访对象是否愿意接受采访，能否痛快淋漓地“给予”情况，是跟他所处的客观环境以及当时的心理状态分不开的。德国心理学家勒温（K. Lewin）的行为公式简洁地概括了这种关系。该公式即 $B=f(PE)$。

B：表示行为，在这里可理解为采访对象在采访中的表现。

P：表示个人内在因素，如采访对象的知识经验、个性特征、当时的身心状态等。

E：表示环境因素，在这里主要指采访环境。

f：是函数。

行为公式表明人的行为主要是个体内在因素和外在因素相互作用的结果。

该公式反映了勒温的“场论”的思想。“场论”是“勒温提出的，是一种借用物理学中场的概念来解释心理活动的理论和人类行为的模式”①。场是指处于一定环境中的人同环境所发生的相互关系。其基本含义是一个人所有的心理活动在一定时期内同时存在的互相依存的种种因素之和。

试用勒温的行为公式解释郭金升接受采访的行为。

P 表示郭金升自身的条件，如他是志愿军英雄，对祖国对人民有着深厚的感情，但人较内向，感情不外露，平时沉默寡言。

E 表示郭所处的具体采访环境。再设 E1 和 E2 两个分量，其中 E1 表示在室内，E2 表示在天安门广场。

B 表示郭在采访中的行为表现。B1 表示郭在室内接受采访时的表现，B2 表示郭在天安门广场接受采访时的表现。

---

① 车文博. 心理咨询百科全书[M]. 长春：吉林人民出版社，1991：291.

假定P值不变,即作为郭这个人本身的基本条件不变,那么决定B值强度大小的主要因素是E。在E1和E2两种环境下,表现出B1(只简单谈几句)和B2(话题打开了,滔滔不绝)。这是因为在E1的环境下不能激发起郭谈话的激情,所以B1的强度小于B2,即PE1<PE2。表示郭在室内不如在天安门广场上接受记者采访表现活跃。反之,当环境E不变,而P发生变化(如换一个人)时,B值也会有相应的变化。

既然心境是主观的,是一种使人的一切其他体验和活动都感染上情绪色彩的、比较持久的情绪状态,那么记者在了解采访对象的心境的同时,也应尽量使自己处于一种平静和愉快的情绪状态之中,因为记者心境的好坏会直接影响到采访效果。

二、记者对采访环境的适应、利用和控制

(一)记者对采访环境的适应

虽然记者是采访活动的发动者、驾驭者,他可以利用和控制采访环境,但是在许多情况下他必须首先适应环境,尤其是现场采访。现场采访只能适应不能控制。"所谓现场采访是强调记者要到发生事实(事件)的地方去采访……"①"现场"是不以记者的个人意志为转移的时空环境,记者首先是适应。其主动性表现于在客观存在的时空环境中如何尽可能地发挥主观能动性。如像伊拉克战争、印度洋海啸等一类事先根本无法预料的事件,记者不可能控制,只有仓促上阵,尽快适应,但只要做到"胆子大,放得开,提问多,反应快,眼界宽,耳朵灵,既灵活,又善辩"②,就一定能在现场发挥作用。

在突发的新闻事件中进行现场采访,谁的适应能力强,谁就有可能成功。被誉为"和平年代战地记者"的徐韬,有着丰富的采访突发事件的经验和很强的适应能力。2004年演员吴若甫遭遇绑架,在解救人质的过程中,徐韬和干警们一起出入现场,当警察从窗户跳入室内,徐韬也毫不逊色,紧跟着从窗户跳了进去,拍到了解救人质的精彩一幕,并且还在现场采访了吴若甫。又如,当黄岛油库火灾突起时,《大众日报》摄影记者钱捍来不及穿外衣只穿着短裤、汗衫冲上最后一辆消防车,成为最早赴黄岛油库爆炸起火现场采访的记者,抢到了独家新闻。

(二)记者对采访环境的利用和控制

利用、控制环境不等于凭空制造,而是依据已有的条件去寻找最佳组合。采访是一种能充分显示记者才华的活动,尤其是对非同步、非现场的采访更能够充分发挥记者的主观能动性。主动利用、控制采访环境的目的是诱发采访对象产生最容易谈出情况的心境。在这种心境里采访对象最有可能同记者的心灵产生共鸣和心理相融感,从而提高采访活动的效率。据研究,"各种活动的效率都靠最佳的心理状态的维持,劳动效果对心理状态的依赖程度为±70%的变动幅度……"③

---

① 艾丰.新闻采访方法论[M].北京:人民日报出版社,1982:260.

② 童宁.电视记者新概念[M].北京:中国广播电视出版社,2004:80.

③ 王序荪,李诚忠.思想工作心理学基础[M].哈尔滨:黑龙江科学技术出版社,1987:160.

1. 主动选择恰当的采访时机

主动选择恰当的采访时机就是记者对客观环境的一种利用和控制。

有位新闻专业的教师总结采访实践的经验教训时提出了三种不宜的采访时机：(1)采访对象正在专心致志地准备投入“战斗”的时候，如运动员进入赛场、演员即将登台、学生面临高考等。(2)采访对象正处在连续性很强的工作之中，如科学家正在实验室做实验，领导干部正主持一个重要的会议，医生正在为病人动手术，作家正沉浸于创作中。(3)采访对象的思想情绪或精神状态出现了严重的异常，如因生活遭遇到重大的变故而悲痛，因伤心事而心烦意乱等。① 尤其是第三种情况，突显出报道者对被报道对象的冷漠心态。例如，2004 年一位民工在阿富汗被恐怖分子打死，该民工的家属为了不让 88 岁的老太太因获悉儿子的噩耗而发生意外，拒绝记者采访。上海《新闻晚报》的记者李宁源退出了采访，但是有一群记者仍然在村主任的陪同下，浩浩荡荡地冲进民工家门，领导在老太太的极度悲恸中完成了“亲切慰问”，随行记者抓拍到了具有震撼力的痛苦镜头。“那种为了完成任务不顾他人感受去撕裂伤口，为追求‘催人泪下’的效果一再挖掘当事人的痛楚，诸如不注意问话方式，重复采访，甚至新闻‘炒作’等行为受到业内外的反感以至于唾弃。”②

2. 设置依托物

设置依托物是指在已有的客观环境中，人为地增添一些媒介物，来制造一种特别的气氛，缩短记者和采访对象之间的心理距离，为双方的谈话提供一个由头。

斯诺的前妻海伦·斯诺，1937 年曾去延安采访。在第一次见到毛泽东主席时，她先拿出了斯诺在一年前访问陕北时给毛泽东主席拍的一张照片。这张照片是她同毛泽东主席心理沟通的极好的媒介物。事后，她深有体会地说：“这张照片，就好比桥一样，把我同毛主席之间联系起来了。从这张照片上，毛主席可以引起丰富而有趣的联想，发生心灵的交感。当然没有这张照片也可以采访，但是气氛就不会那么自然了。”又如 1998 年，凤凰卫视的一位著名主持人到马来西亚报道亚太经合组织会议，灵敏机智的主持人巧妙地利用手上的 10 元人民币发问：“江主席，我们都很关心，我手中的 10 元人民币，明年是否还值 10 元？”江泽民主席停步回答：“当然，人民币不贬值！”

第六节　灾难报道中的采访心理

一、灾难报道中的采访场

(一)“场论”

“场论”是由格式塔心理学派提出来的。格式塔是由德文“gesealt”音译而成，原意是

---

① 孙世恺. 怎样采访新闻[M]. 北京出版社，1989：146.

② 徐灿. ——“做一个真正的人”……[J]. 中国记者，2006(1)：25.

“形式”“形状”“完形”。格式塔心理学的场论思想是借助物理学中“场”的概念而来的。“场论”包含几层意思：

(1)场是相互依存的整体。[①] 场是一种全新的结构。[②]

(2)格式塔心理学最大的特点是强调研究心理对象的整体性。整体性思想的核心是有机体或统一的整体构成的全体要大于各个部分单纯相加之和，就如一首歌曲形成后，其内涵大于组成曲子的各个音符之和。

(3)整体决定着各部分之和，局部特征取决于整体的内在特征。

这里的“场”可以理解为某个整体，它是由其中的存在物，包括其中的环境和人所有的因素构成的。但它又不是这些构成物的简单相加，这些构成物之间存在着相互依存的关系。场的变动意味着其内部结构发生了全新的变化，而这种质的改变又会导致处于场中的所有存在物特征的变化。

(二)灾难场

2008年“5·12”汶川地震是典型的重大的公共危机事件。本节以该事件为例，对灾难中的采访报道心理进行分析。依据“场论”原理，“5·12”大地震在瞬间把汶川地区变成了一个巨大的“灾难场”。在这个场中，房屋倒塌、道路阻塞、遇难者成千上万，受伤者、失踪者不计其数。几千万灾民一时间衣食无着，冒着余震的危险，心惊胆战、万分焦虑。

这个“灾难场”是非常态的，它与汶川地区过去的“常态场”相比，其内部结构发生了颠覆性的改变，完全打破了以往的有序和平衡。这个灾难场与非灾区的常态场有着质的区别。因而，无论是原来就生活在“灾难场”中的人，还是从常态场进入灾难场的人(如记者、医务人员、解放军官兵、心理救助者等)，他们的行为必然会受到灾难场的制约，并做出在常态场中不同的(甚至是迥然不同的)行为。同理，自踏入灾区的土地，记者就需要自觉地改变已有的思维定势，主动探索不同于在常态场中的全新的采访和报道方式。只有如此，记者才能既完成报道任务，又用自己的爱心抚慰处于水深火热之中的灾民。

二、灾难场中适宜的采访方式

在灾难场里记者应当怎样进行采访报道是一个崭新的课题。因为灾难在改变自然、改变社会、改变人心的时候，也同样会改变媒体和我们自己。从理论上讲，灾难场中适宜的采访方式至少有以下几种：

(一)顺“场”而为，不刻意策划(对记者个体而言)

顺“场”而为，不刻意策划，是由灾难场具有的三个特性所决定的。

其一，突发性。毫无前兆的8级地震，瞬间天崩地裂，给灾区的环境、经济、人民的生活造成毁灭性的打击。“5·12”大地震是新中国成立以来遭遇的罕见的突发性大型公共危机事件。

---

① 叶浩生.西方心理学的历史与体系[M].北京：人民教育出版社，1998：452.

② 叶浩生.西方心理学的历史与体系[M].北京：人民教育出版社，1998：143.

其二，不可预测性、不可知性。人们一时不知发生了什么，也无法预料将会出现什么情况。缺少应对的经验，一切都要从头摸索。

其三，严重性。据调查此次地震共造成69 227人遇难，374 643人受伤，17 923人失踪，1 500万人被转移安置。直接受灾人口达4 226万，造成直接经济损失8 452亿元人民币。

所谓顺势而为，即根据灾难场情况的发展进行采访、报道，不刻意去策划、去抢、去挖新闻，而要随机应变，顺着情势的变化、人心的变化走，尊重灾民、尊重受众。因为重大突发事件在瞬间发生，对灾民和进入灾区的记者和救灾人员而言随时都处于危险之中，谁也无法预料将会发生什么，在这种情况下很难策划新闻，即使去抢、去挖新闻也必须在不伤害灾民的前提下进行。

例如，5 月 21 日晚上，中央电视台播出了女记者李小萌在灾区现场采访一位灾民的片子。这完全是一次随机的、实时连续的采访，几乎没有编辑的痕迹，整个采访过程自然平实，基本上是唠家常。一个扁担，两个用油漆桶改装的行囊，再加上一个拉链都已经拉不上的背包，这可能是这位 68 岁的老大爷所有的家当。当记者李小萌遇到他时，老大爷正走在与下撤村民相反的路上。这位年近七旬的老大爷一直在对记者说“我想回家看哈子”，我们从他的执着中感受到他对家的那份挂念，即使下撤的同乡告诫他回去很危险，也未能打消他回家的念头。拗不过大爷的坚持，记者只能帮他扶起了扁担。大爷用他瘦弱的肩膀扛起扁担执意离去，并向记者说“姑娘，让你们操心了”。此时，记者再也抑制不住激动的心情，在镜头前掩面痛哭。面对执意要返回随时可能会遇到余震的老大爷，小萌就像是和自己的父亲或长辈对话一样，语调谦和，动作体贴，像是生怕触碰到老人身上的痛楚。李小萌是用自己的心在和灾区的人们交流。她不仅身处灾区，而且她的心已经和采访对象融为一体。①

在常态场中，通常要求主持人，特别是电视新闻节目主持人端庄大方，理智地播报，避免情绪过于激动甚至流泪。但是在灾难场中，这种常规就需要顺势而变。

5 月 14 日中午，中央电视台新闻频道的主持人赵普在直播汶川大地震新闻时，播报了一位在现场抢救伤员的护士长，虽然她自己的孩子也被埋在倒塌的校舍内而且音信全无，但她依然忙碌在抢救伤员的第一线。当赵普说完“为什么我们能够这样？是因为这片土地的人民懂得互相守望和帮助”之后，双眼满含泪水，声音两次哽咽，停顿数秒后恢复常态。赵普这种不可抑制的感情的宣泄深深打动了受众。一时间，“央视主持人赵普动情落泪”的视频在网上广为流传。不少观众认为，这个主持人是个热血男儿。有观众在回忆当时的细节时说，赵普被新闻事件本身深深感染，他已经完全将自己融入灾难场中了。②

事实证明，在灾区进行采访顺“场”而为往往能获得成功，而逆“场”而为，强行拍摄就

---

① 家毁老人执意回去看看 记者镜头前掩面痛哭[EB/OL].（2008-05-22）[2019-01-12]. http://news. cctv. com/china/20080522/103782. shtml

② 刘靖媛. 赵普：普通媒体人凝聚不普通中国[EB/OL].（2008-06-01）[2019-01-12]. http://yule. sohu. com/20080601/n257208692. shtml

会令人反感。如果记者以自己的主观愿望刻意为之,不仅会伤了人心,有时还可能加速伤者的死亡,客观上给救灾工作添乱、添堵。

同样是汶川地震,5月17日,当俄罗斯救援队的队员救出第一名幸存者时,一名队员对着镜头怒吼,因为摄像机的强光灯正对着幸存者的眼睛。俄罗斯队员把门关上,记者又冲进手术室,强行采访即将做手术的医生,将其手术衣污染,医生怒不可遏,喊道:“你把我搞脏了!”记者依然赖着不走,继续问医生已躺在手术台上麻醉好的病人的伤情如何,耽误了医生为病人做手术的时间。

(二)迂回为主,减少正面冲击

迂回为主,减少正面冲击的采访方式,指抱着对采访者尊重、对生命敬畏的态度,在采访中采用柔和的、间接的(侧面的)提问方法,避免直问(正问)、逼问、追问、反复问(纠缠不休、轮番采访)。

许多教科书对于在常态场中进行采访的方式方法做过大量的研究,归纳总结出几十种。比如,有研究者认为采访方式主要有正问、侧问、反问、设问、追问等。采访方法(指提问方法)主要有诱发式、激发式、激将法、点破法、类比矛盾法、揭短法、求教式、讨论式、解释式、假设式等。在常态场中面对形形色色的采访对象采用多种采访方式去应对,既必要也正常。但是在灾难场中,这些提问的方法大都不太适宜。虽然灾民和救助者的性别、年龄、职业、个性特征、思想品德有明显的个体差异,但是当瞬间巨大的灾难降临时,他们的个体差异立即被掩盖了,凸显出来的是灾民和救助者的共性,共同的命运使他们结为一个特殊的群体。他们面对的是:家园破损、生计艰难,痛苦、恐慌、压抑、焦虑之情充溢胸间。他们变得非常敏感、脆弱,他们的心在流血,已经苦不堪言,他们再也经受不住来自外界的打击和精神上新的冲击。所以在灾难场里要抱着对生命敬畏、对灾民尊重的态度小心翼翼地进行采访。因而采用迂回为主,减少正面冲击的方式,用柔和的、间接的(侧面的)提问方法会减少对灾民造成心理上的第二次伤害。这种方法充分体现了以人为本的理念,并践行在新闻职业道德中减少伤害这个原则。下面对几种不恰当的采访方法做具体的分析。

1.直问(单刀直入)

“你是怎样想的?”“你有什么感受?”是不少记者经常采用的提问方法。虽然这种方法显得很肤浅,但是在常态场中在某种情况下也是可以用的。比如当记者确实不了解情况时这样提也未尝不可。但是在灾区这种问题就是伪问题。特别是记者明明知道被采访者已经失去了亲人,并处于万分悲痛之中时,还明知故问,这无异于在受伤者的伤口上撒盐,使其不得不重复痛苦的体验,令其无法回答或不愿回答。例如,救援人员救出一个不幸遇难的灾民,某电视台记者问:“你现在挖出一个人来是什么感受?”救援人员悲恸地说:“还是不要讲了,因为,因为……”记者不分场合到处问“你是什么感受”这样的问题,反映出记者采访技巧的贫乏和情感的缺失。

对在灾难中受到伤害或参与救援的人员,最好不采用直问,可以采用侧问法,如问他,用了多少时间救人,目前被救出的人的身体状况如何,等等,间接了解他们的心态。

2.追问(连续问、反复问,穷追不舍)

例如地震中有位电视台女记者抓住一位灾民一个劲儿问:“家里几口人?谁不在了?”对方明明已经泣不成声,不愿接受采访,她还执意追问。又如在水泥板下埋了72小时的陈坚,身体已经十分虚弱,但某电视台记者却不停地和他说话。为了配合直播,居然还拨通直播间的电话进行连线。记者的煽情和追问,使陈坚的情绪一直处于非常激动的状态,当救出他时体力已经消耗殆尽。记者这种漠视生命的举动引起广大受众的强烈不满。

当然也有的记者做得很好。当有位记者看出被采访者感到很疲惫时,便收回话筒,向观众解释说,他太累了,我们让他休息吧,体现出记者的人文关怀。

3.逼问

羌族女警察蒋敏的父母和孩子在这次灾难中离开了人世,但她却强忍着悲痛坚持在抗灾第一线,某电视台记者在采访时不断地问她在地震中是否失去了亲人?怎么能在痛失亲人的情况下还在拼命工作?最后竟然问:“你在救助这些灾民的时候,看到老人和小孩,会不会想到自己的父母和女儿?”女民警被问得离开帐篷,悲伤得讲不出话并昏倒了。从精神分析的观点看,蒋敏把失去几乎所有亲人的锥心的痛苦压抑到潜意识里,并用拼命工作来转移这种痛苦。“压抑”和“注意的转移”都是自我保护的心理防御机制。但是记者却非要用逼问的方式直接触及她心中最敏感、最脆弱、仍在流血的地方,硬要她把痛苦从潜意识里生生地拉出来,这样做超出了她的心理承受力,以致晕倒。记者的做法引起了网民强烈的愤怒和质疑:你有没有考虑过蒋敏被你采访时的感受?想想假如是你失去了亲人你的感受是什么样的就行了。在那种悲惨的环境中你经受得起那样的刺激吗?你以为这是在做什么人物专访栏目吗?这是在抗震救灾!在灾难面前人与人之间需要的是彼此的关怀、帮助、鼓励!不要再伤害已经伤痕累累的人们的心!

其实对蒋敏的采访完全可以采用迂回的方法。比如问她:“正在忙什么工作?”“现在一天能睡几个小时?”“当地救灾工作进展情况”等。相信这样提问题蒋敏是愿意也是能够回答的。然后再由记者向观众介绍她的事迹:年仅28岁,在这场灾难中有10位家人遇难,两岁的小女儿也远离了她。但她忍着悲痛,全身心地投入到抗震救灾第一线。这样报道既达到了采访目的,又不会伤害被采访者。

(三)从旁观察,无声胜有声

在灾难报道中,有时不问也震撼。从旁观察也是一种有效的报道方法。比如,美国一家媒体2008年5月25日发表了题为《死亡废墟中肃立的士兵》一文。文章说,这次大地震发生后,中国政府、中国人民和人民子弟兵所展现的顽强、善良和同情心,“让世界震惊”,其程度不亚于“地震所造成的震撼”。文章描写了在大地震过后一片“死亡般的废墟中,肃立着一位士兵,一手托着军帽,一手垂直,在为死难的灾民致哀。他一身尘土,显然是在废墟中持续奋战、抢救生命,但他悲痛的脸上透出的刚毅震人心弦”。

三、怎样应对突发事件中的灾难报道?

如何应对突发事件中的灾难报道可以有诸多方面的思考,包括物质上的和精神上的。这部分主要从精神层面上做几点探索。

(一)提高新闻工作者的职业素养和人文意识

从理论上讲,提高新闻从业者的职业素养,形成以人为本的职业理念,特别是在灾难报道中,尽量处理好抢新闻和救灾之间的关系,既要满足公众对新闻的要求,又不伤害受灾者和不妨碍救灾工作。但是知易行难,因为重大事件的复杂多变与媒体报道紧迫的时效要求是一种悖论。有专家认为,对媒体而言,具有突发的灾难,负面、重要、轰动性质的信息才最具新闻价值;对救灾者而言,灾难来临时能抢救生命,减少损失才最有价值。媒体寻求的是常态生活的断裂和异化,而救灾工作的意义在于尽可能维持和延续人们的正常状态。灾难面前,媒体与救灾似乎形成一对难以调和的矛盾体。大灾突降,既不能完全隔离媒体,又不能让它靠得太近,这是横亘在救灾者与报道者面前的难题。

提高职业素养和人文意识不能只停留在口头上,当个好记者首先要学会做人,要把人的生命价值摆在新闻价值之上。那些自以为是者、那些总想突出个人者、那些追逐名利者,那些炒新闻者,在平时也不会是好记者,更遑论在大灾中的表现了。如《青年参考》曾报道:5月17日,河南消防总队突击队成功营救出被困124小时的女工卞刚芬。当卞被救援人员抬出来的一刹那,几十名记者蜂拥而上,将其团团围住拍照,以至于现场的武警指挥官动了怒才挤出人群,将卞抬上救护车。一名现场医护人员气愤地说:"照相机的强光会伤了她的。你们要抢新闻,可我们抢的是生命啊!"这种在救援现场缺少人情味的新闻抢夺战,反映出某些记者人文关怀的缺失。

尽可能避免给受害者及其家属带来新的伤害,是媒体应遵守的人文底线。这种理念的形成,需要不断加强学习并在实践中去体会、去磨炼、去思考、去总结,并将之内化为自己的认识。

(二)破除已有的思维定势,重构心理安抚的认知图式

在灾难报道中,记者的采访应当尽可能对采访对象进行心理安抚(心理安抚,是危机干预的一个方面,侧重在危机干预措施中的精神抚慰作用,旨在抚平和安慰民众受伤的心灵,重拾面对未来的勇气和信心),给予他们心理上的慰藉,帮助他们消除恐惧,树立抗震救灾的信心和勇气。

在汶川大地震灾区,绝大多数记者、主持人表现出了良好的职业操守和敬业精神,不辞辛劳,不畏险恶,及时采访、发布抗震救灾信息,传达党和政府的声音,主持抗震救灾募捐晚会,赢得了国人的赞誉。但是,也有个别人、个别地方表现得不尽如人意。这里既有职业道德方面的问题,也有缺少经验和有关知识的问题。破除已有的思维定势,重构心理安抚的认知图式该提到议事日程上了。

如果把建构大众(包括受众和传者)的认知图式理解为人们对心理安抚的认识从无

到有或由少到多或由浅入深，那么破除的已有的思维定势，则主要指在某些方面人们已有的一些公认的认知图式，对灾民而言不再适用，甚至还会起到相反的作用。

1. 从心理安抚的角度重新认识“不要哭，要坚强”之类的安慰语

有的媒体刊登了对灾难后的幸存者不适宜说的几句话：

· 你能活下来就是幸运的了；
· 不要哭，要坚强些；
· 你是幸运的，你还有别的孩子/亲属；
· 你还年轻，还能再有一个孩子/还能再找一个伴侣；
· 他现在去了一个更好的地方/更快乐了；
· 你会走出来的；
· 你现在是这个家里的大人了；
· 你不应该有这种感觉。

这些话平时使用，听起来很有道理，有时效果也不错。但是对灾民这个特殊群体而言，这些话听起来就非常刺耳，给人“站着说话不腰疼”的感觉，而且这类言语对灾民的心理宣泄起负面作用。像第二句“不要哭，要坚强些！”有专家解释说：人在遭受丧失亲人的打击后，悲伤是一个很正常的反应过程，只有充分表达自己的悲伤情绪才有助于当事人尽快度过悲伤反应期。“不要哭，要坚强些！”实际上是在无意中强迫他们压抑和隔离自己的悲伤情绪，会加重他们的悲伤程度，延长悲伤的反应时间。①

2. 从心理安抚的角度重新认识记者对采访活动度的把握

在采访中，记者如何正确处理与采访对象的关系是一个老问题，在抗震救灾中这个问题更加凸显出来。为了寻找“卖点”，有些记者一次次地强迫幸存者回忆自己的恐怖经历。被埋在废墟下等待获救的学生，被迫向来自全国各地的记者讲述自己的不幸。对采访中存在的此类违背以人为本的做法，无论是传播者还是受众都已经有所认识。但是有不少记者没有认识到“有时关心是问，有时关心是不问”，“有一种爱叫放手，有一种援助叫离开”。有位妈妈又急又心痛地对轮番采访的记者大声疾呼：“求求你们不要再折磨孩子了！”

北京大学心理咨询中心教授方新在绵阳对儿童进行心理干预，当她在校园里抱着两个痛哭不止的儿童进行心理安抚时，有记者不顾她的反对，硬把摄像机伸到她的胳膊里，去拍孩子流泪的脸，极大影响了她对孩子的治疗工作。

其实这时的关心就是不问，只要从旁拍照就可以了，然后由记者介绍情况。因为“爱，关注，不要成伤”，关爱也应“发乎情，止乎度”。面对灾难报道应当抛去已有的不正确的思维定势，重构新的认知图式。

还有频繁的采访对灾民也是一种伤害。例如 2009 年在地震周年前夕，年轻的北川县委宣传部副部长冯翔自缢身亡。地震中他失去了 8 岁的儿子。但身为宣传部副部长，震后的主要任务就是接待各方领导和各路记者，陪同他们进入北川老县城视察、采访，一

---

① 郭小景. 心理之疗：靠好心人持之以恒[N]. 北京青年报，2008-06-02.

路还要为记者讲解,这里原来是什么地方,在这里有多少人遇难,当时如何抢救……一遍遍讲述,一遍遍重复,他内心的伤口也一次次被撕开。在这样的处境里,他承受的压力和心境是外人难以想象的。领导应当控制记者采访这类干部的次数,可用一些变通的办法保护干部,如由受灾不是很严重的干部接受记者采访,或用新闻发布会的方法,一次解决较多记者的采访等。

(三)对经历灾难报道的记者应进行心理抚慰

在抗震救灾第一线的记者一次次面临灾难,目睹惨烈的伤亡情景,内心遭受了强烈的冲击,甚至产生了挫折、愤怒、自责等消极情绪反应。虽然他们受到的心理冲击一般要小于幸存者,但同样需要得到心理抚慰和疏导。根据一份针对沪津两地大地震一线新闻工作者心理历程的问卷调查显示,249名受访记者中,超过半数(63.8%)的记者都曾经产生过不同程度的恐惧情绪,接近半数(45.1%)的记者表示会有情绪低落的不良症状[①]。从抗震救灾第一线回来的记者,仍然会出现强烈的心理不适应感,并长时间处于悲痛中,如:

- 无法抑制地在脑中再现灾区的悲惨场景,做噩梦;
- 强烈地感到无助;
- 避免睹物思人;
- 麻木、与他人有隔离感;
- 当想起与事件相关的内容时会产生与焦虑相似的生理反应:发汗、眩晕、呼吸急促、心悸等;
- 感觉生命太短暂,无意义;
- 对以前感兴趣的事不再有兴趣;
- 敏感易恐慌;
- 注意力不集中,易发怒;
- 不停地诉说与灾难相关的事。

……

2009年5月21日下午,中央电视台请来北京大学心理学专家,为直播回来的记者、主持人进行心理抚慰。央视《抗震救灾·众志成城》大型直播节目主持人赵普成为第一个案例。每天都要面对灾情高强度作业,他的压力非常大。他说,作为一个人,我为失去同胞感到很伤心、很无助、很痛苦。但职业道德告诉我不能多想,我的情绪不能自然流露。理性上,我要完成使命,但感情上,我又是一个普通人。也有的记者坦言,面对满目疮痍生死离别,自己也曾害怕、伤心,甚至崩溃过。

通过这次心理学家的辅导,不少媒体人恢复了信心和勇气,能够重新面对未来的生活。

---

① 李双龙.汶川地震中现场新闻记者心理调适调查[R].复旦大学传媒与舆情调查中心分析报告,2008(8).

复习要点

一、新闻采访心理的内容和特点

从心理学角度看，采访活动可以分为“采”和“访”两个部分。“采”侧重于研究记者在采访活动中对新闻事实的认识过程及其规律，主要表现在记者对客观事物的观察、思考和收集资料上；“访”侧重于探讨记者和采访对象之间的人际互动。新闻采访心理的特点是：记者为探求、获取新闻事实，在正确认识和把握自己所处的独特的采访情境的基础上积极主动地同采访对象之间进行有效的角色互动。

二、记者在采访活动中的社会认知模式

运用认知心理学理论来分析新闻采访心理的全过程，是认识新闻采访活动的一个新层面。认知心理学即信息加工心理学，是用计算机对信息加工的过程来类比人脑对新闻素材进行加工的过程（用信息加工模式来表示）。在对客观事物进行信息加工的过程中，记者的各种心理活动，如注意、记忆、思维等都会出现。这部分重点掌握思维定势的内涵，即人们在解决问题时具有每次都用相同的方式（或相同的知识结构）的倾向，还可以用另一种表述方式，即“定势是由先前心理活动所形成的准备状态，决定着同类后继心理活动的趋势”。它对记者的采访活动有积极作用，使记者能迅速、准确地进入采访情境，提高采访的效果和效率；但它也有消极的一面，表现在记者不能随着事件的发展变化及时调节自己的认识，坚持固有的观点，导致采访的失败。另外，对在采访活动中因客观或主观原因造成的使采访失败的各种“噪音”也应有所认识。

三、新闻采访的社会认知过程

社会认知从内容上可以分为三个部分，即自我认识、认知他人和认识人与人之间的关系。记者和采访对象相互之间的社会认知是一种心理互动的过程。正确地认知对方可以使谈话内容有的放矢；正确地认知自我有利于以人为镜，及时调节自己的言行；正确地认知人与人之间的关系，可以帮助记者明了不同采访对象之间的利益冲突，了解被报道者同采访对象之间，被报道者个体或群体与相关的其他个体或群体之间的错综复杂的关系，从而有意识地把握采访的分寸，使采访获得成功。

四、记者和采访对象的印象管理

印象管理是指人们为了某种目的有意识地控制别人对自己形成某种印象的过程。按照角色理论的解释，印象管理就是一种“前台”或曰“戴面具”行为。记者和采访对象如欲接近对方的角色期望就须自觉或不自觉地进行印象整饰，如进行恰当的自我表现和运用接近吸引律或情感吸引律来赢得对方的信任。

印象管理有一些相互关联的效应，反映出人们行为的共同规律，如首因效应和近因效应、晕轮效应和扫帚星效应及定势效应和刻板印象。记者在采访中应扬长避短。

印象管理策略提供了采访活动中的一些具体的技巧、方法，使用时应注意服从采访的总目的。

五、采访情境

采访情境是社会环境的一部分，是记者和采访对象眼里的社会环境，因而它是认识主体主客观的统一。德国心理学家勒温提出的 B＝f(PE) 行为公式有其特定的内涵。我们借用该公式来解释记者和采访对象在采访活动中的行为表现，为说明采访活动的复杂性、多维性,它是人与环境、人与人交互作用的结果。在采访中处于主导地位的记者应主动适应特定时空中的采访环境,并自觉地利用和控制采访环境以诱发出采访对象最佳的谈话心境。

六、应对灾难报道

根据格式塔心理学整体论的观点,灾难现场有着与常态场全然不同的采访环境。这就需要记者在指导思想上顺“场”而为,在采访技巧上要善于迂回,减少与采访对象心理发生正面冲突;要学会因时而异,有时从旁观察比直接提问效果更佳。如何应对突发事件中的灾难报道对记者而言是一个新课题,记者需要努力提高自己的职业素养和人文精神,破除已有的思维定势,重构心理安抚的认知图式。

复习题

1. 简述记者在采访活动中的认知过程。
2. 举例说明记者在采访活动中的两种思维策略。
3. 什么是思维定势?思维定势在采访中的积极和消极作用是什么?请举例说明。
4. 在采访活动中有哪些“噪音”?为防止报道失真应当怎样清除“噪音”的影响。
5. 从社会认知的角度看,新闻敏感包括哪几个过程?请举例说明。
6. 新闻采访这个社会认知的过程都包括哪些内容?请根据自己采访的体会加以说明。
7. 什么叫印象管理?在采访活动中为什么要重视印象管理?记者和采访对象在采访活动中的印象管理主要表现在哪几个方面?在采访活动中,你有哪些印象管理的经验?
8. 在采访活动中应当怎样运用人际吸引规律?
9. 印象管理效应主要有哪些?记者在采访活动中通常是怎样运用印象管理效应的?
10. 印象管理策略主要有哪些?请总结自己在采访活动中所采用的印象管理策略。
11. 社会环境、采访情境、心境三者之间的关系是什么?
12. 请运用勒温的行为公式分析记者和采访对象在采访活动中的行为。
13. 在采访中应如何适应、利用和控制采访环境?
14. 灾难报道与常态报道有什么不同?记者在灾难现场应如何采访?

第六章　新闻写作心理

新闻写作学是研究从社会生活到新闻作品，又从新闻作品到社会生活，从记者到受众，又从受众到记者的整个写作（制作）、传播过程的内部和外部规律，研究不同媒体的新闻写作的技能技巧，研究记者写作和受众接受时的心理活动规律的科学。新闻写作心理学则侧重研究新闻写作主体——记者在进行新闻写作时的心理活动的特点和规律。作为新闻写作心理学这门新闻写作学和心理学的交叉学科，理应系统地探讨记者在新闻写作中独有的心理活动的特点和规律，而这些特点和规律包括记者全部的认识活动、情绪情感和意志过程，甚至还涉及记者的气质、性格等方面的特点。由于本章承担不了新闻写作心理学研究的全部任务，又由于思维是人的认识活动的核心，所以本章只对新闻写作心理的内涵、记者在新闻写作时的心理状态、记者在写作中的思维形式、新闻写作中的辩证思维这四个方面的问题进行阐释。

第一节　新闻写作心理的内涵

一、什么是新闻写作心理

新闻写作心理是指新闻记者在对新近或正在发生的事实进行内化（认知、理解）和外化（物化为新闻作品）的过程中产生的心理活动的特点及规律。

用反映论的观点看，新闻写作心理是新近或正在发生的事实在记者头脑中的主观映象及把映象物化为新闻作品的过程。

用信息加工理论观点看，是新闻记者头脑中对新闻事实这个刺激物接收（采访过程）、编码（思维）、存储（记忆）、提取和操作（写成文字或者制作成影像）并输出（完成新闻作品）的过程。

从美国语言学家乔姆斯基（Chomsky）的“语言转换学说”来看，新闻写作是记者把表层语言（采访对象的叙述、议论和在采访中搜集到的各种文字、实物资料等）转化为深层语言（记者对这一新闻事件的理解、认识）再转化为表层语言（为受众接收的新闻作品）的过程。

二、新闻写作心理的特点

第一,新闻写作心理强调的是新闻写作主体——记者在新闻写作中出现的心理活动。

第二,记者的写作心理是指把采访获得的材料内化为主体的认识再外化为新闻作品的过程。

所谓内化,是指将体外物质性对象的外部形式向智慧、意识方面进行转化的过程;而外化则指人们将内部的心理活动转化为外部活动形式的过程。

记者在新闻写作时的内化是指将体外物质性对象(采访对象、事件、实物等)的外部形式(语言、形态、事件发生过程等)向智慧、意识方面(记者的各种心理活动)进行转化的过程。这种转化的动力是记者写作的动机,是社会的需要、受众的期望。转化的方式主要靠思维活动,记者思维活动的最终结果只有外化(即物化为语言或声音或画面)成为新闻作品才能进入社会,才能为受众感知、接受,也才有可能实现其新闻价值。

第三,由于人的心理活动的复杂性,所以被记者内化了的新闻素材和外化了的新闻作品,就这二者信息的量和质的方面看,并不是经常的、完全对等的。一般来说,记者对客观事物的认知从内向外的转化是一个对新闻素材的取舍、选择和提炼、升华的过程。所以新闻作品较之记者所内化的原始新闻素材,虽然在数量上减少了,但是在质量上可能提高了。当然,事实也并非完全如此,因为从建构论角度看,记者已有的知识经验和已形成的个性特征都会影响他们对新闻素材的认知、理解和选择。例如,由于某种压力,记者不得不抑制或掩饰自己起初的观点;因某种需要或策略,暂时不能揭露信息的全部内容;因记者能力的局限,像书面表达困难、制作经验不足等都可能造成深层语言向表层语言(包括声音、图像)转化的滞涩。有人说,"想得出就写得出",虽然有时是这样,但有时也未必,因为这里还有记者的认知从主观向客观转化的技能技巧的问题。

第四,记者在写作中的思维活动的过程和规律是新闻写作心理的核心。新闻写作是一种高级、复杂的智力活动。思维是智力的核心,是记者的观察力、记忆力、想象力、语言表达能力等所有心理能力的综合表现。

第五,新闻作品是"一本打开了"的关于记者的"本质力量的书"。记者选择什么信息,内化的情况如何,以什么样的方式和水平把所选择、内化的新闻信息报道出去,这些都受到记者的知识经验、新闻敏感程度、思维水平、情绪情感状态等因素的影响,即受记者的人格力量的制约。记者的个性特点和本质力量会随同记者的劳动一起转移到新闻作品中去(或隐藏在其中)。正是因为新闻作品记录了记者自身的东西,所以我们借用马克思的话,把新闻作品作为"一本打开了"的关于记者的"人的本质力量的书"。所谓"文如其人""言为心声",其心理依据就在于此。

第二节　新闻写作的心理状态

一、新闻写作心理状态的含义

苏联心理学家列维托夫对心理状态问题进行了长期的研究并提出了较完整的理论。他认为，除了人们已公认的心理学的基本范畴包括心理过程和个性心理特征之外，还应当增加心理状态这一内容。所谓心理状态，“是心理活动在某一特定时间内的完整的特征”。它有两个根本特征：一是具有完整状态，即由许多的心理过程构成的完整的整体；二是具有时间上的特征，即心理状态都占有或长或短的时间。

新闻写作的心理状态是指从采访结束到酝酿完成新闻作品的这段时间里，记者所具备的较为完整的心理特征。

（一）新闻写作心理状态在时间上的特征

记者从采访活动基本结束到提起笔来写新闻稿，这中间有一个心理转移的过程，亦即注意的转移。在这个过程中，记者须排除干扰，把自己的心理活动从以采访为目的而进行的人际交往转移到个体的“闭门造车”，从广泛采集素材到定下心来分析、消化、整理、归纳这些材料并进行新闻写作。

从时间上看，记者写作的心理状态既可以指提笔前的心理准备阶段，又可以指从采访结束到稿件完成这段时间。这段时间可长可短，其长短取决于记者所面临的报道任务的迫切性以及在记者头脑里对所要报道的内容和主题的清晰程度。

所谓记者面临的报道任务的迫切性，是指如果要报道的内容时效性极强，容不得丝毫耽搁，记者就必须立即转入写作状态，一气呵成，速战速决。在这种情况下，记者写作的心理状态持续的时间就比较短，有时只有一两个小时。反之，报道任务不那么急，这段时间就可能拉长，少则几日，多则几个月甚至一年半载。

（二）新闻写作心理状态的完整性

新闻写作心理状态的完整性既包括记者在写作时的各种心理活动（知、情、意）的综合反映，又包括记者主体和某些客观因素之间的共鸣。从主观上讲，记者写作的动机、认识水平、情绪情感的强度以及写作能力都会直接影响其写作时的心理状态；从客观上讲，环境的渲染，采访对象（在这里主要指正面的被报道者）自身的魅力以及受众的需求都会在被记者认同的前提下，融合到记者写作的心理状态里。下边仅就影响记者写作心理状态的三个客观因素做一简单的分析。

1. 环境

良好的写作心理状态的形成离不开一定的外界环境的激发和感染。新华社女记者张严平，曾经跟随凉山彝族自治州木里藏族自治县群山深处一名普通的乡邮递员王顺友，在经历了白天、黑夜、寒冷、酷暑、极度疲劳以及种种惊恐和危险之后，被自己从未体验过的另一种人生深深地震撼。作为一名记者，正是因为有了“真实地走进了王顺友马班邮路上的生活,真实地体验到了王顺友的酸甜苦辣,真实地感受到了王顺友质朴而高尚的心”这段刻骨铭心的记忆,张严平只用了三个夜晚,就完成了长篇通讯《索玛花儿为什么这样红》,把最真实的王顺友从大山里捧了出来,呈现给广大的读者。2005年6月2、3日新华社连续播发的这篇长篇通讯,被全国120多家报纸刊用,新华网、央视国际网和人民网等各大网站相继转载。①

2. 采访对象

采访对象是记者写作的客体,是记者寄寓自己思想感情的中介。记者只有被采访对象的魅力深深打动,并与之产生强烈共鸣,才有可能激发强烈的写作冲动。往往在这种时候,记者心理上处于一种“强迫状态”“而不能自拔”,这种写作冲动是记者积极的心理状态的主要成分(当然这种写作冲动不排除因采访对象不良的甚至是罪恶的行为而引起)。

范长江新闻奖得主、《中国青年报》记者刘畅的代表作品中,大多数是对于弱势群体的关注。面对这些弱势群体悲苦无助的眼神,刘畅感受到他们对正义、对真相的渴望。正是为了尽可能地“传播真相,让当事人、让读者对社会公正更有信心”,使他们感到“人间自有正气在,社会充满阳光”,他才相继写出一篇篇调查性文章。如《流泪的呼兰县——呼兰县许堡派出所侵犯女性权益》《谋生中的陷阱——九打工妹中毒瘫痪事件调查》《输血引发的艾滋病官司》等。尤其在2003年在山西繁峙矿难事件的调查中,刘畅的内心“充满着对悄然逝去的年轻生命的惋惜之情,又有对草菅人命者的愤怒之感”,于是,《惨剧真相扑朔迷离——聚焦山西繁峙金矿爆炸案》将矿难真相公之于世。②

3. 受众

记者写稿的最终目的是为了影响受众,所以记者在写作时总会有意或无意地联想到受众的需要,就是说“受众意识”或隐或显地影响着记者写作的心理状态。一般来说,当记者意识到自己所写的新闻与受众的需求相吻合可能会产生“轰动效应”时,他就会处于一种比较高昂的信心十足的心态中。反之,当记者意识到所要写的文章内容与受众的需求有较大“落差”或呈现“断裂”时,就容易陷入消极的心境里。所谓“落差”是说要写的文章内容大大高于多数受众当前的认识水平,为他们的心理所难以承受,例如内容超前或专业性过强。所谓“断裂”则指记者所要写的文章其内容与受众的认识有较大的偏差甚至会引起误解,造成逆反心理。在这两种情况下,记者必须澄清认识,变换写作角度,调节自己的心理状态,使之从消极转入积极。

二、新闻写作的最佳状态

(一)认知和情绪情感之间的协调

认知因素是指记者对要报道的对象在理智上认识得是否完整、准确,记者的写作目的是否正确,记者对报道的后果是否明了。

---

① 张严平.最震撼的一条路——采访四川木里县马班邮路乡邮员王顺友札记[J].中国记者,2005(7):36.

② 张海馨.追求新闻真相的跋涉者——记第六届范长江新闻奖获得者刘畅[J].新闻与写作,2005(3):28.

情绪情感是指记者对要报道的对象所持有的一种态度体验，对进入写作情境的迫切感以及在预测报道结果时所产生的情感冲动的程度。

认知和情绪情感之间的协调，表现在理智上认识正确并能产生与之相应的情绪情感。人的情绪情感有三种表现形式：心境、激情、应激。

心境，是一种比较微弱而持久的情绪状态。面对一般性的消息报道，记者的心情比较平静，任务来了，完成就行了，无须激动不已，浪费感情。正如有的记者所言："外界的情况通过人们的眼、耳、鼻、舌、身，进入我们的大脑，然后通过我的手写出来，报道出去。中间虽然也经过自己的思考、分析、综合，但情绪始终是冷静的，并没有'动情'。"

激情，是一种由强烈刺激物，例如一些重大事件引起的激烈而短暂的情绪体验。当记者对报道对象有了深刻的认识并在此基础上产生强烈的爱或恨的情感时，就会激发出一种不可遏制的写作冲动，有如骨鲠在喉不吐不快之感。

应激，多指因突如其来的紧张情况或对自己有切身利害关系的严重事件所引起的一种情绪状态。在战争年代或其他非常时期，在意外事件如天灾人祸发生时，记者需要迅速、理智地认识报道工作的重要性和自己当前的处境，在精神高度紧张的情况下，作出准确的判断，敏捷地投入采访和写作。

无论哪种情绪情感状态，只要和记者的认识相协调，都可以使其进入最佳的写作状态。如果认知和情绪情感不协调，就会出现以下几种不良的心理状态：

1. 急于求成

急于求成，表现为情绪强于理智。当记者在还没有全面、准确地认识采访对象之前，其情绪就进入了亢奋阶段，急于进入写作状态，结果往往是欲速则不达。

2. 挖空心思，硬憋文章

当记者无论在认识还是情感方面均达不到一定的火候（如新闻素材漏洞百出，记者还没有写作的冲动）时，只是为了完成任务硬去写，这样的文章一般是写不好的。

3. 高度焦虑

高度焦虑主要表现在记者的成就动机过于强烈，虽然他在认知上比较准确和全面，但情绪情感过于强烈，为使自己的作品产生轰动效应，或担心完不成任务而自责，结果身心高度焦虑，甚至失眠、上火，在这种心态下，反而会抑制记者写作的思路。

美国心理学家耶基斯和多德森通过实验研究发现，动机强度（情绪强度）与活动效率之间成倒"U"形的关系，如图6-1所示。

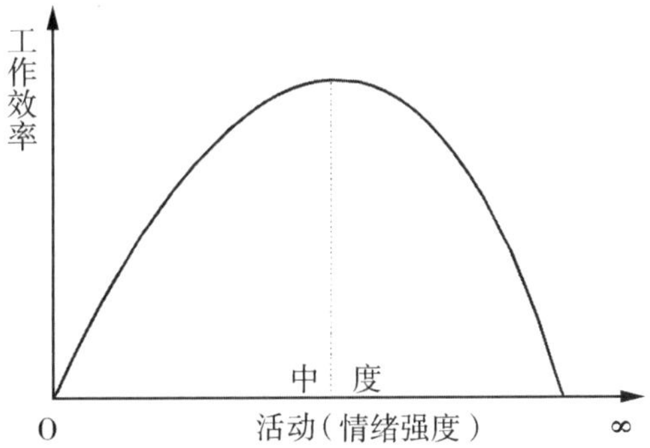

图 6-1　活动强度（情绪强度）与工作效率的关系

此图表示：动机（或情绪）强度在一定水平之下时，随着动机（或情绪）的增强，活动效率也提高；当动机（或情绪）超过一定水平时，随着动机（或情绪）的增强，活动效率反而降低。可见，中等强度的活动动机

(或情绪)可以产生最高的工作效率。

(二)记者的写作习惯与时间的选择

所谓最佳写作状态因人而异。在长期的工作实践中,记者个体对写作时间的选择形成了自己独特的习惯。仿佛一进入某段时间(如清晨、上午、下午或深夜),他的大脑立即活跃起来,才思敏捷,记忆力较强,想象力丰富,写作效率也较高。

宫云范同志在阐述这一问题时,曾总结出记者对写作时间的选择有三种类型。

(1)猫头鹰型。这种人喜欢选择猫头鹰活动的时间从事写作,当夜幕降临、万籁俱寂时,他们精力充沛,思维活跃,挑灯夜战。

(2)百灵鸟型。这种人喜欢选择清晨,百灵鸟开始活动时写作,这时他们的头脑像早晨的空气那样清爽。

(3)混合型。只要不感到疲劳,无论早晚脑细胞都会兴奋,不管外界有多少干扰都能进入最佳写作状态。①

第三节　新闻写作中的思维形式

新闻写作心理是指记者在从事新闻写作(或制作)时的心理活动的特点及其规律。由于思维是智力活动的核心,是人们的感知、记忆、想象、言语等种种心理活动的综合体现,所以记者的思维活动也是新闻写作(或制作)这种高度复杂的智力活动的核心,是记者全部认识活动的综合反映。本节只着重阐述记者在写作中的思维活动的主要形式及其规律。

一、记者写作的思维形式

记者写作或制作新闻节目的思维形式主要有三种:形象思维、理论思维和创造性思维。

(一)形象思维

形象思维"主要用典型化的方式进行概括,并用形象材料来思维"②。"形象"是形象思维的细胞。由于人们在进行思维活动时,常常不是对事物实际存在的形象而是对事物保留在自己头脑中的形象(即表象)进行加工、操作,因而有专家认为,形象思维是"运用表象来进行的思维。形象思维是表象的运动,其核心和基本要素是表象,其思维操作是对表象的加工,如变换形象的角度、关系,形成表象的新的组合等;其终端事物是某种独特的形象系统"。

---

① 宫云范.新闻与心理学[M].北京:人民日报出版社,1988:107.

② 钱学森.关于思维科学[M].上海:上海人民出版社,1986:115.

1. 新近(或正在)发生的事实的形象是新闻记者形象思维的原材料

记者通过采访获得大量的新闻素材:报刊记者用文字将其记录;广播记者用录音机录下现场的有关音响;电视记者拍摄了生动的画面;摄影记者抓拍到精彩的瞬间。这些或以直观的形象,或以头脑中的表象而存在的种种"形象",就是记者进行形象思维的原材料。例如:采访对象的音容笑貌、言谈举止、个性特点;山川河流、地理风貌、街头巷尾、工厂农村;出土文物、历史遗址,等等。

2. 记者在新闻写作(或制作)中的形象思维是对形象化的新闻素材进行加工、操作的过程

形象思维是"一种形象性的理性认识活动""完全有可能认识客观事物的本质",它同样具有一般思维活动的基本过程。

新闻记者在新闻写作或新闻制作的过程中进行的形象思维的过程就是对新闻事实的形象(或表象)进行分析、综合、比较、抽象与概括(即思维的智力操作)的过程。

这个过程在电视记者采访制作中表现得尤为明显。蒙太奇思维方式即连续画面的形象思维贯穿于电视记者的选材、采访、摄影、编辑、制作的全过程。电视记者从节目的主题和整体出发,敏锐地捕捉那些内涵丰富的画面,凭借分析、判断、综合、概括等能力巧妙地组接各个画面并完成上下段落的转场。可以说,运用画面(形象材料)是电视记者的形象思维在电视报道中的具体表现。

2015 年 6 月 1 日"东方之星"号客轮翻沉事件后,央视《新闻 1+1》栏目连续四天进行了专题报道,2 日—5 日分别以"'东方之星'惊恐与坚持""48 小时营救""整体扶正,全力搜救""'东方之星'搜寻第五天"为标题,每天在主持人介绍事件的进展之后,画面便转移到事件现场,通过更加直接的形象化素材让观众了解事件的最新情况。其中,连线视频用于全面展现现场的搜救情况,动画模拟用于细致说明救援进展,视觉材料的组织秉承着生命至上的原则,处处彰显着人文关怀。这种画面的组合是文字信息和网络上碎片式信息难以传达的,体现了电视采编人员运用形象思维的新闻情怀。

广播记者在录制节目时同样也离不开形象思维。苏联的一位广播记者在谈到自己如何录制每个报道时说:"我总要想到我的一位住在北西伯利亚的老朋友,他眼睛瞎掉已经二十多年了。我既然是一个广播记者,我就应该用我的权利把我们看到和听到的东西给他提供一幅正确的图画,这就要求不小的艺术,要求有本领把听到的因素这样配合交织起来,使这些因素能够为听众填补起看的因素。"记者若想为听众提供和谐生动的画面,必须首先在自己头脑中对这样的画面进行合理的组合,这正好说明形象思维在广播节目制作中的作用。

同样,形象思维也是文字记者不可缺少的心理活动。从合众国际社驻巴黎记者彼得·大卫所采写的社会新闻特稿《被困在机场的人》里,可以窥视到作者形象思维的轨迹。

每天途经巴黎机场的过客数以千计甚至万计,在记者的头脑里可能会留下几十个甚至上百个旅客的表象(形象思维的素材),他不可能也没必要写这么多人。通过对各类旅客种种形象进行一番分析、比较、综合、抽象、概括(对表象的加工、操作)之后,他从中选

择了已经在戴高乐机场的登机厅里坐等了两年的旅客阿尔弗莱德·莫罕,又撷取了他因身份复杂而受困于巴黎机场的故事。他曾因参加过反对伊朗国王的示威活动,被剥夺了持有自己的护照和身份证的权利,从而被踢皮球似的无限期地滞留在机场上。作者通过对这个一无所有、走投无路的男性旅客在巴黎机场的奇特遭遇,把自己对因国际争端而影响一位无辜人的正常生活这一社会现象的看法隐含其中。

(二)理论思维

理论思维又叫逻辑思维,其作用是反映事物的本质和规律。

"优秀新闻记者应该是用事实说话的理论家"①,无论是专业评论家还是以写消息、通讯为主的记者,在他们的头脑中既应有较强的理论思维,也应有较出色的形象思维。在新闻写作(或制作)中这两种思维方式如同"左右两目一样","彼此是互相沟通、互相反馈、紧密联系"在一起的。所谓有人善于理论思维,有人以形象思维见长,无非是由于不同的个体,其思维内容与思维习惯不同而有所偏重罢了。以理论思维为主写出的新闻评论中常常有大量的形象思维的语言。例如毛泽东的许多论说文都是理论思维和形象思维高度结合的产物。他的《湖南农民运动考察报告》是一篇理论文章,但文中各类人物嬉笑怒骂,绘声绘色,翻身农民在地主小姐的牙床上翻滚庆贺,农民要把地主打入另册等细节描绘得活灵活现。《评战犯求和》《为什么要讨论白皮书》也是论说文,但其中不乏诸如"大观园里贾宝玉的命根是系在颈上的一块石头,国民党的命根是它的军队""就人民政府关于镇压反动派的权力来说,……对于胜利了的人民,就是如同布帛菽粟一样的不可须臾离开的东西。这是一个很好的东西,是一个护身法宝,是一个传家的法宝……"等非常精彩的形象化语言。同样,优秀的通讯报道也应当充满作者深刻的理性思维。《2015年媒体失范报道盘点及反思》就是一篇闪耀着作者理性光芒的文章。这篇文章是对2015年媒体失范报道的盘点及分析,因为媒体环境的变化,媒体失范的数量和类型都发生了变化。不仅如此,由于移动互联网的发展,失范报道传播范围更广,影响力更大。该文章的7个小标题分别是:(1)求新求快不能忽视求真求实;(2)还原事实需避免噱头;(3)股市沉浮不容添油加醋;(4)自媒体发言需谨慎;(5)科学传播能力亟待提高;(6)强化审核避免业务失误;(7)坚守媒体责任与伦理。② 围绕这7个方向,作者列举了发生在2015年的各类事件,全面而准确地透视了近年来媒体失范报道的变化及未来需要补救的方向,体现了这一盘点和反思的深度,通过分析现象,明确了新媒体的媒介责任。

(三)创造性思维

新闻改革要求记者具有创新意识和开拓精神,创造性思维正是这种意识和精神的重要的心理机制。新闻人才的共同本质在于创新,有意识地培养自己的创造性思维,有助于名篇佳作的问世,有助于记者跻身于名家之列。新闻记者的创新能力,既是他们的政治素质、业务素质、文化素质的综合表现,又是他们不断破除习惯性思维方式,掌握和运

① 艾丰.寻求新闻与理论的结合——《首钢启示录》采写杂感[J].中国记者,1990(9):5.

② 周亚琼,邴凯丽.2015年媒体失范报道盘点及反思[J].青年记者,2016(3):32-33.

用创造性思维方式的结果。

1. 什么是创造性思维

形象思维和理论(逻辑)思维是根据思维任务的性质、内容和解决问题的方式来划分的。而创造性思维则相对应于常规思维。“常规思维是指人们运用已获得的知识经验,按现成的方案和程序直接解决问题。”而创造性思维则“是重新组织已有的知识经验,提出新的方案或程序,并创造出新的思维成果的思维方式”。[①] 按照心理学家韦特海默的观点,在社会生活中,创造性思维经常表现出“情景中心的转变”和“已有结构的重组”这两种形式。比如,由张艺谋导演的影片《一个都不能少》,中心内容是讲述一位年轻的乡村女教师历经千辛万苦,终于使学生一个也不少地留在课堂里,出色地完成了因有事临时外出的老教师的嘱托。而中央电视台《东方时空》的主持人敬一丹在其主持的《面对面》节目(1998 年 8 月 29 日)中,也以《一个都不能少》为题,将内容转用到面对 1998 年 7—8 月在我国长江和嫩江流域遭受百年不遇的特大洪水之后,如何使 800 多万受灾学生“一个都不能少”地按时在开学时走进课堂。虽然二者讲的都是教育,但情景中心却发生了变化:由一部影片的内容转移到现实生活当中。这种改变给受众一种既熟悉又陌生,既生动又新鲜的感受,反映出主持人的创造性思维。又如,从传统意义上看,把“资本主义”同“市场经济”、把“社会主义”同“计划经济”联系起来是天经地义的。而邓小平同志坚持解放思想、实事求是的思想路线,以无产阶级革命家的气魄提出了社会主义市场经济的理论,从而打破了社会制度与经济手段之间僵硬的组合,第一次把社会主义制度和市场经济手段组合在一起。这种“结构重组”无疑也是一种创造性思维的体现。

2013 年 10 月 14 日中午 12:06 分,一个名为“复兴路上”的账号,向优酷网上传了《领导人是怎样炼成的》中英文两个视频。视频中,包括习近平在内的现任中央政治局常委,以及毛泽东、邓小平、江泽民和胡锦涛等以往国家领导人,均以卡通形象一一亮相。这些领导人的真人头像与卡通身体拼接在一起,[②]这种拼接也是一种“结构重组”,体现出鲜明的创造性思维。

无论是形象思维还是理论(逻辑)思维都可以或属于常规思维或属于创造性思维。

提到记者的创造性思维,有人会问,新闻的基本特征是真实性,坚持新闻的真实性原则与承认记者在写作中也有创造性思维是不是矛盾?这些人有个错觉,似乎创造性思维只是文艺创作者的“专利”,是记者写作的“大敌”,似乎一提“创造性”就必须有虚构。其实这是两码事。坚持新闻的真实性原则是由新闻自身的特质——事实决定的,而创造性思维则属于一种心理现象,是一种带有新异性、独创性的思维方式。在新闻写作时,记者只要牢牢把住一个关口,即在新闻事实的本身(如“五个 W”:时间、地点、人物、事件经过和原因)上不允许掺入任何虚假成分(包括细节),不允许搞所谓的“合理想象”。也就是说,在“事实”上,不准许进行创造性的加工、修饰。在这个前提下,在报道事实的角度、挖掘主题的深度、题目的新颖性、文章表达的手法等方面都可以运用创造性思维。新闻姓

---

① 彭聃龄. 普通心理学[M]. 北京:北京师范大学出版社,1987:359.

② 宋凌燕,刘斌. 领导人“卡通片”网上爆红　“复兴路上工作室”到底是谁[N]. 南方周末,2013-10-24.

“新”,这个“新”既包含内容新鲜,时效性强,又包含形式上不落俗套、引人入胜。没有任何新意的新闻是不会有生命力的。正是由于许多记者勇于探索前人未曾涉足的领域,运用创造性思维不断地提出一些新的报道方式和新的观点,才推动新闻学的发展。

例如年年都有两会报道,以往在报道的内容、传播的渠道、技术的手段等方面都比较单一。但在2016年的两会报道中,《人民日报》发挥创造性思维,采用多种方式,打通多个舆论场,形成报道合力。人民日报社从12个部门和单位抽调编采人员、技术人员等47人组成“中央厨房”全媒体平台运营团队,推出文字、图片、图表、视频、动漫、H5等在内的多媒体产品200多个,覆盖国内外2 000多家媒体。其中,仅人民日报微信公众号就先后推出了5条基于H5技术的微信新闻,阅读量近2 000万,篇篇阅读量“10万+”。其中,《人大新闻发布群,傅莹邀请您加入群聊》一条新闻截至2016年3月6日20时,页面总浏览量突破300万人。这些通过微信平台扩散的新闻,一经推送便在朋友圈火爆传播。①

大凡有点名气的记者,其共同点是在他们的新闻作品中闪烁着强烈的创新意识,时时给受众以新的思想、新的启迪。《人民日报》记者刘衡同志曾深有体会地说:“我喜欢独立思考,讨厌‘一窝蜂’、公式化、概念化,重复、照抄别人的东西。别人没有走过的路我要闯一闯,大家都走的路我要想一想,自己走过的路也要有破有创。不断寻找新的思想、新的观点、新的角度、新的表现方法,努力做到‘不踩别人的脚印,也不踩自己的脚印’……”

2. 创造性思维的过程

我国近代学者王国维曾在《人间词话》中谈到治学的三种境界,现借用这种说法把记者在新闻写作中的创造性思维活动的过程相应地分为三个阶段:

第一阶段是通过采访,获得感性材料阶段;第二阶段是冥思苦索,进行思维操作阶段;第三阶段是“回头蓦见”触发灵感、豁然顿悟阶段。第三阶段的出现是以第一、第二阶段为基础的,没有艰苦的采访活动,没有呕心沥血、上下求索的精神,灵感是不会降临的。

《人民日报》记者金凤讴歌同是科学工作者的同名双胞兄弟史绍熙事迹的通讯报道的题目《双子星座》的诞生就经历了这样三个阶段。

首先,金凤通过对史绍熙和史绍熙这对孪生兄弟的采访获得了大量生动感人的素材,激发了颂扬他俩忠于祖国科学事业的精神的强烈愿望。此乃第一阶段。

内容大体有了,到底拟一个什么样的标题才能画龙点睛地概括出他俩的精神风貌呢?金凤苦苦思索,面对已拟出的几个平淡无奇的题目:“两个史绍熙”“史绍熙和史绍熙”“双生子”“孪生兄弟”等,她都不满意,不免心情焦躁不安。此乃第二个阶段。

为了放松一下,她来到院子里散步,正值秋高气爽,夜空中星光闪烁。此情此景引起她许许多多的联想:

“星星在宇宙的运行中亘古长存,而人生只不过几十年光景。人与星星是不可比的,但古人在称颂帝王将相时,把他们比作天上的星宿;今人也把伟人的谢世比作‘巨星陨落’。她想,这样的比拟难道只属于少数人所有吗?这时,她纷乱的思绪突然活跃起来。她出神地遥望着天空的繁星,只见天边两颗并列的星星闪烁得格外明亮,一闪一闪地眨

① 何炜.人民日报推进融合发展释放新闻生产力“中央厨房”烹制全国两会新闻大餐[J].传媒,2016(06):29-31.

着神秘的眼睛。‘双子星座’四个字犹如闪电照亮黑暗的天空，也冲破她沉沉思索中的苦恼。……她火速回房，在铺开的稿纸上赫然写下了四个字‘双子星座’，以此作为通讯主题。”①到此，创造性思维的最后阶段完成。

3. 创造性思维的主要心理成分

创造性思维的主要心理成分是发散思维和聚合思维。一个创造性活动的全过程，要经过从发散思维到聚合思维，再从聚合思维到发散思维的多次循环才能完成。

发散思维是指按照不同的方向去思考可能存在的各种答案的一种开放式的求异的思维方式。这种思维方式也可以说是一种“天马行空”的思考状态，它打破了既有的模式，对于问题的深入和拓展起到积极的推动作用。当然，这种思维方式一定要围绕着新闻主题来展开。

譬如记者万联众在《新闻写作贵在创新——对一条新闻导语构思的剖析》一文中不拘泥于传统的倒金字塔结构的写作模式，力求突出最吸引人的新闻事实，尽量把导语写得生动有趣、富有感染力，以求勾起读者的阅读欲望。他采用多种新颖的手法写出的关于朱建华再破世界跳高纪录的几种导语，体现出发散式思维的特点：

· 朱建华再次成为全球跳得最高的人。

今天下午，他以有力一跳，飞过 2 米 38 横竿，比他过去的成绩增高 1 厘米，再次打破男子跳高世界纪录。（叙述式）

· 2 米 38 高度已成为男子跳高世界纪录。

这是我国运动员朱建华创造的。

今天下午五时一刻，他在上海虹口体育场取得的这一成绩，赢得了第五届全运会四万名观众的热烈掌声。（总结式）

· 朱建华平缓而有节奏地助跑到最佳点，突然背向横竿凌空而起，巨大身躯拖着收拢的双腿向前飞去，以这样优美和谐的雄姿跳过 2 米 38 高度。一个新的男子跳高世界纪录诞生了。（描写式）

· 你知道当今世界上跳得最高的人是谁吗？他，就是我国的朱建华。（设问式）

· 激动而欢快的掌声热烈欢呼我国运动员又破一项世界纪录。

这位运动员叫朱建华，今天下午飞越 2 米 38 高度，震惊了田径界。（悬念式）

· 升高 1 厘米来之不易。朱建华以增高 1 厘米的新成绩，飞过 2 米 38 高度，再次打破男子跳高世界纪录。（评论式）②

再如 2012 年中宣部发出的《关于贯彻党的十八大精神　切实改进文风的意见》里对如何改进文风作出了若干明确的规定：

> 要求党报党刊、通讯社、电台电视台要从新闻报道、评论言论的内容、语言、标题、篇幅到版面编排、栏目设计、节目制作等方面，进行全面改进。

---

① 苏若舟. 新闻采编与思维方法[M]. 太原：山西人民出版社，1992：122.

② 万联众. 需要写作创新意识[M]. 编采业务，204.

要根据工作需要、新闻价值、社会效果确定内容,说真话、写实情,言之有物、言之有理、言之有情,杜绝脱离实际、内容空洞的文章和“应景”文章,不发一般化的工作报道。

要善于运用鲜活的语言说明事物、表达观点,善于把文件语言和学术概念转换成易读易懂的群众语言,善于捕捉富有个性、特色鲜明的话语,简洁平实、通俗明白,杜绝照抄照搬文件和领导讲话。

要做准、做好、做活标题,善于抓住要点、提炼有效信息,准确鲜明地表达核心观点,避免机械呆板、不知所云、大而无当的口号式标题。

要力求篇幅简短精练,使新闻报道开门见山、直截了当,要言不烦、意尽言止。

报纸版面、栏目设计、节目编排要清新活泼,符合内容传播需要,适应受众接受习惯,展示媒体自身特色。

媒体要定位准确,根据服务对象的需求,说不同的话、写不同的文章、制作不同的节目,形成各具特色的发展格局,克服定位不清、缺乏特色的同质化现象。

这些具体的规定从思维角度看就是围绕“改进文风”这一中心任务进行的发散思维。

当然发散思维不仅表现于写作方面,更重要的是体现在记者写作的总的指导思想,即要有写作的创新意识,才能思路敏捷,笔下生花。

发散思维实际上是一种开放式的思维方式。在改革开放的今天,我国正在进行的经济、政治、思想等方面的变革,其本身就是一种大胆的探索,新闻报道也必须从内容到形式上适应改革的需要,这就要求记者变封闭式的思维方式为开放式的思维方式。思想解放,才能带来采访作风上的转变,也才敢于触及改革进程中的“难点”和群众关心的“热点”,才能写出有新意、有深度的报道。

创造性思维是发散思维和聚合思维的有机结合。聚合思维是指人们依据已知的信息,利用熟悉的方法规则去解决问题。这是一种有一定方向、有一定范围、能产生某种逻辑结论的思维。像《人民日报》记者艾丰在采写大连造船厂船研所副所长张在勇的事迹时,通过发散思维和聚合思维的反复结合,最后淘汰了因发散思维辐射出的几个标题:“祖国的儿子”“他不愿意去”“事业高于一切”“一个造船人”等,而把思维聚合到“面对生活不等式”这样一个颇有新意的标题上。

4. 灵感产生的条件

灵感的出现是创造性思维完成的关键,是创造性思维成果出现的一个重要条件。企盼灵感的降临是许多记者的愿望,但是灵感的出现只是写作这个系统工程的一个环节,只有当记者的主客观条件都成熟了,打通了,灵感才肯光临。灵感出现的条件主要有如下几点:

(1)要有强烈的社会责任感和明确的创新意识

强烈的社会责任感和对新闻事业的敬业精神,是记者积极从事新闻写作的内部动力，而有明确的创新意识，立志写出“人无我有，人有我新”的新闻作品，是对记者写作行为的一种导向。

心理学家认为，灵感的出现有一个过程，是一个由意识活动到潜意识活动，再由潜意识活动跃迁到显意识活动，再经由社会实践的验证、反馈、循环往复、突变跃升的过程。

显意识活动具有自觉性。记者新闻报道的“中心命题”首先始于显意识活动。记者的创新意识要围绕着社会需要、受众需求进行。后者是前者的动力、压力，正是这种动力、压力才会逼着记者去想、去写，而且要想好、写好。在记者的神经系统处于高度兴奋、紧张的条件下，灵感才有可能“登门拜访”。

（2）全神贯注，殚精竭虑，调动全部精神力量写作

所谓把全部精神力量调动起来，是指将人的精神结构中的本能活动、心理活动和意识活动三方面的力量都聚合到一个焦点上去，充分沟通显意识、潜意识之间的双向联系，在大脑皮层形成优势兴奋中心，使记者进入一种精凝思极、耳目都融的精神状态。这是灵感产生前的最重要最艰苦的阶段。人们在看到记者的优秀新闻作品并惊叹其才华时，往往认为灵感对他们似乎“得来全不费功夫”，殊不知在灵感降临前，他们长时间地陷于“踏破铁鞋无觅处”的困境。为了一个标题、一个构思、一种处理，他们苦恼、焦躁、失眠，甚至惶惶不可终日。可见，灵感虽好，来之不易。正如周恩来曾说的“长期积累，偶然得之”。所以车尔尼雪夫斯基认为，灵感是“一个不喜欢拜访懒汉的客人”。

（3）充分利用原型启发

“原型”是指具有启发作用的具体事物。世间万事万物均可充当原型，如日用品、自然或社会现象、口头或书面描述等。“启发”是指因某种事物引起的联想（即由一种事物想到另一种事物的心理过程）从而使问题得到解决的途径。利用原型启发解决问题的过程也是一种经验转移的过程。经验越是丰富的记者，其经验的转移就越灵活、越迅速、越巧妙。

西方某记者在报道电视观众看电视打瞌睡的文章时，拟了这样一个别开生面的标题：“Zzzzzz……”（“Z”是英语里形容打鼾的呼噜声）英语字母“Z”在这里是“原型”，记者巧妙地把“Z”字母本身的含义和观众打瞌睡发出的呼呼声联系起来（属于接近联想），标题拟得贴切、幽默。

我国有位记者，曾讲过这样一件事，一次他随意翻阅报纸，忽然看到这样一篇报道：东北某饭馆为招揽顾客招用侏儒当服务员，起先生意兴隆，但后因不注意提高服务质量而濒临倒闭。这条消息和他头脑中酝酿已久的一篇杂文的主题：“猎奇是没有生命力的”一拍即合，于是他决定这篇杂文就以此条消息（即“原型”）为由头。

（4）牢牢把握潜意识活动的最佳阶段

大量事实证明，灵感是在长期冥思苦想之后大脑得到松弛时突然迸发的。如到院里散步，仰望星空；到图书馆随意翻看书报杂志；陪朋友外出旅游、观光；和家人聊天；睡觉做梦……这时人们的显意识活动暂时放松，甚至停止活动，而潜意识就会活跃起来，有关的信息就有可能突破潜意识的阈限，主动和有关的显意识活动接近，就在显、潜意识突然接通的瞬间，灵感就会迸发出来，它如同地下的泉水忽然冒出一般似的，使认识主体处于一种奇特的顿悟状态，百思不解的难题豁然开朗，问题的答案仿佛从天而降，令人茅塞顿

开,欣喜若狂。譬如"……我坐在车里,突然想到一个问题的答案"(达尔文);"像闪电一样,谜解开了"(高斯)。有经验的记者往往在高度紧张的脑力劳动之后,会有意识地让自己全身心地放松一下,在相对松弛中又伺机捕捉潜意识活动的最佳时机,抓住灵感迸发的瞬间,从而获得突破性的创造成果。

(5)要保持积极的情绪情感状态

积极的情绪情感对于人们的思维活动能够起催化作用。人们在良好的心境里,各种心理活动如思维、记忆、联想、想象等都很容易集中到自己所思考的问题上,从而加快灵感的光临。

(6)要立即记录刚刚迸发出的灵感

灵感具有突发性、短暂性等特征。它是一种"来不可遏,去不可止"的稍纵即逝的心理现象。因此,记者的灵感一旦出现,应立即记录下来。人民日报社高级编辑吴昊谈自己的写作体会时说:"事实上,每个人都对周围的事情,对自己编发的稿件,产生自己的想法,脑子里常常有些闪光的火花,而这些闪光的东西又总是一闪而过的,如果不将其及时地加以捕捉和记录、整理,就会像流水一样流过去。"

5. 灵感与新闻敏感的异同

由于灵感和新闻敏感有相似之处,所以人们在使用时经常混淆其概念,因而有必要区分这两个概念的内涵。

灵感和新闻敏感的相似之处有:在产生时间上都有偶然性、突发性、短暂性;在形象清晰度上都具有模糊性。二者的区别主要有以下几点:

(1)从定义上看

新闻敏感属于新闻工作者发现和判断新闻价值的能力,而灵感则是指在认识主体(在这里指记者)的头脑中突然迸发出的某种寻觅已久的新事物或新观念的一种心理状态。

(2)从产生时机上看

灵感和新闻敏感虽然都可以在记者进行采访、写作、编辑过程中出现,但相比之下,新闻敏感则更多地出现在采访或收集材料的过程中。例如1990年10月的一天,《大连日报》某记者在浴池里从别人的聊天中偶然得知香港报纸有篇关于《蛇岛变鼠岛》的报道。他翌日就赶到蛇岛实地采访,并在报上发表了"蛇岛变鼠岛"纯系误传的消息给予纠正,这属于新闻敏感。而灵感则主要出现在已经进入写作(或制作)阶段,并已经为某一问题冥思苦索了许久,甚至到了"为伊消得人憔悴"时才突然冒出来,显然灵感和新闻敏感产生的时机不同。

(3)从目的性明确的程度上看

在新闻敏感出现之前,记者一般没有十分明确的目的,只是在遇到某一客观事物(可以是人或事件或物品)时,迅速运用已有的知识经验,通过分析、比较、抽象、概括等思维过程,预测该事物的新闻价值,从而决定是否采写。但在灵感产生之前,记者有着非常明确的目的:寻求某一主题或某种表达方式,而且记者已经为之执着地探求了若干时间,当灵感突然降临时,就像终于见到久别的故人一样欣喜若狂。

记者在写作中的思维活动的三种形式，形象思维、理论思维和创造性思维不是孤立发挥作用的，它们相互渗透，相互交叉，你中有我，我中有你，难以分割，只是由于新闻体裁（如评论、人物通讯、消息等）的要求和记者个体的思维特点不同，在实际操作中有所侧重而已。

二、不同媒介特征对思维方式的影响

以上所谈到的各种思维方式在新闻工作者的工作实践中都会被不同程度地使用。不过，由于媒介形态的区别，各种思维方式的运用会有所侧重。

按照麦克卢汉的说法，不同媒介形态不单改变了信息传播的方式，而且从深层上影响并改变了人的认知模式和思维性质。[①] 如从事平面媒介的工作者，其思考的方式主要建立在文字线性的思考方式上，对理性思维（逻辑思维和理论思维）依赖较多，这和文字与声音、画面相比逻辑性较强有直接关系。

又如，从事广播电视媒介的工作者，其思考方式更倾向于对于声音、画面的传达效果的理解判断，对形象思维依赖较多，更注重声音和画面渲染情感的传播效果。由此可以看出，两种媒介形态对情、理的表达存在微妙的区别。

最后再分析一下网络新媒介对思维方式的影响。从技术角度而言，网络新媒介运用多媒体技术手段，从表面看整合了传统平面媒介和广播电视媒介，表现出更为灵活的表达方式，相应思维方式的体现似乎只是以上两种思维方式的整合。但深入研究就会发现，网络多媒体技术不只是对传统媒介形式的整合，更从根本上改变了媒介的结构方式。网络新媒介由于超链接的使用，打破了传统媒介结构的逻辑关系，如在网络新闻中可以随便从一条新闻的链接跳到另一条新闻中去，这在传统媒介中是不可思议的。因此，网络新闻工作者极大地倚重跳跃式思维方式，对大量相关新闻进行整合。在实际工作中，网络新闻工作的记者与编辑的身份界限也远远没有传统媒介划分得那么清晰，有关这方面的内容会在下一章中再做进一步阐述。

第四节　新闻写作中的辩证思维

记者在写作新闻时，有时为了突出某个方面的宣传效果，或者为了吸引眼球，容易强调事物的某个方面，而忽视另一方面。这种信息的不对称（不平衡）性，客观上会剥夺一些受众的话语权，甚至还会对受众心理产生误导。

信息传播的不平衡性与传播者头脑中缺少辩证思维有关，要提高辩证思维的能力最好学一点辩证心理学。辩证心理学是当代心理学体系中的一种。该心理学特别强调两点："一切事物都是由相互联系的部分构成整体"，而这种相互联系的部分存在着"冲突和矛盾"；"事物不是静止的"，它总在不断地变化。[②]

---

① 麦克卢汉. 理解媒介：论人的延伸[M]. 何道宽，译. 北京：商务印书馆，2000.

② 史密斯. 当代心理学体系[M]. 郭本禹，等译. 西安：陕西师范大学出版社，2005：232.

依据辩证心理学的理论，新闻写作在总体上应当努力反映处于同一整体中的矛盾双方的状态和体现出事物发展、变化的轨迹。忽视了前者，容易使受众感到传者偏袒了某一方，而忽视了后者，则容易出现“断头新闻”(即有事件的发生，没有事件的结果)，使受众认为传者没有尽到报道的责任。

一、新闻写作在总体上应力求反映新闻事件的多个侧面

新闻写作在总体上应力求反映新闻事件的多个侧面，尤其是其正、反两个方面的观点，只有这样才能表达出新闻事件的真实状态及其内在的冲突性和平衡性。

前几年有这样一条短信在手机上疯传，题目是《国人的一天》：

> 早上起床，穿上冒牌运动装出门。买半斤地沟油炸的洗衣粉油条，回家切两个苏丹红咸鸭蛋，冲一杯三聚氰胺牛奶，吃完高高兴兴去上班。中午，在单位要一个注水肉炒农药韭菜，一个有毒猪血，再来一碗翻新陈大米饭，实实惠惠地吃个饱。然后回办公室泡一壶香精茶叶，翻阅一会儿网络新闻。下班后，去菜场买条避孕药鱼、半斤尿素豆芽、半斤膨大剂西红柿，回家烧三个菜，再开一瓶甲醇酒，美滋滋喝上二两，吃一个硫磺馒头。饭后，散散步，在路边地摊上买两本盗版小说或者盗版光盘，回家快乐地看起来。晚上，钻进黑心棉做的被褥，甜甜美美地睡了。啊，国人的一天，多么快乐！

这条短信用调侃的语调、讽刺的语言，将那些年出现的种种问题食品高度集中起来，形象地折射出在中国老百姓中普遍存在的对食品安全的不满和恐慌。老百姓这种心理的形成是与媒体以偏概全、以点带面的报道分不开的。所谓以偏概全，指媒体经常不断地渲染问题食品，而很少报道令人放心的食品；以点带面指媒体对个别有问题食品的报道缺少与同类食品作具有统计学意义上的分析(如毒大米与无毒大米的比例)，这非常容易误导受众将个案推及全部，这种片面的、夸张的报道对老百姓心理产生的负面影响久而久之很容易聚集成一种潜在的社会不安定因素。

又如，报上曾刊登过这样一则消息，题目是《雇主拖欠工资　保姆无奈“自取”》①，全文对处理偷拿雇主钱财的保姆做了比较详细的报道，然而对如何处理拖欠保姆工资的雇主却只字未提，使受众产生不公平心理。

辩证心理学告诉我们，任何事物的内部都存着矛盾的双方，为了在新闻报道上做到不顾此失彼，至少可以采用两种方式：一是在对版面整体的设计上，应力求让矛盾双方都有话语权，保持不同观点在报道量上的基本平衡。如在曝光贪官罪行的同时，增加表彰一心为民的好干部；在报道医患关系紧张，时而发生患者对医生行凶事件的同时，又要大力弘扬医务人员救死扶伤的崇高精神；在揭露破坏自然环境的事件时，注意宣传那些竭尽一生之力维护环境的好人好事。二是在微观上，如在新闻标题的拟定和报道内容上，

---

① 赵单.雇主拖欠工资　保姆无奈“自取”[N].北京青年报，2010-03-02.

尽量反映新闻事件的不同侧面。例如《地铁“禁食”同时也要解决“进食”难题》《不能把“官员密集落马”理解为“贪官越来越多”》等新闻标题都体现了辩证的思想。又如在2013年中秋节和国庆节前,因政府部门坚决贯彻中央“厉行勤俭节约,反对铺张浪费”的要求,大大减少了利用公款大吃大喝的陋习,致使以往高档餐饮的营业额大幅下降,这当然是件大好事,但同时又引发出另一类问题,高档餐饮职工的收入会不会因此而受到影响?对此,有记者对餐饮业顺应时代发展,改变经营策略,面对高档餐饮下滑的现状,努力开掘为普通百姓服务的多种方式进行了较全面的报道:

> 在餐饮消费方面,今年高档餐饮下滑明显,大众餐饮和家庭聚餐比重上升。据监测,“湘鄂情”节日期间商务餐同比下降80%,家庭聚会、朋友聚会就餐的比重上升90%。众多餐饮企业转变经营方式,推出“半份菜”“小份菜”“拼盘菜”,提示顾客适量点餐,避免浪费,营造了“消费不浪费”的氛围。①

坚持辩证思维,进行全面的报道对于受众全面认识客观事物有着积极的正面的引导作用。

二、新闻写作应力求体现事件发展的全过程

新闻写作应力求体现事件发展的全过程:对过去、现状和未来都要关注,只有这样才能反映出新闻事件在发展中的轨迹。

从辩证心理学的视角看,任何新闻事件的发生都有其前因后果,关注新闻事件的端倪及其发展的全过程,可使受众了解到事件发展的全貌。

如果说在新闻报道中应当尽量反映各方面的观点,特别是给持不同意见的人提供话语权,从而体现出事物内在矛盾的冲突性和相互制约性,使受众能认知该事件在当下空间中的整体状况,那么强调新闻事件的发展变化,可以让受众认知该事件在时间坐标上的整个进程。

比如2013年以来,各类媒体对中央十个巡视组的工作进展及其效果进行了持续不断的报道。不仅揭露了那些违反中央八项规定精神的典型案例,而且反馈了通过回访了解有关部门整改的具体情况。媒体这种不间断的详尽的报道,使百姓对中央反腐败的决心和勇气有了一个全面的完整的认识,从而对党和国家的前途和命运充满信心。

又如,有报道,在2012年12月18日有媒体对山东部分地方养鸡户超剂量、超范围违规使用抗生素催成的“速成鸡”问题进行了报道。19日晚山东就公布了四地市“速成鸡”事件查询结果,并责令所涉企业整改,还下发紧急通知规范兽药使用监管。② 21日又报道了北京市对山东六和集团肉鸡产品在京进货单位的监管,并立即对库存产品采取就地封存措施。③ 短短几天,媒体对“速成鸡”从发现到调查到整治到封存进行了一系列的报

---

① 蔺丽爽. 中秋假期商家卖了10.9亿元[N]. 北京青年报,2013-09-22.

② 张志龙. 山东公布“速成鸡”调查结果[N]. 北京青年报,2012-12-20.

③ 李佳. 摸排山东“六合鸡”冷库产品就地封存[N]. 北京青年报,2012-12-21.

道,完整地反映出政府有关部门对该事件的调查监管、处理的全过程,从而有效地减轻了百姓对食用肉鸡的担心。

以上两例是对正在发生的新闻事件进行全程报道,那么对于可能发生的事件进行预防性报道和对已发生事件的发展趋势进行报道,同样也符合辩证心理学思想。

比如预防灾情出现的新闻报道,对引起受众重视和预防灾情的发生及蔓延都有着重要的意义。2013 年 8 月,为了避免"今冬明春"发生大规模家禽疫情,有媒体做了相关报道,并介绍了 H7N9 禽流感的防控措施①。又如,有媒体报道因长期在超限超载车辆作用下,北京东南六环路上的部分桥梁发生不同程度的损坏,严重影响高速公路运行安全,所以今年本市将对这些桥梁提前大修。② 对这类前瞻性的报道,媒体还必须对事态的发展持续关注,才能给受众一个完整的认知。再比如,2018 年 1 月,经济观察网对国家卫计委的例行发布会进行报道时,除了介绍流感情况,还对全国抗病毒药品的数量以及各地儿科医疗资源,甚至是医学院儿科专业医生转岗情况进行了采访和报道。③

还有一类报道预示事件发展的前景,例如:人民网的报道《互联网医疗:从野蛮生长到逐步成熟》,通过解读国家医保局的政策,调查各地互联网医院的建设情况,确定了未来"互联网+医疗"服务的业态模式,对受众既起到解惑的作用,又描绘出"动动手指"就可看病的美好未来。

虽然对每件新闻的来龙去脉很难做到(有时也没有必要)详尽的报道,但是对党和政府重要方针政策的落实以及对社会产生重大影响的新闻事件,记者应当给予全面的完整的持续的报道,这既能满足受众的知情权,又能使受众心理始终维持一种动态的平衡。

复习要点

一、新闻写作(制作)心理的内涵和心理状态

新闻写作(制作)心理指新闻记者在对新近或正在发生的事实进行内化(认知、理解)和外化(物化为新闻作品)的过程中产生的心理活动的特点和规律。写作状态是在人的心理现象中研究较晚的一个内容,它是人们进行某种活动的心理背景,并直接影响工作的质量和效率。新闻记者要想形成最佳写作(制作)状态,就必须在正确认识客观事物的基础上学会调控自己的情绪情感,并处理好自己与采访环境、采访对象和受众之间的关系。

二、创造性思维对新闻写作(制作)的意义及其表现

形象思维和理论思维是新闻记者进行写作或创作的主要思维形式,而创造性思维则对于处在变革时代的现代新闻记者有着更加重要的意义。社会变迁本身就是一个破除旧的思维方式、创造新世界的过程,作为反映这个日新月异变化的新闻作品,就不能不具有新意。在坚持新闻真实性的基础上,处理好发散思维和聚合思维的关系,特别是运用

---

① 关庆丰,刘一,刘洋. 避免今冬明春发生大规模家禽疫情[N]. 北京青年报,2013-08-30.

② 梁琦. 六环路多座桥梁提前大修[N]. 北京青年报,2013-07-31.

③ 汪晓慧. 国家卫计委:今冬流感仍处上升态势 病毒尚未变异 全国抗病毒药品充足[EB/OL]. (2018-01-09)[2019-03-04]. www. sohu. com/a/215630217_118622.

发散思维在新闻报道的角度、挖掘主题的深度、题目的新颖性和谋篇布局等方面充分发挥创造性思维的优势，有助于不断推动新闻事业的发展。

三、新闻写作中的辩证思维

依据辩证的心理学理论，新闻写作在总体上应当努力反映处于同一整体中的矛盾双方的状态和体现出事物发展、变化的轨迹。新闻写作应努力做到两个方面：一是在总体上力求反映新闻事件的多个侧面，尤其是正、反两个方面的观点，只有这样才能表达出新闻事件的真实状态及其内在的冲突性和平衡性；二是力求体现事件发展的全过程：对过去、现在和未来都要关注，只有这样才能反映出新闻事件在发展中的轨迹。

复习题

1. 新闻写作(制作)心理的内涵是什么?
2. 影响新闻写作(制作)心理状态的主客观因素是什么?
3. 什么是创造性思维？联系实际分析在新闻写作(制作)中创造性思维的两种心理成分。
4. 新闻报道强调真实性原则和记者写作(制作)离不开创造性思维，请解释这二者之间的关系。
5. 怎样坚持新闻写作中的辩证思维?

第七章　新闻编辑心理

新闻编辑心理学是研究新闻编辑工作者在编辑新闻时的心理活动及其规律的科学。编辑(当作动词)是新闻作品“出炉”前的最后一道工序,而编辑(当作名词)则发挥着选择信息和新闻媒介“把关人”的重要作用。由于编辑是“显见于各种媒介负荷的文化内容后面”的“隐性操纵者”,是在“书刊、电视、广播等传播形式中”占据着中枢位置的人。所以,新闻媒介(报刊、广播、电视、网络)的内容,新闻从业人员的精神状态、态度倾向等都与编辑的素质紧密相关。这就要求一个称职的编辑不仅有较高的思想觉悟,精通编辑业务,还需要了解自己的心理素质,把握主体的理智和情感特征,从理解自身的行为中优化自己的职业行为。

新闻编辑学和新闻编辑心理学是两门学科。新闻编辑学是新闻应用学中的一门重要的基础学科,是探讨新闻编辑工作本质、特征及规律的一门学科。而新闻编辑心理学则是把编辑环境、编辑主体心理、编辑同记者和受众之间的心理互动作为自己的研究对象。这两门学科研究的内容互有交叉,其研究范围都离不开新闻编辑工作,但是它们具体研究的客体各有侧重。新闻编辑学的研究客体是编辑工作自身的特征、规律,而新闻编辑心理学则重点研究认识主体——编辑在编辑工作中出现的心理现象及其行为规律。

同记者的采访和写作心理一样,编辑心理也是一个陌生的研究领域,研究难度是非常大的。首先,缺少一般性的研究结论,可以构成与我们熟悉的编辑角色相一致的体系;再者,对于编辑的主体意识及其体验的具体内容,按照目前的研究手段还难以进行准确的测量和描述;最后,编辑工作是一种看起来简单枯燥,而实际上却复杂得难以把握的社会工作。鉴于以上这些原因,对编辑心理的探讨还不得不借助编辑主体的反省(如经验总结)或他们的自我报告(如发言)以及从作品分析中作出推测等方法。

本章无法全面阐述编辑心理学的所有内容,只着重分析其中有关新闻编辑心理的五个方面:编辑的胆识,编辑的向性,编辑与记者、受众之间的心理互动,不同媒体新闻编辑心理的差异,网络新闻编辑心理。

第一节　制约新闻编辑心理产生的因素

影响新闻编辑心理产生的制约因素可以分为三个层面——宏观社会层面、中观组织层面和微观个体层面。

从宏观社会层面来说，社会的政策、法律，具体的政治经济环境和文化观念、习惯都是制约新闻编辑心理产生的社会大环境。新闻编辑必须遵循国家的政策法规，符合政治气候和顺应社会经济运行模式，同时在文化观念上不能违背国家民族的文化传统和习俗规范。任何一个国家的媒体，在发挥媒体职能的时候都是以本国的政治意识形态为出发点的，“大众传媒委婉地、但坚定地代表着统治阶级对其受众的观点，其结果是赞成或支持统治阶级的观点”①。这是媒体作为社会润滑剂的前提。

习近平总书记在党的十九大报告中指出“经过长期努力，中国特色社会主义进入了新时代，这是我国发展新的历史方位。”媒体当下的任务就是如何更好地在这样一种特殊阶段，切实履行上传下达、全方位沟通的社会职能，营造一个有利于改革开放的舆论环境。其中，新闻编辑是上下联结的关键环节。新闻编辑就像一个“把关者”，通过具体的工作使媒体职能正确有效地发挥出来。

从中观组织层面来说，不同媒体所有的具体组织方式如电视台、报社或者电台等都是国家宣传机构，发出的声音代表的是党和人民的利益和立场，新闻编辑只能通过自身的智慧和才华来宣传党的方针政策，这些机构绝对不是发表个人意愿的舞台；从媒体的特点看，不同媒介的信息流动方式有较大的差异，如广播是靠声音传送信息的，报纸靠图片和文字，电视声画俱全，而互联网则兼具所有传统媒体的优势。由此可见，新闻编辑人员在从事编辑工作时，必须考虑自身所在组织机构的特点，并以此为依据。

从微观个体层面来说，新闻编辑由于世界观、人生观、认知方式、情感表达和气质性格等方面的不同，也会在新闻编辑工作中表现出相应的差别。如2004年包头发生空难，造成55人丧生，江苏启东市的一名青年沈雷侥幸逃过这一劫。一家晚报在头版正中醒目刊出“独家新闻”——《没买上机票，启东小伙逃过包头空难》，浓墨渲染沈雷家乡亲朋好友为他放鞭炮、吃面庆贺的场景，全然不顾对比之下死难者家属的感受。又如，印度洋发生海啸，影星李连杰幸免，一家报纸头条夸大其词，以游戏口吻报道《李连杰马尔代夫遇海啸，凭真功夫保障家人安全》，而最为大家关注的死难人数不断上升的新闻却被压在其后。类似这样的冷血新闻，背后体现出的是编辑们人文精神的缺失。

由此，我们看到新闻编辑的工作是建立在潜在的各种制约基础上的行为，对新闻编辑的心理分析必须是综合衡量了以上所说的各种制约因素后的系统研究，下面对新闻编辑的心理因素和要求作具体阐述。

第二节　编辑的胆识

一、编辑的人格——有胆有识

(一)胆识是人格力量的体现

胆识是人的态度倾向和行为的结合，是人格的体现。

---

① 奥格尔斯，等. 大众传播学：影响研究范式[M]. 关世杰，等译. 北京：中国社会科学出版社，2000.

胆,指胆量,是一种心理能量,它是可以把认识变为行动的力量。

识,指认识、见识,是胆量产生的基础和动力。“胆识”里的“识”还包含情感、态度倾向。

有胆识者,是大智大勇者、缜思笃行者,有魄力、有博大胸怀者。“胆识”实该“识胆”。因为只有先有识才有胆。若有胆无识,仅是武夫;而有识无胆,则为懦夫;倘无胆无识,只能是庸人,唯有识有胆方谓智勇双全。“胆识”是新闻编辑追求的一种精神境界,是新闻编辑人格的体现。

(二)编辑胆识的表现

编辑的胆识表现在他们见多识广、立足点高、视野宽、虚怀若谷;表现在他们甘为人梯、无怨无悔、默默耕耘、无私奉献;表现在他们能审时度势、驾驭全局、统筹安排,有决断力。有人写了《编辑的故事》,用诗一般的语言讴歌编辑工作者的美德:

编辑的故事

沈存铎

他,如同所有的文人、学者,
在案头,无休止地耕耘,
一页页稿纸从他手中向印刷厂流去。
当报刊书籍回到案头时,
他独享着油墨的清香,
心中充满无限惬意。
然而,标题下,
却见不到他的名姓。
有多少读者注意谁是编辑?
他把自己的艰辛,
隐藏在字符的深层,
为作者的成功深翻土地;
为奉献给读者一粒甘甜,
用心血,
在书林中精施园艺。
年复一年为他人作嫁衣,
鬓发出现银丝,鱼尾爬上眼际。
没有等身著作,
也不见评论家的赞誉,
数不清勾画过多少稿纸,
更说不出有多少铅字属于自己……
这是永远沉默的劳动者的故事,

主人公——一位编辑。
然而，哪一本书中不蕴含编辑的满腔心血？
哪一位作者育成的浆果中，
没有编辑倾注的汗滴？
……
辛勤的编辑啊——
写书的人爱你，
读书的人爱你。

1. 编辑的“识”

编辑的“识”表现在编辑对编辑工作的意义有较深刻的认识上。他们深知，新闻媒体的形象、态度倾向及新闻信息的内容等，都与编辑工作者的关系极大，因为是他们把握着新闻报道的最后关口和新闻宣传的方向。如果没有新闻编辑对浩如烟海的资料进行筛选、整理、加工并转化为新闻媒介符号，就不可能有新闻信息的传播，就会直接影响社会文化的传播及其运转。

编辑有着明确的社会导向意识，在某个时期党的新闻宣传的方针、政策是什么，广大受众需要什么，在受众的需要里哪些是健康的、哪些是不健康的，受众目前的社会心理状态如何，心理承受力的大小以及新闻宣传应如何加以强化或引导……对这一系列的问题，编辑都要心中有数。新闻编辑的社会导向是其党性原则、社会责任感和个人道德情操、思想修养的综合表现，是编辑对社会对受众的一种积极能动的特殊反映。

编辑的“识”还表现在他们有着较强的敬业精神，能自觉抵制社会上“重采轻编”的传统和风气。他们甘于寂寞、淡于名利，心甘情愿“为他人作嫁衣裳”，为党的新闻事业默默耕耘，奉献年华。

编辑的“识”还表现在他们有较高的理论和政策水平。他们独具慧眼，善识善用，他们有比作者更高更广的眼光。他们并非只“为他人作嫁衣裳”，而是要为传播的目标服务，在工作中体现出自己的智慧和创造力。

编辑的“识”还表现在他们耳聪目明、知识较渊博。因为他们知道，编辑工作是一门渗透力极强的专业。各种学科、各行各业、各个领域，它的触角无所不至。一位称职的编辑不仅应当精通编辑业务，有较深厚的语言功力，而且还应兴趣广泛，多方涉猎，知识面广，是个“杂家”“通才”。此外，他们还有较清醒的自我认知和对他人认知的能力。

2. 编辑的“胆”

编辑的“胆”表现在他们有坚持真理、敢于秉笔直书的勇气和魄力。为了党的新闻事业，他们不怕艰苦，不怕被误解，不怕遭受不公平的待遇，不怕明枪暗箭，不怕挨批，不怕丢官，不怕牺牲。他们以大无畏的精神展现出党的新闻工作者应有的品格和胸怀。

编辑的“胆”还表现在他们具有较强的预测力、决断力、创造力，在事件刚露端倪时，他们就能敏锐地抓住问题的实质，预测出宣传的效果。

3. 编辑胆识的具体表现

编辑的胆识具体体现在多种方面，如对新闻稿件的选择，对头条新闻的配置，对新闻标题的拟定和对版面或节目的组合等。

对稿件内容的选择，要求编辑有宏观思维，能高瞻远瞩，掌握全局，审时度势，抓住热点。例如，在社会上引起强烈反响的“3·15在行动”活动的组织者就是一些有胆有识的新闻界知名人士。他们立足于“新闻宣传报道应当全方位地为经济建设这个中心服务”的高度，抓住“商品质量”这个“三重合”的热点(群众关心的热点、领导考虑的热点、实际工作的热点)，上通国务院领导，下联广大消费者，使这项活动有声有色、大张旗鼓地开展起来。这项活动不仅取得了良好的社会效果，而且还有力地推动了经济新闻以至新闻工作的改革。

标题，是新闻和评论的结合部。有时它既要能概括新闻，又要带评论的意义。有胆识的编辑非常注重标题的拟定，特别是主要标题，当它一出现就能起到吸引目光、传神达意的作用。譬如《光明日报》记者多年前在为马寅初先生平反时所拟的报道标题是《错批一人，误增三亿》，给人以震撼心灵的效果。

新闻评论是新闻媒体的灵魂，它能够表明媒体的态度，最能集中体现其立场、观点。像“实践是检验真理的唯一标准”“科学技术是第一生产力”“建立和谐社会是社会主义改革的根本目的”等观点对于解放人们的思想，无论是过去、现在还是将来都会起到积极的推动作用。

二、编辑的胆识及其认知方式

在几乎没有参考资料的情况下，把心理学中关于认知方式的理论和编辑的胆识联系起来进行研究，是一种大胆的尝试。

(一)关于两种认知方式

场依存性—场独立性(Field Dependence and Field Independence)认知方式是当代西方流行的心理学的主要研究课题之一，被西方心理学界确认为表现于认识活动中个体差异的一个新维度。场依存性—场独立性的认知方式(也有人称之为认知控制)是一个概念化的信息加工方式。该理论是由美国著名心理学家威特金(H. A. Witkin)提出的。他认为，“有这样一种人格连续体：属于连续体一端的人往往倾向于更多地利用内在参照标志主动地对外来信息加工，这种人叫作独立于场的人；而属于另一端的人则往往倾向于更多地利用外在参照标志，不那么主动地对外来信息加工，这种人叫依存于场的人。相应地，每个人在场依存性—场独立性的连续体上都处于一定的位置”[①]。

威特金和他的同事采用三种方法对场依存性—场独立性进行测定，即身体顺应测验、棒框测验和嵌入图形测验。

身体顺应测验：特制一斜屋，内装一倾斜的椅子，要求被试自行将所坐的斜椅调整到

① 朱智贤.心理学大词典[M].北京：北京师范大学出版社，1989：58.

与地面(指水平面而非斜屋的地面)垂直的位置。

棒框测验:在暗室内置一发光的框架和一发光的短棒,要求被试在框架以相同或相反的方向倾斜的条件下将短棒调整到与之垂直的位置上。

嵌入图形测验:是由一系列简单图形镶嵌而成的复杂的几何图形构成的。要求被试在对刺激进行认知改组的基础上将某一指定的简单图形从复杂图形中分离出来。

在前两个测验中,场独立性者比较容易把椅子或短棒调整到真正垂直的位置上,这表明个体能够相对地摆脱外部场(指倾斜的房间地面或摆斜的框架)的干扰,独立地解决问题。在最后一个测验里,场独立性者则表现为不受复杂图形干扰很快就找出隐藏在其中的简单图形。

反之,在这三个测验中,被试在受到外界环境的干扰时,如既不能找到椅子和短棒与水平面真正垂直的位置,又难以从复杂图形中提取重叠于内的简单图形,这种人则属于场依存性者。

(二)编辑的胆识与场独立性的认知方式

1. 认知方式与党性原则、道德水准

如前所述,场独立性者较少受外在因素(包括社会因素)的影响和干扰,倾向于更多地以自我为主要参照(如自己的知识经验)来确定对事物的态度和自己的行为。这是不是意味着场独立性者可以我行我素,不愿受社会制约?或者能不能这样理解:对党性原则较强的新闻工作者来说,场独立性的认识方式是不可取的?其实,这是一种误解,场依存性—场独立性这两种信息加工方式本身并没有优劣高低之分,“只有联系到对环境的适应,才能加以评价”。因而“不可把场依存性(Field Dependence)与社会依赖性(Social Dependence)混为一谈。它是两极性维度,并无社会评价的含义。而且在我们的一个关于‘场依存认知方式与中学生道德判断及道德行为倾向相关的实验研究’中,在道德方面以科尔伯格道德发展‘三水平六阶段’为指标记分,以普通中学和工读学生为被试,做比较研究,结果发现场依存性认知这个人格维度与道德判断水平并没有显著关联。无论何种方式认知的人,在相同的道德水平基础上,都可能同样地接受道德要求而完成道德行为”①。

2. 编辑的胆识与场独立性的认知方式

编辑与记者面临的客体往往是不同的。编辑思维加工的对象主要是物化了的精神产品——稿件以及需要加工的广播或电视节目。而记者认知加工的对象主要是人,是采访对象。在长期的职业训练中,编辑和记者都容易形成某种与职业相适应的认知方式。

心理学家经过研究发现:“以认知改组技能”(比如修改稿件时的认知过程)和“人际交往技能”(如采访活动)为指标,“独立于场的人往往认知改组技能相对高,但人际交往技能相对低”②,而依存于场的人则相反。

---

① 谢斯骏,张厚粲.认知方式——一个人格维度的实验研究[M].北京:北京师范大学出版社,1988:编者的话6.

② 朱智贤.心理学大词典[M].北京:北京师范大学出版社,1989:58.

根据马克思“存在决定意识”的观点,长期从事编辑工作的人,他们的认知方式比较容易逐渐朝认知改组技能相对高的场独立性的方向发展,而长期从事采访活动的记者,其认知方式则可能趋向于更熟练地掌握人际交往的技能,即场依存性的方向。

有胆有识的编辑一般来讲善于独立思考,有权衡稿件优劣的判断力,有自信心和决断力,敢于承担责任。凡事有独立见解,不人云亦云,不放弃原则。他们选择稿件(或节目)内容的原则,判断稿件(或节目)的价值,主要依据自己的知识经验。这种认知方式恰恰符合威特金描述的“场独立性”者的特征,因而我们可以说场独立性的认知方式是有胆有识的编辑的主要的认知方式。或者可以理解为:对于以选择、加工、修改、组合稿件(或节目)为主要工作的编辑来说,场独立性的认知方式更符合这种职业的需求。

需要指出的是,如此分析并不等于否定编辑的人际交往能力,更何况在我国新闻界有为数不少的人既是编辑同时也是记者。对这类身兼两职的新闻工作者来说,他们的认知方式与长期专事某种职业的人相比,可能没有显著的特征。也就是说,这种人的认知方式大多处于场依存性—场独立性这个连续统一体的居中位置。随着其工作重点的转变(以编辑为主转为以采访为主或相反),他们的认知方式也可能会发生相应的变化,不过由于作为个性维度的认知方式一旦形成是有其惰性的,故而这类人的认知方式变化的幅度不会太大,往往只是在居中位置上左右移动,或者偏于场依存性,或者偏于场独立性。

第三节　编辑的向性

从编辑工作的内容、特点和编辑心理测量的结果看,编辑的向性类型以内向型(内倾)为多、为好。

一、内向型者主要的心理特征

本书在第四章第四节“对记者向性的测量和思考”里,已经简单地介绍了关于向性的有关知识,此处不再赘言。为了阐释编辑的向性,有必要对有关内容再做些补充。

根据许多文献,心理学家逐步完善了对向性类型的表述。下边重点介绍他们对内向型者心理特征的归纳:

“典型内倾的人安静、退居、自省,喜欢阅读图书,而不喜欢与人交往。除密友之外,他与别人保持距离,朋友甚少。做事想在前,有周密的计划,常深思熟虑,极少冒失妄动。他不爱激动,以适宜的谨慎态度严肃处理日常生活与事务,喜欢整齐有序的生活方式。他能控制自己的情感,很少以攻击性方式行事,极少发脾气。他是一个可靠的人,虽有点悲观色彩,但十分尊重伦理标准的价值。”①

需要指出的是,这种描述是对纯粹的内向型者的描述,事实上,处于极端位置的内向型者很少,大多数人还是处在内、外向这两个极端之间的连续体的某一点上。

---

① 陈仲庚,张雨新.人格心理学[M].沈阳:辽宁人民出版社,1986:139.

二、编辑群体的向性类型——内向型

研究编辑的向性，一般是从编辑的群体出发，从客观上、理论上予以把握，而非以此作为对编辑个体向性的规定。由于人的心理现象极端复杂、多样，因而用同一个尺度去“丈量”、去限制个体，既不现实，也无意义。但是从总体上、理论上去认识这个问题是有现实意义的，它可以帮助我们选拔、培养编辑人才，也有利于编辑的自我认知。

（一）编辑的职业特征对向性类型的要求

如前所述，编辑职业的主要任务是选择、加工、修改、组合稿件（包括新闻、广播、电视资料）和写评论。就是说，编辑思维的质料是各类稿件或声像资料。从新闻工作的程序上看，记者处于新闻活动的第一线，以采集、写作为主，而编辑则处于第二线，以加工素材为主。这种职业要求编辑更多地坐在办公室里，朝夕伏案，终日与稿件打交道，而不能像记者那样有大量直接的人际交往的机会，即使同作者、受众联系，也大都通过电子邮件、电话、信件等进行。根据编辑工作的任务及其特点和心理学家对向性类型的描述看，内向型者更适合从事编辑工作，从实践中看，一些较优秀的编辑工作者恰好也是比较明显的内向型者。例如，《河北日报》总编辑叶榛“就是一个不善于表露自己又淡泊名利的人”，他“不善言辞、埋头务实、喜好思考……”①又如《中国教育报》总编室的编辑张志群“每天在报社按部就班、踏踏实实、惜时如金。从不神吹胡侃聊大天，对诸项娱乐乃至吃吃喝喝更是索然。唯使他有兴趣的是完成本职，捧本书读或业余创作”。

正因为如此，有人在总结编辑的特点如“清醒、冷静、辩证、稳重、深沉”时，把“内向”也列为其中的一项。

（二）从编辑的性格特征看向性类型

性格和向性是人的两个不同的维度。性格是十分复杂的心理构成物。为了理解性格的结构，心理学家常把性格分解为不同的特征，主要表现在这样几个方面：对现实的态度方面的性格特征、性格的意志特征、性格的情绪特征和性格的理智特征。在这里，我们着重分析属于编辑在对现实的态度方面的，表现在他们对劳动、工作、学习方面的性格特征，如对工作是认真还是马虎，是细心还是粗心。

如前所述，由于编辑是新闻媒介信息与受众见面的最后一道关口的把关人，所以防止错误闯入新闻媒体是编辑的一项至关重要的任务。在这一点上，编辑的责任要大大高于记者。有时仅因一字之差，就可能造成几万份报纸（或若干录音带、录像带）“报销”，不仅造成重大的经济损失，有时还会带来重大的政治影响。这就要求编辑不仅有高度的责任心，还要有踏踏实实、精心细致、一丝不苟的作风。不仅有宏观意识，能把握住宣传方向，同时在版面安排、事例选用、标题拟定等方面还要有微观意识，不放过任何细枝末节，对一笔一画、一词一字、语法修辞、标点符号，都要字斟句酌、精雕细刻、准确无误。长期

---

① 晨雨. 做嫁衣裳者素描[N]. 人民日报(海外版)，1992-01-16.

从事编辑工作的人在性格上表现出耐心细致、精益求精、办事谨慎。

编辑的这种特征与内向型者的特征是非常吻合的。内向型者注意力稳定、好静、深思熟虑、谨慎从事、态度严肃。因而,从编辑的性格特征的角度讲,也是偏于内向型为好。

(三)对编辑向性类型的测量

前面我们从理论上和经验中得出结论:编辑的向性类型以内向型为多为好。我们对我国编辑心理测验的结果看也证明了这一观点。

我们曾对新华社、中央人民广播电台、中国国际广播电台以及部分省市电台、电视台和高等教育出版社的共 40 位编辑以个体方式进行了卡特尔 16 种人格因素测验,收回有效答卷 33 份,其中男 23 份、女 10 份。经过计算机处理,获得他们的向性平均值为 4.26,同对记者测试的向性平均值 5.83 相比(见第四章第四节“对记者向性的测量和思考”),可以看出,编辑的向性是较明显的内向型。与对记者向性的分析一样,这个数据仅表示编辑群体向性的平均值,不等于说编辑的每一个个体,无论在何种情况下(如非工作时),都一定表现出较明显的内向型特征。

第四节　编辑与记者、受众之间的心理互动

心理互动是指通过人与人之间的交互作用而形成的人们之间的社会心理影响。心理互动既可以表现在人们面对面的人际交往中,又可以凭借大众传播媒体互施影响。

在新闻活动中,从表面上看,编辑不像记者那样有着十分频繁的人际沟通,也不像播音员、主持人那样为受众所瞩目,但是由于编辑在新闻活动中处于组织者的地位,由于新闻作品的问世是编辑、记者和其他新闻工作者集体劳动的结晶,由于编辑工作的最终目的是为受众服务,所以编辑同记者和受众之间有着或显或潜、或直接或间接、或浅表或深刻的心理互动,这种互动关系便形成了他们之间特殊的社会心理。

一般来说,编辑通过控制发稿权影响作者(记者或通讯员),凭借新闻媒体施加影响于受众。但实际上,作者和受众对编辑工作的要求、期望、建议、批评、表扬也都会时时鞭策编辑改进工作。可以说,新闻工作的正常运转和不断发展维系于这三者之间正常的人际互动和随之产生的心理互动上。

编辑、记者、受众这三者的心理互动有隐没性、相容性、保持一定的心理距离等特点。

一、隐没性

由于编辑大多不在媒体上“抛头露面”,因而人们不大了解他们在幕后的工作,其实编辑在新闻活动中起着重要的枢纽作用。他们通过拟定报道计划,选择适当的记者、通讯员(如约稿),搜集分析受众的反馈信息等途径,同记者、受众建立良好的人际关系并实现双方心灵上的沟通。这种关系和沟通既是隐没的又是炽热的,它温暖着、激励着记者(作者)和受众的心。有位作者曾说:“我一向是不肯与人分享荣誉的,但我不得不承认,有些人极大地影响、改变了我的生活。”“我衷心地钦佩那些终年为他人作嫁衣裳,默默无

闻而不索报答的人。”有不少只是因为通过“读者来信”或送稿件而得到编辑无私帮助的群众，欣然地和编辑交了朋友，并不断地给编辑部送来发生在基层的最新消息。

二、相容性

相容性是指人们在心理上能相互理解、相互接纳。由于编辑在新闻活动中的主导作用，所以相容性更多地指编辑对记者（作者）和受众心理上的理解和接纳。这一是因为编辑需要知道自己在职业活动中不可避免产生的理解障碍、动机冲突和偏见的影响，以便降低这些影响造成的失误，从而提高工作的效率和质量；二是因为编辑是作者和受众的中介人，他只有同时理解这两种人，才能更有效地为他们服务。

编辑对记者的理解和接纳的前提是尊重作者（在这儿指记者和通讯员）的劳动成果和珍惜他们对自己的信任。所谓尊重主要指态度真诚，而不是指无原则地迁就。由于品德、性格、写作水平等方面的个体差异，作者对编辑选择和修改自己的稿件（或录音、录像作品）会持不同的态度。有的人自尊心太强，对修改他的作品表现出极大的不快；有的人比较随和，急于求成，自知作品有误，希望编辑为他把关分忧，纠错补漏；有的作者对编辑有敬畏感，对编辑的修改虽有看法，但又不敢或不愿去争辩。面对作者不同的心态，编辑应有针对性地作细致的处理。总的原则是，认真阅稿，真正弄懂作者的意图和写作风格。通过改稿既不失“原味”，又能尽量发挥原稿的内在潜力，使其更有光彩。修改稿件切忌不分青红皂白，胡改乱删，用编辑的“口味”去代替原稿的风格。编辑不能眼里只有稿件，还应更多地去做人的工作。加强与作者的联系和沟通，及时打消顾虑，消除误会，取得共识。编辑和作者之间心理上的相容、理解和认知上的共鸣对提高宣传的质量是非常有益的。

编辑对受众的相容性表现在有强烈的受众意识，急受众之所急，想受众之所想，尽量满足受众对新闻宣传的要求。对于少数受众提出的过高的或不合理的要求，能正确对待，并通过面谈、书信、电话、网络等方式耐心解释、说服。编辑对于受众正确的批评应虚心接受，对于受众合理的要求则应列入宣传计划并尽快落实到新闻报道中。总之，编辑须妥善地协调自己同作者、受众之间的关系。

三、保持一定的心理距离

心理距离是指新闻编辑主动与新闻稿件（这是未出“炉”的作品）拉开距离。由于作品是由人写的，又由于编辑是代表受众审查稿件的，所以编辑与稿件之间保持一定的距离，实质上是指编辑以人民群众的利益为尺度，客观、公正、冷静地认识自己与稿件作者之间的关系，坚持“质量面前人人平等”的取舍稿件的原则，不因作者与己亲而偏爱“次品”，也不因作者与己疏而舍弃“珍品”。

编辑跟作品拉开一定的距离，就比较容易摆脱人际关系（特别是感情因素）的干扰。如果编辑陷入情感之中，就容易以亲疏关系取代（或部分取代）衡量新闻作品质量的标准，就容易出现以权（稿）谋私的恶果。据报道有的编辑利用手中的发稿权，替其爱妻和儿子写稿，也有的人收了人家的礼，便以登人家的稿（不论质量如何）作为回报。这种种做法,虽然有时可能会满足一己之私,却损害了新闻媒体的声誉和受众的利益。

编辑、作者和受众之间的互动是相互的,可以说一损俱损、一荣俱荣。需要强调的是,编辑与作者、受众建立良好的人际关系,形成相容的心理氛围,不等于以牺牲党性原则、降低新闻宣传的质量为代价。因而,编辑自觉地保持自我与新闻作品之间一定的心理距离,清醒地、客观地处理稿件,是建立编辑、作者、受众之间真诚的、健康的、相容的人际关系的一个关键问题。

第五节　不同媒体新闻编辑心理的差异

一、不同媒体新闻编辑的业务差别

使用不同的媒介形式,会形成不同的新闻编辑工作的特点。以传统媒体中平面媒体与广播电视媒体做比较,表面看这两种媒体的新闻编辑工作都是对采录的新闻进行流程化的处理,也都是面对受众前的最后一道关键环节。但是,由于不同媒体的工作环境、工作形式的区别,两者在具体工作中又有着明显的不同。

平面媒体新闻编辑要有过人的文字能力,在对稿件的审核修改过程中对稿件文字中小到措辞、语法,大到结构、逻辑都要有准确的把握。另外,对于稿件选题的甄别更是新闻编辑不可或缺的新闻判断力的体现。新闻编辑在组稿的时候,兴奋点往往会超越单个稿件本身,从新闻类群的角度和社会宏观舆论力的角度做全方位的考察。

相比之下,广播电视新闻编辑对媒体形态的考虑往往会更多一些。首先,从工作能力上来说,广播电视新闻编辑不单单要有良好的文字驾驭能力,还要熟练掌握媒体编辑软件。从具体实践角度来说,目前的广播电视媒体很多都采用采编播三合一的工作模式,编辑和编导的界限是交叉的,尤其对栏目中具体某一单元的节目制作更是如此。即便是从栏目角度出发,新闻编辑人员同样要有熟练的编辑技术,能够把握声音画面的有机连缀和过渡。

总之,平面媒体新闻编辑对文字编辑的倚重和广播电视新闻编辑对画面声音编辑的倚重是两者工作环境的最大差别,也是两者在工作中形成有差别的心理特点的基础。

二、平面媒体与广播电视媒体中新闻编辑的心理特点比较

其一,平面媒体的新闻编辑在处理稿件的时候,由于大部分时间都是用在对稿件文字的审查思考,所以这种独立思考的状态是平面媒体新闻编辑的工作常态。这种状态需要新闻编辑具有沉静稳重的性格特征。从向性分析角度来说,平面媒体新闻编辑与广播电视媒体新闻编辑对比,更倾向于内向型。

而广播电视新闻编辑在工作中,由于采编播一体的工作模式,以及在具体编辑的时候更多考虑到画面声音的有机衔接,客观上要求这类新闻编辑不能单单局限在一种思考的状态中,往往需要随时跳脱出来以感性的方式去体会节目特点。所以,广播电视新闻编辑与平面媒体新闻编辑相比,在向性分析上内向型不是特别明显,外向型也占有相当

的比例。

其二,平面媒体中新闻编辑的独立思考状态决定了对新闻编辑强思辨性和强逻辑性的素质要求,理性思考的色彩非常鲜明。新闻编辑的工作对象主要针对稿件的逻辑结构,因为这是构成稿件内容表述的最关键因素。反之,广播电视新闻编辑在考虑新闻样片的逻辑结构的同时还要考虑作为某一栏目中具体一个单元和其他单元的衔接,而这种衔接要靠编辑采用必要的技术手段,运用画面声音的组合去完成。在这个过程中,新闻编辑的独立思考和对画面声音的感性体验相伴随,其理性思考色彩没有平面媒体中新闻编辑所表现出来的那么浓烈,但感性体验的色彩要大于对方。通俗地说,平面媒体与广播电视媒体对"好看"的要求是不同的,前者的"好看"主要通过文字的洞悉力表现,而后者的好看更多是通过画面、声音对人的感性体验的触动表现出来的,因此不同媒体的新闻编辑在工作中会带有理性思考与感性体验之间倾向性的差别。当然,不能绝对化地理解这种区别,并非平面媒体新闻编辑完全借助理性思考,而广播电视新闻编辑完全借助感性体验,其实这二者之间的差别是很微妙的,只有在细致分析后才能分辨出这种差别。不同媒介的新闻编辑如果能够明确这种微妙的差别,对自己的工作肯定是大有裨益的。

第六节　网络新闻编辑心理

互联网已成为信息社会的基本工具,成为影响巨大、最具潜力的大众媒体。2005 年 3 月,劳动和社会保障部正式将"网络编辑员"作为一个新职业列入《中华人民共和国职业分类大典》,其职业定义是:利用相关专业知识及计算机和网络等现代信息技术,从事互联网网站内容建设的人员。网络新闻编辑是网络编辑员的一个重要的组成部分。探讨这部分人员的心理素质对于提高网络新闻编辑工作的质量和效率至关重要。

美国心理学家海德认为,人的心理和行为主要受两种因素的影响:个人内部因素(个人的能力和动机等)和外部环境因素(工作性质、受众群体特征等),网络新闻编辑的心理和行为同样也受这两种因素的影响。

一、网络媒体与传统媒体的区别

分析网络媒体与传统媒体的区别,明了网络媒体的特点是进而研究网络新闻编辑心理素质的基础。

网络具有传统媒体无法比拟的四大优势:一是传播范围广,理论上可覆盖全球;二是容量大,部分综合型门户网站每天上传的文字图片比某些传统媒体一年的信息量还大;三是检索便捷,可以通过网络浏览旧闻及相关报道;四是互动性强,受众可以对任何信息实时发表评论,也可以参与到正在进行的新闻事件中来,直接与当事人聊天对话。

对于网络编辑而言,可以通过互动随时了解受众的需求,还可以通过受众获得最新信息,特别是在突发性事件进程当中。对受众来说,在网上看新闻的同时,加入互动,也已成为一种生活方式。所以实时互动是网络媒体与传统媒体最大的区别。

与"传统媒体视角高于普通百姓"的观点不同,网络媒体自身的观点不一定都是非常高端的,网络媒体也很难居高临下向受众灌输某种观点或理念。传统媒体针对某一新闻事件刨根究底时,由于客观条件的制约,未必能在有限的时间里采访到了解事情真相的对象。而知情人士在有选择性地接受新闻的同时,还有向外界表达自己感受的心理诉求,他们易于现身网络媒体进行跟帖或发表评论,往往一针见血。这种互动不受时间、空间、电话线路、版面、身份地位等条件的束缚,受众可以随时随地、随心所欲地发表自己的意见或建议。例如,2012年年末在新浪微博上出现了一个非常神秘的草根微博,名字叫"学习粉丝团"。这个微博博主比较牛的地方是,他对中共中央总书记习近平的行踪似乎了如指掌,在微博中发布了不少离习近平非常近才能够拍到的照片,而且他称习近平为"习大大","习大大"是陕西话当中的"习大叔"的意思,称习近平的太太彭丽媛为"习妈妈"。该微博的传播速度比官方微博,包括新华社的各个微博都快。①

二、网络编辑的工作技能和个性特征

2005年年底,千龙研究院与中科院心理所合作,对千龙网(20名)、新华网(20名)、新浪网(21名)、中青网(20名)、北青网(9名)和听盟(10名)等六家网站的100名编辑做了一次问卷调查,归纳总结了一名网络编辑(包括网络新闻编辑)应具备的工作技能(技能:个体运用已有的知识经验,通过练习而形成的一定的动作方式或智力活动方式)和个性特征。

(一)网络编辑的工作技能

调查结果显示,网络新闻编辑所具备的工作技能,按重要性依次排序是:主动学习、阅读理解、时间管理、学习策略、批判性思维、协调、主动聆听、社交的洞察力、判断和决策、书写、谈话、操作分析、解决复杂问题。

对这13项工作技能进行梳理,可归为4类:

(1)学习能力:主动学习、阅读理解、学习策略;

(2)思维能力:解决复杂问题的能力、批判性思维、操作分析、判断和决策、时间管理;

(3)社交能力:协调、主动聆听、社交的洞察力、谈话;

(4)书写能力。

(二)网络编辑的个性特征

该项调查还取得了一组数据,展示了网络编辑的个性特征,它们按重要性排序分别为:承受压力、注意细节、成就欲、毅力、主动性、创新、合作性、灵活性、分析性思维、独立性、正直诚信、可靠性。

对这12项个性特征进行梳理,可以归纳为6类:

(1)承受压力、毅力;

(2)成就欲;

---

① 神秘微博"贴身"直播习近平行程　发文速度快过官媒[EB/OL].(2013-02-05)[2018-07-06]. http://news.ifeng.com/mainland/detail_2013_02/05/21954434_0.shtml.

(3)关注细节；

(4)创新、主动性、灵活性、分析性思维；

(5)独立性、合作性；

(6)正直诚信、可靠性。

从某种意义上说，网络新闻编辑较之传统媒体新闻编辑需要有更强的心理承受力。因为网络新闻编辑工作不是某一天某一时段的任务，它需要24小时不间断滚动发布，虽有轮班，但工作量之大非一般人所能承受。网络新闻如果出现差错，破坏性效应会迅速扩大，给网络新闻编辑造成的心理压力非同寻常；重大新闻错报或漏报，受众的指责也是难以承受之重；门户网站的商业赢利导向，要求编辑在满足受众需求及广告客户需求之间作出选择和平衡；如果某几条新闻、专题处理不到位，还将影响受众对频道甚至整个网站的质量评估及好感度。

三、网络编辑的"胜任特征"模型

网络编辑作为人力资源，适用于心理学中的"胜任特征"模型。千龙研究院和中科院心理所合作的这个项目，也是胜任特征模型的基础工作。所谓胜任特征，是指"能将某一工作(或组织、文化)中有卓越成就者与表现平平者区分开来的个人的潜在特征。它可以是动机、特质、自我形象、态度或价值观、某领域知识、认知或行为技能——任何可以被可靠测量或计数的并能显著区分优秀与一般绩效的个体特征"。

它把一个人的能力分成两块，用冰山作比喻的话，水上部分代表表层的胜任特征，如知识、技能等；水下部分则代表深层的胜任特征，如社会角色、自我概念、特质和动机等。后者是决定人们的行为及表现的关键因素。

简单地说，"水上部分"是可以通过培训提高的，"水下部分"多是心理特质，很难通过培训提高。以千龙研究院与中科院心理所的调查结论而言，13项工作技能是可以培训的，12项个性特征很多是不可培训的，只能运用心理测量的方法甄别出来。网络编辑能否胜任职位，主要是看水面下的能力部分。

而水面下的能力取决于网络编辑对自身工作性质的认知，并最终取决于对互联网受众群体特征的认知。以下举门户网站网易发生的一件事为例来说明。

2006年年末，网易新闻中心主编唐岩负责北京校园的招聘。在集体面试的时候，他出了这么一道题：如果你是一名网易新闻值班编辑，在同一时刻，拿到三条重大新闻：A.布什访华，与胡锦涛举行会谈；B. 山西××煤矿发生矿难，60人遇难；C. 赵忠祥遭遇性丑闻，饶颖公布录音资料。如果需要选择其中一条作为网易新闻中心的头条新闻，请问你如何选择。

答案惊人地一致：20位应聘者中有19位选择B，而唐岩本人倾向于A，他认为重大的时政新闻应该是最重要的。

同一天下午，《凤凰周刊》的主笔黄章晋应邀来网易讲课，在交流中，唐岩向黄章晋问了同样的问题，而黄章晋的答案彻底颠覆了唐岩对互联网媒体与受众的认知。

黄章晋的答案是C。在黄章晋看来，赵忠祥在中国具有无可比拟的解构意义。他认为,新浪在超级女声决赛期间把李宇春夺冠的新闻摆至头条,压过一切时政新闻,也是一个极佳的新闻操作典范。传统的主流媒体几乎都拿超级女声的赛事及其炒作当作是无聊的娱乐新闻(俗称“八卦”),但这没有妨碍“超女”成为2005年度中国互联网最流行的词汇。对超女不屑一顾的媒体失去了一次解构社会的机会。

事实也是如此:网络媒体从一开始就表现出较传统媒体更明显的“世俗化”(学者喜欢称之为“媚俗化”)倾向。传统媒体一般都是采编和经营分离,即内容和业务分离,而网络媒体的采编是为经营服务的,网络编辑的主要工作目标是增加网站访问流量和独立IP数,从而赢得广告商青睐。因此,网络编辑在内容的取舍编排和标题的制定等方面,需要顾及互联网受众的接受习惯。

按照弗洛伊德的精神分析理论,人格结构分为本我、自我和超我三部分。本我是最原始的部分,与生俱来,包括以性冲动和侵犯冲动为主的本能冲动。本我由“唯乐原则”支配,追求享受。互联网受众在上网冲浪时,由于隐身在电脑屏幕后,显露的基本是本我的状态,哪怕在社区发言或发表新闻点评,留下的也不过是一个虚拟的ID或变换的IP。正是本我的“唯乐原则”这一心理偏好,为网络的世俗化传播提供了前提。

为顺应大多数互联网受众的喜好,网络编辑往往针对“本我”设定传播内容,于是网络内容的选择表现为一种“类”的倾向——倾向软性的、奇异的、世俗的内容。对此,甚至连新闻都难以摆脱。

四、网络新闻编辑的综合素质

一个好的网络编辑通常需要独自一人承担选题的构思、策划、访谈、文字组织、页面制作与发布等任务,因此编辑需要不断学习,在工作中提高专业技能和综合素质。

(1)要学习基本的专业知识,特别是应具备所在频道或栏目的专业知识。比如财经频道的编辑要懂得资本市场的运作规律,足球栏目的编辑至少要是一位球迷。

(2)要学习新闻传播方面的知识,了解新闻传播规律,了解受众特征,善于从实践中总结经验。

(3)要掌握互联网基本技术,具备网页制作的基本知识,例如网页的设计、数码图片的处理、后台系统的发布与修改,等等。

(4)应具有良好的外语水平,以便及时浏览英文网站和接收外电。

除以上几点外,网络编辑还应提高自己的人文素养。

网络新闻产品,不仅仅是标准化作业下的工业产品,更是艺术品。在例如党的重要会议的召开、重大方针政策的出台,又如足球世界杯、载人飞船升空、奥斯卡、诺贝尔颁奖典礼等重大活动的报道中,如何使内容更有冲击力,更具观赏性,不仅取决于遵循新闻的基本规律,更取决于编辑的审美观及人文素养。

一方面,良好的人文素养能让编辑站在哲学的、历史的、文学的、艺术的高度看问题,增强编辑的创造性思维能力;另一方面,人文素养作为一种价值观,能在潜移默化中令编辑抵制住不正当的物质和利益的诱惑。

如果把一位编辑比作一个木桶,那么组成这个木桶的木板就是编辑所掌握的各项专业知识和技能，而木桶底就是编辑的人文素养。如果木桶底不是坚固无缺的，当木桶的容量随着木板的加长而增大到一定程度时，桶底就会开裂乃至脱落，令木桶崩溃。

复习要点

一、编辑的胆识

“胆识”即胆量和见识。它是人的态度倾向和行为的结合，是人格的体现，也是编辑重要的心理素质。强调编辑的胆识是由编辑在新闻活动中起着重要的把关作用（总编辑更是在全局上把握方向、组织工作的关键人物）所决定的。编辑的“识”主要表现在其对编辑工作的意义的认识和敬业精神等方面；编辑的“胆”则主要表现在坚持党性原则、坚持真理的勇气和魄力上。

二、编辑的认知方式

美国心理学家威特金提出的表现于认识活动中个体差异的一个新维度，即场依存性和场独立性。这两种认知方式的区别在于场依存性者倾向更多地利用外在事物作为信息加工的参照物，其人际交往技能相对高；而场独立性者则更多地利用内在知识经验为信息加工的参照物，其认知改组技能相对高。对于善于独立思考、有权衡稿件优劣的眼力、有自信心和决断力、敢于承担责任的编辑来说，场独立性的认知方式更符合其职业的要求。场独立性属于一种认知方式，它与党性原则、道德水准分属于两个层面的问题，不应混淆。

三、编辑群体的平均向性多为内向型

四、编辑同记者、受众之间的心理互动

作为在新闻活动中处于组织者和把关人地位的编辑，与新闻报道的提供者——记者和新闻报道的接受者——受众之间存在着或显或隐、或直接或间接、或肤浅或深刻的心理互动，主要表现在隐没性、相容性及保持一定的心理距离等方面。

五、不同媒体新闻编辑心理的差异

在对比不同媒体新闻编辑业务差异的基础上，着重分析平面媒体与广播电视媒体新闻编辑心理的区别：其一，相比较而言，平面媒体比广播电视媒体的新闻编辑更倾向于内向型；其二，平面媒体新闻编辑更倚重理性思考，而广播电视新闻编辑则更倚重感性体验。

六、网络新闻编辑心理

在分析网络媒体与传统媒体区别的基础上，通过调查研究总结出网络新闻编辑心理素质的构成，主要有以下几点：

(1)工作技能：包括学习能力、思维能力、社交能力、书写能力。

(2)个性特征：包括承受力、成就欲、关注细节、创新性、独立性、合作性、正直诚信等。

(3)胜任特征(是指能将某一工作中有卓越成就者与表现平平者区分开来的个人的潜在特征)：包括表层的胜任特征，如知识、技能等；深层的胜任特征，如社会角色、自我概念、特质等。

(4)综合素质：包括具有基本的专业知识，掌握互联网基本技术，具有良好的外语水平和较高的人文素养。

复习题

1. 编辑胆识的内涵是什么?

2. 试析编辑最佳的认知方式,并说明理由。

3. 你认为编辑的向性类型及其特点是什么? 为什么?

4. 编辑同记者、受众之间的心理互动有何特点? 请举例说明。

5. 请分析网络新闻编辑心理素质的构成。

第八章　播音员和主持人心理

播音员和主持人的存在是广播电视媒体同报刊媒体在传递信息中的一个显著的区别。倘若说，编辑是报刊媒体信息同读者见面的“最后把关人”，那么对于广播电视来说，这“最后的把关人”就不仅有编辑，还应当包括创造性地传播编辑意图的播音员及主持人。正因为如此，有研究者将传统的传播模式(图 8-1)修改为一个更为独特的电视传播模式(图 8-2)。

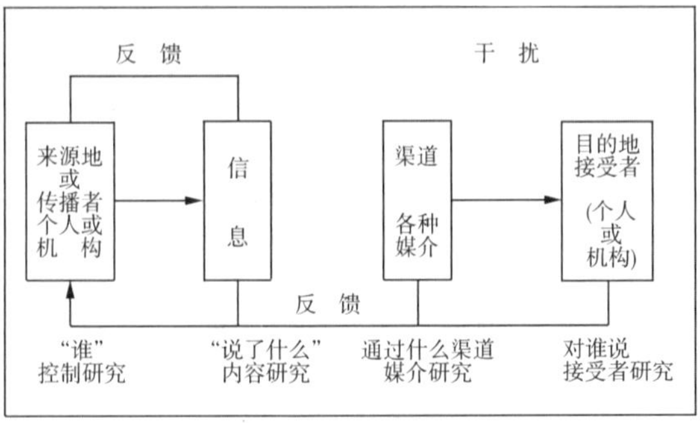

图 8-1　传统的传播模式①

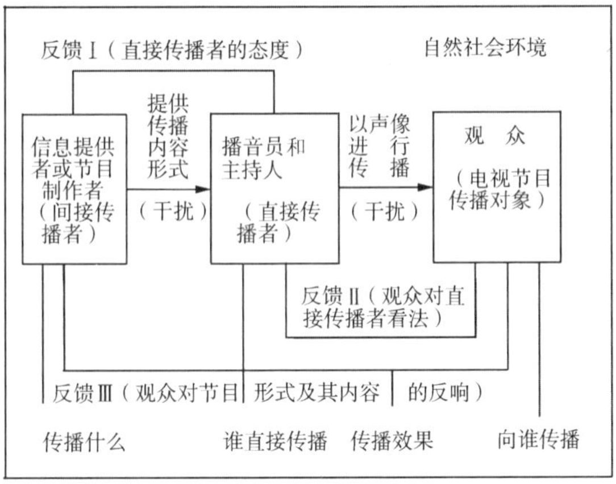

图 8-2　电视传播模式②

---

① 李瑞英. 从传播学角度谈电视播音理论——兼论电视节目主持人的作用[M]//李瑞英，刘连喜. 广播电视播音与节目主持人. 沈阳：辽宁人民出版社，1991：246.

② 李瑞英. 从传播学角度谈电视播音理论——兼论电视节目主持人的作用[M]//李瑞英，刘连喜. 广播电视播音与节目主持人. 沈阳：辽宁人民出版社，1991：249.

修改之后的“电视传播模式”丰富了传统意义上的把关人(对节目拥有取舍权的人)的内涵,增加了播音员和主持人。他们凭借对媒介信息的再编制、再纠正获得了独立的社会角色,从而真正体现信息传递的“最后一棒”的作用。基于这种分析,认识播音员和主持人的心理对于提高传播效果就显得格外重要。

目前,新闻界对播音员和主持人概念的关系有种种说法。有人持“涵盖论”,认为播音员涵盖主持人;有人持“等价论”,认为二者无甚区别,可以相提并论;还有人持“反涵盖论”,认为“主持人与播音员的分别已经不是形式问题……”由于本章不是全面论述播音员和主持人的,因而对此问题不做具体分析。若从心理学角度探讨二者在播音和主持节目时的心理状态,二者有许多共同之处,这是由他们在大众传播中所处的相似地位——直接传播者所决定的。所以本章在阐释时将二者合在一起不再细加分析。但由于目前我国广播电视已实行“主持人中心制”,广播电视“主持人化”的现象已相当普遍,又由于主持人活动的主动性更强(是由主持人节目的特点所决定的),个性更鲜明,心理活动的特点更突出,因而本章以主持人心理为主要论述对象。

从已问世的论文里,对播音员和主持人的心理素质可以归纳出以下几个方面:善于移情,对象感强;语言功底深,口才流利,善于言辞;声音条件好,音质音色俱佳;应变能力强,思维敏捷,临场反应迅速、准确;有驾驭、控制、引导、组织整台节目的能力;有魅力、有个性、能吸引受众。

本章着重分析三个方面的内容:移情、应变、魅力。

第一节 移 情

移情,在这里只取它的心理学意义。善于移情是播音员和主持人的一种重要的能力。在有大众传播媒介阻隔的情况下,对于广播电视媒介信息最后的“出场转播者”来说,这种能力显得尤其重要。善于移情有助于播送者进入播讲时的思想感情运动状态,从而完成对文字稿件的再创造,并最终使传播者和受众“冲破”媒介,实现心灵上的沟通。

一、什么叫移情

这个学说最早是由西奥德·李普斯(Theodore Lipps)提出的。该学说的理论基础是美国心理学家吴伟士(R. H. Woodworth)的一个观念,即观察者认同图形的某个部分(例如一座建筑物的支柱),并将自己的情感投射其上,从而引起视觉变形。这同理智的判断被情感所歪曲是同一个道理。

“移情”一词最早译自德文,又称“同理心”“感情移入”“移感”“输感”等。“移情”中的“移”为移动、流动、交流之意,而“情”即情绪情感。

对移情的理解因学科而异。精神分析学派把移情当作治愈病人的一种手段,就是病人把对自己过去的生活有重要影响的人的情感、态度,转移到治疗者身上。据此,治疗者分析病情症结、研究治疗的方法。在美学理论中有“移情说”,它是关于美和审美本质的一种学说。

移情，作为心理学的一般用语是指“在人际交往中，人们彼此的感情相互作用”“能设身处地感受和理解对方的心情”。一般包含两种含义：(1)“站在对方的角度去考虑问题”，体验对方的情绪情感；(2)把自己内心的情感移入对方，和对方一起感受。

移情作为人们之间感情上的互动，不仅包含把别人的情感移入自己的心里，即设身处地；也包含把自己的情感移入别人的心里，即感染他人这样两层意思。

本节阐述的播音员和主持人的移情取的是移情的心理学意义，并强调播音员和主持人应当具备善于移情的能力。

善于移情本是一种人际交往的能力，体现在交际双方用语言或非语言手段（如表情、语气、语调、身姿等）进行情感交流。播音员和主持人是以真实的“我”的身份，特别是主持人代表媒体同受众“见面”，所以媒体与受众之间的物—人关系，较容易为“显而易见”的、有名有姓的播音员和主持人与受众之间的人—人关系所取代。尽管他们与受众之间有媒体阻隔，但播音员和主持人的音容笑貌可以起到沟通他们和受众心灵的作用，这样，“移情”便能够从人际沟通中借用到大众沟通里来。这里的“情”是指在播音中由稿件具体化，用有声语言表达出来的丰富多彩的思想感情；这里的“移”是指播音员和主持人同受众之间通过想象进行的情感交流。

称职的播音员和主持人应当具备善于移情的能力。这种能力表现在两个方面：一是播音员和主持人要善于设身处地领会记者、编辑融入稿件里的思想感情和体验受众对新闻的心理需求；二是播音员和主持人要善于运用自己的情感（借声音或形象）去感染受众。

强调播音员和主持人应当具备善于移情的能力，是因为播音员和主持人对稿件的再创造，离不开他们对稿件内容和受众心理需求的具体感受。这种感受是在认知基础上产生的态度体验，而这种态度体验不仅能促使播音员和主持人尽快进入播讲时的“思想感情运动状态”，还会对这种状态的持续产生积极的影响。

二、移情在播音中的功能

在人际沟通中，移情有利于自我同他人共享情感，容易引起亲社会行为（助人行为）的产生和友爱、亲善的人际关系的形成。

在大众沟通中，强调广播电视的代言人——播音员、主持人应当善于移情，宏观上看，是因为这种移情在一定程度上可以起到弥补受众在媒体信息日益泛滥、人际交流日益淡薄的情况下，对于情感交流的需求；从微观上看，移情有助于播音员和主持人进入良好的播讲状态。

（一）移情有助于满足受众情感交流的需求

有专家认为，在电子媒介日益发达，尤其是电视、网络、智能手机广泛普及的今天，“由各种媒体带来的信息充满了生活空间。人们除了工作、睡觉外，几乎全泡在媒体当中”。“于是人的感情表达、动作姿态等可见可感的成分在人际关系中的作用逐渐减弱了。人与人的关系在很大程度上变成了人与信息环境的关系。”

但是，人是社会性的动物，他们离不开社会交往、情感交流，于是在人际关系中减少的就自然转向于大众媒体。虽然这种交流是间接的，但是凭想象仍可获得相当的满足。由于播音员和主持人或者显声，或者既显声又露面，又由于广播电视播音具有音声性特点(即声音给人以直接性、可感性、色彩性等)，所以受众就更容易熟悉他们，喜欢他们，并与他们进行心理上的交流。

再有，对于播音员和主持人来说，其“情”的产生起始于播讲者设身处地体验受众的需求和体会渗透在稿件中的记者、编辑以及被报道者的思想感情，并传送到受众的心里。再通过不间断的播音实践和反馈环节实现以播讲者为中介的围绕着传者、播送、受众之间在媒介信息及依附其上的情感等方面的相互影响、相互感应，也就能够不断地满足受众借媒介获得新闻信息和情感交流的愿望。

(二)移情有助于播音员与主持人进入良好的播讲状态

播音员和主持人作为传媒与受众之间的纽带，在新闻传播中的主要作用是对稿件进行再创造，即把文字(或腹稿)变成有声语言。而这种再创造的成功与否往往取决于播讲者在播送时能否进入自如的思想感情运动状态。“思想感情运动状态”是指播讲主体对稿件书面语言或腹稿内容的具体感受逐步深化而引发出来的思想感情从积聚到迸发，随着内容的发展情感不断变化的心理状态。

移情对于这种心理状态的形成起着至关重要的作用。因为移情是人与人之间的情感交流(可以是直接的如人际交往，也可以是间接的如大众沟通)，必须有对象才能进行，所以播讲者在播音时的移情活动必然以寻找对象(实为对象感)为基础，以与之交流感情为动因，因而移情可以促使播讲者形成较鲜明的具体的对象感、生动的交流感，从而激发起强烈的播讲愿望，进入良好的、自如的思想感情运动状态，完成把稿件内容形之于声、以己达人的任务。中央电视台著名主持人水均益说:“我经常在自己主持的节目中，想到这是在和母亲说话，告诉她波黑又出了什么事了，在聊天中讲出自己的观点。”由此可见，播音员和主持人只有善于换位思考，把受众当成自己的家人、亲戚或者朋友，才容易进入自如的主持状态。

移情的这种功能是有其生理、心理依据的。播音员和主持人在移情过程中会产生相应的生理反应，如肾上腺素、血压、心跳、脑神经递质的成分等都会发生一系列的变化，这种变化使播讲者自己能够感受到情绪情感在积蓄，思想感情运动“活”起来了，有动力了。这种因移情引起的认识主体自身生理上变化的现象已被心理学家的实验研究所证实。

社会心理学家索兰德曾做过这样一个有趣的实验：

主试让他的助手在热疗器辐射出不同的温度(如烫、温、冷)时，面部呈现出或痛苦、或愉快、或中性这三种表情。当被试观看“接受热疗的人”的种种情绪变化时，主试相继向他们发出三种指令：

(1)想象自己处在他的位置时感觉如何；

(2)想象他感觉如何；

(3)密切注视他的生理反应。

与此同时，经仪器测量发现被试有掌心出汗、血管收缩等生理变化。结果表明，在执行主试的第一和第二个指令时，在“痛苦的”、“愉快的”和“中性的”三种表情作用下，被试的生理状态出现了明显的差异（这是因为前两种指令可以使被试移情于实验者的助手），而这种差异在第三个指令的要求下则并没有出现（因为这时不需要移情）。

这个实验说明移情现象是客观存在的，也说明在移情过程中伴随有相应的生理变化。

但是，这个实验只能说明人与人在面对面的活动中的移情功效，那么电视节目里的播音员和主持人与观众之间，广播节目里的播音员和主持人与听众之间进行的移情活动是否也能产生同样的生理反应？答案是肯定的。从前一种情况看，由于电视画面的出现，使播音员或主持人与观众之间处于一种仿人际传播的情境中，所以人们在人际传播中出现的移情现象的生理反应很容易在相似的环境里被诱发出来，而后一种情况就复杂一些，因为广播节目里传者和受者之间的移情是通过表象来实现的。不过已有实验证明，在这种情况下的移情同样可以出现类似的生理反应。有研究者认为，在人们（如播音员和主持人）的头脑中形成的某事物的表象（如某听众群体或个人的形象）与亲自感知该事物（如亲眼见到某听众群体或个人时），在人们的大脑中发生着非常相似的生理变化。这是因为“表象以类似知觉的方式在认识中起作用……”，“知觉与现象之间类似是因为它们都具有相似的神经机制。例如，当一个人想象着正在看某种狗，其神经机制就被激活，而这些机制和真正看见这种狗时视觉系统操作的机制具有相同特性，结果人就会产生一种主观印象，想象中的狗具有了真正的狗的特性”①。

以上实验研究表明，播音员和主持人凭借想象与受众之间的移情活动，无论对于满足受众的情感需求，还是促使播讲者进入良好的播讲情境，导入自如的思想感情运动状态，都会起到积极的不可忽视的作用。

三、移情能力发展的条件

心理学家认为，移情能力的发展主要取决于两个条件：

一是对他人情绪情感表达的知觉；二是对产生情绪情感的情境的知觉。第一条的意思是，要设身处地体验别人的情绪情感，首先要正确认识和体会别人的情绪情感。第二条的意思是，仅仅从表面上看到他人的情绪情感是不够的，还需要进一步分析情绪情感产生的原因。通常可以采用“角色互换”的方式：观察者改变原有角色（身份）亲临现场去实践，体会他人的工作和情绪情感，从而唤起移情。“体验采访”有助于培养播音员和主持人的移情能力，在“体验采访”中，记者②不是通过采访对象获得间接经验，而是通过亲身经历获得直接经验。记者不仅仅是事件的见证人，而且是事件的参与者或播讲者。中央电视台曾在《万家灯火》栏目中开设了《体验》这样一个子栏目，播出过电视片《轮椅上的两天》。一位年轻的女记者坐上轮椅汇入人流，体验肢残人生活的种种不便、形形色色的人们对待残疾人的态度以及社会为肢残人提供康复和出行条件的状况，呼唤社会为肢

---

① 张庆林. 关于表象和知觉关系的一些研究[J]. 心理学杂志，1987(1)：43.

② 有的电视节目出镜记者兼任主持人或播音员的工作。目前，在广播电视节目中采访记者直接播讲新闻的现象并不少见。

残人融入主流社会提供更宽松的条件和更有效的保障。事后,这位女记者告诉观众,由于自己行动“不方便”,为了避免更多地麻烦别人,她不得不尽可能少喝水以减少上厕所的次数。由此可以看出,“角色互换”可以有效地帮助记者实现对被采访者的移情,并能更深切地体会到被采访者真实的生活处境。播音员和主持人以普通公民的身份旁听法院公开审判案件,观察法官审理的全过程,就比较容易获得在办公室里难以得到的切身体验。有了这种体验,即使面对无生命的话筒、镜头,也极容易唤起对执法人员的尊敬。

移情能力发展的两个条件,说到底就是要深入生活、深入群众,在头脑中积累丰富的生活素材,以及各类人的各种需要和情感体验。郭梅尼说:“我感到一个好记者,不仅要到现场亲自观察体验,还要投入生活,进入角色,和采访对象融为一体,创造一种和采访对象同呼吸共命运的感情。”这种感情投入对播音员和主持人来说是非常必要的,它能够帮助播音员和主持人深入新闻人物的内心世界。有人说:播音员和主持人的功夫在话筒(镜头)外练就,在话筒(镜头)前体现。这已为中外许多著名的播音员和主持人的实践所证实。

第二节　应　变

应变是一种能力。它是播音员和主持人思维水平和言语功能及其心理调节、心理适应能力的体现。较强的应变能力是播音员和主持人成功地履行其职业角色的必备条件之一。通常,受众对广播电视的播音员和主持人的角色期望是:有稿时能“锦上添花”,无稿时能“出口成章”,面对未曾预料的困境时能应付自如、化险为夷。这些都离不开应变能力,所以有专家把应变能力视为选拔播音员和主持人的一个重要条件。

一、什么叫应变

应变即随机应变,意思是能随着(根据)情况的变化采取适当的应对行为。应变有不同的类型,有诸如司机在紧急情况时的急刹车,赛场上的棋手对弈之类的侧重操作性活动的应变;有像服务员、推销员、公关人员之类的言语和行为的应变。无论哪一种应变,其实质都是活动主体内在思维活动的外在表现,或者说是思维的外化。

应变能力的强弱因人而异。衡量人们应变能力的一个重要指标是“反应时”。“反应时”即反应时间,指人的反应潜伏期,即从刺激出现,到人做出明显反应之间的时间间隔。例如播音员拿到“急稿”(随时插播的稿件)、“乱稿”(稿件字迹较乱)到做出相应的反应:镇定自若、准确无误地播出来,这中间的时间间隔(如 0.01 秒、0.1 秒)就是这位播音员的反应时。应变能力的强弱和反应时的长短成反比,即反应时越短者应变能力越强。不过这里还有个准确性的问题,反应时短且效果也好才算是应变能力强。

由于新闻有时效性(要求快)、大众性(面向广大受众)和播音的声音性(用可感性极强的声音传递新闻信息)等特点,所以要求播音员和主持人有较强的应变能力,而且这种能力主要是通过播讲者的言语功力来体现的。

二、应变能力和创造性思维

在正常情况下，人们不需要应变，只有在情况较紧急、较复杂而且又没有思想准备时，应变才显得十分必要。例如遇到“急稿”“乱稿”，或直播，或在现场实况（特别是突发事件）直播等情况下，就需要播音员和主持人感知敏锐、反应迅速、言行得体。播音员和节目主持人反应是否迅速，应变是否自如，取决于播音员和节目主持人思维能否敏锐及时地感受事物的程度，取决于播音员和节目主持人的想象、知觉和灵感等一系列心理能力，取决于播音员和节目主持人对口头语言的组织和表达能力。[①] 尤其是口头言语表达能力要特别强，而语言是思维的外化，所以言语功力实质上体现出一个人的思维水平。又由于播音是对有声语言的再创造，因而言语功能又离不开播讲主体的创造性思维。创造性思维有三个特征：思维的流畅性、思维的灵活性（变通性）、思维的独创性。应变能力强的播音员和主持人，其言语功力也相应地具有这三种特征。

（一）思维和语言的流畅性

播音员和主持人的思维和语言的流畅性表现在对现场发生的变化能迅速、顺畅地做出反应。在口头语言的表达上表现出气息通畅，没有阻碍，“气息的深浅、多少、快慢都不过、不欠”，口若悬河、词语流畅、词句完整、衔接得当、层次清晰、脉络连贯、思维敏锐。在2008年“5·12”汶川大地震时，成都虽不属重灾区，但也有强烈的震感。正当人们不知所措时，当时已经下班的成都人民广播电台的播音员孙静，在地震发生后仅22分钟，就以媒体人的本能，冒着余震不断的危险，迅速返回电台播音室向惊魂未定的数百万成都人开始了直播：“我是主持人孙静，刚刚发生了地震，我想告诉大家的是，请千万不要害怕，更不要慌张……”从12日14:50开始，在此后持续不断的近20个小时里，孙静思维敏捷、语言流畅地向听众报道地震动态，传递交通信息，通报灾区群众安危的消息。

（二）思维和语言的灵活性（变通性）

播音员和主持人的思维和语言的灵活性（变通性）表现在能根据现场发生的变化，机智灵活地应对并善于举一反三、触类旁通。在从一个对象转到另一个对象时，转承自然，语言丰富多彩。特别是面临偶发的困境时能从容不迫，充分利用现场条件机智灵活地摆脱窘境。上海东方电视台的主持人袁鸣曾经在海口主持一个京剧团建团庆典，因为时间紧迫事先没能与来宾见面。庆典开始，袁鸣介绍嘉宾：“光临庆典的，有海南师范学院党委书记南新燕小姐。”袁鸣根本没料到，她的话音刚落，一位头发花白的老人从座位上慢慢站了起来，全场哗然。袁鸣抱歉地说：“对不起，我是望文生义了。”然后话锋一转，“不过，您的名字太有诗意了，它使我想起了古诗‘旧时王谢堂前燕，飞入寻常百姓家’的美妙图画，今天这里出现了类似的情景。作为清末宫廷艺术，京剧一度是流行在北方的戏曲，而今，它越过了琼州海峡，飞到了海南，并在这里安家落户，这又是一幅多么美妙的图画

① 王维林.初识主持人[M].北京：中国广播电视出版社，2003：54.

呀!”著名节目主持人杨澜曾经这样说过:“我认为,主持人应该引导、控制场上气氛。因此,我总想以最快速度把握现场契机,总希望自己在场上能够一直保持一种可以随时应变的情绪。”

(三)思维和语言的独创性

独创性是创造性思维最本质的特点。具有创造性思维的播音员和主持人都有较强的主体意识。他们对稿件内容或现场变化都能做出不同寻常的既带有新异成分而又合情合理的反应;他们对稿件内容的推敲、对主题的概括、对背景的理解、对宣传目的的把握都有自己独到的理解和与众不同的处理;在语言表达上清新、脱俗,在语调处理上有着鲜明的个性,能给受众留下深刻的印象。难怪有专家把“创造性”视为播音员和主持人最重要的特质,并断言:“谁具有高超的创造才能,谁就能够成为优秀的播音员和主持人。”一些著名的播音员和主持人已在这方面显示出自己的才华,他们在播音实践中逐步形成了自己独有的特点并为受众认同、喜爱。例如“齐越的气势磅礴、豪放洒脱,夏青的端庄严谨、铿锵隽永,林田的清新晓畅、娓娓动听,林如的文静淡雅、谦和柔美,方明的沉缓深切、凝劲悠远,铁城的酣畅淋漓、神采飞扬,都可以说是自成一格”①。

需要指出的是,播音员和主持人的思维的创造性并不是脱离稿件的“自由发挥”,而是必须以稿件或腹稿为依据,必须在忠实于传者意图的前提下做再度创作。

播音员和主持人有了较高的思维品质和较深的语言功力,是否就一定能表现出较强的应变能力?不一定。因为情绪情感对人的思维和语言有制约作用。当播讲者的情绪情感处于高度紧张时,有时会抑制思维活动,降低应变能力,表现出牙关紧咬、肌肉紧张、气息不畅,面对意外情况手足无措,窘态百出;反之,如果播讲者松松垮垮,无情无绪,其思维活动也不能被激活,表现出注意力分散,思想感情调动不起来,气怠声散,有口无心,其应变能力无从谈起。情绪情感与应变能力之间的关系同样遵循倒“U”形原则(参看第六章第二节“新闻写作的心理状态”),说明情绪情感过于紧张(强度高)或过于松懈(强度低)都不利于思维的活跃和言语的表达。一般在中等强度下,即播音员和主持人处于自如而放松的心境中,播音主体的注意集中,思维敏锐,应变能力最强。可见,是否能善于控制自己的情绪情感是播音员和主持人能否随机应变的一个关键。

三、对应变能力的训练和提高

应变,是先天素质(神经系统自身)和后天训练(学习和实践)的结晶。二者相比,后者更为重要,勤能补拙就是明证。

对应变能力的训练和提高可以从多方面努力。播音员和主持人在遇到“急稿”“乱稿”时应当头脑冷静,利用开播前的几分钟,争分夺秒地备稿;在播讲时如果突然发现了问题或出现了失误,应当竭力控制自己,尽快镇定下来迅速作出有效的调整。当用声偏高时,可以在适当时机把调降低一些;当气息过促时,可以稍稍停顿,吸一口气使自己沉

---

① 张颂,乔实.论播音艺术[M].北京:北京广播学院出版社,1990:119.

缓一点，慢慢恢复正常。此外，还应当经常参加辩论会、作文比赛、即兴发言、演讲活动，努力提高临场驾驭语言的能力。应天常在《节目主持语用学》中提出“快语应对 10 种方式”：快接快对，智问智答；克己适彼，语脉承接；变通顺承，机敏转移；顺应语势，实话实说；避实就虚，迂回曲对；以简驭繁，一语中的；委婉类比，速喻明理；以问制问，适度冲撞；分离曲解，诡谐岔换；力挽狂澜，化险为夷。

以上种种应急的方法虽然对提高应变能力可以起到一些作用，但是终归治标不治本。提高应变能力最根本的途径是靠平时刻苦努力，在思想、业务上打下坚实的基础，积累丰富的实践经验和涉及多种相关学科的知识，以便形成较优化的思维定势和语言定势。

前边我们已经提到定势这个概念。作为心理活动的一种准备状态，它会影响同类后继心理活动的趋势。定势心理学派创始人，苏联心理学家乌兹纳捷认为，定势作为活动的准备状态，不仅指局部活动，而且指个体的总体状态，或曰“完整的个性状态”。按照这种理论，播音员和主持人的思维定势和语言定势也不只是一个局部问题，而是涉及播讲者个性的大问题。这种个性状态是由主体的世界观、价值观、道德修养、业务水平、知识积累、文化背景、家庭影响等各方面积淀而成的。从根本上说，播音员和主持人在话筒前、镜头前的言谈举止（包括应变能力）、气质风度是其个性的体现，因而提高应变能力除了注意从具体的技能技巧上努力外，更应注重个性的完善和净化。

第三节　魅　力

任何一位节目主持人都希望自己有魅力，一亮相就光彩照人，令人着迷，人们如痴如醉地随着你转，心甘情愿地收看或收听你所主持的节目。用今天的话来讲，就是你有众多的“铁杆粉丝”。

一、什么是魅力

魅力是一种很能吸引人的力量，是美的客体对认识主体的吸引力。“有没有魅力”是从观者（如观赏者、听众、观众等）的角度讲的，带有主观色彩。而“怎样才有魅力”则是从被他人认识的客体自身角度说的。对个体而言，内在、外在的美统一于一身者才有魅力。

节目主持人的魅力是凝聚于主持人身上的美对受众的吸引力，也就是把听众、观众留在收音机或者电视机前的吸引力。据专家、学者对主持人的魅力分析，主要有以下几个方面：相貌身材、举止谈吐、音质音色、语言功力、才华学识、驾驭节目的能力等。现摘录几段具体描述作为对这几个方面的注释。

- “面目端庄、举止大方、口齿伶俐、善于交流、表情亲切、易于接受、思维敏捷、易于沟通、知识丰富、长于表达。”
- “凝重端庄的气质、严谨大方的风度、深沉流畅的风格。”
- “在众目睽睽之下，神态自若，举止松弛而不乱，风度洒脱而不俗。”
- “节目主持人就像一个优秀的驭手，驾驭一匹任性的烈马，他必须在任何情况下镇定自如而又生动活泼地把握整台的弛张松紧,有起有伏,调动观众的热情,激发演员的激情。”

- “沟通和引导的能力是很有魅力的素质。”①

以上种种描述既有外在的又有内在的。这两方面相比,内在的魅力是主要的,因为外在的形象、形体美虽然容易给受众留下良好的第一印象,但是漂亮的脸蛋、苗条的身材不一定能给人留下深刻而长久的印象。正如有人说:“打扮得再好,长得眉清目秀,身材苗条,风度翩翩,可是一张嘴层次太低,令人汗颜,先前的魅力便一下子荡然无存了。”所以,真正的、永久的魅力来自主持人内在的气质风度、学识才华、洞察力、应变力、语言功力及人品等。总之,主持人的魅力包括身体健美、精神高尚、语言丰富和道德纯洁,犹如一座成功的雕像,是外形美和心灵美和谐的统一。正如英国哲学家弗兰西斯·培根所说:“把美的形貌和美的德行结合起来吧,只有这样,美才会放出真正的光辉。”

二、怎样才能有魅力

美国著名新闻节目《60 分钟》的主持人迈克·华莱士在谈到明星主持人的魅力时这样说:“确实有一种‘占据屏幕’的素质。你一旦出现在屏幕上,就得控制住观众的注意力。一些一流的记者、一流的撰稿人没有坐在主持人的位置上,只是因为没有吸引观众注意力的特质。如果你有这种特质,突然间你就会成为新闻从业人员中最有价值的一个组成部分,因为有更多的人会收看你主持的节目。”那么,主持人怎样才能使自己在受众心里有魅力,这是一个涉及面较广的问题。包括诸如如何化妆、着装,怎样提高自己的文化水平、加强思想修养,怎样提高语言表达能力和积累知识经验,等等。下面,着重从主持人如何从思想上正确认识、在实践中正确处理三个方面的辩证关系的角度来阐述这个问题。

(一)主持人和主持人节目

主持人和主持人节目(或曰专题栏目、专题节目、电视频道)之间存在着唇齿相依、共存共荣、相互促进的辩证关系。正如美国哥伦比亚广播公司制片人唐·休伊特所说:“如果把节目比作一盘好菜的话,主持人的魅力好比调料,节目内容则是主料。”

要问主持人和主持人节目谁更重要?对此不能作简单的回答。从大众媒介的社会功能看,应当说主持人节目是最重要的,但是如果从大众媒介的传播效果和影响力大小看,主持人又当首位。主持人要想使自己有魅力,就必须首先重视节目的内容,使其对受众有很强的吸引力,在此基础上充分发挥自己在沟通和引导媒介信息方面的才华。只有当主持人的个性、特长与所主持的节目的特质之间形成了高度的统一、协调的发展时,主持人的魅力才有可能充分显示出来。

1. 主持人的魅力离不开主持人节目的吸引力

主持人的魅力离不开主持人节目的吸引力,这是由大众媒介的主要功能是向广大受

---

① 艾丰.新闻文化和电视节目主持人[M].//全国电视学研究委员会.话说电视节目主持人.北京:文化艺术出版社,1989:163.

众传递媒介信息所决定的。主持人节目通过向受众传递新闻、社教、娱乐等方面的内容，实现大众媒介的社会功能。反过来说，受众花钱购买电视机、收音机、电脑、手机等传播工具是为了消费媒介信息而不是为了专门欣赏某个主持人。主持人必须清醒地认识自己与所主持的节目之间的这种主从关系，恰如其分地履行主持人这种社会角色的义务。

有学者认为："主持人的沟通和引导的能力是很有魅力的素质。"这句话透辟地点出了主持人魅力的最本质的意义，即他对媒介信息的"沟通和引导"的作用。还有研究者把主持人和节目的关系比喻为绿叶扶红花的关系：主持人"实现的是一种传播效应或引'戏'的功能，对于节目主持人来说，你所传播的内容，你所引出的戏才是真正的'红花'"。①

正是基于对主持人和主持人节目的这种认识，所以电台、电视台一般是先设置节目，再按节目的宗旨方针选择与之相匹配的主持人。这个问题也可以这样来理解：对于适合从事主持人工作的人，应当根据他的个性特点、兴趣爱好、文化素养、年龄性别等方面的情况，安排他们到能发挥其特长的节目中。

例如，原中央人民广播电台的名牌节目《午间半小时》在筹备时，就是首先"根据节目的初步构想选定主持人的"。在制定具体的节目方针时，又根据主持人各自的特点，确定了不同的主持人的播讲风格：把虹云设计为温柔、热情、事业心很强的职业妇女形象；把陈希设计为思想开放、思维敏锐、善于接受新生事物的年轻女性；而傅程励则被设计为头脑清晰、善于分析、知识丰富、豁达大度的中年男子。事实证明，这种安排和设计使得《午间半小时》节目的个性和三位主持人的整体素质高度统一起来，无论是节目还是主持人在受众心中都有很高的威信、很强的魅力。

优秀的节目主持人甘当托"红花"的"绿叶"。他们从不刻意追求个人的服饰，而是把全部精力投入到节目内容与受众的沟通中。原中央电视台《综艺大观》的主持人倪萍就是这样一种人。她就像她主持的节目一样朴实无华。她说："我不想让观众看我的节目时，只记住我穿件什么漂亮的衣服，我想让观众记住我节目的内容和思想。所以我主持节目，从不戴首饰、项链和戒指，珠光宝气会让观众分心，同我产生距离。"她把自己的欢乐和激情都奉献给了观众，所以她的为人、她的魅力能够吸引住亿万双观众的眼睛。原《今日说法》的主持人撒贝宁也是一位将自己的位置安放得恰到好处的主持人，虽然是北京大学法学硕士研究生，非常具有专业优势，但他在与嘉宾交谈时从不卖弄自己的学识，而是以节目内容为主，站在观众的角度、结合群众的法律盲点提问题，经常把不易理解的法律术语转化为通俗易懂的语言，既为发挥嘉宾的专业优势找到窗口，又为观众寻求权威的解释搭起了桥梁。

而有的主持人本末倒置，不在主持节目上下功夫，却热衷于张扬自己。尽管主持人节目形式提供了个性化传播的舞台，使得一些个性鲜明的主持人脱颖而出，但节目主持人不能以自我为中心，而应为节目服务。原广电部部长孙家正指出："有的主持人往往强调个人的风格，好像拿起话筒他就是电台，这不行。每个节目主持人是要通过自己的智慧、才华、风格包括风度来宣传党的方针政策，不能把电台当成个人表演的舞台，要根据

① 钟晓红.对电视节目主持人的期待[N].上海文化艺术报，1990-06-15.

节目的内容和特点来调整和培养主持人,形成既有共性要求又有个人风格的主持。”[①]

2. 主持人节目的传递效果离不开主持人的魅力

主持人节目的传递效果和对观众影响力的大小离不开主持人个人的魅力。虽说节目养育、造就了主持人,但主持人的存在又巩固了节目在受众心中的地位和形象。特别是那些优秀的主持人,当他们成为广大观众、听众崇拜的偶像时,人们就有可能在某些时候将收看独具魅力的主持人形象放置于收看节目内容之上。其实这并不矛盾,因为真正出色的主持人是非常善于把个人的魅力与节目的魅力融为一体的。受众对他们的崇拜,同时也是对他们所主持的节目内容的认可。

苏联有一位儿童节目主持人,她从22岁“主持”到60多岁退休,教育了几代人。孩子们非常喜欢她和她所主持的节目,期望能经常通过屏幕与她“会面”。孩子们对于她哪怕仅仅是一次偶然的并有充分理由的“失约”也会感到难过、失望。她生病时,孩子们送鲜花从一楼排到三楼她的住处。她对孩子们说:“城南的小朋友在受苦,他们没有学习用具,我的心情和小朋友们一样,所以我就代表小朋友们给他们寄去一些铅笔、橡皮。”她的这番话竟然使莫斯科商店里的铅笔、橡皮连续三天脱销。在孩子们的心中,她就是一个“神”、一个英雄。她使主持人个人的魅力和节目的魅力达到了完美的融合。

有心理学家对于主持人与受众的这种虽是间接的却胜似直接接触的现象作过如下分析:

> 新闻主播(新闻主持人的一种)以一种类社会交往关系[②]成为我们一个不可替代的朋友。我们与他们之间有一种稳固的关系。就像有些人所说的“我是看着他的节目长大的。我猜我打开电视的时候我会看到他。我们一起经历了很多事情”。一起经历了很多事情这种感受很好地解释了新闻主持人是我们生活中的一个极其重要的人物,而不仅仅是那个每天给我们读报纸的人。所以在地方新闻中,如果当地某个主持人结婚或者生孩子都会成为当天晚上的一条新闻。而报纸的编辑或记者就没有这种关系。[③]

正是因为主持人个人的魅力对于节目内容的传递起到了如此显著的作用,所以利用受众的期待心理,努力使主持人“走红”,充分发挥其“明星效应”的影响力,对于创立名牌电视(广播)节目,大幅度提高主持人节目的收视(听)率起着不可估量的作用。例如,喜欢见多识广、满腹才情又颇有口才的高晓松的受众,可能会追着他的网络脱口秀《晓说》,也会关注他的音频节目《矮大紧指北》;而如果喜欢思维创新、充满激情又能分分钟拿出

---

① 王维林.初识主持人[M].北京:中国广播电视出版社,2003:106.

② 类社会交往关系即准社会交往关系(para-social relationship):用以说明受众与媒介人物之间的关系,是受众对媒介人物所产生的一种情感依恋,并在此基础上发展出的一种想象的人际关系。它与真实的社会关系有一定的相似性,但由于关系双方并没有发生真实的互动,其关系仅仅存在于受众的想象之中。媒介人物对此关系并不知情,而受众却能真切地感受到关系的存在,所以我们称之为准社会关系。单向性和想象性是准社会关系的两大特点,关系双方不发生互动,信息是单向流动的,这一关系虽然只发生在受众的想象当中,但对受众来说却是真实存在的。引自阴军莉.受众与媒介人物准社会关系的研究进展[J].新闻界,2011(8):26-28.

③ 哈里斯.媒介心理学[M].相德宝,译.中国轻工业出版社,2007:187.

世界级典型案例的罗振宇，就一定会去看他的自媒体脱口秀《罗辑思维》，也必然会关注他连续好几年的跨年演讲。有魅力的主持人的这种强大的号召力、黏合力和拉动力具有无法替代的广告效应，一旦他们离开原有的节目去主持新的节目，往往会带走一大批受众。如原中央电视台《挑战主持人》的主持人马东在2013年离开央视，先后主持河南卫视常规姓氏节目《知根知底》和季播节目《汉字英雄》，并于2014年加入视频门户网站爱奇艺主持说话达人秀《奇葩说》，带走了大量的受众，并成功地吸引了更多的年轻受众。这种“观众追着主持人走”的现象当然与节目内容、形式、风格的定位独到有密切的关系，然而这些主持人在原有节目中那种生命的投入，那种与节目高度和谐中显现出来的、为观众所欣赏的亮眼的个性，无疑是不容抹杀的重要原因。①

（二）“我”的个性与媒介角色的共性

主持人的“我”是在现实生活中确实存在着的某个人。当这个人被冠以“主持人”的称谓后，就进入了媒介角色的行列中。媒介角色是一种社会角色，是包括主持人在内的媒介信息的传达者。主持人这种媒介角色的行为是以个人真实的身份向受众传送媒介信息。

社会心理学家认为，扮演同一种角色的人，他们的行为、态度都有相似性。而且社会对于各种角色都有相应的角色期望，即要求每一位“扮演”者都必须使自己的言行符合社会为该种角色所规定的行为规范。属于媒介角色的主持人当然也不例外，这就是为什么在镜头（话筒）前，主持人的言行方式不全是其内心意志的反映，而媒体的意志和社会化的审美标准往往占有重要位置的原因。

美国哥伦比亚广播公司（CBS）超级新闻节目主持人沃尔特·克朗凯特（Walter Cronkite）是一位在美国家喻户晓并对人们产生过巨大影响的人物。他曾经说过：“我知道自己应该走多远，不能走多远。”他所谓的“走多远”正是他对自己在镜头前的言行约束尺度，也是他对主持人这种媒介角色的理解。

毋庸置疑，克朗凯特曾经在美国公众心中享有很高的威信。在美国那个动荡不安的20世纪六七十年代，当公众普遍对总统失去信任，对美国政府表示不满时，他以自己精心培养了十几年的稳重、可靠、和蔼的长者形象，以客观、庄重、严肃的新闻报道满足了公众心理上的需求，抚平了公众情感上的创伤。以至于当人们在回忆克朗凯特富有成效的主持人生涯时，不无感慨地说：“多亏有了沃尔特大叔的照料，才使我们平安地度过了这个动乱的时光。”

克朗凯特作为新闻节目主持人之所以能在美国历史上留下如此令人难忘的一页，与其说是克朗凯特以其迷人的风度、雄辩的口才、独到而精辟的分析、准确的预见赢得了公众，还不如说是他借助媒介工具，靠个人的威望，在忠实地履行凝聚着时代的、民族的、社会的、公众的需要的媒介角色的义务。可以说，他获得的不仅是公众的崇拜，还有美国政府的青睐。就连他自己都不隐讳，当谈及成功的原因时，他说：“这并不是因为我的性格和能力，而是因为逢时的机遇。”可以说克朗凯特在处理展示个人魅力和履行媒介角色义

---

① 蔡帼芬.明星主持与名牌节目[M].北京：北京广播学院出版社，2004：218.

务的关系上,达到了炉火纯青的地步。

在资本主义国家,对主持人的媒介角色的意图不一定公开承认,而在我们社会主义国家则对此并不回避。正如有专家所言:"作为党、政府和人民群众的'喉舌'这类属性,主持人许多情况下不能、不应完全'说自己的话',这也是带有规律性的东西。"①一个节目主持人的见解、形象,其实是一个节目、一个频道,以至全台的宣传目的、宣传格调的具体化。

主持人在镜头(话筒)前对受众讲的"心里话"也应当掌握分寸,绝不能游离节目主题为表现自己而表现自己。例如,有的主持人为了表示自己和受众心贴心,便过多、过细地讲述自己的心理活动或某些缺点。虽然这样做有时也能博得受众的同情,使受众感到真实、可信,但由于这种做法容易冲淡节目主持人的角色身份,所以不仅可能使节目在受众心里"掉价儿",甚至还可能损害媒体的声誉。

当然,强调媒介角色的共性,绝不是要否定主持人个性的张扬,相反,只有强化个性的魅力,才可能更加体现媒介角色的意图。这是因为媒介角色的社会性是融于每个主持人的个性之中并通过其个性表现出来的。

> 2012年9月,《人物》杂志曾这样描述央视新闻评论员白岩松的个性:
>
> 他口吐诤言却不刺耳,他站在爱护党的立场上说话,也没有显得古板。他是理性先生。在公众形象上他是典型的半框眼镜、国字脸和正色先生,也很难说他不是狡黠先生。最终,白岩松是稳健先生和正确先生。
>
> 他从来没离开媒体的视域,他是媒体同行永不疲倦的观察对象、行路标、风向标,采访他的记者们不用担心彼此间信息的撞车,因为每次接受采访,他的新鲜观点迭出,像哆啦A梦的百宝匣。②

突出主持人的个性魅力,可以为受众提供一种仿人际关系的氛围,使受众在对大众媒介的消费和使用中能部分地获得他们在人际互动中所得不到的东西;突出主持人的个性魅力,可以使受众感到自己是在同一个能够"耳闻目睹"的活生生的可亲可信的朋友进行"交流",从而大大提高媒介宣传的效果:声(形)扬千里外,心系万人魂。

主持人节目之所以能收到这样的效果,在于这种媒介形态是大众传播和人际传播的一种"嫁接果儿",是集人际传播长处(有针对性、认同感强、能及时反馈信息)和大众传播优势(信息来源广、渗透性强)的"优良品种"。正是这种被"嫁接的优良品种"使主持人具有了人格化的特质。这种特质要求主持人坚持"我"就是"我","我"不是任何其他人的原则。在镜头(话筒)前,在根据栏目内容需要的前提下,敢于拿出独家见解,敢于展示自己的风采。

同是美国的电视节目主持人,有"讲究实际的西部人特点"的克朗凯特,也有恬静

① 张颂.小议主持人的语言功力[M]//全国电视学研究委员会.话说电视节目主持人.北京:文化艺术出版社,1989:259.

② 刘楠.有一种基因叫理想——央视评论部那人那事[M].北京:中国人民大学出版社,2013:35.

文雅、具有东方女性魅力的宗毓华(美籍华人节目主持人);同是中国的节目主持人,有严肃犀利、冷峻深沉的白岩松,有字字珠玑、简洁干练的徐俐;有将偶像外表与实力内涵合而为一的鲁健;还有质朴、平实、镇定的充满活力的陈伟鸿,等等。他们把自己的个性和主持人媒介角色的共性有机地、和谐地结合在一起,创造出一个个令人难忘的主持人形象。

反之,没有个性的主持人就失去了魅力。如有的节目,虽然主持人有好几个,但他们的特点区别不明显,让人听起来虽然“嗓音洪亮”,但“如出一腔”,没有特色。

(三)镜头(话筒)前的“我”和生活中的“我”

在第二个问题里,我们已经认识到在镜头(话筒)前的“我”是主持人作为一个有真实身份的“我”的个性和媒介角色共性的统一。那么这样的“我”和日常生活中的“我”有什么关系呢?简言之,镜头(话筒)前的“我”是日常生活中的“我”的升华,日常生活中的“我”是镜头(话筒)前的“我”的基础。这种关系还可以理解为:镜头(话筒)前的“我”,既来自生活又高于生活中的“我”。这里的“高”不是虚构的,而是生活中的真实的主持人身上的美好品质的集中。不可否认,现实生活中的主持人也同寻常百姓一样,既有优点也有不足,但一旦面对受众时,他们都会竭尽全力把自己身上最美好的东西展示出来。受众对于主持人的要求是苛刻而又慷慨的,对他们在镜头(话筒)前的缺点会很挑剔(例如在播报时,面部肌肉明显的抖动或者闭嘴瞬间的口型,都会引起某些观众的讥讽),然而对他们富有魅力的一面又很容易为之倾倒(例如他们的粉丝常常以千万计算,只要有面对面的机会,要求签名的受众就会络绎不绝)。在对主持人的日常生活的一面并不了解的受众眼里,那些脱俗不凡的主持人很容易被视为真善美的化身,也很容易成为受众神交的良师益友。

凡是有自知之明的主持人都深深懂得这个良师益友的分量,也十分明了实际生活中的“我”和受众所期望的那个“我”之间的差距。他们不愿让喜爱自己的受众失望,在日常生活中严格要求自己,刻苦锻炼自己,从思想、业务等方面努力提高自己,从而为镜头(话筒)前的“我”的进一步“塑造”提供更加雄厚、坚实的基础。而当作为主持人的“我”又上了一个新台阶后,便会对生活中的“我”提出更高的奋斗目标。在主持人的“我”和生活中的“我”不断地进行着这种良性循环的过程中,“我”的素质会日益优化,主持人的形象也会日臻完美和成熟。

行家说,“台上十分钟,台下十年功”“功夫在镜头(话筒)外”。这些经验之谈道出了主持人成长的关键是与群众同甘共苦,在实践中艰苦磨炼出来的。

中央人民广播电台的《神州夜航》是一档以试图做深入的沟通和交流工作为主的夜间谈话节目。节目主持人向菲由于把真诚和关爱融入电波中,让听众觉得温暖,值得信任,被听众们视为“静夜中一位贴心又智慧的朋友”。在节目中,听众不仅仅向主持人诉说他们的困惑和烦恼,也没有忘记与从未谋面的主持人分享他们的幸福和喜悦。曾经有一年,先后有四名负有命案的犯罪嫌疑人,在向菲的劝说和帮助下卸下心灵重负,结束逃亡生活,最后向警方投案自首。

对于向菲来说,成功劝说四名杀人潜逃犯罪嫌疑人投案自首,并不仅仅是把真诚和关爱融入电波中，把包容的心态和理性的思考融入节目里的结果，更重要的是，在生活中，她同样用实际行动赢得了犯罪嫌疑人听友的信任。比如，把自己家的电话号码留给可能是杀人嫌犯的听友；长达十几天的电话打扰从不厌烦，即使在假期也毫无抱怨；帮助嫌犯咨询法律问题、联系投案事宜，等等。确切地说，应该是《神州夜航》节目中的向菲和生活中的向菲双重的真诚感动了犯罪嫌疑人听友。

我国的广播电视事业，正是有了许许多多像向菲这样的与国同忧、与民同乐的节目主持人，才使主持人节目形态在短短十几年里得到迅速的发展，取得了令人瞩目的成就。

正是由于主持人在人民群众中的影响越来越大，所以主持人更应珍惜自己的声誉、检点自己的行为。普通受众虽然不容易了解主持人在镜头(话筒)外的表现，但他们可以通过人际传播和大众媒介传播等方式去了解主持人。由于主持人和影视、演员、歌手的社会角色不同，所以当受众观看演员、歌手的演出时，不论他们扮演什么角色，都能很自然地把他们的表演与其个人区分开来。而主持人如果被受众议论纷纷，那么在节目中的那个真实的“我”就会受到损害。

虽然以上讨论的三个问题，并不是直接谈主持人的魅力，但是只要主持人能够正确认识、处理这三个方面的关系，其魅力自然会放出异彩。

复习要点

一、广播电视与报刊媒体在传播信息方面的一个重要区别在于：除了编导之外，那些创造性地播报、主持节目的播音员和主持人也是媒介信息同受众见面的“最后的把关人”。这说明他们的思想、业务和心理素质对于广播电视传播的效果有着直接的重要的影响。

二、移情

移情又叫感情移入，是指能设身处地地理解他人的感情和需要。播音员和主持人虽然面对的是话筒和镜头，但是靠移情，能够在头脑中想象出受众的心态，从而产生强烈的对象感、交流感和播讲的欲望，提高传播的效果。

三、应变

应变即随机应变。对于以真实的“我”的身份出现的节目主持人，在现场直播时，倘若遇到始料未及的情况，临场善于应变是一种非常重要的心理素质。优秀的节目主持人能够即兴发挥，运用贴切、精练、生动、幽默的语言，迅速而有效地处理突发事件。应变的心理机制是创造性思维，创造性思维有三个特征，即流畅性、灵活性(变通性)和独创性。应变的心理机制是“反应时”，即从刺激出现到主持人作出及时、有效的反应之间的时间间隔。应变能力的强弱与反应时成反比。

四、魅力

主持人的魅力对其主持的节目是否有吸引力至关重要。据专家学者分析，主持人的魅力主要包括外在的和内在的如相貌身材、气质风度、音质音色、语言功力、才华学识、应变能力、组织沟通、引导节目的能力等。为了增强自身的魅力，节目主持人需正确认识并妥善处理好以下几个方面的辩证关系：(1)主持人和主持人节目的关系(应以主持人节目为主，主持人不能喧宾夺主)；(2)“我”的个性与媒介角色的共性的关系(主持人既代表媒介出场，又有鲜明的个性)；(3)镜头(话筒)前的“我”和生活中的“我”的关系(在屏幕上是受众的朋友，在日常生活中也要为人师表)。

复习题

1. 播音员和主持人应当具备哪些心理素质？
2. 什么叫移情？它在播音主持活动中的作用是什么？
3. 什么叫应变？应变的生理、心理机制是什么？怎样从创造性思维的三个特征入手训练自己的应变能力？
4. 什么叫魅力？播音员、主持人怎样才能使自己更有魅力？

新闻受众心理编

新闻受众，作为新闻活动的起点和归宿，作为新闻事业的主人和服务对象，作为新闻事业赖以生存和发展的基础，作为新闻信息的认识主体，理所当然地应当成为新闻心理学研究的核心问题。新闻受众心理编共分四章，分别阐述新闻受众心理的一般概念、受众的态度、新闻评论对受众心理的影响和网民心理。

第九章 新闻受众心理概述

第一节 新闻受众心理的内涵和本质

一、什么是新闻受众心理

新闻受众心理的内涵即因新闻媒介本身及其所传播的新闻信息和由之而引发的其他刺激直接或间接地在新闻受众头脑中的主观能动的反映。

对这一定义做如下解释:

第一,新闻受众指专门接收经由新闻媒介传播的新近发生或正在发生的事实的受众。新闻受众既包括群体,又包括个体。

第二,由新闻信息而引发的其他刺激主要指围绕接收新闻信息而出现的受众之间的人际互动。这种人际互动对受众心理的影响是直接的、广泛的、深刻的,但往往不易为认识主体所察觉。例如,当家人看到媒体上有这样的报道:“如果在街上看到有私家车停车打招呼,有急事的路人免费搭顺风车,你是拒绝还是接受?”家人讨论,有人说:“不敢坐,怕是黑车。”但也有人说:“人家是学雷锋,应当信任、支持。”这种家庭成员围绕着某一新闻的讨论就是一种人际互动。这种人际互动也是产生受众心理的一个重要因素。

第三,所谓“主观反映”,是指由于受众群体或个体因各种差异(如文化背景、教育水平、年龄、性别、职业、个性、价值观、需要、兴趣等方面)而造成的对同一新闻事件的不同心理反映。例如对党的十八届三中全会审议通过的《中共中央关于全面深化改革若干重大问题的决定》中提出的深化教育领域综合改革,探索全国统考不分文理科的问题,在学生中引起强烈的反响:有人支持,认为这样做有利于纠正偏科问题;但也有人反对,认为这样做学生的压力会更大。又如党的十八届五中全会审议通过普遍二孩政策,即全面实施一对夫妇可生育两个孩子政策,积极开展应对人口老龄化行动。有支持者表示,“我以后要生两个小孩,因为独生子女实在是太孤独了”;也有反对者表示,“自己是独生子女的一代,不仅要照顾四个老人,将来还要抚养两个孩子”,实在承受不了。

二、新闻受众心理的本质

(一)新闻受众心理本质上是一种社会心理

所谓社会心理,是人们在社会生活中自发产生并互有影响的主体反应。如果肯定受众心理属于社会心理，则需要判断受众心理是否具有以下几个特点：

（1）是在社会生活中产生的；

（2）是人们之间相互影响的产物；

（3）带有自发性；

（4）是认识主体的反应。

受众心理恰恰符合以上这四点。首先，受众心理是在新闻活动中产生的。而新闻活动是“沟通信息交流情况的一种社会活动，是人与人之间对新近发生的事实进行相互传达的基本方式”。[①] “社会生活即人们的社会活动。”[②]其次，在新闻活动中，既有传者通过媒介对受众的影响，又有受众之间因新闻信息而引起的人际互动。无论是“以大众传播为主体的信息形成的环境”，还是“由人际交往形成的精神环境，都对社会心理起决定作用”。[③] 然后，受众心理具有很强的自发性、随意性和可变性，是一种比较难以控制、掌握的社会心理。最后，受众心理是受众（即认识新闻信息的主体）对新闻信息以及在新闻活动中他人影响的反映。

（二）媒介是人体的延伸

受众心理实质上是社会心理的观点还可以从加拿大著名的传播学家马歇尔·麦克卢汉关于“媒介是人体的延伸”这一论断中得到进一步的阐释。

我们知道，社会心理包括群体中共同的心理现象和个人受群体影响而形成的心理现象。无论哪种含义的社会心理，都离不开人与人之间的相互影响，而受众心理则是由媒介信息引起的。从表面看，这是一种“物—人”即“媒介—受众”之间的关系。麦克卢汉关于“媒介是人体的延伸”的观点则把这种“物—人”的关系透视为“人—人”，即“传者—受众”的关系。

“媒介是人体的延伸”既可以从传者又可以从受众的角度去理解。首先，“人们创造出传播信息的媒介，用来传递人的思想经验。借助媒介，人创造的精神文化传播得更加广泛，更加深远”。同样，人们创造出新闻媒介，最重要的任务就是向世人传播新闻信息。

新闻传播者通过采访、写作、编辑（制作）、播出等环节，把远离受众的新近发生（或变动）的事实转化为符号（文字、声音、画面），通过新闻媒介展示给受众。当然，受众所接收的新闻信息并不是纯粹客观的，而是经过了传者头脑的过滤和加工。传播者制作新闻是为了凭借新闻媒介的力量延伸自己的认识（最明显的是新闻评论），所以说媒介是传者人体的延伸。同样，媒介也是受众人体的延伸。受众由于自身器官的限制，不能了解超出人际关系活动范围之外的所有的人和事，于是便需要大量地、经常地借助于媒介获取新闻，去认识大千世界。“一种媒介就是一个独特的窗口，通过这个窗口，我们可以看到从其他窗口看不到的景色；一种媒介就是一个特殊的环境，在这个环境中，我们以一种不同于在其他环境中的方式来经验、思考和行动。”如此看来，媒介可大大地“延长”人的某些器官。

---

① 余家宏，宁树藩，等. 新闻学简明词典[M]. 杭州：浙江人民出版社，1984：68.

② 朱智贤. 心理学大词典[M]. 北京：北京师范大学出版社，1989：572.

③ 沙莲香. 社会心理学[M]. 北京：中国人民大学出版社，1987：48.

媒介把传者和受众紧紧地联系在一起,又把受众与传者报道的那个世界的人和事联系在一起。通过受众的反馈、参与,媒介信息的传递由单向(传者→受众)变为双向(传者⇆受众)。无数次的双向联系所形成的环状循环,便沟通了传者与受众之间在社会心理上的联系。媒介没有割断传者与受众,相反,媒介成为二者人体的延伸。大众沟通中隐匿着的人际沟通得以实现,传者与受者的心理互动得以实现。所以我们说,受众心理实质上就是一种社会心理。

明确受众心理的社会心理性质,通过受众调查了解社会心态,有助于国家制定正确的合乎民情的方针政策;明确受众心理的社会心理性质,自觉地运用社会心理学的理论去研究受众心理,将会拓宽受众心理的研究领域,深化新闻改革。在这方面有许多丰富的、有价值的研究课题,比如研究新闻报道的时机与受众的心理承受力之间的关系、新闻报道对青少年社会化的影响、新闻报道对受众的暗示作用、新闻宣传与受众态度的转变,等等。

第二节　新闻受众心理的特点和功能

新闻受众心理主要有三个特点:随意性、交融性、互动性。新闻受众心理是把新闻传者的意图(一般不是指单篇报道,而是指新闻整体意向)转化为受众行为的中介。受众心理的这个中介功能是实现新闻传播的社会效益的关键。

一、新闻受众心理的特点

(一)受众心理的随意性

"随意"即"任凭自己的意思",主要指受众对媒介种类(电视、广播、报纸、网络、手机)和媒介内容在选择上有较大的随意性。这主要是由新闻信息的特点决定的。新闻信息主要的功能是向受众传递社会最新发生(或变动)的事实,选择什么、接受多少,主动权在受众手里。传者对受众的影响往往是潜在的(新闻导向大多隐含于对事实的报道之中),不易被人意识到。而政府法令,党的方针、政策,对人们有着明显的说服、劝导作用,甚至具有强制性。所以从受众选择新闻有主动权的角度上看,受众心理带有随意性。

(二)受众心理的交融性

传播学家认为:"为了集中讨论大众传播问题,我们不得不略去在研究人际和人的内向传播(或称人的体内传播)中,以及在研究团体的传播结构与信息流动中出现的有趣进展。然而我们自己是将大众传播视为一种同其他各种传播网络及传播过程共长并相作用的过程。"①

感性世界即物质世界,是人们通过感官直接接触到的外部世界;媒介世界(又称拷贝

① 麦奎尔,温德尔.大众传播模式论[M].祝建华,等译.上海:上海译文出版社,1987:2.

世界）是由“大众传播媒体形成的精神世界，是利用大众传播媒体对感性世界的模写和抽象”。人们通过人际沟通直接同感性世界联系，通过媒介沟通间接地认识感性世界。如图9-1所示。

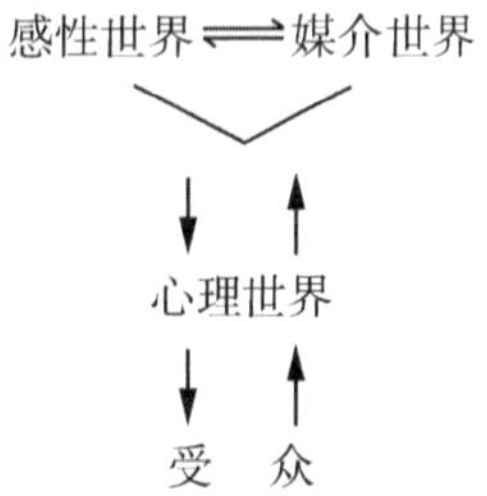

图 9-1 受众与感性世界和媒介世界的沟通过程

毋庸置疑，研究受众心理应当把着眼点放在受众接收媒介信息时的心理活动上，但是受众心理不是孤立存在的。作为社会成员的受众，且不说他们对新闻媒介内容的感知和理解受制于其已有的来自感性世界的认知，就是在接收媒介信息的同时，还常常受到来自身边的他人（如家人、朋友、同事等）对媒介信息的评价、态度、情感等方面的影响。

从时相上看，受众在接收媒介信息时受到来自感性世界信息的影响主要表现为三种特性：继时性、同时性、交互性。

第一，继时性。有的受众在接收媒介新闻信息之前，就已经或多或少地从感性世界里获得了对这一新闻事实的了解。这种了解对于受众在接收这一新闻信息时的心理活动会产生一定的影响。例如张三在亲赴一次超标准的宴会之后，看到报上对这次宴会的评价是“十分简朴”时，就会从心里说“胡说八道”。这种宣传与事实不符的情况引起了受众的反感。此外，人们在日常生活中已经形成的某种态度、价值观等也会影响受众对新闻信息的认知。如 2006 年 8 月 18 日《人民日报》报道：北京市打击机动车非法营运协调小组会同市公安局等部门，对在此次打击机动车非法营运中罚没的 209 辆机动车、4 000 辆“摩的”进行集中拆解。某读者看了报道后觉得心里挺矛盾的，于是来信说：“笔者认为对非法‘摩的’进行拆解、销毁，不如变卖。‘摩的’属于社会财富，本身并没有错。假如将其变卖，将是一笔不小的数字，会给国库增加一笔财富。”

第二，同时性。在接收新闻信息的同时，受众的心理活动往往会直接受到他人态度的影响。例如，当电视台预报周末有雾霾时，家人商定这两天尽量不外出。

第三，交互性。围绕同一新闻事件，感性世界和媒介世界反复地影响受众心理。例如，每当我国发生特大洪水时，“洪水无情人有情”的感人场面总会不断涌现。各种新闻媒介连续报道灾情，广大群众纷纷捐款捐物，向灾区人民伸出援助之手，媒介及时予以报道。受众受到鼓舞，又继续采用各种方式向灾区人民表达手足之情，媒介再次报道不断涌现出的感人事迹，像有的贫苦人家把自己本来就不多的被褥捐献出来。就这样，现实生活中的抗灾救灾的动人情景和各种新闻媒介的连续报道交互进行，在广大人民群众的心中激起了阵阵波澜。如图 9-2 所示。

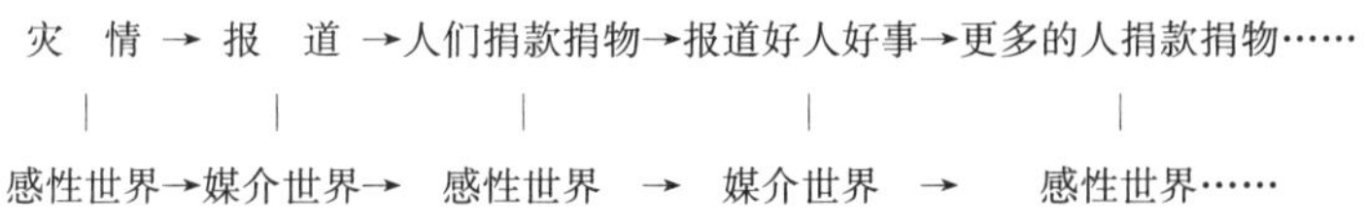

图 9-2 受众与感性世界和媒介世界的交互性

(三)受众心理的互动性

受众心理的互动性是指在新闻活动中,传者与受众以及受众和受众之间通过新闻媒介或人际交往表现出来的心理上的相互影响和相互作用的特性。

1. 受众心理的互动及其特点

互动即人与人之间的交互作用。互动是人类社会生活的基础。没有人类的互动,就不可能构成众多的社会生活。因而,人类的社会生活也就是互动的生活。互动是构成人类社会行为的前提条件。人类正因为在互动中发生联系,才能具有各种社会行为。

新闻活动是社会活动的一种形式,新闻传播者和新闻接受者都是社会成员。因而作为人类社会生活的基础,人类社会行为的前提条件——互动,也应当适用于新闻传播中的传受双方的活动和行为。与一般人际互动的区别在于,这种活动和行为主要是通过大众传播媒介传递新闻信息来实现的。

受众心理的互动性主要表现在两个方面:传者和受众之间以及受众和受众之间。

2. 互动种类

(1)传者与受众之间的心理互动

· 传者对受众心理的影响

传者对受众心理的影响是不言而喻的,比如当政府有关部门通过手机短信预告灾情或交通管制等信息时,群众会采取积极的应对措施。不过在多数情况下,传媒对受众的影响是潜移默化的。这也是新闻媒介最主要的一种功能。受众一般处于无意识状态,或接受、或思考、或反对、或疑惑、或对照,在种种错综复杂的心理活动中获取新闻信息,并因新闻而发生态度上的转变。

2011年3月11日,日本特大地震引发福岛核电站泄漏事故,灾难发生后的第四天网络上疯传有关"日本核辐射导致海水污染,海盐从此变成核盐"和"碘盐可以预防核辐射"的谣言,顿时引发国内民众的恐慌。一股非理性的食盐抢购热潮从两广、江浙开始逐步向北方地区蔓延,并火速席卷了大部分地区,超市货架存放的食盐被抢购一空。一些不法商贩借机涨价,大发"国难"财。在这紧要关头,我国主流媒体依靠自身公信力和权威性,及时向受众发布政府有关部门的应急措施和调控政策,如紧急调集库存食盐,压低盐价、稳定市场,并通过专业人士普及科学知识来打破谣言、杜绝臆想,以此稳定人心,消除恐慌。①

传者如果想影响受众,首先要了解受众心理。2013年1月1日开始,中央电视台《新闻联播》改版,颠覆了以往坊间戏谑的《新闻联播》"三段论",即"前十分钟领导很忙,中间十分钟百姓过得很好,最后十分钟外国人民水深火热"。代之以大量的国内社会新闻。如2013年开年,买菜大妈、北京雾霾、成都曹家巷拆迁等消息……抢了国家领导人的"位子",坐了《新闻联播》的头条。国家领导人的活动和会议,占据头条的时间总的不到四分

① 马芮.社会恐慌的引发与消解——媒体危机传播对受众的影响研究[D].辽宁大学,2012.

之一。[①] 这种突显民生、民意的《新闻联播》一问世就受到了广大观众的肯定和欢迎。

• 受众对传者心理的影响

受众对传者心理的影响是指受众对传者自下而上的借助反馈机制或直接、或间接施予的影响。

反馈，一般来说指的是"传播者获知关于其预期的接收者是否和如何真正接受了讯息的过程"[②]。反馈方式对大众传播来说主要有：受众研究、收视收听率调查、发行量、受众来信来访、投稿、来电、街头采访（如你幸福吗？），以及通过网络问卷调查和借助大数据实现对受众需求的精准分析。

以往大众传播研究的大部分历史，是论述效果和媒介对受众的影响。然而随着传媒事业的发展，人们越来越重视受众对传者的影响。20 世纪 70 年代出现的"受众中心模式"就是以"研究人们如何处置媒介"取代"研究媒介如何对付人们"。这实在是传媒研究的一大进步。强调受众对传者的影响，是对受众心理更高层次的探索。受众不仅仅是被动的媒介信息的接收者，而且也应当是媒介宣传的积极参与者；人们不仅仅是大众传播服务的对象，而且也应当是传媒的主人和监督者。应当说，只有当受众也能以主人翁的态度主动参与媒介传播时，传播媒介的社会效益方能得到最充分的实现。

受众主动对传者心理施以影响，实质上是传者对受众心理最充分、最强烈的影响的一种反射。换句话说，如果受众没有被媒介信息所触动，也就难以产生反馈的动力。这种"反射"和受众"反映"不同。例如，反映只是受众关掉不爱看的电视节目，把报纸甩在地上，或者对某则失实的新闻骂几句，和周围人发发牢骚，仅此而已。而反射则表现出受众把这种心理反映转化为外显的行为，努力冲破媒体的障碍直接或间接地把反馈信息（如某种意见）传递到传者那里。不能否认，后者较之前者，受众需花费更多的时间和精力。与传统媒介相比，网络媒体反馈非常快，这种反馈行为对于传者心理上的冲击是明显的、强烈的，对于改进新闻传播效果和改变领导作风无疑也是十分有益的。以《小微博掀起"效能革命"》一文为例：

> "我在邮政茶楼这边，中午楼下那些店放歌声音太大，这两天高考影响休息啊，帮帮忙吧。"6 月 7 日 13 点刚过，四川德阳纪委官方微博接到网友这一救助，立即转相关部门并督促办理，问题即在短时间内得到解决。
>
> 四川德阳市纪委于 2012 年 2 月开通官方微博"德阳效能"微博，在全市范围掀起了场效能革命"大风暴"。
>
> …………
>
> 德阳市委常委、纪委书记冯发贵介绍，"德阳效能"建立微博工作台账，24 小时内限时处理，及时跟进监管，快捷、透明地办理网民反映事项，做到事事有回音，件件有回复，切实为网友解决实实在在的问题。[③]

---

① 李晓婷，朱晓佳，等. 反映反映呗 2013 年《新闻联播》改版文本分析[N]. 南方周末，2013-01-24.

② 麦奎尔，温德尔. 大众传播模式论[M]. 祝建华，等译. 上海：上海译文出版社，1987：6.

③ 刘裕国. 小微博掀起"效能革命"[N]. 人民日报，2013-06-27.

(2)受众与受众之间的心理互动

·受众与受众之间的心理互动是指在“人际新闻的扩散”中受众与受众之间的心理上的相互影响和相互作用。

“人际新闻的扩散”说的是新闻信息经过人际渠道在受众中广泛传播。人际新闻的扩散是大众传播的延续,它可以弥补大众传播的不足。新闻媒介与大众传媒一样,其所传播的大量内容不一定具有说服性,而受众接受劝服往往是在继新闻信息传播之后的人际传播渠道中实现的。

以于欢事件的报道为例:

2016年4月14日,山东聊城人于欢在母亲苏银霞和自己被几名催债人侮辱长达一小时后,用水果刀刺伤4人,其中一人在就医途中因失血过多休克死亡。2017年3月25日,南方周末通过微信公众号推送的文章《刺死辱母者》,两天内刷爆了中国人的朋友圈。随后,网易新闻、凤凰资讯等网络媒体纷纷转载,知乎、微博等讨论之声不绝于耳。山东省公安厅、省高级人民法院、省人民检察院纷纷响应。3月26日,山东省聊城市成立了由市纪委、市委政法委牵头的工作小组,针对案件涉及的警察不作为、高利贷、涉黑犯罪等问题全面开展调查,被最高人民法院称为“又一堂全民共享的法治‘公开课’”。2018年4月12日,“于欢案”背后的吴学占团伙涉黑犯罪一案开庭审理。5月11日,吴学占等15名被告人涉嫌组织、领导、参加黑社会性质组织等9项犯罪一案一审宣判,吴学占获刑25年。

·受众与受众之间心理互动的方式主要有:直接受众与直接受众、直接受众与间接受众、间接受众与间接受众。所谓“直接”和“间接”是从受众直接还是间接接收新闻媒介信息上划分的。请看图9-3:

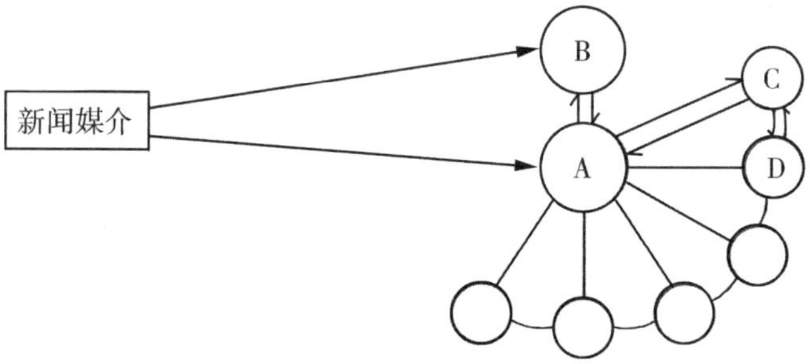

图9-3 直接受众与间接受众

A、B、C、D都表示受众。A和B之间属于直接受众与直接受众之间的心理互动。这种情况大多出现在新闻信息本身非常重要并为大多数受众所关心时。例如:党代会、人代会的召开,国家首脑互访、环保问题、粮食问题、防灾减灾等。A、C之间属于直接受众和间接受众,C、D之间则属于间接受众与间接受众,这两种方式较多地出现在某新闻报道只被部分人关注时。像高考政策对考生、家长、老师,霜冻、冰雹对郊区农民,通缉令对犯罪者及其家属等。

二、新闻受众心理的功能

（一）受众心理的中介作用

受众心理的一个重要功能即它是新闻宣传所造成的舆论力量转化为受众行为的中介。

中介，就是桥梁、纽带之意。它可以是物质的，例如“媒介是主体人与客体世界的中介”；它也可以是精神的，如“社会心理的中介作用”。

受众是新闻信息的消费者，新闻工作是为受众服务的。这种服务包括几个方面：满足受众对新闻的欲知需求，如了解中央十九届三中全会的精神；激发受众产生某种情绪情感，如民族自豪感、爱国主义精神；推动受众采取行动，如抗震救灾、举报贪官、推动实现中国梦等。无论哪个阶级、政党、团体的新闻工具都不是仅凭几条新闻而是靠大量的新闻信息所形成的巨大的宣传舆论力量去影响受众的。而且从总的目的看，这种影响不能仅仅停留在受众认知的水平上，而是要影响受众的情感，进而影响受众的行为。

中央领导同志在强调新闻改革时指出，新闻宣传要全心全意为人民服务，就是用现代化的传播手段“把党的路线、方针、政策贯彻到群众中去，并变为群众的实际行动”“广泛地反映群众的意见、呼声、意志、愿望”“及时地传播国内外各种信息，直接影响群众的思想、行为和政治方向，引导、激励、动员、组织群众为认识和实现自己的利益而斗争”。简言之，就是将舆论力量（精神力量）转化为人民群众建设有中国特色社会主义的强大物质力量（即受众的行为）。而受众心理（在此可以理解为人民群众的心理）恰恰是将这种舆论力量转化为人民群众的物质力量的中介。

受众心理的中介作用是由受众心理的社会属性所决定的，社会心理是“处于社会控制和社会行为之间的中间地位上，是跨越这两大领域的中间领域”①，如图 9-4 所示。

社会控制｛硬控制（制度、法律和纪律）
　　　　　软控制（道德、风俗、信仰和信念）

↓↑

社会心理｛顺从社会控制的心向（顺向）
　　　　　抵触社会控制的心向（逆向）

↓↑

社会行为｛规范行为
　　　　　偏离行为

图 9-4　社会心理的作用

社会上占统治地位的阶级、政党、集团要想实行社会控制，即控制社会成员的社会行为，以维护社会的秩序，就必须通过制度、法律、纪律等硬控制和道德、风俗、信仰、信念等

---

① 沙莲香. 社会心理学[M]. 北京：中国人民大学出版社，1987：46-47.

软控制去左右社会成员的社会心理,使大多数社会成员顺从社会控制并表现为规范的社会行为;反之,社会就会失去控制。

社会心理有内在性和外现性特点。内在性指社会心理是社会成员内在的心理过程;外现性指社会心理可以外现为社会现象,表现出个体或群体水平上的社会行为。

由于受众心理在本质上是一种社会心理,所以受众心理也必然具有社会心理的主要功能。

在大众传播媒介已经成为社会信息的主要载体,并且对社会成员的社会化起着重要作用的今天,新闻媒介在实现社会控制方面起着无可替代的作用。强大的新闻宣传工具是党的喉舌和耳目,它们传递的新闻信息对受众的行为有重要的导向作用。同样的道理,受众心理是新闻宣传和受众行为的中介,如图 9-5 所示。

图 9-5　受众心理的中介作用

举一例说明,如图 9-6 所示。

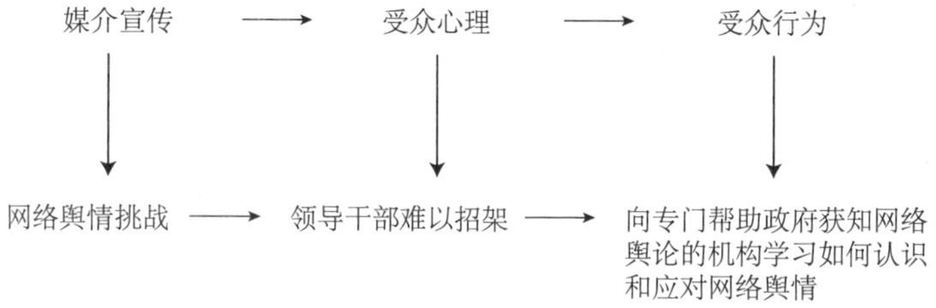

图 9-6　受众心理的中介作用案例

(二)受众行为是受众心理外化的结果

受众心理的中介作用表现在受众通过自己的认知结构对新闻信息进行认知、消化、理解,并在此基础上转化为某种行为的过程。这个过程用传播学者的话去理解就是媒介信息在“人的体内传播”或曰“内向传播”。

对于“认知结构”,心理学家有种种表述,诸如“逻辑架”“反应格局”“思维图式”。其实通俗的说法就是区别不同个体认知差异的种种主观因素的综合。认知结构是由个体知识经验、认知特点、民族传统、文化成果、社会现实等构成的。它既有共性(如民族性),又有鲜明的个性。由于人们的认知结构不同,所以他们对同一事物往往有不同的认识。譬如,警察问被抓的小偷:“当你偷东西的时候,就没有想想你的老婆和孩子?”小偷回答:“当然想了,只是商场里没有妇女和儿童的服装。”同样的道理,不同的受众因其有区别于他人的独特的认知结构,所以他们对同一条新闻也常常表现出各自的观点。

比如被人们戏称为“任大炮”的华远地产前董事长任志强，几乎每次发言都会引起一番热议，甚至他的微博都被关闭了还是有众多追随者。2017 年 12 月 3 日，任志强在凤凰网主办的第六届财经峰会上表示：“我没有学历，上的只是在职研究生班。但我说话非常严谨，我预测房价十年了都很准。”凤凰网官方微博下面立刻有人留言，有的说他是“利益集团的代言人”，有的说他“有政治背景”，还有的说他具有“博导水平”，或者认为“不信任志强的人都是买不起房的，信的人都发财了”。

网民的种种看法无一不是因受众（网民）自身的认知结构引出的。

基于以上分析，我们可以得出这样一个结论：新闻报道的意图是靠受众的认知结构为中介来向受众行为转化的。如图 9-7 所示。

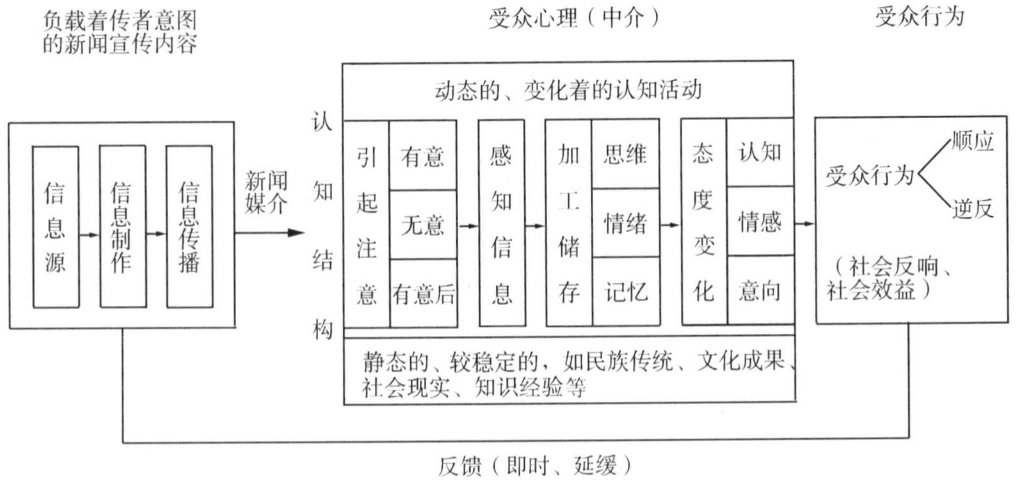

图 9-7　新闻报道意图转化

第三节　媒介差异和受众心理

报纸、广播、电视、网络这些不同的新闻媒介传递的不同的媒介符号群作用于读者、听众、观众不同的感受器，久而久之会对受众的心理品质（如思维力、想象力）的发展产生一定的影响。媒介的这种差异，就成为各种新闻媒介“扬长避短”的一个重要依据。但同时受众可以凭借大脑对作用于不同感受器的媒介符号进行整合处理，并获得完整的认知。从这个意义上看，不同的媒介工具又可以起到“相互补充”的作用。

一、媒介刺激与受众的感受器

受众心理是受众的内外物质活动的结果。受众心理的产生和发展“深深地根植于物质活动之中”。所谓外物质主要包括媒介所承载的符号群（报刊的文字、广播的声音、电视和网络的图像、文字、声音等）以及该符号群所代表的新闻信息的具体内容（如对新闻事件或人物的报道)。所谓内物质是指受众心理活动产生的物质基础——大脑(包括整个神经系统和各种感受器)。因为大脑是心理的器官,心理是大脑的机能,所以研究受众大脑的活动规律就要研究受众心理活动的生理机制。

(一)媒介刺激与受众的视觉和听觉分析器

媒介刺激的差异(文字、声音、图像)之于受众的影响首先体现在该刺激作用于受众不同的感受器(视觉、听觉)上,因而造成了受众对媒介刺激在最初认知印迹上的殊异。

1. 报纸文字与读者的视觉分析器

报纸上的文字、图片等是报纸新闻的载体。读者通过自己的视觉分析器(即人感受和分析某种刺激的整个功能系统,包括感受器、传入神经通路和相应的高级神经中枢)去感知文字、图片,获取新闻。

报纸上的文字、图片等刺激物经读者的视觉器官接收后所经过的神经通路大体是这样的:眼睛(主要是视网膜)→大脑的视觉通路→大脑枕叶皮层→大脑皮层上的联合区。

视网膜是视觉器官最主要的组成部分。它是由光细胞组成的,其作用是把光(这里指报刊文字、图片所反射的来自光源的光线)转化为神经脉冲——神经系统的语言。这种神经脉冲再沿着传入神经(即大脑的视觉通路)到达大脑的枕叶皮层上的视觉区,并在这里对视觉信号进行初步分析之后再传到大脑皮层上的联合区对视觉信息进行整合(即综合处理),从而完成认识主体对新闻信息内在意义的认知、理解。

2. 广播声音与听众的听觉分析器

听众是通过听觉器官(即耳朵)来接收广播声音(即媒介刺激)的。声音是广播新闻的载体。听众通过听觉分析器获得广播新闻。广播声音经过的神经通路如下:耳朵(主要是其中内耳上的柯蒂氏器)→大脑的听觉通路→大脑上的颞叶皮层区→大脑皮层上的联合区。

听觉感受器里最主要的组成部分是处于内耳耳蜗里的柯蒂氏器上的毛细胞。当音波(广播声音)经毛细胞的作用发生一系列物理和化学变化后,就会把音波的机械能转换成神经冲动。这种神经冲动经过听觉传入神经到达大脑皮层颞叶上的听觉区,经初步分析后又传递到皮层联合区进行整体认知,从而使听众获得了对广播新闻内容的了解。

3. 电视的图像和声音与观众的视、听分析器

观众是凭借视觉和听觉器官同时感知电视屏幕上的图像和声音的(其神经通路和读者、听众一样)。电视观众和报纸读者的视觉器官所接触的刺激有显著不同,前者所接收的主要是图像(有时也有文字),而后者则主要接收的是文字。虽然电视图像非实物,而是实物在屏幕上的复印物,但较之抽象的文字而言,图像则更直观、更具体。再者,与广播听众比,观众虽然也靠耳朵接收声音刺激,但是一般来说,观众不必像听众那样必须先把声音的意义转化为实物的形象(靠再造想象)后再去理解,因为在观众眼前呈现的画面可以直接地表现出声音所表达的意义(声音和图像这二者是相辅相成的)。当然电视屏幕也不都是用画面表意,有时还需要文字或解说去传递信息,但总的说来,电视是一种综

合媒介，它可以调动观众视觉和听觉器官的协调活动。

概言之，由于视觉感受器和听觉感受器在适宜刺激上的差别，注定了报刊、广播、电视这些不同媒体独特的功能即各自的优势。譬如，报刊文字“对付”谐音异义字、词、句，像“石室石氏视石狮”之类，可以说游刃有余，若改由广播声音去表达就很难胜任；而若想用报刊文字去准确无误地描摹声音，如出土的古代乐器的音质音色，想来也是吃力不讨好的，可这对于广播声音来说则易如反掌。对于那些想一睹实物（如珍奇异兽）或实况（如中国人民抗日战争暨世界反法西斯战争胜利70周年阅兵式）的观众来说，无疑，电视是最佳选择。

4. 网络符号的多元性与网民的视、听、动、触觉分析器

网络媒体综合了传统媒体的文字、声音、图像等多种符号系统，不仅会引起网民的视、听觉分析器的活动，而且还能调动其动、触觉分析器共同参与接收信息。

在新媒体时代，各种媒介形态日益呈现融合的态势：报纸、广播、电视借助互联网策略，实现各自价值的跨媒体平台的“多点产出”、多重“落地”的技术平台，使传统媒体的媒介资源实现多重开发，进而使其走出现有盈利模式单一所造成的困境。比如奇虎360与北京电视台合办的新媒体“北京时间”于2016年4月12日上线，该产品主打新闻视频直播功能。作为一个定位于新闻视频直播的自媒体平台，“北京时间”不仅结合了新媒体的一些优势，同时因为北京电视台的原因，还拥有其他自媒体没有的一些资源，经过两年多的运营，目前在北京地区颇具影响力。①

（二）不同媒介对受众心理品质的影响

受众心理是媒介刺激在受众头脑中的反映。因而每一种媒介都像语言本身一样，为思维表达和感受提供了一个新的方向，形成了一种独特的表达方式。

报刊文字具有滞留性：白纸黑字，历历在目，可反复阅读、思考，不受时空的限制，又可以长期保存、随意复查、相互比较，具有表达上的准确性和较严密的逻辑性。

新闻纸属于印刷文化。这种文化“有一种趋于［“详细”］说明的强烈倾向：一种概念的、推理的、连续的思考复杂能力；一种对理性、秩序的高度评价；一种对［“逻辑上的”］矛盾的憎恶；一种达到分析与客观［“境界”］的强大能力；以及对迟缓反应的宽容”②。因而经常大量地阅读报纸，有助于培养读者的逻辑思维能力，反过来也可以理解为，读者为了满足对客观事物的理性分析，追求逻辑的严密性和思维的深邃感，需求助于印刷文化。正因为如此，所以报刊常为文化水平较高的读者所偏爱。

广播声音稍纵即逝，不能重复（指当时而非录音）。但经专业人员播讲，声情并茂，较之个人阅读报纸感染力强；再者，声音富有弹性、易于联想，其可感性能给听众提供真实的感受等。又由于人们在活动时，使用听觉通道不如视觉通道的比例大（后者约占80%），所以听广播有“一心二用”之效。

---

① 史祎.“青春晚自习”请专家支招［N］. 北京青年报，2013-11-15.

② 孙振斌. 大众媒介：人的比喻［J］. 北京广播学院学报，1991(3)：32.

广播新闻属于广播文化。这种文化凭借声音的魅力趋向于激起听众强烈的情绪情感的效果,又因为声音本身所表达的意义对不同的认识主体有较大的弹性(即主观性),所以广播文化为人们想象力的发挥提供了广阔的天地。虽然广播新闻稍纵即逝,难于捕捉,但是声波可为人们便捷地提供同时性的报道,而且无线电收音机易于携带,在卧室、厨房和在路上行驶的汽车中,到处都可使用,所以那些性急者,那些追求生活高效率的人们可能更偏爱广播。

电视新闻属于电视文化。这种文化以图像的生动具体、现场感强取胜。观众在观看电视时其视觉和听觉通道被同时激活。据研究,多种感觉道比单一感觉道对信息的接收更轻松,对信息的认知更全面。电子手段所形成的色彩纷呈的屏幕形象更容易使人兴趣盎然。但是"电视的观念是,保持一个报道的简短,既不使任何人的注意力太紧张,也不提供持久性的东西。观众可以在观看时不必花哪怕几秒钟的时间去注意概念、特性和问题"①。这样虽然节约了观众的神经能,但同时又容易培养人们的惰性。当然,这是就一般情况而言。根据内容为王的原则,电视节目有时也会引起广大受众的高度关注。例如,2011年武汉电视台创立了《电视问政》直播节目,先由电视台播放暗访视频,然后相关官员在直播现场,接受主持人、观众、评论员和专家的质询。这种问责形式一经诞生,就被多个电视台效仿。如2012年11月20日浙江温州电视台直播了官员年终述职报告,南宁电视台2015年推出《向人民承诺——电视问政》,西安电视台2016年推出《问政时刻》,长春广播电视台2018年初推出《电视问政》等。

自此类节目推出以来,在直播现场,大小官员们被曝光的各类问题和尖锐的追问弄得满头大汗,"自责、愧疚、抱歉"之类的表态频繁见诸媒体。

电视问政节目中对问题的大胆暴露,对官员毫不留情的批评,以及官员在电视镜头前的难堪和窘迫,让普通市民有种主人翁的快感。② 电视的这种图、文、声并存的效果是其他媒体所难以企及的。

网络新闻属于网络文化。这种文化以符号的多元性取胜。它把传统媒体的优势集于一身,其信息的海量性、传播时间的实时性、传受之间的交互性是传统媒介难以望其项背的。网络传播除了涵盖传统媒体对人的影响外,其超文本的传播方式,对人的发散思维、跳跃性思维的训练;其视、听、动、触觉的共同参与对人的各种感官的协调活动;其虚拟性、匿名性对人的想象力的发展都是非常明显的。网络传播的无疆界性和使用者的封闭性(指可在狭小的空间上网),使人们的精神世界既自由、开放(无远弗届),但有时又会让人产生深深的孤独感(缺少现实生活中的朋友)。

特别是在"微时代",微博、微信等新型传播体促成了自媒体传播力的膨胀。

"微时代"自身所具有的碎片化、浅表化、极端化及匿名性等特点,使得来自现实社会深层次的盲从、非理性等心态进一步放大。在微时代里,信息的获得和社交行为的便捷使得个体的身份、地域、阶层等界限被淡化、被模糊。而网络舆论领袖的一言一行往往会被无限放大,从而影响部分受众的思维模式和言谈举止。"微博控""手机控"者在青少年

---

① 孙振斌.大众媒介:人的比喻[J].北京广播学院学报,1991(3):32-33.

② 褚朝新.让一把手在镜头前流汗 武汉电视问政"攻防线"[N].南方周末,2013-08-22.

中并不在少数就很能说明这个问题。①

以上种种分析，归结到一点，即各种媒介都有自己的优势和不足，彼此之间的作用不能完全替代。因而“扬长避短”就成为报刊、广播、电视、互联网立足于电子时代并能争取受众的一个重要原则。

二、受众对媒介信息的整体认知

在认识媒介差异对受众心理影响的同时，我们还应当看到受众对不同媒介信息在认知上遵循整体性原则，即不同的媒介信息在受众头脑中最终的形象是相似的，受众对它们的认知是完整的。

《人民日报》（海外版）于1987年7月9日报道了一则在四川发现的几乎绝迹的药材珍宝——荷叶铁线蕨的消息。该报道对这种植物做了详细的描述：

> 荷叶铁线蕨，叶肾形，呈圆形扇状，叶面边缘有锯齿波纹。叶绿，向阳面光滑，背面有小包，叶脉放射状，叶背边缘有小轮印，叶柄坚硬呈黑色，上有细绒毛。

这段文字通过读者的视觉器官进入大脑，又经认识主体的再造想象（指根据语言的描述或图样的示意，在人脑中形成的相应的新形象的过程），在读者的脑海中构成了该种植物逼真的形象。倘若改由广播通过声音把这段文字传递到听众的耳朵里，同样也可以凭借再造想象在头脑里再现该植物的形象。谁也不会否认，在读者和听众的头脑里形成的关于“荷叶铁线蕨”的形象是十分相似的。虽然它不如观众在电视屏幕上直接观察这种植物在感知上那么鲜明、那么稳定，但也不会相差甚远。这说明不同感觉通道所传递的信息特别是对有关事物的描述性信息，大多可以在受众头脑里形成大致相似的完整的形象。

之所以出现这种结果，可以从生理和心理机制上去认识。首先，从生理水平上看，人脑对任何事物的感知都是先从不同的感觉通道获得信息，而后再传至大脑皮层上的联合区进行整合，从而得到对该事物完整的认知。联合区，是大脑中发展最晚的、功能最重要的一个中枢。据美国麻省理工学院纳旦（H. NauTa）教授等指出：“视区、听区和躯体感觉区仅仅体现感觉加工过程的皮层第一级……加工的更高阶段大概是在皮层联合区中实现的。”联合区“具有整合或联合功能”。

用这个观点解释受众对“荷叶铁线蕨”的认知，可以这样理解：读者阅读或听众收听对这种珍奇药材报道的文字或声音最终都必须在大脑皮层的联合区进行加工、整合。在整合的过程中，有关对“荷叶铁线蕨”报道的文字和声音原有的特质逐渐消失，取而代之的是能够为认识主体所认知理解的有关这种植物的完整的形象。这就是为什么来自不同感觉通道的媒介信息都能在受众的头脑中形成相似的完整认识的一个重要的生理原因。

---

① 刘阳，赵婀娜．深聚焦·关注“微时代”的社会心态[N]．人民日报，2013-08-08.

从心理水平看，受众对各种媒介信息的认知都是其各种心理活动协调运动的结果。受众在接收了报纸文字和广播声音对“荷叶铁线蕨”的报道后，各种心理活动都同时被激活：记忆在积极“检索”与之相类似的植物；思维则要把受众曾经感知过的植物与这一新植物进行对比、分析；而想象(指再造想象)则要把文字或声音刺激转换成可感知的新形象，即通过已知的种种形象，诸如“肾形”“荷叶”“锯齿”“放射状”“小轮印”“细绒毛”，以及不同的颜色：绿色、黑色等进行重新组合，形成对“荷叶铁线蕨”这种新植物的完整印象。

三、制约受众认知效果的各种变量

媒介差异是影响受众认知效果的一个重要的，但不是唯一的因素。西方心理学家林赛和阿朗森根据麦克利奥德(McLeod)和里弗斯(ReeVes，1960)的理论、科姆斯托克(Comstock，1978)的理论和麦克盖尔(McGuire，1973)的理论，总结出一个制约大众沟通效果的各种变量的模型。

这个“制约大众沟通效果的各种变量”的三维图实际上也是“制约受众沟通效果的各种变量”的三维图(即 A、B、C 三组)。下边作具体分析(见图 9-8)。

A 维度表示时间概念或时间方面的条件。表明受众在接收某种媒介信息，如儿童观看暴力内容的电视片之前、观看当中、观看之后的心理状态。A 维度的这三个变量影响受众接收效果出现的可能性或出现率。例如不良个性儿童在观看暴力片后模仿暴力行为的可能性高于良好个性儿童。

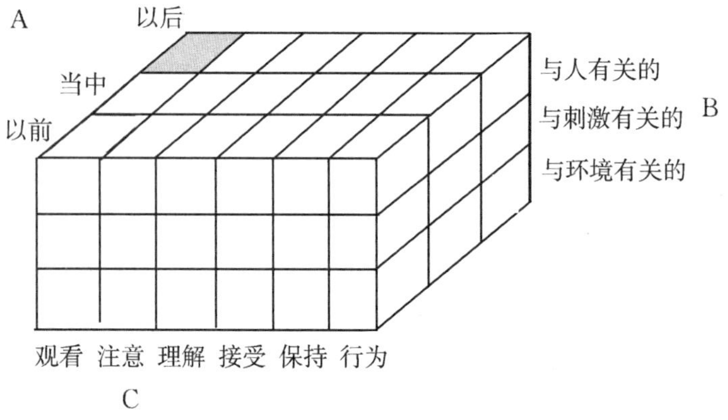

图 9-8 制约大众沟通效果的各种变量①

B 维度表明，媒介信息影响主要因什么而发生，是因受众本身的条件所致，还是与媒介刺激相关，还是由环境造成的。与认知主体有关的因素包括：认知图式(知识经验、个体认知发展水平)、现有智力水平、年龄阶段、人格特征、性别、种族以及当时的心境等；与刺激有关的因素包括：媒介渠道、信息结构、内容和要素、信息源的特点等；与环境有关的因素包括：受众当时所处的物理的和社会的(宏观的和微观的)环境。

---

① 孙晔，李沂. 社会心理学[M]. 北京：科学出版社，1987：179.

C维度表示受众在接收信息(信息输入)和出现有关行为(行为输出)之间的六种加工阶段:观看、注意、理解、接受、保持、行为。这六个维度包括了受众在接收媒介信息时的整个心理过程和受众有关的行为。

总之,影响受众接收媒介信息的变量包括受众所处的时空环境,受众自身的各种条件,媒介信息的各种特点。可以说,受众对媒介信息的认知是受众个体、环境和媒介刺激的函数。研究受众心理,不能只做单维度的分析,而应进行多维度、多变量的探讨。

2003年4月24日《京华时报》刊登了一篇题为《我是不是得了非典恐惧综合征,你有吗》一文,试以此文为例,对制约受众认知效果的各种变量做具体的阐释。

原文如下:

> "专家您好,我这两天嗓子疼,您看我是不是得了非典?""我干咳好几天了,还浑身没劲……"在本报已连续开通四天的非典热线中,这样的问题不胜枚举。一半以上的读者打电话来为自己和周围的人问病,经专家分析发现,这里面绝大多数人都没有患上非典型肺炎。一种被专家称为非典恐惧综合征的心理问题正在人群中蔓延。
>
> 在京城某高校,一名干咳、头痛的男生怀疑自己得了非典,被同学抬着去了医院。经检查,该男生只是普通的呼吸道疾病。而在本报开通的非典热线中,"我听见非典腿都软了""我这症状肯定不是非典吗?""我从外边买回的东西要不要用消毒液擦洗?"等等此类话语比比皆是。
>
> 中国医学科学院院长助理袁钟博士分析,这些都是非典的"并发症"——非典恐惧综合征。好多身体健康或有感冒等呼吸道疾病的人,都会把非典类似的症状如干咳、发烧和非典武断地联系在一起,担心自己染上了非典。"疑神疑鬼"是他们最常见的症状,他们总是高度怀疑自己的健康……有的人甚至连门也不敢出……怀疑自己接触到了病毒。
>
> 袁博士指出,非典恐惧症是出于对非典的过度恐慌造成的,尤其在非典刚刚出现时,因为传染性强,病因不明等在群众中引起了很大的恐慌。其实非典的死亡率不高,仅为4%左右。人群的正常恐慌是可以理解的……而对过度恐慌就需要进行心理调适。要知道预防非典的最佳状态就是心态平衡……他建议人们多做自己喜欢的事,……必要时可到心理医生处寻求帮助。

A维度:从整体看,非典恐惧综合征者,在非典发生之前没有关于非典这种疾病的直接感受,所以在接收这类报道时,心情过度紧张、焦虑,甚至恐慌,怀疑自己是非典患者。

B维度:与非典恐惧综合征者(认识主体)有关的因素:知识经验缺乏、心理素质较差。

与媒介有关:在非典刚刚出现时,媒体的透明度不够,没有及时公开地报道此类突发性事件。受众因缺乏对非典疾病常识的真正了解而造成心理的不稳定。

与环境有关:社会上如有某地区或某城市发现非典疑似病例,政府便迅速对疑似病例者和与其接触的相关人员全部进行隔离。大部分医院或卫生所都设置了专门的非典隔离区和高烧病患者的专用通道。

C维度:“非典事件”的出现,因社会环境、媒介环境对受众精神造成的压力太大,以至于他们的行为输入也具有不同特点。非典恐惧综合征者虽然不是真正的非典病人,但“疑神疑鬼”、过度恐慌是他们最常见的症状;而对于心理素质较好的受众来说,他们的症状可能较轻或者没有。

从以上分析可以看出,非典恐惧综合征者的出现是由多种因素造成的。

第四节 受众的注意

一、研究受众注意的意义

研究受众注意之所以重要,关键在于受众的注意决定了受众能否顺利地进入自我传播,并进而保证传播活动的正常进行。

首先,受众的注意是受众的心理活动对一定的传播对象(包括传播内容和传播形式)的指向(感受器朝向某个传播对象)和集中(该刺激物能清晰地被感知)。受众的注意既可以指向外部的媒介世界(如观看中央电视台的《新闻联播》),又可以指向自己内在的心理活动(如看到湖北一高中为本校考上清华大学的学生树立雕像的新闻报道后的思考)。

注意不是一种独立的心理活动,而是一种十分特殊的心理状态。它是人所有的心理过程(包括认识过程、情绪情感过程和意志过程)的开端,并且贯穿于这些心理过程的始终。虽然它本身并“不反映事物及其属性”,但是当注意被启动时,就会产生“牵一发而动全身之效”,就如同开启了人的所有心理活动的闸门(在这里可以理解为开启了受众接收、解读、反馈新闻信息的闸门)。随着注意的出现,人们必定会“感知着什么,记忆着什么,思考着什么”①。因此,当受众的注意“以不同的心理活动为重点的时候,电视节目的结构也会有所不同,或重于社会认知,或重于审美愉悦,或重于情节追索,或重于意象表现。有时同一内容会因不同的心理需求而产生不同内容的节目”②。

其次,虽然研究人的注意不能替代研究其感知、记忆、思维等心理活动,但是研究注意的基本特征以及引起注意的主客观条件,却与研究人的认识活动、情绪情感及意志活动的规律有着许多重合之处。比如,吸引受众注意及其感知的客观刺激物的特征是一样的,像冲击力很强的新闻图片既可以被认为是引起注意的,也可以被认为是引起知觉的客观刺激物。又如,引起人们注意的内因——兴趣、需要和引起人们记忆、思维的内因基本上也是一致的。所以研究受众注意的规律可以推及受众的许多其他心理活动,甚至行为,这是因为“注意不仅是个体进行信息加工和各种认知活动的重要条件,也是个体完成各种行为的重要条件”③。由此表明,研究受众的注意对研究受众的其他心理活动可以起到事半功倍的作用。

最后,受众的注意启动了传播活动的正常运转。作为传播活动链条的两个端点,一

---

① 黄希庭.心理学导论[M].北京:人民教育出版社,1991:221.

② 金维一.电视观众心理学[M].上海:复旦大学出版社,2005:149.

③ 彭聃龄.普通心理学[M].修订版.北京:北京师范大学出版社,2001:185.

方是新闻信息的采制和传播者，另一方是新闻信息的接收者。他们分别通过编码和解码共同构筑了传播活动的整个流程，并促使传播活动生生不息地运转下去。那么，既然传者和受众都是传播活动的主体，为什么说是受众的注意启动了传播活动链条的运转呢？前边我们已经说明是受众的注意启动了受众自身的心理活动，而受众的心理活动，特别是其心理需要正是传播活动的起点和归宿，也就是说新闻传播者制作新闻的目的是为了满足受众的需求，而新闻节目质量的检验也要看是否满足了广大受众的需求。所以传播活动能否正常运转，其关键在于是否抓住了受众的眼球。

二、受众注意的类别

受众的注意可以分为无意注意、有意注意、有意后注意。这三种注意既相互区别又密切关联，它们在一定的条件下可以相互转化。传播者了解受众注意的分类及其相互转化的规律有助于提高传播的效果。

（一）无意注意（即不随意注意）是受众的常态

无意注意是一种事先没有目的，也不需要意志努力的注意。比如对于许多受众而言，每晚 7 点收看中央电视台的《新闻联播》似乎已经形成了一种条件反射：到点打开电视，边吃饭或做其他事情，边浏览着新闻。事实表明，无意注意是受众的一种常态，也就是说在多数情况下，受众接触传媒处于一种比较消极被动的心理状态。日本 NHK 的一项调查显示："即便在黄金收视时间内，消极视听者仍占视听者总数的 60%到 70%。"[①]

无意注意是受众接触媒体的常态是很容易理解的。受众作为社会的一员，其生存是第一位的。他们首先要解决的是衣食住行的问题，一般不会一天到晚只盯着媒体，即使看新闻也常常是一心二用。所以传者没有必要也不可能要求所有的受众对媒介内容都处于有意注意的状态，反倒应当顾及受众的无意注意，注重新闻内容的多样性和新闻节目的节奏，使受众无论是集中精力还是"瞥一眼"都能有所收获。因为无意注意有时也会在受众的脑子里留下一点点印象。虽然主体本身处于无意识状态，但内隐的感知、记忆在某些场合也会被激活，并转为意识状态，从而为人们所注意。

（二）有意注意（即随意注意）是受众的兴趣和需要之所在

有意注意是一种有预定目的并需要一定努力的注意。有研究者认为，有意注意对兴趣、对过去的经验、对人格等方面有依从性[②]。例如，一位有顽强意志力的教师（属人格特征）对《新闻 1＋1》这类深度调查性的电视节目很感兴趣，为了教学的需要，他保存了每一期《新闻 1＋1》的影视资料，并对之悉心研究，写出教案。这种有意注意的目的是为了培养人才。

---

① 金维一. 电视观众心理学[M]. 上海：复旦大学出版社，2005：126.

② 彭聃龄. 普通心理学[M]. 修订版. 北京：北京师范大学出版社，2001：187.

(三)有意后注意(即随意后注意)会使受众乐此不疲

有意后注意是注意的一种特殊形式,是在有意注意的基础上发展起来的有目的,但不需要意志努力的注意。它既服从于人们当前活动的目的与任务,又能节省意志的努力。有意后注意兼具有意注意和无意注意的优势,既达到传者吸引受众的目的,又使受众乐此不疲(虽处于紧张状态之中,但并不感到累,乐于付出时间和精力)。比如,观众在观看《感动中国》这个电视片时,开始可能处于有意注意状态,但当十位先进人物的事迹令观众血脉偾张、灵魂颤动并潸然泪下时,他们便逐渐进入无意注意(也即有意后注意)的状态之中了。

三、受众注意的特征及吸引受众注意的策略

受众注意的特征有:注意的选择性、注意的广度、注意的持续性、注意的分配和注意的转移。根据受众注意的这五种特征,传者可以采取相应的策略来吸引受众的注意力。

(一)注意的选择性

美国著名认知心理学家维特罗克(M. C. Wittruck)提出学生学习的生成过程模型时指出:“学习过程不是从感觉经验开始,而是从感觉经验的选择性注意开始的。”[①]这一观点同样可以用于受众接收新闻信息。因为从广义看这也是一种学习的过程。注意的选择性强调人的注意在某个时间内对于呈现其面前的两种或两种以上的刺激,一般只能选择其中的一种进行注意,而忽略其他的刺激。比如,当受众专注于某个新闻节目时,通常会对其他节目(哪怕具有非常清晰的视觉信息)视而不见。因为注意会严格筛选进入大脑的信息,以保证大脑能有效地编码、贮存、加工信息。

为了引起受众注意的选择,传者可以从内容到形式采取相应的策略。从形式上主要是利用刺激物的物理特征,如加大对象和背景之间的相对强度,注重合理编排顺序,增强刺激物的动感等。

以网络新闻为例,可以把最重要的新闻放在页面的突出位置,并通过颜色和字体的差异及闪烁、动画等方式的变化,特别是利用图片来吸引受众的注意。有心理学家认为,一个有创造性的和谐的版面设计,就是要在版面上安排一个强有力的视觉接触中心,而图片就是版面上最强有力的视觉刺激物,它直观、形象,比单调的文字有趣得多。图片可以很好地表现网络新闻页面的动感,使网页活泼、生动起来,图文安排得当,能创造出赏心悦目的效果,从而成为受众的视觉中心。

在平面媒体中精彩的新闻图片同样能吸引受众的注意。命名为“生命”(见图9-9)的图片,抓住了在芦山余震中诞生的婴儿张开双臂、张开大嘴啼哭的瞬间,对受众的视觉产生强大的冲击力。回荡在芦山县这片经历着磨难的废墟上的婴儿的啼哭声,犹如强心剂般,激昂与振奋着人们的心灵,给予我们生生不息的战胜灾难、重建家园的力量。[②]

---

① 周详,沈德立.高效率学习的选择性注意研究[J].心理科学,2006(5):1159.

② 陈诚.《生命》肖村摄影[N].北京青年报,2013-04-24.

（二）注意的广度（范围）

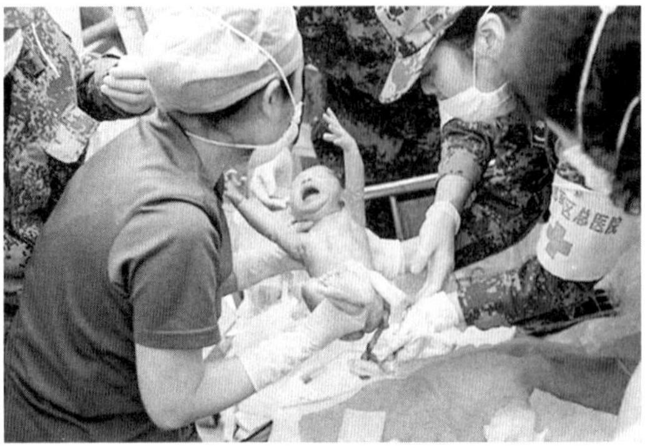

图 9-9　生命

注意的广度也叫注意的范围，是指受众在同一时间内能清楚地观察到对象的数量。试验研究表明，成人注意的平均广度（在 0.1 秒时间内所把握的数量）是：黑色圆点 8～9 个，外文字母 4～6 个，几何图形 3～4 个，汉字 3～4 个。受众注意的这一特征，提示新闻传者拟定新闻标题不要过长（一般不超过 14 个汉字），以免读者浏览时产生障碍。以网络编辑内容的制作为例，美国一家研究机构定量分析的结果显示，79％的网络读者对内容是一扫而过，只有 16％的人逐字逐句阅读。因此，网络编辑在处理网络新闻及专题时，对内容较多的新闻需要通过分段来区分内容层次。因为偏长段落的网页比较容易引起受众的视觉疲劳；对于线索复杂的专题应适当增加子栏目的数量，把复杂的内容分解成平面化的、线性的内容，因为网络受众阅读时通常来不及进行深入思考，一旦篇幅长，内容有难度，就有可能放弃阅读。

（三）注意的持续性

注意的持续性是指注意在一定的时间内保持在某个认识的客体或活动上。当注意被选择之后，根据主体的需要，这种注意在时间上延续了数小时或数天，就出现了注意的持续性。注意的这种特性是人们完成某种任务的前提，它使认识主体处于对事件的警觉状态。根据格式塔的“张力说”，当一个人因某种需要或倾向而关注某一对象时，他的身体内部就会出现一个张力系统。这个张力系统可以随着需要的满足或目标的实现而趋于松弛；反之，如果需要得不到满足或动机受到阻碍，这个张力系统就会在一定的时间内继续保持下去。[①] 比如，当受众对江苏卫视的《最强大脑》感兴趣时，就会对这个节目一直保持关注，并准时收看。为了帮助受众维持注意的稳定性，传者对播放周期较长的节目（如一周一次）应通过多次预告来帮助受众记忆；而对内容较长的节目要注意调整好节目的节奏，使其有张有弛、有舒有缓，这样受众既容易保持注意，又不至于感到疲劳。

（四）注意的分配

注意的分配，是指受众在同一时间内进行两种或多种活动时能把注意力指向不同的对象，但这是有条件的：一是几种活动中有一项已经达到自动化或半自动化的水平，如边切菜边听广播，只有切菜的活动十分熟练时，才能二者兼顾；二是不同感觉器官进行不同的活动，如边泡脚（肢体动作）边看电视（视觉感受）。

① 金维一. 电视观众心理学[M]. 上海：复旦大学出版社，2005：129.

(五)注意的转移

注意的转移是指根据新的任务,主动把注意从一个对象或一种活动转移到另一个对象或另一种活动上去。注意转移的快慢和难易取决于原来注意的紧张程度和引起注意转移的新对象(新活动)的性质。如果对原来事物的注意紧张程度高,或对新的事物不感兴趣,注意转移就比较困难、缓慢。如受众在观看电视新闻节目时,手拿遥控器选择频道。如果看时政新闻觉得有些累,就会把注意力转移到娱乐性较强的节目或电视连续剧上来。

新闻节目或条目的编排要适应受众注意的转移,特别是受众情绪情感的变化。如对两个内容迥异的新闻的衔接,一定要关照受众内心的体验,尽量避免大喜大悲的内容直接"相撞"。2006年第97期《健康时报》就存在这样的问题。该版头条新闻是蓝色粗体大号字"马季:'1号事件'酿悲剧",副标题是一行小些的黑体字:老人有心血管病,厕所边应放置硝酸甘油。紧接着这行黑体字的下边出现了一张彩色的约占三分之一版面的图片:一个笑容灿烂的妇女左手托着一大块根茎菜,右手举着一种绿色的蔬菜。猛一看让人莫名其妙,怎么马季死了这个女人如此开心?仔细再瞧方知二者风马牛不相及,这个妇女是在香港农贸市场向市民推销有机蔬菜。之所以出现这种误读,在于当读者首先看到马季去世的消息时,心头会有一种酸楚之感,可是这种心情还没来得及消退(转移)就立即看到了那张笑脸,两种反差很大的情绪情感会让人感到很不舒服。其实如果在这两条新闻之间插进一两条中性的新闻,就不会产生这种错觉了。因为读者在观看中性新闻时,前边出现的悲凉的心境会得到一定程度的缓解(注意力发生了转移),这样再过渡到令人愉快的新闻时就比较容易接受。

要特别指出的是,研究受众注意的特征并采取相应的策略固然重要,但是传者应当清醒地认识到,吸引受众注意的最重要的因素还是新闻的内容。新闻传播效果的优劣并不完全取决于受众是否注意,如果被受众注意的新闻信息是黄色淫秽的、低级下流的,那么产生的效果则是负面的,而这并不是传者的意图。网上有些新闻出现这些问题自不必说,就是那些被充分肯定的新闻节目也难免出现同类问题。如有的法治类节目,传者为了吸引受众的眼球,有意无意地将犯罪分子作案的手段描绘得细致入微、生动形象,致使有犯罪分子交代其犯罪的手法是从媒体里学来的。所以说,只关注受众的注意而忽视新闻的内容,其后果是难以预料的。

还有,为吸引受众的注意,传者需善于移情。要设身处地去体察受众的认知规律和情绪情感,真正做到满足受众的需求。举一个小小的例子,新闻里经常有某某艺术家在国外载誉而归的报道,受众最想看(听)他的表演或歌声(哪怕仅是瞬间的影像和声音),而往往这类节目是用播音员字正腔圆的播报去代替,使新闻索然无味,令人失望。2013年11月30日《北京你早》节目改变了这一点。在播音员播出爱尔兰《大河之舞2:舞在狂澜》在京演出的消息后,马上就播出了几分钟演出画面,这对于那些没有机会去现场观看的观众而言非常过瘾。

第五节　新闻受众的需要、动机和兴趣

一、新闻受众的需要

（一）新闻受众需要的内涵

需要是有机体内部的一种不平衡状态，它反映出某种客观的需要和必要性，并成为个人活动的积极性的源泉。

新闻受众的需要主要表现在新闻受众对新闻信息的需求上。作为受众主体，对媒介信息的需求是相当广泛的，包括政治的、经济的、文化的，像受教育、求知识、求审美、看销售产品的广告，等等。但是作为新闻受众的需求主要指的是受众对新近发生或变动的事实的一种迫切欲知的心理反映。这种需要属于社会性的较高层次的精神需求。受众心理的需求既可以是个体的，也可以是群体的。

比如，转基因食品对人体究竟有没有害处？又如，公积金可以异地买房了？是只要公司交了公积金就到哪都能买房了，还是北京的公积金可以回老家买房，老家交的公积金却不能在北京买房？这是许多“北漂”都很关心的问题。再如，Facebook 的“裙带公司”剑桥分析公司（Cambridge Analytica）被指，在未经用户同意的情况下，利用在 Facebook 上获得的5 000万用户的个人资料数据来创建档案，并在 2016 年美国总统大选期间针对这些人进行定向宣传。这个剑桥分析公司跟特朗普有什么关系？这5 000万用户有多少是选民？如何解决数据信息泄漏的问题？都是新闻受众关心的问题。

总之，新闻受众的需要是无止境的，他们需要通过新闻信息不断地了解、研究新问题，他们是推动认识主体积极活动的一个重要的动力；而对新闻传者来说，费尽心机、千方百计地满足广大受众对新闻应知、欲知和纠正误知的心理需求，既是新闻传者的天职，也是推动新闻事业不断发展的动力。

（二）新闻的特点和新闻受众需要

新闻本身的特点同受众对新闻的需要之间有着一种内在的相互依存的关系。离开了新闻的基本属性，就谈不上受众对新闻的需要；反之，受众对新闻的需要又促使新闻必须强化自己的特点。

1. 新闻的党性和受众期待引导的心理

任何新闻媒介都属于不同的政体或集团，并维系于不同的社会制度和经济基础，受制于不同的阶级意志或道德规范。在我国，党性是新闻事业的核心。社会主义的报刊、广播、电视是党和人民的耳目喉舌。

新闻事业的基本职能是传播新闻，反映、引导舆论，提供知识服务等。受众需要随时通过新闻了解党的现阶段的方针、政策，借以调整自己的心理和行为来适应社会的需求。

因此,期待新闻引导是受众心理的重要内容。

媒介信息对受众的引导(指导)是多方面的,有政治思想、文化教育、日常生活和消费等。但新闻信息之于新闻受众较多的也更为重要的还是政治思想上的引导,像通过新闻媒介向广大群众宣传党的方针政策,综述和评论国内外重大事件,帮助人们正确认识这些问题就属于这一类。例如党的十九大报告强调:要高度重视传播手段建设和创新,提高新闻舆论传播力、引导力、影响力、公信力。加强互联网内容建设,建立网络综合治理体系,营造清朗的网络空间。十九大报告在党内和社会上所起到的巨大的引导作用是显而易见的。正是在这个意义上,我们说新闻具有导向性或指导性。

正确的新闻宣传能给受众以正确的思想指导,错误的舆论导向则会把受众引入歧途,甚至导致人心混乱、国家动乱,所以人民需要正确的舆论导向。

新闻宣传要想满足受众期待引导的心理,就需要一方面坚持以正面宣传为主的方针,另一方面还应坚决清除和纠正那些反动的、谬误的、不真实的报道。

2. 新闻的真实和受众的求真心理

新闻受众之所以需要新闻,最主要的原因在于新闻能够向他们提供有一定时空环境的客观存在的事实。这种可视、可见、可触的人或物是现实的真实,它们区别于文艺作品所反映的高于生活的真实。现实的真实可以满足新闻受众对新近发生(或变动)的事实的认知需求,而生活的真实则主要满足受众认识生活和审美方面的需要。真实性是新闻的生命,坚持真实性原则是新闻学中的一个带有根本性的问题。新闻只有坚持真实性原则,才能够满足受众求真的心理需求。

坚持新闻的真实性原则主要包括两方面:一是事实准确,无论宏观还是微观;二是反映要全面,不要以偏概全。失实的报道哪怕只是一个细节,都可能使受众以点带面地去怀疑其他新闻的真实性,甚至影响新闻媒体在受众中的威信。有的报道就其本身而言的确是事实,但这一事实所反映的问题没有代表性也会引起受众的反感。比如一位受众曾在某晚报上看到一张人民警察维持交通秩序,保护学生安全通过马路的照片,很受感动,很希望目击实况。他便连续好几天来到那个路口,在学生放学时守候那一幕,但再也不见警察的影子。于是他撰文道:"其实,这种一次性新闻何止一两件……这种'一次性新闻'多了,报纸和记者的威信就低了。如果受众以此类推,怀疑你报上别的新闻也是如此这般,可就麻烦了。"

新闻报道要想取信于民,就必须在内容和形式上增强可信性。像报刊新闻多增加一些视觉新闻,通过"形象化、立体化、有典型细节、生动的画面,读起来有声有色,使人能够具体地形象地看到你所报道的事实的真面貌"(穆青)。广播新闻应充分运用声音的魅力,让人物的嗓音、事件本身发出的声音直接进入听众的耳朵里。像报道音乐会,就应当让听众听到歌唱家的歌声;报道聋哑人说话了就要播出虽不动听但很有说服力的"聋哑人"的话语;想表达人民对改革开放的拥护之情就应录下他们的心声,千万不能让播音员的声音代替或湮没了真实生动的音响。电视新闻则应突出现场实况,让观众从真实的画面上获得一睹为快的满足。虽然媒介信息所负载的只是真实事物的符号,但是只要这些文字、声音、画面与事实尽可能地接近,就可以使受众心理上承认它们存在的真实性。

3. 新闻的时效性和受众的求快心理

先睹为快，是受众对未知、应知、欲知新闻的共同的需求心理。比别人早知道，便可以获得人际传播的主动权，品尝作为消息来源者（从传递角度看）的快感，并满足一定的自尊心的需要；比别人早知道，可以较快地调节自己的心理和行为，更快地适应社会的变化。

而新闻之所以不同于“旧”闻，也正是在于它“新”。所谓“新”，既指内容上的新鲜，又指时效上的快捷。唯有快才新，要想“新”必须“快”，于是为求“新”，令无数记者奔波不已。

波兰著名心理学家列斯拉夫·沃依塔西克在《政治宣传心理学》一书中指出：宣传本身应当高效能，行动应当迅速而及时，宣传活动的成绩大多数取决于宣传的速度和效能，其根据是：对事物最先的解释能迅速吸引人的注意。人们多半把它作为真实的解释来看待。因此，最先的解释容易在人们的记忆中扎下根，而且是牢牢地扎下根。这一根据源于“说服的首位规律”（即首因效应）。

当然，时效性不是指一味地快，而是在保证新闻宣传效果的前提下和时宜性相结合的快，所谓该快则快、该压即压就是这个意思。

提高新闻报道的时效性，除了尽可能地缩短新闻传播和新闻事件发生之间的时间差外，还可以在报道形式上想办法，如多写言之有物的现场短新闻、一句话新闻、标题新闻、快讯等，从而满足受众的求快心理。

不过需要指出的是，在电视、广播直播已成常态之势，在电脑、手机等新媒体越来越普及的情况下，新闻的时效性似乎已不是什么问题了，因为新闻事件与其传播过程常常是同步进行的。在这种媒介环境中，新闻的真实性和新颖性就显得更加重要了。

4. 新闻的新鲜性和受众的求新心理

好奇心人皆有之。对新闻的喜新厌旧是受众的共同心理。凡是内容新、表现手法新的新闻都容易得到受众的青睐。而新鲜性则是新闻的又一个显著的特点。新闻传者在标新立异、不断创新，千方百计增强新闻的可读性上可谓煞费苦心。

如 2017 年 10 月 23 日，党的十九大还在召开，人民网就将报告整理成电子书，通过微信公众号发给用户，并整理出彩色的高清思维导图帮助用户了解我党过去五年的历史变革和新时代的历史使命。

用心理学的观点看，刺激物的新异性是引起注意的一个重要条件。新闻报道只有首先引起受众的注意，并维持他们收看的兴趣才谈得上让受众接受。而新闻报道在题材上的新颖、表达手法上的不落俗套，正是引起受众注意的重要条件。像许多都市报、晚报、晨报等对现代人心态的追踪、分析，满足了受众的求新心理。

那么进一步探讨，为什么好奇心人皆有之？为什么人们一般都有喜新厌旧的心理？心理学家从生理机制上的研究，可以帮助我们理解这一问题。据研究结果表明：在人的大脑皮层上有一种特殊类型的神经元，即“注意神经元”，又叫“新异物探测器”。这种神经元的作用主要在于，它们能对各种刺激物，如新闻和旧闻加以比较，然后只对其中那些有新意的刺激即“新”闻，或者那些自己所期待的刺激物作出反应。就是说，一般来讲，对于内容雷同、没有新意以及与己无关的新闻报道,受众大脑中的注意神经元对此不予选择和过滤,它们如过眼烟云引不起受众的注意。平时在读报或收听广播或看电视时,人们常对一些新闻视而不见,听而不闻,“左耳朵进,右耳朵出”,新闻虽然入耳、入目但没有入脑、入心,大概就是这个原因。

5. 新闻的接近性和受众的求近心理

受众的求近心理指的是受众对于自己所熟悉的新闻容易产生亲切感,并给予更多的关注。这里所说的为受众熟悉的新闻不仅指受众曾经多次直接感知过的事物或人(像发生在自己周围的人或事),还包括与受众在某方面接近或相似的内容,像年龄、性别、职业、价值观、态度、兴趣、爱好等方面的报道。

受众之所以有求近心理,从认知的角度看是因为被受众所熟悉的新闻很容易纳入受众已有的认知结构(或曰认知图式),使人感到亲切、可信,同时也易于与主体已有的知识经验进行对比分析,从而理解得快且深。从反面举个例子来说明,那些对于转基因、比特币、人工智能、大数据等一窍不通的人(即在他们的知识结构里缺少或没有这方面的知识经验)在接收类似新闻时就会发生认知障碍,表现出不能理解或索然无味。

受众之所以有求近心理,从情绪情感上看,是因为被受众所熟悉的新闻报道,容易引起受众在情绪情感上的共鸣。正如有研究者认为:“个体在生活中积累了一定的经验,使心理内容具有特定的方向和作用力,当它与条件相同的心理活动相遇时,就会发生共振、共鸣,具有互相强化和相互激励的特性。”譬如某位美国总统的女儿在饭馆吹口琴,不听劝告被罚款;有个丹麦教育大臣浪费公款被解职。这类报道,虽然其发生的地点与国人在地理位置上相距甚远,但是受众仍可以对这类报道中所反映出来的惩罚不正之风的内涵产生强烈的思想共鸣。

新闻要想满足受众的求近心理,就应注意选准报道的切入点,抓住受众最关心的问题,击中受众心中绷得最紧的那些弦:像购房、食品安全、环境污染等衣食住行方面为大家都关心的问题,以及不同职业、不同年龄、不同文化水平的受众各自关心的热点;还有不同地区的新闻媒介一定要结合本地区的情况办出地方特色。

二、受众的动机和兴趣

(一)新闻受众的动机

新闻受众的动机是在受众需要的基础上产生的,它是指引和维持受众个体接收新闻的活动,并使活动朝向某一目标(如电视上的某条新闻)的内部心理过程或内部动力。

新闻受众的需要是受众个体的一种内部状态,通常是以愿望、意向等形式表现出来的,它只是隐藏于主体内部的一种心理活动。这种心理活动能不能体现在受众的行为上,还要看有没有具体目标的出现。

受众的需要、动机、目标(诱因)三者之间的关系如图 9-10 所示。

例如,某家庭主妇正在追看湖南卫视大型反腐类电视剧《人民的名义》,然而当晚因为有综艺节目,该电视剧没有播出,该家庭主妇只能不停地换台,却总也找不到自己喜欢

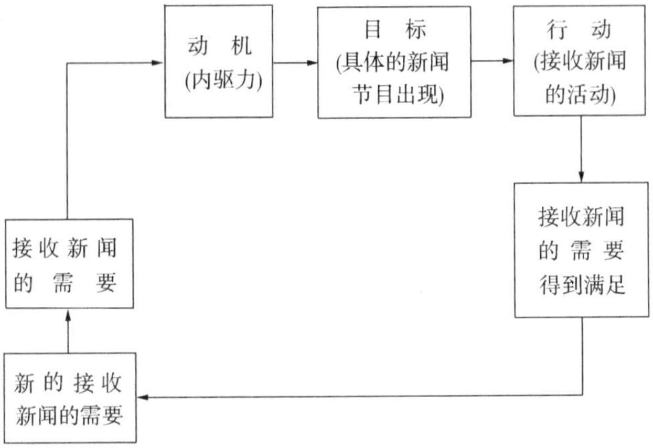

图 9-10　受众的需要、动机、目标关系图

看的节目,只好作罢。(看电视的动机未启动,相关的行为也没有产生)她的这个需要因目标没有按时出现而未能得到满足。

受众接收新闻也是如此。例如许多人在中共十九大召开前就有获知大会主要精神的需要,但这仅仅是主观愿望而已,只有在十九大召开后,会议主要精神通过新闻媒介公布于众时(即目标出现了),人们才能接收到相关信息(包括受众在随意接收新闻时偶然遇上的那些可读性、可听性、可看性较强的新闻)。根据受众的需要、动机和目标之间的关系,新闻报道只有不断捕捉受众具体想获知的目标,才能牢牢抓住受众。反过来说,有的媒介天天都在播新闻,受众却并不一定想看、爱看,其原因就在于新闻内容空泛,没有抓住受众最想知道的那些比较具体、感人的新闻(即目标)。

(二)新闻受众的兴趣

新闻受众的兴趣也是以受众需要为基础的。它是推动受众接收、认知、理解新闻信息的一种社会性动机,是受众对新闻媒介所传递的新闻内容及其表现形式的选择倾向,是判断新闻价值的一个重要因素。

新闻受众对自己感兴趣的新闻节目往往表现出较高的积极性并产生某种肯定的情绪体验。这种积极的情绪体验会对受众的收视行为产生增力作用,从而使受众全神贯注、津津有味、乐此不疲地阅读、收听、收看。

受众兴趣作为受众行为的倾向,不仅始于接收新闻信息之端,而且贯穿于受众接收行为的全过程。受众兴趣的丰富和深化,可以导致受众执意追踪新闻事态的发展(如注意收看、收听连续报道)或积极参与反馈。

正因为受众兴趣对受众的选择及其心理活动的深化起着重要的作用,所以国内外许多研究者把是否能引起受众兴趣作为判断新闻价值的一个重要因素。格文·米纳·海特说:“一条新闻价值高低的关键,在于这条新闻能否引起相关读者的兴趣;更重要的是,这个报道要能吸引与这个报道本身无关的读者的兴趣;但最重要的是,这个报道能吸引广大读者的兴趣。”虽然这个观点把受众兴趣的作用引向极端是错误的,但其中仍有合理的可借鉴的成分。

新闻受众的兴趣作为评价新闻价值的一个重要因素,主要包含两层意思:一是某些新闻的内容与受众具有利害关系,受众兴趣是从这种利害关系中派生出来的。如消费者对于商品(尤其是药品、食品)质量的报道;群众对于空气污染的报道;农民对基层干部腐败问题的报道,等等。二是有的新闻内容本身和受众的直接利害关系不大或无关,但是这类新闻有较强的刺激性和新异性,容易引起受众的注意和兴趣。例如,北京时间2018年1月31日19:48至22:08,朋友圈被有关月全食的知识、图片“刷屏”了。此次月全食的不同之处在于,超级月亮、蓝月亮、月全食集为一月之上,而这一罕见的天文奇观上一次出现还是1866年,距今已经152年。又如2018年3月14日,英国著名物理学家霍金逝世,享年76岁。消息一出,不仅是英国剑桥师生,全世界的人们都以各种方式悼念这位物理天才,科普他的伟大贡献。

李瑞环同志在《坚持正面宣传为主的方针》一文中指出:要想提高新闻宣传的效果,应当做到“内容与形式的统一,思想性和知识性、趣味性的统一”。因而,加强对受众兴趣的研究,增强新闻报道的趣味性(避免低级趣味)、可读性(避免一味地猎奇)就成为提高新闻宣传社会效益的一个重要问题。

第六节 新闻受众的群体心理

新闻受众群体是新闻媒介服务的对象,是接收新闻的认识主体。由于新闻具有公开性的特点(面向最广大的人民群众),所以受众群体心理应当是传者重点研究的课题。认识受众群体心理的特点和规律,有助于提高新闻传播的效能。

一、什么是新闻受众群体

新闻受众群体即接受新闻媒介宣传的广大人民群众。它属于社会群体并具有社会群体的主要心理特点。由于这些心理特点都是直接或间接地因新闻媒介信息引起的,因而受众群体既有一般社会群体的共性,又有不同于一般群体的特殊性。

为搞清新闻受众群体的特点,需要先了解社会群体的类别。苏联社会心理学家安德烈耶娃在她编著的《社会心理学》教科书中,提出了一个群体分类示意图(图9-11)[①]:

社会群体是由假设群体和现实群体构成的。所谓假设群体实际上并不存在,只是为了研究和分析的需要,把同类特征的人在想象中组织起来,成为群体。这种群体主要存在于统计学中。如受众调查时,分城市居民、农村居民、青少年,以及按职业分的知识分子、工人、服务人员等都属于这类群体。

① 安德列耶娃.社会心理学[M].南开大学社会学系,译.天津:南开大学出版社,1984:163.

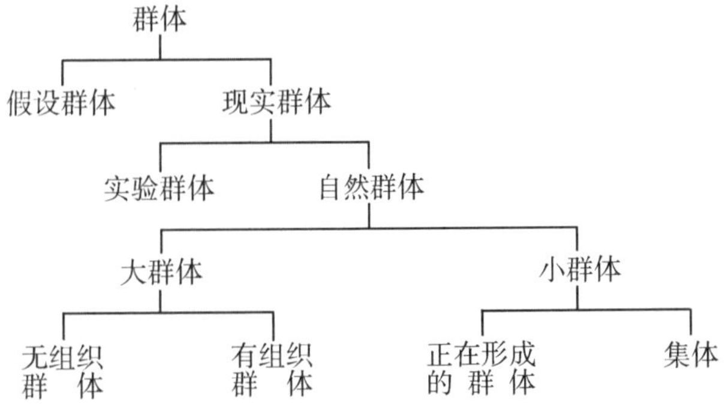

图 9-11　群体分类示意图

现实群体是指在一定的空间和时间范围内存在的群体，这类群体有着明显的界限和实际的交往，像记者部、编辑部、摄制组、主持人节目组、记者协会、广播电视学会等都属于这一类。

实验群体是指为某种实验目的，而在实验室内组建的群体。

自然群体是相对于人为的实验群体而言，是因一定的历史、文化等原因自然形成的群体，其中又分大群体和小群体。

大小群体是根据群体规模划分的。所谓大群体是指人数众多、成员间是以间接的方式联系在一起，没有直接的社会交往和互动的群体。大群体一般分为组织的、稳定的大群体，如阶级、民族、政党、宗教等，而无组织的自发产生的大群体则是为了某个临时目的而暂时联合起来的群体，像一起站在商店柜台前看电视的顾客（暂时充当观众），一起观看报栏的读者，收听广播的行人等。

所谓小群体是指人数较少，成员间能面对面地直接接触和互动的群体。

从以上分类可以看出，新闻受众既可以属于假设群体，又可归入大群体中的无组织的分散的群体。特殊情况除外，如 2018 年世界杯期间，一群球迷在有电视或投屏的大排档吃着烤串熬夜看球。他们既是同班同学小群体，同时又都是观众。

新闻受众是社会的成员，他们在社会群体中占有自己的一席之地，即使在接收新闻时，也还是他们原本所归属的那个社会群体中的一员。他们具有双重角色，这就使得受众群体的心理变得比较复杂。新闻受众群体心理既有他们所处的那个阶层群体成员共同的心理特点（如国家与社会管理者阶层、私营企业主阶层、专业技术人员阶层、商业服务业员工阶层、个体工商户阶层、产业工人阶层、农业劳动者阶层等），又有作为新闻受众群体共同的心理特点。下边仅就新闻受众群体中常见的几种心理特点进行分析。

二、新闻受众群体的心理特点

（一）接受暗示心理

“暗示，乃是在无对抗条件下，用某种间接的方法对人们的心理和行为产生影响，从而使人们按照一定的方式去行动或接受一定的意见、思想。”①

暗示，是一种相当普遍地存在于社会生活中的社会心理现象。无论在人际沟通还是大众沟通中，都存在着人与人之间或直接或间接的相互暗示的现象，从而影响人际互动。

新闻受众群体所接受的暗示信息主要来自新闻媒介。由于受众个体差异的存在，所以不同的人对同一媒介暗示会有不同的理解。

接受暗示心理是受众不自觉地心甘情愿地接受新闻宣传影响的一种受众群体(当然也包括受众个体)心理。从实质上说，接受暗示心理也是受众自愿接受新闻导向的一种心理状态。它是由新闻的特性(关于新近或当时发生的事实的报道)和新闻的功能(导向性)所决定的。可以说，暗示是新闻报道影响受众的一个重要途径。

新闻报道对受众的导向有“明示”和“暗示”两种。那些直接宣传党的方针政策的新闻报道，可以叫作新闻宣传，它们带有更多的宣传、说服、教育的内涵。它们对于受众的导向直截了当，不容置疑。如党的十八届五中全会提出从2016年1月1日起，全面实施一对夫妇可生育两个孩子的政策。这类宣传报道就属于“明示”，即明白无误地引导受众应当怎样或不应当怎样。

新闻报道中还有一种常见的方式，即“客观报道”。有研究者对这种报道方式做了三点解释：“一、要求新闻实录事实；二、不得造成直接或间接指挥受众的印象；三、倾向的流露隐蔽、自然。”②这类报道从字面上看不到记者直接的表态，但是受众可以从报道内容的选择、语言的使用、编排的方法等方面得到暗示，并心领神会。这类报道没有明显的强制受众接受的意向，因而受众在接受时，不容易产生逆反心理。因为他们认为是自己得出的见解，所以接受起来十分自然、顺从。

一般来讲，受众接受暗示是心甘情愿的、是无意识的，但这并不等于说传者对受众的暗示是无意识的。恰恰相反，传者为让受众接受可以说是处心积虑、费尽心机。成功的具有说服力的报道，其事实本身就是对受众最有力的暗示。请看《人民日报》2006年8月20日第七版《超越血缘的隔代亲情》一文：

> 在湖北省京山县孙桥镇有这样一对夫妇，他们三十年如一日孝敬非血缘关系的祖父母，用爱心谱写了一首人间最美的亲情华章。他们就是多次被评为镇、县、市敬老好儿女，全县唯一荣获毛泽东、邓小平、江泽民三代伟人纪念章的梁林、魏天兰。
>
> 祖父梁元清祖母徐元珍终生未育，抱养的女儿成人后，接上门女婿成婚，生下孙子，取名梁林。1976年梁林与本村青年魏天兰喜结连理。可是新婚不久，父母因离异再婚而双双离开了这个家，从此作为孙儿孙媳的梁林、魏天兰就义无反顾地承担起赡养年逾花甲的祖父祖母的义务。他们以敬养老人为荣，把老人的衣食冷暖时刻挂在心头。三十年来未与老人吵过嘴、红过脸，奶奶脾气不好，他们从不计较。在生活上，他们把爷爷奶奶放在前头，吃穿住行优先考虑，

---

① 时蓉华.现代社会心理学[M].上海：华东师范大学出版社，1989：433.

② 陈力丹.新闻学小词典[M].北京：中国新闻出版社，1988.

宁可自己苦些也要无微不至地关心照顾老人，每逢节日和老人的生日，都买些老人爱吃的糕点等礼品。每年给老人做几套新衣，买几双新鞋。让老人住在通风向阳的楼下正屋里。冬有电热毯，夏有鸿运扇。每年还给老人200元零花钱。两位老人感慨地说："你们心里只有我们，没有自己。"1992年爷爷患病，孙儿媳请医生来家给老人诊治，后来病情渐渐加重，便把老人送医院住院治疗，夫妇俩轮流守候，为老人喂饭、喂药，换衣擦身，翻身按摩，端大小便，精心照料一个多月，常常通宵不眠。病友们见后都感慨地说："如今这样孝敬老人的晚辈太少了。"爷爷在弥留之际，嘴里反复嗫嚅道："你们对我太好了……"微弱的声音充溢着对孙儿孙媳的感激之情。

该报道对受众的暗示作用是不言而喻的。当然，这种暗示并非要求受众不顾个人条件去模仿，而是引导人们在现实生活中发扬真、善、美的精神。这篇报道提倡人文关怀，对建设和谐社会起到了鼓舞作用。

需要指出的是，有时因报道不当，受众对传者意图的理解走了形，变了样，出现了传者始料不及的不良后果。比如我们有一些媒体的记者、编辑，总喜欢大张旗鼓地介绍西方的歌星、影星、球星，或是介绍西方流行的时尚、刺激的冒险，等等。好像在向中国人暗示：这就是发达国家百姓的生活。显然，这种宣传是片面的。

在这方面人民网的时评掌握得比较好。例如，2001年中美撞机事件后，美国黑客对中国网站发动攻击，中国黑客（在此称红客）奋起反击，各家新闻网站纷纷予以报道。由于民族情绪的影响，大多数网民包括很多记者出于爱国热情对中方的黑客行动多报以赞赏的态度。但如果舆论仅这样报道，势必会更加煽动受众的情绪，带来一定的社会破坏性。2001年5月5日，人民网发表时评《"红客""黑客"都对网络秩序构成危害》。文章承认，中国"红客"是一群有正义感和爱国热情的网友，但无论中国"红客"还是美国"黑客"，攻击、破坏网站这一行为都是不可原谅的违法行为，并坚决反对把中国"红客"的网络攻击行为高尚化。

很显然，文章在认同公众的一般看法的前提下，进一步提出更深层次的问题，引人深思，帮助人们理性地认识问题。这样的报道给受众一个完整的正确认识，其暗示的总体效果是积极的。

（二）从众心理

从众又有遵从、一致的意思，这是一种比较普遍存在的心理现象。当个体自觉或不自觉地受到群体的某种压力时，就会在社会知觉、社会判断以及态度和行为上，表现出与群体中多数人一致的现象，这就是从众现象或曰从众行为。

受众的从众心理主要是由新闻舆论造成的强大攻势而引起的。所谓新闻受众的从众心理就是指受众个体在强大的新闻舆论或由这种舆论而引起的人际压力下，自觉或不自觉地在社会知觉、社会判断、态度以及行为上表现出与新闻舆论相一致的现象。当相当数量的受众个体都表现出对新闻舆论的遵从时，这种从众心理就有可能形成一种势不可挡的受众群体心理。

1. 新闻舆论和受众的从众心理

新闻舆论是形成受众心理的主要的社会刺激。新闻舆论是一种社会舆论。社会舆论是人们对某种普遍被关注的社会事件公开表达的一致意见。社会舆论分自发形成的和有意形成的两种。自发形成的社会舆论指非官方的、无组织无领导的、多为口头表达形式的舆论。它是由下至上，首先由群众或群众团体发出的。例如，群众通过发微博等方式表现对某些违法乱纪、贪污腐化干部行贿受贿、权钱交易、偷税漏税、用公款大吃大喝等的不满。有意形成的舆论指由政府有关部门通过广播、电视、报刊、网络的宣传所形成的舆论，受众的从众心理从外因看是与新闻媒介造成的舆论分不开的。动用新闻舆论工具形成的新闻宣传舆论具有传播速度快、影响范围广、威力比较大等特点。

从众这种心理现象"不能与丧失立场，没有原则这种问题混为一谈。从众一词不褒不贬，是一个中性词"①。所以由新闻舆论所引起的受众群体的从众心理(和行为)对社会影响究竟是好还是不好，要做具体分析，不能一概而论。这首先取决于新闻舆论的正确性。因正确的为人民利益而造的新闻舆论所形成的受众群体的从众心理，有助于形成强大的群体力量，强化群体的内聚力。在对敌斗争中靠这种力量可以争取更多的群众，在经济建设中靠这种力量可以推进党的各项方针政策的贯彻执行。相反，由错误舆论所形成的受众群体的从众心理，对正常的社会秩序有巨大的破坏性力量。事实证明，社会动荡，成千上万不明真相的群众上街游行，甚至出现打、砸、抢等过激行为，往往与新闻媒介的错误导向有关。在社会主义国家里，人们普遍信任新闻媒介，因而错误的舆论导向就更容易"蒙蔽"较大范围内的群众，使他们产生从众心理和从众行为，后果是十分严重的。当人们被从众心理驱使、控制时，很容易表现出平时不敢做，或单个人不敢恣意放肆的行为，这在心理学上叫作"去个性化"。顾名思义，"个性"(个体)被共性(群体行为)湮没了，自己仿佛与别人没有什么区别，即使出了问题也不必对个人的行为监督、负责。这种法不责众的意识使人们不再检点和调节自己的行为。可以说，"去个性化"是新闻受众产生从众心理的内在机制。

2. 受众的从众心理和人民群众的凝聚力

受众的从众心理是增强人民群众凝聚力的一种重要的内在力量。新闻受众(在这里可以把它理解为广义的受众，即人民群众)中有一些人属于社会中坚。一般来讲，他们和新闻舆论的观点是一致的。但是新闻宣传要想形成一种较强大的舆论力量，单靠少数社会中坚的认同是不够的，因为这只是一种质的力量、一种核心力量。只有当多数受众也遵从这种舆论时，才能大大增强宣传的效果。就是说只有当中坚者周围聚拢众多的人时，才有可能在人民群众中形成一股巨大的向心力。

例如，2004年12月26日，印度洋海啸以每小时800公里的速度，以无坚不摧的惊人力量，席卷了印尼、泰国、斯里兰卡等诸多印度洋沿岸国家，仅在印尼就造成至少10万人死亡，无数家庭失去父母、兄弟和姐妹。全球的各新闻媒体及时地报道了一幕幕惨景。为了共同拯救生命，在新闻媒体的正确引导下，一时间，来自世界各国的援助之手紧紧挽

---

① 全国八院校《社会心理学教程》编写组. 社会心理学教程[M]. 兰州：兰州大学出版社，1986：407.

在一起。这种发扬国际人道主义精神的合作，超越了种族、宗教信仰、政治分歧，成为这次海啸救灾中最闪光的地方。海啸灾难发生后，中国政府和人民积极投入救灾援助，与灾区人民患难与共，支持他们重建家园，对灾区捐助超过 12 亿元人民币。新闻报道把全世界人民的心都凝聚到一起。

(三)逆反心理

1. 受众逆反心理的含义

受众逆反心理是指当新闻报道与受众需要不相符合时，受众产生的与传者意图相对立的情绪体验或行为倾向。所谓“与受众需要不相符合”包括许多方面，例如失实、失真或超出多数受众当前心理承受力的报道。受众逆反心理既存在于受众个体，也存在于受众群体。从新闻宣传社会效益的角度看，受众群体的逆反心理更应引起传者的重视。

逆反心理属于一种社会态度。它一经形成，就会产生一定的惰性(即态度的稳定性)，当逆反对象如虚假新闻再次出现时，受众先前已形成的逆反心理会被再次引发。

2. 受众逆反心理的主要表现

受众逆反心理主要是因新闻报道内容不当或传播时机不妥造成的。总的表现形式是：新闻传者极力倡导的东西，受众却反对，而被新闻传者批评或禁止的东西，受众却赞同。这种与新闻导向相反的心理和行为使新闻宣传出现负效果。

受众逆反心理的主要表现有：

(1)强化原有态度

当新闻宣传所着意导向的内容与受众自己原有的态度和行为相抵触时，受众就会强化自己原有的态度。例如对相当一部分受众而言，他们很难接受“房价增速基本得到控制”的报道。

(2)作出逆向选择

当受众对某一事物(或人)还不了解，突然听到涉及这一事物的简单生硬、令人反感的宣传时，反倒容易激起人们强烈的好奇心、兴趣和自主意识，从而可能采取逆向的态度或行为选择。比如被新闻媒介点名批评的人，受众在不明真相时，就可能会同情他们，特别是当这种批评言辞过于偏激时，人们就会更加关心他们的命运。反之，被新闻宣传表扬的人，如果在受众看来有拔高之嫌时也会招致反感。

(3)贬损宣传者

受众对新闻宣传的逆反心理也可以表现在对该报道的传者(包括记者、编辑或某种新闻媒介)的贬损或攻击上。2018 年年底，一篇《张家口小伙丢失 20 万耳蜗，重配要开颅》的新闻引发网友热议，不少网友出于对这个小伙子的同情而主动转发，一些传统媒体也主动跟进。但随后，有自媒体声称，这是一次媒体与商家合谋的炒作行为，是一次“大骗局”，重配耳蜗不仅没那么贵，也并不需要开颅，而丢失耳蜗者不得不出面道歉。虽然事件最终澄清了，但伤害了媒体的公信力，也伤害了本就有损失的当事人。

3. 受众逆反心理产生的原因

受众产生逆反心理的原因无非有两方面：来自传者或来自受众自身。从传者在新闻传播中的地位看,应当主要从传者方面找原因,以便改进新闻宣传。

(1)来自传者方面:新闻报道失实、失真、失当、失策、失误。

周克冰同志在《也谈新闻报道的负效应》[①]一文中详尽地揭示了新闻报道引起受众的逆反心理,从而导致新闻报道出现负效应的原因。现摘录如下(案例已更新):

> 失实、失真、失策、失误,是造成报道产生负效应的主要根源。
>
> 一说失实。2008年拉萨"3·14"事件[②]发生后,德国RTL电视台网站在报道中将尼泊尔警察驱散"藏独"示威者的照片说成发生在西藏,德国N24电视频道用合成图片污蔑"中国警察在北京监视喇嘛"……
>
> 二说失真。有些新闻在具体事实上并不失实,但它是偶然的、片面的、孤立的事实,不是主流也不是本质。人们常常把这样的报道叫作失真。如果说受众对失实只是嗤之以鼻,对失真则更为反感。《传媒观察》在2006年第4期《自律缺失对媒体公信力的影响》一文中写道:"新闻造假或者说是轻微或局部造假的有损媒体公信力的行为是不切实际的'拔高'。如德国前总统约翰内斯·劳曾访问南京大学并发表演讲,因其在演讲中引用了孔子'政者正也'等话语,有两家媒体竟借机大做文章。一家报纸以《博引'孔论'令南大学子惊诧不已》为题对此作了报道,另一家报纸则从中得出了'孔子名言德国传扬'的结论,并以此作为头版头条的大字标题。如此不着边际的'拔高'与造假几乎无异。"
>
> 三说失当。任何事情都有一个"度"。记者在报道某些新闻事实的时候,如果把握失当,则必然损害客观效果。比如报道者把话说得太满、太绝,或笔下生花,结果适得其反,把先进人物孤立起来,甚至把他们搞臭了。又如,有的报道颠倒主次矛盾,导致无辜者受到伤害。2011年10月22日夜,深圳市宝安区河东社区,杨武的妻子王娟(化名)被深圳宝安区联防队员杨喜利几乎是当着杨武的面施暴强奸。11月8日,《南方都市报》以《妻子遭联防队员毒打强奸,丈夫躲隔壁"忍辱"一小时》为标题,在要闻A7版的位置,用半个版面,以图文并发的方式率先详细揭露案发经过和细节,并把杨武自责的话以直接引语方式用大号、加粗、加黑字放在醒目位置。此事见报后,经过网络发酵和微博转载,迅速成为社会热点话题。在媒体的不当引导下,受害人杨武代替施暴者成为舆论指责的首要对象,他甚至被贴上了"史上最窝囊丈夫"的标签。[③]
>
> 四说失策。在有原则的国度里,在有秩序的社会中,并不是所有的新闻都可以随便发表的。该不该发,怎么发,什么时机发,是突出处理还是淡化处理,都直接关系到社会效果,考虑不周,就可能造成不良后果。比如,对于危害人们身体健康的烟草业的报道就应作淡化处理。有观众在《这样的节目是否应该播?》一文中对强化播出某卷烟厂的电视片提出质疑,全文如下:
>
> 日前,在中央电视台看到一个节目,看后总觉得有些别扭,故想一吐为快。

---

① 周克冰.也谈新闻报道的负效应[J].中国记者,1991(3):64.

② 2008年3月14日在西藏拉萨发生的不法分子制造的打抢砸烧严重暴力事件。

③ 王睿.市场新闻业与新闻职业伦理之悖——以"联防队员强奸案"报道为例[J].新闻世界,2012(9):215.

这个节目的内容是报道中国第一大卷烟厂的:先后介绍了该厂的历史及发展现状;片中大肆赞扬了该厂卷烟的质量;该厂卷烟每年的产量以几万箱递增;该厂每年上缴数十亿税收;该厂有50万亩良田的烟草基地,而且还要增加20万亩;在片末还提到该厂"肩负党和人民的众望",要大力发展并要使该厂香烟"走向世界"。

大家都知道,香烟广告是受到相当大的限制的。这个节目其实就是该厂香烟的变相广告。电视中多次出现该厂几种名牌香烟。在全国都在大力提倡禁烟的活动中,在新闻媒体大肆批评"555""万宝路"等香烟借赞助体育行广告之实时,这个节目真可谓"肆无忌惮"了。

再说说该片中提到的该厂的"业绩"吧!该厂香烟年产量递增几万箱,税收上缴几十亿,产值上百亿,可是我们国家因此所要付出的医药费要增加多少亿呢?那恐怕是计算不过来的,要知道在我国呼吸道疾病的死亡率已在各种疾病死亡率的前三名之中了。同时,该厂的50万亩烟草基地如果改种粮食,又能解决多少人的吃饭问题呢?该厂还要增加20万亩良田种植烟草,这又要减少多少粮食产量呢?这样的企业能"肩负党和人民的众望"吗?

我们大家都希望健康长寿,都希望有一个清新的环境。即使吸烟之害不能彻底禁绝,也请不要再为其"推波助澜"了吧![1]

最后说失误。新闻的特性之一,是它的社会效果的"一次性"。不论多么好的新闻,重发第二次毫无价值。同样,新闻一旦发生失误,造成的不良后果也是难以挽回的。从速度上说,"更正"是永远撵不上"失误"的;从范围上说,"更正"也无法完全覆盖"失误"的传播范围;从心理上说,"更正"更无法完全消除"失误"先入为主的影响。2000年11月7日的美国总统选举中,美国全国广播公司(ABC)及哥伦比亚广播公司(CBS)分别承认在报道选举新闻时出现错误。在这次选举中,美国很多媒体首先宣布民主党候选人戈尔在佛罗里达州胜出,然后更改为共和党候选人布什在佛罗里达州胜出,但最后又表示两人票数太接近,很难决定谁胜谁负。两家公司随后均承认自己在报道中有误,但都表示他们被"投票者新闻服务机构"所提供的资料误导,从而作出错误的报道。显然,这两家公司的威望因为这一事件已大打折扣。

(2)来自受众方面:引起受众逆反心理的原因很多,也很复杂,如兴趣、爱好、价值观、人生观、性格、气质、思想方法、个人的好恶等都会造成不同的受众群体或个体对某些新闻报道产生逆反心理。

4. 对受众逆反心理的态度

受众的逆反心理就其性质看有正确与错误、积极和消极之分。对于两类不同性质的逆反心理都应重视,并采取不同的方式处理。

---

① 庞援成. 这样的节目是否该播?[N]. 北京广播电视报,1996-03-19.

(1)受众积极的逆反心理和舆论监督

受众积极的逆反心理(可以因某种社会现象也可因某些报道引起)是推动受众积极行动起来、运用媒介工具对不良现象展开斗争的一种动力。受众可以通过给政府有关部门写信、打电话或发微博,表达自己对社会不良现象的不满情绪,是舆论监督的一个重要组成部分。新闻传者对于受众的这种逆反心理和行为应抱着热忱欢迎的态度(尽管受众的逆反心理中的消极抵触情绪有时会带来一些偏激的言辞或行为),并创造条件,运用媒介工具特别是政府微博、微信等与受众沟通。对于犯罪分子应揭发、打击,对于不良的社会现象应撰文分析、引导,为人民伸张正义。

(2)对受众消极的逆反心理不能迎合,要加以引导

受众消极的逆反心理是指受众因受到某种错误思潮或其他因素的影响而对正面的、正确的新闻报道产生逆反心理。这种逆反心理如果形成了一股力量,就会成为一种社会心态。这种被扭曲的社会心态是不安定因素的温床,是社会发生动乱的舆论准备,也是最容易被反动势力所利用的一种精神力量。在现阶段仍存在贫富差距、贪污腐败、人口老化、就业矛盾、分配不公、空气污染、食品安全等许多社会问题,群众意见很大,但这些问题不可能在短期内得到根本解决。对此,新闻传者不能迎合、迁就,或一味地指责、批评,而应当积极作正面引导。实践证明,这对于扭转人们的逆反心理是有益的。

(四)受众的心理承受力

受众的心理承受力是指受众对新闻报道能否接受的主观感觉。接受,谓之能承受;不接受,则谓之不能承受。新闻传者应当研究受众不能承受的原因,努力提高新闻报道的易受性,增强宣传的效果。

受众的心理承受力有两个特点:一是主观性,二是时间性。“主观性”说的是同一新闻信息受众的心理承受力有个体差异。比如甲不能承受的新闻报道,乙则乐意接受。“时间性”是指对同一受众主体(或个体或群体),彼时不能接受的新闻,此时却欣然接受。改革开放前,人们普遍对提高物价、住房改革、企业破产、时装模特、购买股票等在心理上难以承受,而如今却习以为常了。受众对新闻报道承受不了的行为表现有:回避(如不去看某个报道)或逆反(像边看电视边气愤地议论)。

受众心理承受力低的原因既可以来自传者(如时机不宜、宣传量失控),也可以来自受众(如心理准备不足、一时不能理解、感情比较脆弱等)。多数情况下,这两种因素同时起作用,相互影响。

要想提高受众的心理承受力,就必须按照受众心理活动的规律和特点,把新闻报道控制在适当的量和度上。

1. 新闻报道在时机上的控制和受众的心理承受力

新闻报道在时机上的控制是指新闻报道的时宜性。某一或某类新闻什么时间报道、用什么方式报道,同类新闻哪个放前(时间上)、哪个放后,都既要根据国内外形势的变化来决定,又要慎重考虑广大受众在各个阶段的心理承受力。有研究者分析,《南方周末》的批评性报道非常注意报道的时机。在每年的1、2月和10月份这些含有元旦、春节和

国庆等具有特殊意义日子的月份，批评性报道会大量减少，刊登在头版的批评性报道也会相应减少，在国内发生重大政治或者灾难性事件的日子，《南方周末》刊登的批评性报道也会急剧压缩。[①] 从心理学角度分析，受众接受新闻受其已有的心理定势的影响。心理定势又可称为心理准备，它“对于人的行为的选择具有定向的作用，它决定人做什么，不做什么以及怎样做。有了心理准备，人的行为才能在一定程度上变被动为主动”。

我们党对重大问题的宣传从来都是既紧紧围绕着党在各个阶段的中心任务，又考虑到人民群众的心理承受力。譬如从 1978 年召开的中国共产党第十一届三中全会到 1992 年党的十四大的召开，先是通过新闻媒介开展了关于“实践是检验真理的唯一标准”的大讨论，帮助广大人民群众摆脱个人崇拜和“两个凡是”的束缚，解放思想，拨乱反正，然后集中批判以阶级斗争为纲，大力宣传“一个中心，两个基本点”的思想，并在根本否定“文化大革命”和“无产阶级专政下继续革命”的理论的同时，坚决顶住否定毛泽东同志和毛泽东思想的错误思潮。特别是在 1982 年中国共产党的第十二次全国代表大会之后，强化对加强改革开放和邓小平同志建设有中国特色社会主义理论的宣传。这些新闻宣传由于是在中国的社会生产力逐步解放、生产关系逐步变化以及人民群众对改革开放的认识水平不断提高（即心理承受力不断提高）的基础上逐步进行的，所以收到了非常好的社会效果。以上宣传内容在时间顺序上如出现颠倒，就有可能造成人们思想上的混乱和难以承受。试想，如果在开展“实践是检验真理的唯一标准”的大讨论之后，立即提出全面实行家庭联产承包制、办经济特区和实行社会主义市场经济，那就超出了人民群众的心理承受力，不易收到好的宣传效果。所以新闻宣传一定要把握好宣传时机。有的时候，当新闻传者估计某些报道多数人当时尚不能接受时，就需要有意压住不发，待事后选择有利的时机再发。这可能会影响新闻的时效性，但是无论是时效性还是时机性，都应当服从受众的可接受性。

2. 新闻报道在量上的控制与受众的心理承受力

新闻报道在量上的控制是指根据传者的意图和受众的心理承受力，有意识地控制某些新闻报道量上的多少和所造声势的大小。

沈德灿教授通过研究认为：“人的主观感觉在一定范围里是随外界刺激物理量的变化而变化的。对于微弱的刺激变化，人们感觉不到，称作意识阈下的刺激；过强的刺激人们也不能清楚辨别，‘震耳欲聋’正是这种情况的真实写照。”这一观点对新闻报道也是适用的。再重要的内容，如果宣传量过小，几乎没有声势，则引不起受众的注意，就谈不上什么承受力的问题，也起不到宣传效果。譬如，在宣传改革开放时，由于“左”的思潮的束缚，在姓“资”、姓“社”问题上纠缠概念，对这方面的有限的新闻报道中又表现出欲言又止、吞吞吐吐，使得新闻宣传难以造成声势，其刺激量（包括篇幅的多少和撰稿者态度鲜明的程度）不足以引起广大受众的充分重视。当然，如果在某些方面的宣传报道数量过多、过滥，有时也会变成接收中的噪音，使受众心理上难以承受或者在理解上“走形”。比

---

① 王勇，袁春妮.《南方周末》批评性报道的变化趋势研究——以 2008 年 3 月 6 日至 2011 年 3 月 6 日为例[J].昆明理工大学学报（社会科学版），2012(4)：86.

如西方一些媒体曾对辛普森事件作了夸张的报道；对戴安娜悲惨身亡的报道也“超过了迄今为止对任何事情的报道规模”；此后又把“关于莫妮卡·莱温斯基的绯闻像炸弹似地投向华盛顿和世界的舞台”。这种竞相谴责的荒谬竞赛，是导致“美新闻报道水准下降的……原因”，从而违背了传者的初衷。又如我国媒体对演员王宝强离婚案的报道：2016年8月14日凌晨，王宝强在微博发布离婚声明，指出妻子马蓉与经纪人宋喆发生不正当两性关系。随后关于王宝强离婚和其妻马蓉出轨的新闻占据各大媒体头版，社交媒体全部被“刷屏”，一时间热度甚至盖过雅典奥运会。在爆料再无可爆的情况下，重复新闻、东拼西凑的新闻，甚至虚假消息都登上各媒体平台。这种无底线的借势营销充斥着受众的新闻终端和社交网络，让受众觉得疲倦和反感。

最后还要指出两点：其一，强调新闻报道要考虑受众的心理承受力，不等于消极地迁就受众。不能因怕受众一时接受不了就放弃对错误东西的分析、批评(当然应注意态度和时机)。要知道，通过新闻导向提高受众的思想认识和优化其心理素质的过程，也是一个增强受众心理承受力的过程。和“教学相长”的道理一样，“传、受”也要“相长”，没有高水平的受众，就很难提高新闻宣传的整体水平。其二，事实上对于任何报道，受众在认识、理解上都有差异，这种差异也可以反映到受众接受某种新闻的承受力上。尤其是评论、社论里的观点和对变革中的新事物的报道，往往不能得到百分之百受众的全盘接受，所以新闻报道在考虑受众心理承受力时一定要着眼于大多数，而不能被少数人牵着鼻子走。

复习要点

一、新闻受众心理的内涵

新闻受众心理的内涵是回答新闻受众心理是怎样产生的，它的实质是什么。本书第三章已经解释了新闻活动认识主体(包括传者和受者)心理的实质，并指出新闻传播者和新闻接受者心理实质的区别主要在于引起二者产生心理现象的刺激物不同。前者主要指可以耳闻目睹的感性世界，而后者则主要是指媒体世界。受众心理的实质(内涵)即因新闻媒介本身及其所传播的新闻信息和由之而引发的其他刺激直接或间接地在新闻受众头脑中的主观能动的反映。

二、新闻受众心理的特点和功能

新闻受众心理的特点有：随意性，相对于国家的政令、法律，受众在选择新闻信息时有较大的主动性、自由度；交融性，同时处于感性世界和媒介世界之中的受众，其心理活动交融着这两个世界的双重影响；互动性，在新闻活动中，传者与受众以及受众与受众之间通过新闻媒介(传播和反馈信息)和人际沟通(人们对新闻报道内容的议论)实现心理互动，推动着新闻传播。

新闻受众心理的功能：新闻受众心理是新闻宣传所形成的舆论力量转化为受众行为的中介。从心理学角度分析，就是只有把党的方针、政策通过媒介传递到受众头脑里，再经过受众的认知、理解，将之同化并转化为行动，才能真正实现将舆论的力量转化为人民群众建设有中国特色社会主义的强大的物质力量。

三、媒介差异和受众心理

受众心理是受内(脑和神经系统)、外(媒介符号)物质共同活动的结果。媒介刺激的差异(报刊文字、广播声音和电视图像及声音)对于受众的影响首先体现在不同的媒介刺激作用于受众不同的感受器,即视觉或听觉上,从而会对受众的心理品质产生不同的导向:

报纸文字具有滞留性、表达上的确定性和逻辑上的严密性,因而比较容易阐述较深刻的理论和较生疏的科技知识。报纸的便携性使读者可反复阅读和思考,这对于训练读者的逻辑思维有利。广播声音稍纵即逝,不能即时重复,但声音具有文字和图像不能取代的独特魅力(声音有不可描摹性)、感染力(抑扬顿挫)和理解上的"弹性",易激发听众的情绪情感和想象力。电视图像生动、具体,一目了然,可视性、可信性强。电视图像和声音同时激活观众的视觉和听觉,更易引人入胜。网络媒体综合了传统媒体的文字、声音、图像等多种符号系统,不仅会引起网民的视、听觉分析器的活动,而且还能调动其动、触觉分析器共同参与接收信息。

尽管不同的媒介对受众心理有不同的影响,但由于人的大脑皮层上的联合区有整合信息的功能,所以来自不同感官的信息在受众的认知上遵循着整体性原则。制约受众认知效果的变量不仅仅来自媒介刺激,还与受众在接收媒介信息前、中、后的心理状态,与受众自身的各种条件及其所处的具体环境有关。总之,影响受众心理的因素是多维度的,是十分复杂的。

四、新闻受众的注意

注意是心理活动对一定对象的指向和集中,指向性和集中性是注意的两个基本特征。指向性是指人的心理活动在同一时间内,有方向地、有选择地反映一定的对象,而离开其余的对象,人的感官(眼、耳)要朝向刺激物;集中性是指心理活动停留在被选择的对象上的强度或紧张度,反映事物时应达到清晰、完善的程度,它使心理活动离开一切无关的事物,多余的活动被抑制。受众的注意一般分三类:无意注意、有意注意和有意后注意。注意共有五个特征:注意的选择性、注意的广度(范围)、注意的持续性、注意的分配和注意的转移。

五、受众的需要、动机和兴趣

受众的需要、动机和兴趣属于受众接受媒介新闻的带有动力性特点的心理活动,是推动新闻活动不断发展的重要的心理驱动力。受众的需要是指受众在获得了欲知的新闻信息时的一种心理反应。受众对新闻的需求离不开新闻的基本属性,如新闻的党性和受众的期待心理、新闻的真实性和受众的求真心理、新闻的时效性和受众的求快心理、新闻的新鲜性和受众的求新心理、新闻的接近性和受众的求近心理。受众对新闻的兴趣是受众积极探究某些新闻的社会性动机,是判断新闻价值的一个重要条件。

六、新闻受众群体心理的特点

1. 接受暗示心理是指受众在无压力的情况下,自然而然地接受将某种意图隐蔽其中的新闻报道影响的一种心理现象。

2. 受众的从众心理是指受众个体在强大的新闻舆论或由这种舆论而引起的人际压力下,自觉或不自觉地在社会知觉、社会判断、态度以及行为上表现出与新闻舆论相一致的现象。在正确的新闻舆论的影响下,这种从众现象有助于宣传者意图的贯彻;反之,则可能会对社会产生破坏性作用。

3. 受众的逆反心理是指当新闻报道与受众需要不相符合时产生的与传者意图相对立的情绪体验或行为倾向。逆反心理有积极和消极之分。积极的逆反心理在客观上可以起到舆论监督的作用;消极的逆反心理则会削弱新闻宣传的效果。消极逆反心理产生的原因既可能来自传者,也可能来自受众。对此,传者应及时加以引导,特别注意避免新闻报道出现失真、失实、失当、失策、失误等问题。

4. 受众的心理承受力是指受众对新闻报道能否接受的主观感觉。接受,可谓能承受;不接受,则可能是因一时无法承受造成的。为使受众提高心理承受力,传者在新闻宣传上应把握好报道时机和对宣传内容量上的合理控制。

复习题

1. 新闻受众心理的内涵(或曰实质)是什么?
2. 试析新闻受众心理的特点和功能。
3. 媒介差异对受众心理品质的影响是什么?
4. 简述新闻受众注意的种类、特征及传者引起受众注意的策略。
5. 试论新闻受众的需要、动机和兴趣。
6. 试析新闻受众群体的心理特点。

第十章　受众的态度

受众的态度是受众行为的心理定向和动作准备，是传者意图向受众行为转化的中介。从这个意义上可以说，新闻宣传的最终目的是通过新闻信息去影响受众态度的形成或改变，进而激发受众产生有利于人民福祉和社会发展的行为。

第一节　受众态度概述

一、受众态度的内涵

受众态度指受众主体对新闻客体较为稳定的，由认知、情绪情感和行为意向这三种成分组成的内在心理倾向。对这个定义作如下几方面的分析：

第一，受众主体包括受众个体和受众群体。

当国内发生重大事件时，记者走上街头去采访过往行人，询问他们对该事件的看法，这种种看法反映出受众个体的不同态度。而像全国新闻界对新闻改革态度的调查、媒体对网民心理的调查以及记者对行人的随机采访等，则反映的是受众群体的态度。对新闻传播者来说，受众群体的态度更有价值，但是在具体研究时往往还要从受众个体的态度出发。

第二，新闻客体是受众态度指向的特定对象。

态度总是要指向某种对象的。这种对象叫作态度客体或者态度对象。受众态度所指向的对象就是新闻客体。新闻客体包括新闻传者、新闻媒介和新闻报道的内容及某种社会现象等。

第三，受众态度的心理结构。

受众态度是由认知、情绪情感、行为意向这三种成分组成的。受众态度的认知成分是指受众对新闻客体的认知、理解以及带有评价意义的叙述。例如，有的读者认为对在洪水中遇救的六岁女孩江珊给予特殊的关怀是可以理解的，如送她到北京一所设施一流的私立学校就读，体现出人们对灾区百姓的爱。但也有人提出不同的看法，认为给她个人的爱太多了，应当“节制一点”“把爱匀一点给灾区其他同龄的孩子”。受众态度的情绪情感成分是指受众对于新闻客体的一种情绪情感体验。比如有听众说，“听某某播音员播音真是一种精神享受”；有读者欣赏某记者写的人物通讯，等等。

受众态度的行为意向是指受众对新闻客体的反应倾向,即受众准备作出的某种行为。比如,某厂家从电视新闻上看到了一种新产品,决定去购买这种产品。当这种打算仍停留在“想”的阶段,还没有变为行动之前,就属于行为意向。而像中国国际广播电台的乌尔都语广播,受到巴基斯坦人民的普遍欢迎和喜爱,人们自发地组织了听众俱乐部,就已超出意向范围变成实际行动了。

受众态度的这三种成分之间的关系是比较复杂的,它们既相区别又相联系。一般来说,认知成分是态度的基础,情绪情感是态度的核心,行为意向是行为前的心理和动作准备。比如对棒球赛程规则一窍不通者,很难理解有关对其中的关键点和细节的报道。认识这一步解决不了,情绪情感、行为意向就无从谈起。之所以说情绪情感是态度的核心,是因为当认知和情绪情感相矛盾时,人们往往容易被情绪情感所左右。平时人们常说的“道理我明白,就是感情上转不过弯来”就是这个意思。行为意向是人们的一种内在的心理倾向,是行动前的思想准备。它不是行为本身,别人不能直接观察到,但是人们可以借助对其行为(包括言语、表情、动作)的观察和分析,加以推测了解。比如有的家庭每个周六晚上都要看北京卫视推出的大型明星跨界音乐真人秀节目《跨界歌王》,这家人的行为表明了他们对该节目的态度。

第四,受众态度中的三种成分的完整性和协调性。

受众态度中的认知、情绪情感和行为意向这三种成分有时是完整的,即三种成分都存在;有时是不完整的,即只有其中的一种或两种。那些与受众关系不大,也较生疏的新闻,受众有时只是看看、听听,如过眼(耳)烟云,对该新闻仅略有所知,既产生不了什么情绪情感,更谈不上行为意向。而有的新闻,虽然能够激起受众的兴奋之情(如神舟十一号飞船发射成功),但对普通受众而言,无法直接为之出力,所以也产生不了行为意向。这种态度只停留在认知和情绪情感阶段上。但也有的新闻如高校领导对《没考好就失眠,相貌丑想自杀——一些大学生心理脆弱》的报道,就不会仅仅停留在认知、理解和担忧上,而要商量如何采取措施,如成立“心理咨询中心”,对学生进行心理普查和心理辅导,使学生的身心能健康成长。在这种态度里,认知、情绪情感、行为意向是完整的。

受众态度中的三种成分可能相互协调,也可能不协调。所谓协调是说,受众对某新闻的态度,其认知、情绪情感和行为意向是同方向的。例如有人看了有关创业培训的报道,不仅理解、赞同、喜悦、兴奋,而且还作出自己创业的计划、安排。但也有许多情况,受众态度中的这三种成分相互之间不协调。像有一些观众如领导干部、公务员、教师、记者等理智上明白推广普通话的重要性,但是由于自己的普通话说得不好,改起来吃力,所以在感情上对推广这项活动持消极态度。又如当某些受众对某类新闻(如延迟退休年限和“五一”仍不恢复七天小长假的报道)产生抵触情绪时,就不愿产生传者所期望的行为意向。

第五,受众态度的稳定性和可变性。

受众态度的形成有一个过程。某种态度一旦形成,就会有一定的稳定性(即态度的惰性)。例如,当受众对某种报纸形成了“可读性”“可信性”差的态度定势,就有可能导致他多年不再订阅这种报纸。不过,当该报花了大力气,确实“旧貌”变“新颜”时,受众也会一改初衷,喜欢上它的。

二、受众态度的功能

受众态度的功能主要表现在受众的态度与受众对报道的社会性认知和判断，以及受众的态度与受众接收新闻信息的效率这两方面。

（一）受众态度与受众对新闻报道的社会性认知和判断

人们对于社会上的人或事件的认知和判断，往往受他们已有态度的制约和影响。这是因为以态度为主体的行为反应提供了具体信息。当某种特定的态度一旦形成，就会成为认识主体的心理结构组成部分，并影响其对后继刺激的认知和评价。

同样的道理，受众的态度也会制约他们对新闻报道的认识和判断。那些认为灵隐寺是承载着中国千年佛教文化圣地的人，对于2012年9月25日，代表着美国典型的咖啡文化的星巴克“入驻”杭州灵隐寺景区的报道易产生逆反心理；那些认为由无生命的数字构成的电话号码与发财毫无关系的人，对于高价拍卖带有“8”字的电话号码的新闻报道嗤之以鼻；那些买了股票的人，在看到股市大涨的消息后欣喜若狂……凡此种种，都说明受众态度与社会性认识和判断有内在联系。

（二）受众态度与受众接收新闻信息的效率

从广义上说，受众接收新闻也是一种社会学习，是促使个体社会化的一个重要途径。有实验表明，学习态度和学习效率呈正相关。这是由于态度具有过滤器的作用，那些与个体的信念、价值观、态度相吻合的资料，容易被吸收、被同化、被记忆，学习效率高、效果好；而那些与个体态度相违背的材料，则易被阻断或被歪曲。事实表明，当受众对某些新闻信息持积极态度时，其心理活动就很容易被激发起来，表现为思维敏锐、记忆活跃、联想丰富、注意力稳定。例如2012年11月29日，中共中央总书记习近平带领新一届中央领导集体参观中国国家博物馆“复兴之路”展览时，习主席定义“中国梦”——实现伟大复兴就是中华民族近代以来最伟大的梦想，并且满怀信心地表示这个梦想“一定能实现”。随后，有关“中国梦”的报道，吸引了亿万民众的关注。

重视并研究受众的态度是很有必要的。明了受众的态度在各个时期的总体倾向，明了不同层次的受众有些什么样的态度特点，这对于新闻传播者加强新闻报道的针对性，安排各个时期的宣传要点，控制各类新闻报道的数量和把握新闻报道的时机，都具有重要的参考价值。

三、受众态度的形成和改变

受众态度的形成和改变是两个不同的概念。受众态度的形成，是指受众对某种新闻媒介或新闻信息从不具有某种态度到具有某种态度。例如，很少阅读《新京报》的人对该报可能持无所谓态度。但是当他们在视频类新闻中看到《新京报》的直播和短视频内容，了解到该报的媒体矩阵后，便有可能对之产生积极的评价。这就属于受众态度的形成。

受众态度的改变是指受众已有的态度因新闻媒介或新闻的影响而发生变化。引起态度改变的方式可以是直截了当的说服如新闻评论，也可以用暗示的方法，像客观报道。受众态度的改变可以在较短的时间内完成，如仅仅看了一篇题为《糖少急糖多也急》的报道，了解到我国尚属食糖低消费国家，平均糖摄入量水平远远不至于导致心血管病、高脂血症的发生，就有可能消除受众吃糖的恐惧心理。但在有些问题上受众态度的改变则是长期的，比如，中国人的购房观念是根深蒂固的，大多数人还不能接受租房过一辈子的理念。

态度的改变可以分为两种：(1)一致性改变。指方向不变，即受众原有的态度和传者借新闻报道所宣传的观点在方向上一致，只改变原有态度的强度，或由弱到强，或由强变弱。譬如，对中共十八大之后中央反腐败的决心，广大群众持赞同态度，但是其中有不少人最初对中央的这个决心能否真正落实信心不足。自从看到媒体报道从十八大召开到 2013 年 7 月，仅几个月当中，就有 8 个副部级高官落马，于是人们的疑虑打消了，信心由弱变强。反之，如果贪官依旧占据高位，人们的信心便会由弱变得更加微弱。则属态度改变由强变弱。(2)不一致性改变。指带有方向性的改变，用新的态度取代旧的态度。例如，过去有些人认为只有当科学家、作家、艺术家或者当干部人生才有价值。多年来，在新闻媒体宣传的影响下，人们对人生的价值有了新的认识：即便是“草根”，也可以得到人生的幸福，只要是真心实意为人民服务，也同样能得到社会的承认和尊重。这就属于态度反向性的改变。

对于新闻传播者来说，重要的不在于受众态度改变的方向及其强弱的变化，而在于受众态度改变的实际内容是否符合传播者的意图。

第二节　影响受众态度改变的因素

影响受众态度改变的因素是多方面的。一般可以从新闻传播者、新闻信息的传递和新闻受众以及情境因素这四个方面去分析。

一、新闻传播者的因素

新闻传播者即信息源。新闻传播者影响受众态度改变的因素主要有：权威性、可信性、喜爱性和睡眠者效应。

(一)权威性

1. 权威性的含义

权威性是指在受众心目中来自传播者的诸如地位、资历、专业知识、技能、经验等方面的因素。一般来说，传者的权威性越高，其所传送信息的说服力就越强，受众态度改变的可能性就越大。

有心理学家做过这样的实验：当一组被试在阅读关于家庭电视是否会导致电影院的衰退一文前被告知，文章出自权威性较高的《未来》杂志；而另一组被试却被告知该文是由一位报纸的电影漫谈专栏作家写的。态度测量的结果表明，前一组被试比后一组被试的态度更多地朝着文章所引导的方向变化。实验证明，传者权威性的高低会对宣传效果产生明显的影响。

联系新闻宣传，对传者的权威性作如下分析。

(1)新闻传播者除了通常所指的新闻媒介及新闻的制作者和传播者外，还包括借用新闻媒介工具向广大群众传播某种信息的政府官员、专家学者等。

(2)新闻传播者权威性的高低是相对而言的。中央或国家一级的新闻媒介较之地方的新闻媒介有较高的权威性，这是不言而喻的。在同一领域内的专家学者的权威性也有高低之分。不过新闻传播者的权威性是受众心目中的权威性，就是说，不论客观上传者的权威性有多高，如果受众不予承认，那么这种权威性也就失去了意义。举一例说明，当某位专家对某些自然现象或社会现象频频给予牵强解释时，人们就会对其专家身份产生怀疑，更有甚者在网络上称其为“砖家”。

2. 形成权威性的心理原因

新闻传播者的权威性之所以能影响受众态度的改变，首先是因为人们普遍存在慕名心理，佩服那些地位高、有名望、有才华的人，愿意认同他们的观点，似乎这样也能提高自己的身价。其次，受众有一种常识，即地位较高的传播者或级别较高的传播工具所传递的新闻信息往往不是某个人的主张，而是为某个党派、团体或某种社会势力代言的。“识时务者为俊杰”，人们更倾向于服从他们的观点。最后，当受众面对纷繁复杂难以判断的信息时，常常乐于以权威性高的人的看法作为自己主要的参考意见。总之，受众对信息源的评价越高，就越倾向于接受传者的意图，改变自己的态度。

3. 新闻传播者应如何增强自己的权威性

为了实现传者的意图，有效地影响受众的态度，新闻传播者应当有意识地强化自身的权威性。在新闻报道中有时为了强调某个观点的科学性、重要性，需要引出权威人士的单位和职务、职称。

比如人民网国际频道的报道《信息安全的未来：探寻全球协作的模式》就引用了大量的数据和权威人士的言论：两周前在美国旧金山闭幕的国际知名信息安全峰会 RSA 大会上，美国国土安全部部长科斯特珍・尼尔森(Kirstjen Nielsen)说，“数字威胁数倍于我们防护的速度”“从网络攻击数量上来看，去年是最严重的一年”。她援引 Cybersecurity Ventures 的数据，到 2021 年因网络犯罪导致的损失将达 6 万亿美元，这几乎达到世界经济的 10%。……美国东西方研究所全球副总裁、原美国国土安全部网络安全部副部长布鲁斯・迈康纳(Bruce W. McConnell)说，各国只有协同合作、协同发展，才能共同建立安全的网络空间。云安全联盟 CSA 创始人、全球首席执行官吉・瑞威(Jim Reavis)告诉记者：“信息安全，尤其是云安全需要各个公司和各个国家合作来推动。”他说，云计算是全球性的计算应用，随着云计算技术的不断成熟，越来越多的业务都在向云上迁移。与此同时，针对云的攻击事件也显著增多。如何加强云安全领域的合作以及建成云安全的行业标准成为各方努力的方向。微软公司总裁布拉德・史密斯(Brad Smith)说：“我们意识到自己生活在一个新时代、一个拥有新式武器的世界中，网络空间成为新的战场。”2017

年发生的影响极坏的多起网络攻击事件给科技公司指明道路——合作起来采取有效措施保护全球的消费者。[①] 由于该报道引用了国际权威人士的观点，所以其可信性毋庸置疑。

需要指出的是，传者的权威性和其所传播的信息内容的正确性不是一个概念。虽然在正常情况下，二者有较高的正相关，但一旦权威性和谬误相结合时，其危害性也是显而易见的。事实告诉我们：当新闻舆论出现错误导向时，其权威性越高，对受众产生的副作用就越大。

增强传者的权威性是为了让受众改变态度，但是在某种特殊情况下，为了某种需要，传者还需有意识地降低自身的权威性。如对那些应当报道，但就当时国内外的形势看，还不宜过分渲染的新闻，则应在传播方式上给予淡化处理，只给受众一种获得了一个不很重要的新闻的感觉就可以了。淡化处理的方式主要有：(1)让地位、名望不太高的人充当信息源；(2)把报道篇幅压缩并放置在版面的边角或用极简洁的声音、画面、文字播出；(3)让级别较低的新闻媒介传播。以上种种方式可以降低传者的权威性，受众的态度就不太容易随着报道的观点转移，而这正是传者的意图。

(二)可信性

1. 可信性的含义

可信性是指在受众心目中传者可以被依赖的程度。同权威性一样，受众对传者可依赖程度也带有主观色彩。

可信性和权威性不同。权威性强调的是新闻传播者在地位、资历、职务、名望等方面相对稳定并且大多属于外在的因素。而可信性则强调的是新闻传播者内在的属于个人品质方面的可变性较大的因素。影响传者可信度的最主要、最核心的因素是在受众看来，传者的宣传动机是否公正无私。事实证明，不论传者的权威性有多高，受众一旦认为在传者的宣传中掺杂有利己的动机时，就很容易“忽视”其权威性，并对其宣传“投不信任票”。和权威性相比，可信性显得更加重要，因为一般来说“权威性”是受众对宣传内容是否真实可靠、专精程度高低的一种预测根据，而“可信性”则牵涉受众对传者人品的评价以及对其宣传动机的正当、公允程度的一种把握。如果说，权威性的高低主要和影响力的大小相关，那么可信性的高低则可能决定着影响力的有无。

传者的可信性和权威性的内涵虽然不一样，但是二者表现出的程度的高低既可以同方向地，也可以反方向地体现在同一传者身上。例如，央视新闻评论员白岩松有着很高的权威性，其评论文章也有较高的可信性，就属于前种情况；而某篇报道的作者虽然有较高的权威性，但文章内容有明显拔高的成分(可信性低)，或者虽出自无名之辈之手但文章有很高的可信度，就属于后一种情况。

再有，虽然属于传者品格的内在因素有较强的稳定性，但是仅从传者在宣传时有无

---

① 韩莎莎. 信息安全的未来：探寻全球协作的模式[EB/OL]. (2018-05-02)[2019-03-04]. m. people. cn/n4/2018/0502/c23-10916599. html.

私利的角度看，其稳定性就不一定高。因为同一传者当他改变其利己的动机时，他的可信性就会马上升高，这又是一种可变性的反映。

2. 对可信性的实验研究及其结论

西方心理学家对于传者的可信性做过不少实验，研究发现，当传者采用这样一种宣传方法，即在受众看来传者所宣传的观点与其自身的利益相反时，容易获得受众的信任和改变被说服者的态度。

1966 年心理学家沃尔斯特、阿让森等做过一个“根据沟通来源的已知动机预见态度改变”的实验，如图 10-1：

信息内容	信息来源	
	严厉的检查官	一个重罪犯
A组：对罪犯应严厉一些	A（1）	A（2）
B组：对罪犯应宽容一些	B（1）	B（2）

图 10-1　根据沟通来源的已知动机预见态度改变的实验

被试分为 A、B 组，每组又分为两组 A(1)、A(2)和 B(1)、B(2)组。A(1)、A(2)组获得的信息是：重罪犯现在受到的管制过于宽容，因而应当加强警察和法庭的权力；B(1)、B(2)组获得的是相反的信息：警察和法庭的权力过大，应当保护被告的权利。A(1)、B(1)组被告知其所获得的信息来自一位严厉的检察官，而 A(2)、B(2)组被告之其所获得的信息来自一位在押的重罪犯。看被试认为哪组信息的可信度高。实验结果表明：A(2)和 B(1)组被试认为他们所获得的信息更可信。因为重罪犯主张强化警察和法庭的权力和检察官主张减弱警察和法庭的权力，他们的观点与他们的社会角色的利益相反，如果不是事实的确如他们所认为的，他们不会这样看问题。而其他两组 A(1)和 B(2)组传者的主张与其自身利益相一致，所以容易使人对其动机的公正无私产生怀疑。总之，在某种情境中显示出权威性极低的人，当他的观点被认为有损于他的私利时，他的信誉会上升；相反，即使权威性很高的人，倘若被认为是在维护个人私利时，其说服力就会下降。除此之外，心理学家通过实验还发现了与以上情况相似的另一种情况，即当受众发现传者是在讲真心话时，更容易被说服；而当受众认为传者仅仅出于某种机会主义的原因（比如想拉选票或得到名望地位、金钱等）才具有某种见解时，就会对此不屑一顾。

3. 增强可信性的方法

在新闻宣传中，增强传者可信性的方法很多，其中“借他人之口为我说话”的宣传方法是十分有效的。如果使用适当，这种方法有时较之“自己人说话”更具说服力。

所谓“他人之口”中的“他人”是相对于“自己人”而言的，其构成很复杂，主要指“不同阵营”里的人或“不同政见者”，甚至也可能是敌人。“借他人之口为我说话”只是一种宣传方式、一种策略，而不是新闻报道的主要手段。这种方法之所以有效，其原因可能是倘若信息统统来自同一阵营，就难免给受众以“老王卖瓜自卖自夸”的心理感受。而如果适当地由“另一阵营”里的人对同一观点发表自己的看法，有时反而使人产生“旁观者清”的可以信赖的效果。人民日报社主办的《环球时报》就有不少“借他人之口为我们讲话”的例子。

例如：2018年7月6日，中美贸易战“开打”，双方之前公布的提高关税政策陆续生效。……其实，对于这场中美贸易战，美国国内反对声音不小。今天，侠客岛推荐美联储前主席格林斯潘最新的演讲，也就是7月7日，在第四届中国财富论坛上，格林斯潘表达了他对贸易战的忧虑。他认为，“美国对外施加的关税，实际上是由美国国民在买单。美国应该停止继续施加高关税。如果不削减，美国之前所有的，从企业营业税减税以及减少监管所得到的发展上的优势，包括各项节约和投资，都会被关税政策抵消”①。

再如：据《中国青年报》报道，32岁的雷克是德国慕尼黑大学汉语专业研究生，2005年曾作为交换生在北京电影学院学习。雷克大部分时间都泡在微博上。他看不懂中国人的微博情绪。在微博上，看见有人盲目夸奖德国，雷克感到很奇怪：为什么中国人总喜欢夸外国？为什么喜欢拿国外“照镜子”？讨论问题难道不能就事论事？“你们和美国都是大国，要自信。”雷克操着流利的汉语开玩笑。② 从德国学生雷克的感受，折射出国人中还有一些人崇拜西方，而对自己的国家却缺乏自信。

除“借他人之口为我宣传”之外，为提高传者的可信性还应当注意：新闻宣传一定要实事求是，撰稿人要讲真话，既不能为了自己的私利违心地迎合潮流，也不应为捧出些什么而夸大其词，这两种做法一旦为受众觉察就会迅速降低其可信度。

(三)喜爱性

1. 喜爱性的含义

喜爱性是指对受众具有吸引力的、来自传者内在的或外在的一些特征，这些特征影响受众态度的改变。

在论述可信性时我们曾提到，当受众认为传者试图改变他的态度时，往往会出自维护自尊心的需要而倾向于抵制说服。但这种情况也有例外，就是当传者被认为是可爱的、是具有吸引力的对象时，受众就有可能心甘情愿地改变自己的态度去迎合传者。

如果说注重传者的权威性和可信性能较多地体现出受众的理智，那么喜爱性则更侧重于反映受众对传者的情感因素。由于情感因素在态度构成中的核心地位，所以在情感因素的左右下，受者比较容易接受自己所钟爱的传者的观点。传者被受众青睐，除了他们宣传的内容引人入胜外，还有一些因素也不容忽视。例如，报刊传者的文字功力和广播电视传者的声音特质、口头表达能力及其相貌、身材、谈吐、气质、风度等。一般来说，较之外在的吸引力，传者内在的特征对受众的影响更深刻。

2. 产生喜爱性的心理原因

喜爱性之所以容易引起受众态度的改变是因为，首先，人们有一种愿意模仿自己所

---

① 侠客岛. 美联储前主席格林斯潘：我为什么反对特朗普打贸易战[EB/OL].(2018-07-07)[2019-07-28]. http://finance.sina.com.cn/world/2018-07-07/doc-ihexfcvm3982092.html.

② 辛明. 一个老外眼里的微博世界[N]. 中国青年报，2013-06-13.

崇拜的对象的倾向，因而更容易赞同他们的观点。这就是所谓的“明星效应”。其次，根据认知平衡理论，当人们对问题所抱的态度与自己所喜欢的人相一致时，就能得到心理上的平衡。当然，如果受众与传者的观点本来就相近，而且传者又招人喜爱，那么受众会强化原有的态度。

3. 传者对“喜爱性”的利用

利用喜爱性影响受众态度的改变，在新闻传播中莫过于对节目主持人和播音员的选择。选择那些被最广泛的受众所喜爱的主持人和播音员，往往会收到事半功倍的宣传效果。台湾听众喜欢徐曼的播音内容和播报方式，不少听众与中央人民广播电台的《空中之友》节目心心相印，甚至有的台胞就是由于徐曼的“召唤”才下定了返回大陆定居的决心。

有研究者认为，在美国被公认的口才最好、风度最佳的一流节目主持人丹·拉瑟(Dan Rather)在CBS《晚间新闻》供职。他素以高超的现场报道著称。“在主持节目时，他发挥在现场报道中机智百出、即席发挥、神态自如、出口成章的独特才干，博得同行和观众的高度评价。”他是继克朗凯特之后，CBS的新闻“定调人”、发布者。“在政界，他备受敬重，首脑人物期望得到他的配合、支持，为其引导、控制舆论……”他集新闻传播者的权威性、可信性和喜爱性于一身，因而他主持的新闻节目总是能够获得广泛的认同。

不过需要指出的是，越是被受众喜爱的新闻传播者(包括记者、主持人、播音员、新闻发布人等)，越应当十分谨慎地发表自己的言论。因为喜爱性与正确的内容相结合固然会产生良好的社会影响，但喜爱性若与谬论相结合，其后果也是不可估量的。有社会心理学家做实验发现同样一个观点，当分别由一位毫无魅力的(指外貌)专家和一位非常有吸引力的非专家去宣传时，其效果几乎相同。这就是说非专家仅凭自身外在的魅力就可以征服被试。其原因大概是因为由喜爱引起的浓烈情绪情感有时会代替理智，使人们忽视传者观点本身的意义而被其某种吸引力所左右。在新闻报道中，倘若出现类似情况，将有可能为谬误流传开绿灯。

(四)睡眠者效应

1. 睡眠者效应的含义

随着时间的推移，信息内容可能比信息源更能给受众留下深刻的印象，也更容易改变受众的态度。

心理学家凯尔曼和霍夫兰在1953年曾经做过一项关于信息传播者和其所传播的内容对受众态度影响的历时研究。实验材料(信息内容)是同一份倡导对违法少年应当从宽处理的文章。被试中的一部分被告知文章作者是一位心地善良、关心青少年、公正无私的人(信息源)，使被试对作者形成了肯定性的印象；而另一部分被试则被告知作者是一个对青少年有偏见、不太负责任、知识不多的人，使被试对之形成否定性的印象。当两组被试都阅读完这篇文章后，马上进行态度测量，发现被试对宣传内容所持的肯定或否定态度与他们对作者形成的印象好与坏是相一致的。三周之后，再次调查两组被试对处理违法少年问题的态度时发现，在两组被试中那些忘记了文章作者是什么样的人者，他们之间的态度分歧较之三周前大大缩小,甚至几乎一致。最为明显的变化是,原先对传者持否定态度进而也对其内容表示不赞同的被试,当他们忘记传者时竟对其信息内容也持肯定态度了。原因在于人们忘记信息的来源比忘记信息的内容更快一些。而两组被试中记住了文章作者的人,他们之间的态度差异与三周前基本不变。心理学家把这种现象称为“睡眠者效应”,对其内涵的解释是,被试在接收信息的当时,出于对信息源的否定而影响了对其宣传内容的认同,当时过境迁,被试忘记了信息源时反倒有可能接受信息内容。这就好比人们在睡眼惺忪之时,没能赏识“真货”,过了一段时间后,清醒了,终于赏识了“真货”一样,因而取名叫“睡眠者效应”,又叫作“终于被赏识效应”。这个实验的意义在于:即使是由权威性、可信性、喜爱性都比较低的信息源所提供的信息,也不会被当作胡言乱语而得不到认真的考虑。时间有可能使人们只记住了信息沟通的内容,而忽视了沟通来源的虚假性。

2. 产生睡眠者效应的心理原因

联系新闻宣传中的受众心理,对睡眠者效应的心理效果可以作两方面的分析。

(1)从动机上看,受众使用媒介的最主要、最根本的原因是为了接收新闻信息的内容。虽然信息源的种种因素(如前所说的信息源的权威性、可信性、喜爱性)对于受众态度的改变会产生一定的影响,但是毕竟信息源和由其所宣传的信息内容是两码事。对于受众来说,记住传播的内容应当比记住传者本身更有意义。从根本上说,真正影响受众改变态度的是信息内容而不是信息的传达者。

(2)受众对信息源的肯定或否定的情绪情感色彩,可能会干扰他们对信息内容的接受。受众对肯定性或否定性的信息源会产生或喜爱、满意或讨厌、反感的情绪情感。而积极的或消极的情绪情感会对受众的认知活动起到催化或抑制的作用。特别是当受众对传者持否定态度时,消极的情绪情感会产生泛化作用,影响受众对信息内容的正确认知,而实际上信息可能是正确的。随着时间的流逝,受众对传者的这种消极的情绪情感日趋淡化,理智就会占上风,这时再重新审视信息内容时,就有可能在“清醒”中“赏识”它了。

3. 传者对睡眠者效应的利用

如前所述,睡眠者效应的重点在于:新闻内容本身较之传者更能经受住时间的考验。在新闻宣传中,传者的形象不一定在任何时候都能被受众赏识。在某种特殊的情况下,有时还需要由某些不受欢迎的人充当信息源,但只要信息源所提供的信息对我们有利,而且是真实可靠的,那就不必因人废言。因为根据“睡眠者效应”,受众有可能忘记了“人”而记住了“言”。我们倒是应当警惕来自敌对势力的宣传。比如以对社会主义国家进行和平演变为己任的“美国之音”,之所以能在东欧和苏联的演变中起到一定的作用,除了它精心选择适合受众“口味”的信息和其老道高超的传播技巧外,还在于其相信“只要耕耘就会有收获”,这大概和“睡眠者效应”不无关联。面对“美国之音”的宣传,即使是警觉性很高的人,在若干时日之后也难免忘却了传者。尤其是当混杂于受众头脑中的诸多信息,使人搞不清它们各自的来源时,受众就有可能按照自己的意愿去接受已经印入脑中的信息。对于类似“美国之音”的宣传,我们既不能阻挡人们接收,也不能做简单生硬的批判，只有努力提高我们的新闻宣传的质量和数量，并使之得到广大受众的充分认可。

二、新闻信息的传递

从“睡眠者效应”可以看出，新闻传播者自身的因素虽然影响受众态度的转变，但是起决定作用的还应当是新闻信息的内容。然而即使是同一种为受众所需要的新闻信息，如果不从内容的安排、信息传达的技巧以及传达时机的把握上费一番脑筋，照样不会收到预期的效果。下边仅就新闻信息传递的方法和策略从“态度差异”“唤起恐惧”“单方面论证和双方面论证”“结论的引出或结论的得出”“心理控制法”这五个方面分别进行阐述。

（一）态度差异

1. 态度差异的含义

所谓“态度差异”，是指新闻信息所维护的观点和受众当时所持的态度之间的差异程度。态度差异会导致受众产生改变态度的压力。比如，那些有病乱投医的和抱着“偏方治大病”想法的患者，对媒体揭露没有合格资格的江湖“神医”的报道容易产生抵触心理，表现出内心的纠结和不安。心理压力是推动不平衡的认知结构向平衡结构转化的动力。而当患者通过事实认清这些所谓大师们的真面目时，其心理压力就会消除，恢复心理平衡。

2. 对态度差异的研究

对态度差异的研究包括：差异的程度（即压力的程度）与受众态度改变的关系，受众缓解态度差异的方法以及传者对受众缓解差异的作用。

态度差异的程度分为三个等级：高度、中度、低度。从经验看，似乎态度差异越大，受众越容易改变自己原有的态度。但是根据心理学家波奇纳（S. Bochner）和英斯科（C. A. Insk）的研究表明，“差距大到一定点以前，态度改变会相随增大，但差距超过一定点而继续扩大时，态度改变反而会下降”。这段话有两个含义：一是在中等差异之前，受众态度的改变与差异的增大成正比；二是当差异超过中度向高度发展时，受众越来越倾向于抵制传者的观点而不愿改变自己的态度。比方说，告诉被试一天不刷牙会臭，容易接受，但如果说一天不刷牙，牙齿会脱落就没人相信了。不过也有这种情况，当传者有较高的权威性（或可信性、喜爱性）时，即使他们的观点与受众原来的观点差异很大，受众也有可能服从传者。例如，关于在中国实行“社会主义市场经济”的理论是由邓小平提出的（高度权威性），或是由一位经济学家提出的（中度权威性），或是由一个普通百姓提出的（低度权威性），通过新闻媒介传播出去的这一理论对于那些坚持社会主义国家必须实行计划经济的受众来说，差异是很大的。虽然这种差异并不因传者的权威性而减少，但是传者的权威性的高低却可以直接影响受众态度改变的可能性。这就是说传者的权威性越高（如该理论是由邓小平提出的），受众放弃抵制传者而采取改变自己态度的可能性就越大；反之传者的权威性越低（如一普通百姓提出该理论），则受众越倾向于对传者采取

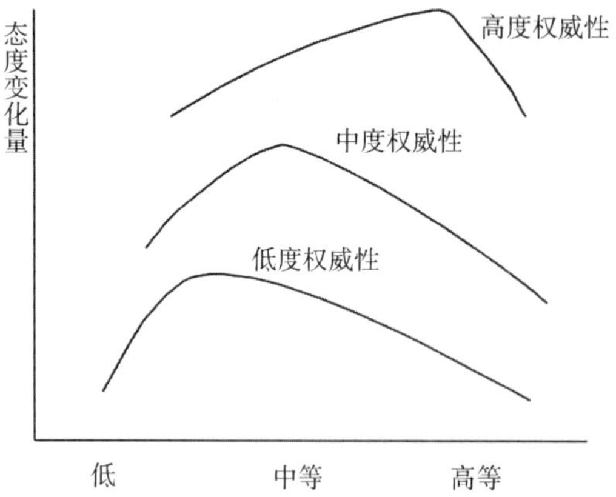

图 10-2　态度差异

抵制态度。差异、传者的权威性和受众态度的改变,这三者之间的关系如图10-2所示:最大的变化是由差异的中间水平引起的,但它发生的那个点则是由权威性决定的。它的权威性越高,产生最大变化的差异也就越大。①

3. *对态度差异的研究给予新闻传播者的启示*

如果新闻传播者想通过新闻信息改变受众的态度,必须首先调查受众的态度,摸清大多数受众、不同层次的受众在一些重大问题上的态度,并据此考虑报道的内容和报道的时机。报道的内容是传者要宣传的观点,当这些观点牵涉受众切身利益的问题,像物价、房价、教育改革、医疗改革等,一定要注意不能与受众当前所持的态度相差太大,使人难以接受。当多数受众还不能接受时,就应推迟报道时间。比如报道医疗改革方案时,先让医疗改革单位试点的居民现身说法,给未进行医改又有疑虑者思想上、心理上的准备,一旦"改"到他们"头"上,也就容易接受了。这就是说只有当多数人可以承受时,我们的宣传报道才可以大张旗鼓地进行。关于新闻报道的时机和受众心理承受力的问题,在第九章里已有分析,故不赘言。但应指出的是:差异与受众态度的改变这一理论,也是认识新闻报道的时宜性和受众心理承受力的一个心理依据。

(二)唤起恐惧

在新闻宣传中,所谓"唤起恐惧"是指传者试图凭借带有较强恐惧性情绪色彩的媒介信息去改变受众态度的一种方法。这种方法的表现形式往往是在新闻报道或新闻评论中以"如果……那么就会……"的句式出现(或是含有这种意思)。例如,"如果不解决好雾霾问题,那么我们下一代患肺癌的概率会大大增加。""如果对垃圾焚烧炉监管不力,那么焚烧所产生的烟雾中含有汞这样的物质,将严重影响周边居民身体健康。"以上句子在"那么"后边所传递的假定的信息往往是灾难性的,所以通过想象很容易使受众产生紧张、担忧的情绪情感。这种带有威胁性的信息,是受众改变态度、接受劝导,并付诸行动,及早预防可能出现的后果的一种动力。

究竟在传递的信息中蕴含恐惧的程度多大(高度、中度、低度)更容易让受众改变态度?心理学家通过实验发现:在多数情况下,还是处于高度恐惧的被试更容易改变态度。不过也有人认为:当唤起的恐惧过于强烈时,其效果适得其反。人们由于害怕而限制了态度的改变,或者因信息的极端性而拒绝相信这种危险,从而产生抵触心理。如果在引起高度恐惧的情况下,再注意给予受众一些理性的、指导性的信息,使得处于恐惧的人们

---

① 弗里德曼,西尔斯,卡尔史密斯.社会心理学[M].高地,等译.哈尔滨:黑龙江人民出版社,1984:364.

不仅知道不应当如何，还知道应当怎么做，那自然可以获得最佳的宣传效果。

据《人民日报》(海外版)2013 年 6 月 22 日报道，由于美国控制着全球绝大多数互联网服务器，拥有全球最强大的互联网产业并垄断着世界市场，所以美国实际上是网络世界的唯一霸主。从前中情局雇员斯诺登所披露的信息看，不仅美国本国网民和组织受到了隐私被侵犯的威胁，而且其他国家也时时刻刻处于不对称的全面网络战争的威胁之中。种种迹象表明，美国政府和军方已做好发起新的更大规模的网络战争的准备，对有些国家甚至已经“不宣而战”了。面对网络信息安全威胁，“中国要加快制定实施国家网络信息安全战略”，要尽快“建立一个全方位的信息安全保障体系，将保护国家基础设施和国民经济稳定发展作为主要目标”①。受众读后，很容易激起情感上的共鸣，引起思考并乐意接受劝服。这种利用“唤起恐惧”让受众通过权衡利弊从而改变态度的报道方法，有时比单纯从正面讲道理更有说服力。

(三)单方面论证与双方面论证

1. 单方面论证与双方面论证的含义

单方面论证与双方面论证是传者安排说服性信息的两种方法。所谓单方面论证是指仅安排有利于传者的言论，不提反面观点，或者即使提也是否定对方；所谓双方面论证是指，注意安排正反两种立场的信息内容，甚至承认对方观点中的可取之处，但因能巧妙地道出其不足，所以仍能让受众乐于接受传者的观点。

2. 关于单方面论证和双方面论证的实验研究

美国社会心理学家霍夫兰等人曾于 1945 年在美国士兵中作过有关态度转变的实验，论题是“美国人与日本人打仗要延长时间”。实验采取两种不同的宣传方式。对一部分士兵进行单方面宣传：只讲日军优势和对美军不利的一面；对另一部分士兵进行双方面宣传：既讲日军优势，也讲其劣势，然后得出结论“和日军打仗至少还要两年”。研究结果表明：对于受教育程度低的士兵来说，容易接受并赞同单方面论证的观点；但对文化水平较高的士兵，则双方面论证效果更好。另外，士兵最初的态度如果同宣传者观点一致，单方面论证有效；反之则双方面论证效果更佳。可见，在信息传递中采用哪种方法最有说服力不能一概而论，应做具体分析。

3. 单方面论证和双方面论证方法在新闻宣传中的应用

单方面论证和双方面论证方法在新闻宣传中是经常使用的，究竟哪种方法对受众影响大，还要视传者的意图和受众的条件而定。

新闻传者如果想借新闻媒介造成一种社会舆论，最好采用单方面论证。比如宣传党的方针政策、全国人民代表大会决议，又如打击犯罪分子、治理环境污染和禁止滥捕滥杀野生动物等，对这类内容需要大张旗鼓、理直气壮地做正面宣传，通过舆论攻势影响受众态度。

---

① 张保淑.如何遏制美黑客攻击“夜路狂奔”[N].人民日报(海外版)，2013-06-22.

采用单方面论证方法,除了看传者的意图,还要看受众的状况。对少年儿童进行品德教育,对人民群众宣传"依法纳税人人有责",最好采用观点鲜明、单刀直入的单方面论证方法。因为在受众因年龄小、理解力差,或因文化水平低、知识面窄、难以开化的情况下,双方面论证中的反面观点,有时反而会使受众迷茫、困惑,甚至还有可能被他们用来作为坚持己见的理由。

当传者希望能引起人们的思考,通过讨论的方式达成共识时,常借助于双方面论证的方法。像就"中学阶段是否应该送孩子出国留学?""如何看待大学生创业?""'山寨'该不该被提倡?"等问题进行讨论,都采用了这种方法。对于文化水平较高,或原有态度与传者不一样的受众来说,双方面论证法较有说服力。

在采用双方面论证法时,还应注意正反两方面观点呈现的顺序,即在同一篇报道中是先讲正面观点还是先讲反面观点,更有利于改变受众态度。

据心理学家研究发现,人们的记忆存在两种抑制现象:前摄抑制和后(倒)摄抑制。前摄抑制是指先学习的材料对识记和回忆后学习的材料的干扰作用。由于前摄抑制的作用,人们往往对所接触的第一个信息印象最深。后(倒)摄抑制是指后学习的材料对保持或回忆先学习的材料的干扰作用。由于后(倒)摄抑制的作用,人们对最后的信息记得较牢。这两种抑制现象说明:首尾信息有利于记忆的保持。根据这一原理,传者在安排正反观点时通常把正面观点(即传者所主张的观点)放在最前边,中间安排不同意见的争论,最后安排传者对正反观点争论的总结。这种处理方法既达到了不同意见的交流,又能使受众对传者的宣传观点记忆最牢。

新闻报道一般都把最重要的或最新鲜、最生动的事实放到导语里,目的是为了在文章的开端处就引起受众的注意。另外,又习惯在文章的结尾部分再做点睛之笔以期给人们留下深刻的印象,这正是利用了人们的记忆规律。

(四)结论的引出或结论的得出

1. 结论的引出或结论的得出的含义

结论的引出或得出也是两种说服方式。意思是,传者的意图是由传者直接道出还是由受众自己得出更具说服力。前者指,传者把自己的观点直露于宣传材料之中,直截了当地影响受众;而后者指,由于传者的真实意图潜藏于宣传内容当中,所以受众只有通过思考才能从中体会传者意图并得出某种结论。这两种方法哪个更能影响受众的态度,还要做具体分析。结论由传者直接引出的宣传方法具有观点清晰、结论明确、容易引起受众注意等特点,所以受众可以直接认知并较快地做出反应。不过这种宣传有两点不足:一是有时受众出于对自尊心的维护,对那些明明白白地试图引导他们改变态度的宣传方式产生抵触心理,可能会影响宣传效果;二是当受众没有经过自己的思考就直截了当地接受了某种观点时,可能会因没有真正地认同而带来不稳定的宣传效果。而结论由受众自己得出的宣传方法,由于受众对自己的依赖较少产生抵触心理,再者因是在受众认真分析、综合、归纳后得出的结论,所以往往印象深、记得牢。倘若受众的观点与传者的意图相吻合,那么宣传的效果就比较稳定。不过,这种宣传方法对于那些文化水平较低、理解力较差的人来说，也存在着自己得不出结论或者得出错误结论的可能。

2. 结论的引出（或得出）在新闻宣传中的体现

在新闻宣传中究竟是让传者直述结论还是让受众自己得出结论更有利于受众改变态度，这与不同的新闻体裁所承担的任务有关。在新闻宣传中所谓“结论”是指新闻主题（即一篇新闻提出的重要问题和体现的中心思想）。“结论的引出”主要体现在新闻评论上。新闻评论承担的任务就是要通过由表及里、由浅而深的分析，引出具有普遍指导意义的规律性的认识，所以新闻评论就是要对受众起到引导、导向的作用。毫无疑问，结论由传者引出这种方法对受众态度的改变会起积极的作用。而结论的得出这种宣传方式则主要体现在消息、通讯、现场短新闻、摄影类等新闻报道中。它们主要是“依靠事实，不同程度地再现事物的状态，以及来龙去脉、前因后果，引导人们正确认识事物”。新闻报道主要不是靠“讲道理”，而是靠“摆事实”去影响受众，因而结论由受众自己得出，更容易为受众接受。《秦俑馆前英语热》和《农民请保姆》一类的现场短新闻，全文没有一句记者的议论，但是受众透过新闻事实可以自己得出这样的结论：只有改革开放，才能提高广大人民群众的物质文明和精神文明水平。

（五）心理控制法

心理控制法是指新闻传播者对于某些新闻事件有意采取低调、淡化或回避的处理方式，目的是控制受众的心理使其朝着有利于社会稳定的方向发展。被淡化处理或有意回避的大多是对社会可能产生负面影响，而且极易诱发许多人效法的新闻事件。例如“卢刚事件”发生后，美国主流社会的重要新闻媒体对该事件的报道都显出较为谨慎的态度。《纽约时报》报道此事仅用了1 000多字，而且只是在全文的最后一句才提到卢刚来自中国。这就是典型的低调、淡化处理。之所以如此，并不是因为美国人对这起发生在爱荷华大学的恶性事件不痛心，而是因为他们深知如果不对这件事采取心理控制法，任凭新闻媒介大肆渲染，就很有可能对受众起到消极的诱导和示范作用，反而产生更大的破坏性后果。这类情况在中国也有教训。2010 年 1 月 23 日富士康有一位员工跳楼自杀，引起多家媒体的渲染，于是自这第一跳起至 11 月 5 日，短短几个月，富士康连续发生 14 起跳楼事件。虽然不能将媒体连篇累牍的报道与富士康员工跳楼做因果关系的判断，但是在这类事件上，媒体应做淡化处理，起码可以减少对其他有自杀倾向的员工的暗示作用。

在我国也出现过新闻报道违背记者初衷，想禁止的事情反倒被扩大影响的例子。近几年的法制类节目办得红红火火，颇受观众欢迎。电视台创办这些节目的初衷是为了普及法律知识，教育受众防范犯罪分子，并对犯罪分子产生一定的舆论威慑力。但其中的有些报道却对犯罪分子的作案手段、作案技巧及作案场景做了过多的细节描绘。这些细节有可能成为受众（特别是未成年人）模仿的教材，甚至诱使其走上犯罪的道路。例如，2011 年安徽电视台地方频道有一期名为《你知锁患有多深》的节目，经过网络转播后引发广泛质疑。有观众认为该节目过细展示“锡纸开锁”过程，有传播犯罪手段的嫌疑。如果对此做淡化处理，如粗线条地介绍犯罪的过程和细节，就容易强化正面内容，起到较好的传播效果。

新闻传播者一定要懂得受众的心理,对于那些不想提倡的事情,除了在报道中淡化处理外,还可以不通过新闻媒介而走其他渠道进行说服教育。例如 1992 年 11 月日本天皇访问中国之前,有少数人想上街游行,要求日本赔偿战争损失。对此,我国的新闻媒介基本保持沉默,对群众的思想工作主要靠各级领导在内部进行,结果有效地引导了这部分群众的心理和行为。

三、新闻受众的因素

新闻受众是接受新闻宣传的认识主体,是具有反作用于新闻信息的能动者。新闻受众自身的因素是其态度改变的内因,而来自新闻传播者的特点和传者在信息交流时所采用的策略、方法则属于受众态度改变的外部力量。外因只有通过内因才能起作用,所以传者必须认真研究目标靶本身的种种因素,提高新闻宣传的社会效益。

(一)受众对新闻信息的选择

美国学者约瑟夫·克拉帕曾提出受众在接受媒介信息时在心理上会出现的三种选择性因素,即选择性的接收、选择性的理解和选择性的记忆。

1. 选择性的接收

面对如潮涌般的媒介信息,受众只能选择其中很小的一部分。那些最容易被受众选择的一定是最符合受众需要的,或者是与受众原有的态度相似的内容。受众个体和受众群体在诸方面的差异,决定了他们对于新闻信息的选择有着各自感兴趣的范围。

2. 选择性的理解

不同的受众在接收了同一新闻信息后,会在对该信息的理解上表现出仁者见仁、智者见智,甚至大相径庭。

2016 年,国内媒体特别是自媒体上出现对转基因问题的激烈争论。一些人坚决反对转基因,尤其是转基因食品。他们认为从长远来看,它对人体是有害的。但是也有一些人支持转基因,认为转基因作物在抗病虫害、提高经济效益等方面有许多优势。对此类消息,受众由于认知水平的差异和出于不同的动机需要,会选择或支持、或反对转基因的立场。这说明对同一新闻事件,人们会有不同的理解。受众选择性理解的存在说明新闻传播者不能设想其传递的信息对于全体受众都具有其本来试图表达的意义,即信息对所有人不可能产生相同的作用,因为受众对同一新闻事件进行译码的过程带有很强的主观性。

心理学家贝雷尔森和斯坦纳认为,理解是一个"复杂的过程,人们在此过程中对感受到的刺激加以选择、组织并解释,使之成为一幅现实世界的富有含义的统一的图画"。这进一步揭示出受众在理解过程中的主观能动性。就是说他们在对客观存在的新闻信息的理解里加进了自己的某些东西,其中包括以往的知识经验、自己的文化背景、动机需要、情绪情感等。

3. 选择性的记忆

受众通常愿意记住那些自己感兴趣的，而容易忘记自己不喜欢的或者与自己关系不大的媒介信息。有研究者曾做过这样一个实验：让对苏联持否定态度的和持肯定态度的被试同时阅读相同的全面介绍苏联政治体制的材料。经过一段时间之后，让他们回忆材料的内容，发现前一组被试记住的多半是苏联体制上的缺陷；而后一组则对苏联体制的优越性记得最牢。受众对新闻信息的选择、理解和记忆的过程，也是他们接受（或抵制）传者意图改变态度的过程。

（二）心理免疫

心理免疫又叫“预防灌输”或“接种效果”。以上我们的研究大多偏重于从传者的角度，如何说服受众按照传者的意图去改变态度，而心理免疫的问题则是侧重于探讨作为受众如何抵制有害的影响和增强正确的观念。心理免疫是从机体免疫“借”来的。意思是当受众对某些问题的反面观点事先有了思想准备，甚至还能进行一定程度的批驳时，当该问题的更大的压力出现时，仍能坚持固有的态度。这就如同对待疾病一样，比方说人们为了增强抵抗力，事先接种牛痘使机体产生抗体，一旦有天花病毒的袭击便能有效地抵御。

心理免疫的研究首先是由麦克盖尔（W. J. McGuire）在20世纪60年代提出来的。麦克盖尔和帕帕乔治斯（D. Papa-georgis）在1961年曾作过关于心理免疫力的实验，其研究的题目是《先期信念防御的类型在产生免被说服中的有关问题》。实验过程是先让三组被试对某个问题形成自己的见解。然后对第一组被试的见解表示支持，而对第二组被试的见解则给予轻度攻击（所谓使其增强心理免疫力）并与被试展开适当的辩论。第三组为控制组，主试不对他们的观点表态。这之后，主试对三组被试已经形成的态度给予猛烈的攻击，看其态度变化的情况（见表10-1）。

表10-1　心理免疫力实验

组别	条件	态度变化量
第一组	支持援助	5.87
第二组	轻度攻击	2.94
第三组（控制组）	两者均无	6.62

注：改变最大数是7

实验结果表明：面对较大的态度改变的压力，第二组态度变化量最少。这是由于他们经“轻度攻击”后，对问题产生了心理免疫力，即有了思想准备，对突然袭击能较从容地对付，所以态度改变少。而第一、三组因缺少对相反观点认知的思想准备，所以很容易被突如其来的反面观点弄蒙了，以致解除了“武装”。

重视对受众进行心理免疫，这是一种防患于未然的有效的宣传方法。事实表明，不让受众接触反面观点，只让他们听一种声音，哪怕它是正确的，这也是危险的。因为当人们在对反面（或反动）观点毫无防备时，很容易被这种观点“俘虏”。所以适当地为受众提供各种不同的声音，尤其是一些反面的信息，对于提高他们识别和抵制错误观点是十分有益的。

“文革”前,刊登国外各种信息的《参考消息》只在很小的范围内发行。那时普通百姓只能从国内媒介中得到几乎是清一色的一面倒的报道。这固然重要,但客观世界并非纯而又纯,靠关闭国门、封锁消息、崇拜领袖来维系人们对社会主义制度、对共产党领导的信念是很困难的,因为这不是一种真正牢固的认同。粉碎“四人帮”后,《参考消息》逐步走入千家万户,尤其是改革开放之后,人们能够收听其他国家的一些媒介宣传的声音。在各种不同政见观点的冲击下,人们通过对比、分析,提高了心理免疫力,这对于中国人增强自己的信念是很有益处的。面对东欧的演变、苏联的解体、西方资本主义国家的叫嚣,中国人民没有动摇对社会主义制度的信念和对中国共产党的拥护,应当说与之有一定的关系。

关于“心理免疫”需要指出的是,在传统媒体主导的环境中,心理免疫理论是行得通的。在新媒体时代,人人手中都握有麦克风,谁都可以凭借互联网将无论是正面的还是反面的新闻信息,瞬间传遍全世界,对此,传播者是很难控制的。相反,黄色的、反动的、媚俗的信息有时会大行其道,传播者还需要做许多净化网络的工作。不过,如果能认识到,心理免疫的精髓在于,提高受众的媒介素养,使其能在纷繁复杂的信息环境中鉴别信息的真伪、正负,那么该理论还有一定的生命力。

(三)人格变量

受众个体的人格变量与态度转变之间的关系比较复杂,下面从四个方面作简要叙述。

1. 智力水平与态度转变

智力一向被人们认为是一种有说服力的因素。许多人以为,智力水平高者一定比智力水平低者更难以说服。然而,调查研究的结果表明智力水平和被说服的难易程度并不呈正相关。当然这并不等于说二者无关联,而是说这种关系是十分复杂的。总的来看,智力水平较高的人,分析与判断能力强,因而,他们坚持或者改变自己的态度比较主动。而智力水平较低的人,认知判断水平较差,改变自己的态度较被动,不得不主要依靠外力的影响。

2. 性格特征与态度改变

杰尼斯(L. L. Janis)研究发现,有些人非常容易接受他人的劝告。这种人的性格特征是缺乏分析、判断的能力,依赖性强,独立性差,容易崇拜权威,容易从众,较易改变自己的态度。相反,有的人对他人的劝告习惯于表示抗拒。这种人思想僵化,否定权威,不愿接受新观念,态度不易改变。

3. 气质类型与态度转变

不同的气质类型对态度转变的难易和速度有较大的影响。一般来讲:多血质类型的人,活泼外向、灵活多变,其态度稳定性较差,容易改变;黏液质类型的人,较内向、反应慢,惰性较强,态度稳定不易改变;胆汁质类型的人,不灵活、较固执,态度也不易改变。

4. 自我防卫与态度转变

自我防卫机制强烈的人，总想尽力维护自己原有的态度，以达到增强自尊心的目的。因而，这种人的态度很难改变。他们通常采用以下防卫措施来维护自己的态度：(1)驳斥别人的观点；(2)贬损资料与信息的来源；(3)采用同化作用、反向作用、文饰作用等手段歪曲信息内容。

四、情境因素

虽然情境因素对于传者和受者沟通信息没有必然的关联，但是由于人们总是在一定的时空环境中传播或接收信息，所以，有时情境因素对于受众态度的改变还是会产生一定的影响。

(一)分心

分心又叫精神涣散，是指当情境中出现的干扰因素使受众处于分心状态时，就容易接受传者的影响。社会心理学家认为，情境是受众接收信息时的一种外在因素。一般情况下，当一个人的意见受到否定时，就容易产生试图抵制的动机，但当情境中出现了某种干扰因素，如噪声、无关刺激等，又易使人处于分心状态，在精力不集中的时候有可能接受别人的影响，从而改变原有的态度。这种情况在日常生活中常见，在受众接收新闻报道时也偶有发生。比如，对于某个新举措的报道(像政府部门要求自某年某月某日起，禁止儿童、老人、孕妇等特殊人群使用抗生素)，对此，倘若受众能聚精会神地观看并进行认真思考的话，就可能拒绝这一举措。因为在中国，老人、孩子在发烧感冒时早已习惯使用抗生素对抗细菌，而且医学界也没有更有效的替代品，药店也会推荐使用抗生素消炎药，传者的意图难以实施。但是如果受众是在分心的状态下，没能全心地关注这类报道，就可能暂时赞同这个报道的内容，并认为是可行的。

(二)强化

强化又叫可口可乐效应，指把说服性信息与强化刺激联系起来，有可能提高传播的效果。媒体进入市场后，不少媒体采用物质刺激的方式吸引受众参与传播活动。如对提供新闻素材者给予一定的报酬；向购买本报(或杂志)者提供参加娱乐活动的机会；向参与节目打热线电话者许愿赠送某种礼物，等等。

复习要点

一、受众的态度

受众的态度是传者的意图向受众行为转化的中介因素，是指受众主体(读者、听众、观众)对新闻客体(新闻传者、新闻媒介、新闻报道等)较为稳定的，由认知、情绪情感和行为意向这三种成分组成的内在心理倾向。

二、影响受众态度改变的因素

影响受众态度改变的因素是由不同层面的多种原因构成的一个系统工程。围绕着受众态度改变这个中心，来自传者、信息沟通过程、受众自身条件和情境中的每个具体因素都会对受众态度的改变产生影响。

1. 新闻传播者的因素

影响受众态度改变的来自传者的因素主要有：(1)权威性(传者的地位、威望、资历等)；(2)可信性(传者的宣传动机是否公正无私)；(3)喜爱性(传者吸引力的大小)；(4)睡眠者效应(信息内容往往比信息源本身给受众留下的印象更深)。

2. 新闻信息的传递

影响受众态度改变的来自新闻信息传递过程的因素主要有：(1)态度差异(新闻信息的内容、观点与受众当时所持态度之间的差异程度)；(2)唤起恐惧(用带有易引起人们恐惧情绪的信息去改变受众的态度)；(3)单方面论证与双方面论证(在传播中是只摆出正面观点，还是同时摆出正反两方面的观点更易使受众接受)；(4)结论的引出或结论的得出(传者的意图是由传者直接道出，还是由受众自己得出更具说服力)；(5)心理控制法(传者对于某些新闻事件有意采取低调、淡化或回避的处理方式，目的是控制受众的心理，使其朝着有利于社会稳定的方向发展)。

3. 新闻受众的因素

影响受众态度改变的来自新闻受众的因素主要有：(1)受众对新闻信息的选择(选择性接收、理解和记忆)；(2)心理免疫，又叫预防灌输(当受众对某些问题的反面观点事先有了思想准备，就能在该问题出现更大的压力时，仍能坚持固有的态度)；(3)人格变量(智力水平、性格特征、气质类型和自我防卫程度)。

4. 情境因素

影响受众态度改变的来自情境的因素主要有：(1)分心(受众因受外界噪声的干扰处于精神涣散的状态时易接受传者的观点)；(2)强化(指把说服性信息与强化刺激联系起来，有可能提高传播的效果)。

复习题

1. 研究受众态度改变的意义是什么？
2. 受众的态度有什么功能？
3. 影响受众态度改变的来自传者的因素有哪些？传者的权威性、可信性、喜爱性以及睡眠者效应各自的含义是什么？它们对新闻受众的影响表现在哪些方面？
4. 对态度差异的研究给予新闻传播者的启示是什么？
5. 举例说明在新闻报道中对“唤起恐惧”的应用及效果。
6. 心理控制法在新闻宣传中的应用和效果。
7. 单方面论证和双方面论证以及结论的引出和得出各自的含义及其在新闻宣传中的应用。

第十一章　新闻评论对受众心理的影响

新闻评论作为新闻写作的重要组成部分，一直以来都被认为是新闻传播的灵魂和旗帜，在新闻传播中起到主导和挂帅的作用。新闻评论的定位不仅对新闻从业人员起到引导作用，也会对受众心理产生举足轻重的影响。在当前海量信息的传播时代，人们不再缺少新闻，而是缺少对新闻的准确认知和深刻理解，即优秀的新闻评论。研究新闻评论对受众心理的影响便是本章应该完成的任务。

第一节　新闻评论的定义、特点和重要性

新闻评论质量的高低是衡量媒体工作水准的重要指标之一，新闻从业人员可以通过新闻评论表达自己的思想观点，以期最大限度地影响和争取受众；而受众在面对不断涌现、纷繁复杂的问题和困惑时，需要有价值的新闻评论答疑解惑，启迪思维。

一、新闻评论的定义

关于新闻评论是什么，研究新闻学的专家学者多有论述。新闻学者姚文华指出："新闻评论，是报纸、广播等新闻舆论工具，就当前重大问题、新闻事件发议论、作解释、提批评、谈意见、发号召的一种文字体裁，属于论说文的范畴。"①

我国著名评论工作者，原《人民日报》副总编辑范荣康认为："新闻评论是就当前或最近报道的新闻，或者虽未见诸报端但确有新闻价值的事实，所发表的具有政治倾向的，以广大读者为对象的评论文章。"②

胡文龙、秦珪、涂光晋则在其编著的《新闻评论教程》中把新闻评论定义为："是针对现实生活中新近发生的、具有普遍意义的新闻事件和迫切需要解决的问题而发议论，讲道理，直接发表意见的文体。……是报刊、通讯社、广播、电视、网络等新闻媒介的评论文章（或节目）的总称。"③

原《新民晚报》副总编辑丁法章认为新闻评论是："媒体编辑部或作者对最近发生的

---

① 姚文华．实用评论学[M]．北京：新华出版社，1985：1．

② 范荣康．新闻评论学[M]．北京：人民日报出版社，1988：5．

③ 胡文龙，秦珪，涂光晋．新闻评论教程[M]．北京：中国人民大学出版社，1998：2．

有价值的新闻事件和有普遍意义的紧迫问题发议论、讲道理，有着鲜明针对性和引导性的一种新闻文体……属于议论文的范畴。"①

综合上述学者的定义，我们可以将新闻评论定义为是针对现实生活中新近发生的具有普遍意义的新闻事件、迫切需要解决的现实问题或公众广泛关注的社会话题，发表议论、做出分析、讲明道理、直接发表意见的文体或节目类型。时至今日，它已经出现了多种形式，包括社论(本台评论)、评论员文章、短评、编者按语、专栏评论、述评、杂文等基本体裁，以及广播评论、电视评论、网络评论的各种独特样式。在此我们探讨的新闻评论是报刊、通讯社、广播、电视、网络等新闻传播媒介以传播意见性信息为主要内容及目的的各类评论文章或节目形式的总称。

二、新闻评论的特点

新闻评论作为一种新闻文体或节目类型，与新闻报道、普通的议论文有着显著的区别。其主要特征可以归纳为三点：论题具有强烈的新闻性、论理具有鲜明的思想性、论说具有广泛的公众性。

(一)论题具有强烈的新闻性

新闻评论必须以新闻为依托，针对有价值的、为广大人民群众所密切关注的新闻事件进行评论和分析。例如澎湃新闻专门设立"马上评"这一评论栏目，针对当下发生的热点新闻事件进行评析。2018年7月上映的电影《我不是药神》讲述患病群体用药难题，引发舆论广泛关注讨论后，李克强总理作出特别批示，要求有关部门加快落实抗癌药降价保供等相关措施。澎湃新闻的《马上评|总理批示降价保供，让抗癌药赶上救命的步伐》②就指出：

> 电影《我不是药神》取材于真实的新闻案例，讲述了一个性保健品店小老板靠倒卖药品发家致富最终被绳之以法的故事。主人公程勇无意中卷入一群等着药救命的病患之中，千千万万的吕受益们因病致贫，因贫买不起药，然后只能拖着等死。它牵涉的议题集中在：药价应不应该高？应该高到什么程度？药企花了高成本研发新药，是不是救命药贵到天花板的理由？在这种现实矛盾冲突中，政府应该做什么？
>
> 争议的过程，其实也是一种残酷博弈的过程。在嘈杂热闹的社会多元声音面前，政府各级机构的立场及态度显得尤为重要，起到方向引导的作用。
>
> 一者，这涉及的是一个庞大的特殊群体。国家癌症中心发布的《2017中国肿瘤登记年报》显示，我国每年新发癌症病例429万，癌症死亡281万例，相当于平均每天过万人、每分钟约7人确诊患癌。对很多重症的患癌者来说，抗癌

---

① 丁法章.新闻评论教程[M].上海：复旦大学出版社，2002：15.

② 吴帅.总理批示降价保供，让抗癌药赶上救命的步伐[EB/OL].(2018-07-18)[2019-02-04].http://www.thepaper.cn/news Detail-forward_2272701.

药是刚需，药价再贵也得咬牙买，甚至为此倾家荡产，因病致贫的社会问题由此产生。

二者，救命的问题涉及的是生存权问题。政府有责任让这一道生命保障更坚固一些，减少民众吃不起救命药的悲剧发生。

三者，在以药养医机制尚未被清除的当下，挤干应该挤干的水分，尽最大努力保证救命药的合理价格，这是中医理论中的“标急先治标”之举，值得肯定。

…………

要让公众吃得起像格列卫这样的救命药，除了药品降价外，让救命药进入医保报销，也非常重要。2013 年，江苏省要求将格列卫纳入医保支付范围并实行医保特殊药品管理，城镇职工医保和城镇居民医保报销比例为 75%。据不完全统计，目前，河北、河南、山西、安徽等地，均将慢性粒细胞白血病纳入新农合重大疾病保障救助，患者药费最高可由医保基金支付 80%。各级政府的这些推动建设，都是非常值得肯定和点赞的。

现在的一个问题在于，当下对救命药降价保供这个问题，各地的重视程度和投入力度各不相同，建设速度也有快有慢。从这个意义而言，李克强总理此次的批示太重要，也太及时，必将可以大力推动抗癌药加快降价的统一步伐。毕竟，就像总理强调的那样——“对癌症病人来说，时间就是生命！”

这篇文章及时回应电影引发的舆论热潮，对现实矛盾冲突中政府应当发挥的作用进行了深度剖析，并展现了政府在医疗救助领域所做的努力，充分发挥了舆论导向的作用。可见，新闻评论必须抓好说话的时机，评在火候上，才能牢牢把握住新闻性这一特点。

(二)论理具有鲜明的思想性

新闻评论是贵在说理，就事论理的一种文体，但由于篇幅的限制和普通公众认知水平的局限性，新闻评论的说理与理论文章不同，不苛求理论的深度与厚度，重在于分析精当，恰到好处地对新闻事实进行画龙点睛般的分析论证。如针对“校园欺凌”事件的屡屡发生，《人民日报》“大家谈”栏目就发表了一篇评论《让学生远离“校园欺凌”的恐惧》[①]：

给欺凌一个明确的定义（伍零）

…………

无论是国家对欺凌的管制，还是大家对欺凌的焦虑，都一定程度体现了社会观念的进步。判断是否真遇到了欺凌，是一切救助和处置的前提。

对于校园欺凌的界定，国外已经有过一些探索：是不是倚强凌弱，是不是反复实施，是不是造成伤害，是认定的关键。2016 年 4 月底，国务院教育督导委员会办公室曾在通知中这样定义：发生在学生之间蓄意或恶意通过肢体、语言及网络等手段，实施欺负、侮辱造成伤害的校园欺凌事件，损害了学生身心健康。

---

① 伍零，应飞虎，方塘. 让学生远离“校园欺凌”的恐惧[N]. 人民日报，2016-12-14.

北京市教委在微信公号上公布的欺凌行为列表，不仅包括物理打击，嘲笑、闲话、孤立、恐吓等，甚至起侮辱性绰号都在其中。可以看出，无论国外还是国内，造成伤害后果和主观故意都是最重要的认定因素。

…………

打造更加安全的校园环境(应飞虎)

…………

从保障未成年人受教育权等角度讲，学生在学校中也应该有免于恐惧的权利。打造安全校园，不能仅限于校园内没有“毒跑道”，更在于学生在校园中能够没有恐惧地学习、交流、生活。因此，在校园中，只要伤害是故意的，并导致受害学生处于惊吓或恐惧之中，无论伤害的形式如何、程度大小，都是欺凌。不能因为加害人自称“逗着玩的”而把这种故意伤害行为排除在欺凌之外。

站在预防同类事件的角度，学校应是预防校园欺凌的第一责任人和首要责任人。一旦学校放弃对校园欺凌的干预和防范，必然会导致欺凌的盛行以及欺凌事件影响的扩大。防范同类事件的发生，学校不能“和稀泥”。

…………

超越小“是非”，寻找真答案(方塘)

…………

无论这起事件最终被定性为一起“偶发事件”还是一桩“校园欺凌”，都无法回避一个重要的事实：当前，大部分学校对于孩子的生命教育、尊严教育都还相对缺失，对于校园伤害和暴力事件的深层次认识还远远不够，尤其是对于校园伤害呈现出的多种形式，如“冷暴力”“软暴力”“微欺凌”还知之不多、重视不够。在伤害发生之前、之中、之后的科学、妥善应对也还缺乏经验。

回望过去几天，一起校园事件之所以成为全民围观的公共事件，一方面缘于公众对于真相的好奇，但更重要的是因为引发了普遍的担忧与不安，有关校园安全的忧虑，有关孩子能否在学校健康快乐成长的忧虑，有关学校能否给予孩子健康的生命教育和秩序观念的忧虑。

面对校园欺凌这样一个世界各国普遍面对的难题，借鉴其他国家的成熟经验，在立足国情的基础上尽快明确相关标准，让广大教师、学生、家庭对什么是欺凌行为、怎样应对有清晰而明确的认知，是当务之急。

孩子的事无小事，今天我们给了孩子怎样的当下，孩子就将还我们一个怎样的未来。

文章不仅仅着眼于“校园欺凌”事件中的孰是孰非，还对“校园欺凌”的法律界定、学校在保护学生方面应该发挥的作用，乃至对学生进行生命教育和秩序观念培养的方方面面进行了讨论，从而帮助受众更全面理性地认识问题、解决问题。

(三)论说具有广泛的公众性

作为新闻评论，面向的必然是最广泛的公众，因此不论是内容还是文风都需要注意与公众的贴近性。新闻评论的公众性反映在以下几个方面：第一，新闻评论提出和解决的问题，是同人民利益密切相关的、民众最关心和最感兴趣的问题；第二，新闻评论的立论需要客观、公允，为民代言，成为公众利益的代表者；第三，新闻评论所用的语言应该是公众喜闻乐见的，符合他们的兴趣和爱好；第四，新闻评论的公众性还体现在群众对新闻评论的积极参与，例如现在许多媒体都会引入受众的点评，比如纸质媒体的来论，电视媒体的短信、微博、微信互动，网络媒体的跟帖、评论、转发，等等。

例如《人民日报》的来论《电商“专供”，尤须严管》①

> 随着网购的普及，标有“电商专供”“电商定制”字样的商品也时有所见。然而，这些商品与实体店商品相比，虽然有一定价格优势，却往往存在不少“猫腻”。对于消费者来说，需要擦亮眼睛。
>
> 作为电子商务领域的新产物，“电商专供”体现着商家着眼于线上市场的差异化布局，可谓创新之举。但在现实中，“电商专供”存在同款不同质、同牌不同质、盗用品牌等现象，一些以假乱真、以次充好的产品令消费者蒙受损失。这不仅影响了一些品牌的口碑，也损害了消费者的合法权益，还在一定程度上影响到电子商务的创新生态。因此，净化“电商专供”市场、做好产品质量控制，既是相关部门监管的重点领域，也是各生产厂家、各电商平台的应尽义务。
>
> 伴随着电商市场的快速增长，重发展轻规范、重效率轻公平、重创新轻诚信、重快捷轻安全等问题不同程度地存在着。而电子商务正是在不断发现问题、解决问题的过程中，一步步发展壮大、走向成熟的。增强问题意识，多管齐下、重典治乱，及时发现问题、破解难题，让电商经营在法治轨道上运行，我们才能营造良好的市场环境，充分保障消费者的利益。

这篇新闻评论来自群众的言论，针对的内容也是当下关乎大众利益的具体问题，体现出显著的公众性。

三、新媒体时代背景下新闻评论的重要性

近年来，新闻评论传播环境产生了巨大的变化，有学者把影响产生变化的因素归结为如下几点：一是社会结构的调整及价值观念的变化，使得受众对新闻评论的需求日益强烈和趋于多元化；二是走向市场的传媒面临不断加剧的竞争，而新闻报道的同质化提升了新闻评论的地位，并推动其大发展；三是舆论环境的宽容和公民素质的提高，催生出众多的评论者，进而改变了国内新闻评论原有的格局，迎来百家争鸣的新局面；四是传播技术的进步和传媒从业者观念的变革，促成了新闻评论的推陈出新，为其进一步发展提供了必要条件和新的机遇。②

在过去几年间，随着新媒体尤其是社交媒体的发展，其作为新闻“频道”的形象越来

① 马晓婧. 电商“专供”，尤须严管[N]. 人民日报，2018-07-04.

② 曾建雄. 转型期新闻评论功能的拓展与内容形式创新[J]. 国际新闻界，2012(12)：7.

越突出。根据路透社新闻研究所 2018 年针对全球新闻受众的调查显示:65%的受访者选择通过搜索引擎或社交媒体等方式获取新闻信息。①

社交媒体的特点使得新闻的参与者能够提供新闻内容,从而在时效性和鲜活性上显著优于传统媒体。只需要一部手持移动网络设施(如智能手机、平板电脑等),每一个互联网用户都可以成为新闻内容的提供者。无论是玉树地震、芦山地震,还是“8·12”天津港滨海新区爆炸事故,最早发出信息的均为事件亲历者。例如“8·12”天津港滨海新区爆炸事故发生后,亲历者提供的各种微视频内容极具震撼力和冲击力,瞬间引爆社会舆论。

由于网络传播的自由性、交互性和开放性,使以往在传统新闻传媒上难以实现的言论自由得到空前的展现。这种前所未有的表达平台和表达方式,对过去一直生存于传统媒体的新闻评论来说,是一种极大的冲击与挑战。在新媒体时代,由网络论坛、博客、微博等提供的开放的言论表达空间和公共话语平台,大幅度降低了意见表达的门槛,传统的“精英—草根”单向传播模式被“去中心化”的传播模式所取代,所有人在作为意见接受者的同时,也成为意见的发布者和传播者。②

同时,随着社交媒体的发展,许多活跃在微博上的“大 V”逐步从业余的传播行为转向专业的自媒体,其生存基础就是自媒体的关注度。而自媒体为了吸引眼球,不断地引导受众关注各种各样的新闻热点事件,一时成为社会话题的引领者。

在新媒体的时代背景下,由于海量信息传播的存在,一般而言,人们已经不缺少新闻。这就不得不推动我们的媒体从业人员思考,专业媒体除去新闻以外,还能够为公众提供什么?

第一,专业媒体需要及时抢占新媒体领域的话语空间。我们应该看到,过去的传统媒体具有较好的社会价值积累,其品牌影响力和社会价值依旧能够在以新闻客户端为代表的新媒体渠道中得到很好的展现。北京师范大学新闻与传播学院和中国人民大学新闻与社会发展研究中心对“今日头条”两会期间网民订阅的两会相关新闻和阅读行为进行数据挖掘与分析,发现 2017 年两会期间(3 月 3 日至 3 月 14 日)新闻媒体阅读时间排在前十位的依次是:新京报公众号、人民网、北京青年报公众号、观察者网、解放军报融媒体、央视新闻、中国青年网、海峡卫视今日海峡、新京报、环球网。可以看到在网民新闻阅读的获取途径中,传统媒体的新媒体客户端获得了更多的青睐和信任。

第二,专业媒体要打造自己的核心竞争力,新闻评论这一阵地绝不能放弃。对于专业媒体而言,运用多种传播渠道,通过新闻评论在第一时间发出自己的声音,提供一流水准的分析与解读,是在当今自媒体挤压下提升自身竞争力的有效途径。在各类信息极大丰富乃至过剩、传播渠道多元化的现实语境中,权威的分析、判断和解释具有独特的价值。高水平的独家言论一经发表,可以通过包括新媒体在内的多种传播渠道广为传播,从而形成一种信息的扩散和激荡。

---

① 路透新闻研究院. 2018 年数字新闻调查报告[R/OL]. (2018-6-21)[2019-02-04]. http://www.useit.com.cn/thread-19464-1-1.html.

② 涂光晋,吴惠凡. 表达·交流·争论·整合——新媒体时代新闻评论的变化与反思[J]. 国际新闻界,2011(5):16-23.

这正是当前新闻评论的价值所在，即在纷繁复杂的现实话题面前，给予公众理智的光芒和思想的启迪。只有通过提供大量符合公众心理需求、引导公众积极思索的新闻评论内容，才能让专业媒体在今天这样一个信息爆炸的时代突围而出，成为真正深刻的“观点提供者”。正因如此，有新闻学者指出：“（我国）新闻评论选题的时效性、立论的针对性、论理的透辟性、风格的多样性、作者的广泛性等都有了长足的进步，出现了前所未有的大好局面。”①

第二节　新闻评论对受众心理的具体影响

新闻评论是一种意见的传达和观点的交流，通过这种人与人之间的精神交往，人们不仅能获取信息，同时也能得到精神上的滋养，从而有助于提升自我认知，完善和健全人格。在这种精神交往过程中，人们内心的孤独得到了排遣，消极情绪得到了宣泄，焦虑得到了消解，人们参与社会事务的热情被激发。新闻评论还能为人们提供多方面的决策参考，为人们的生存提供智力和精神上的支持。

新闻评论通过影响受众的心理过程，引导受众正确认知，唤起受众正面或负面的情绪情感，为受众提供行为引导，从而达到引导社会舆论、启迪受众思维的效果。

一、正确认知

新闻评论要产生对受众的影响，首先要引起受众的关注，让受众把注意力投到新闻评论的内容上来，再通过新闻评论内容提供给受众相关认知背景，引导受众正确认识客观事物的一般属性和内在联系，从而影响受众的思维过程和行为方式。

（一）引起受众关注

新闻评论要对受众产生影响，引起其关注是必不可少的第一步。因此吸引受众的注意是新闻评论非常重要的一项任务。注意是心理活动对一定对象的有选择的集中。注意并不是一种独立的心理过程，而是心理过程的一种共同特征。注意表现为心理活动的一种积极状态，它具有选择的功能，也就是使心理活动具有一定的方向性；注意还具有保持的功能，即感觉记忆的材料必须经过注意才能进入短时记忆，如果不加注意，它就会很快消失。此外，注意还有对活动进行调节和监督的功能。离开了注意的伴随，整个认知过程就不能够顺利完成。

新闻评论对受众产生的刺激一般来说属于无意注意，无意注意是指没有预定目的、不需要意志努力的注意。引发无意注意可以通过加强刺激物的强度、新异性、对比关系和活动变化等来完成。一旦引起无意注意，就可能转化为有意注意。新闻评论如果想引起受众注意，在实际操作中可从以下几个方面着手：

第一是新闻评论的摆放位置。根据 2007 年中国人民大学舆论研究所传播心理工作

---

① 丁法章. 新闻评论教程[M]. 5 版. 上海：复旦大学出版社，2012：9.

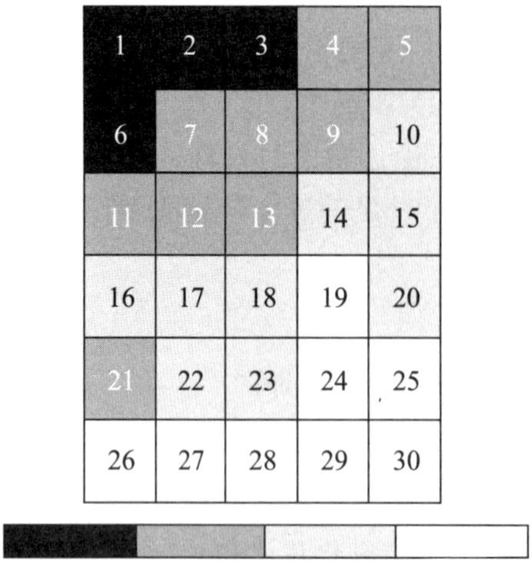

图 11-1　报纸版面重心四级分布图

室的研究,通过眼动仪实验观察人眼在阅读报纸时的眼动轨迹,分析出人们阅读中文报纸的视觉规律,得出的结论是大多数人阅读报纸的视觉轨迹呈从上到下、从左到右的顺序阅读特征,版面的视觉重心的分布由“上—左”版区向“下—右”版区逐渐递减(如图 11-1 所示,颜色越深表示获得关注越多)。同时,受众对大标题的关注度高于图片。[①]

根据国外对互联网社交媒体网页的眼动轨迹分析,也得出了基本一致的结论,即内容越靠上,获得的关注度就越高。但在网页上,与报纸不同,图片相对于文字而言获得了更多关注度。[②] (图 11-2、图 11-3)

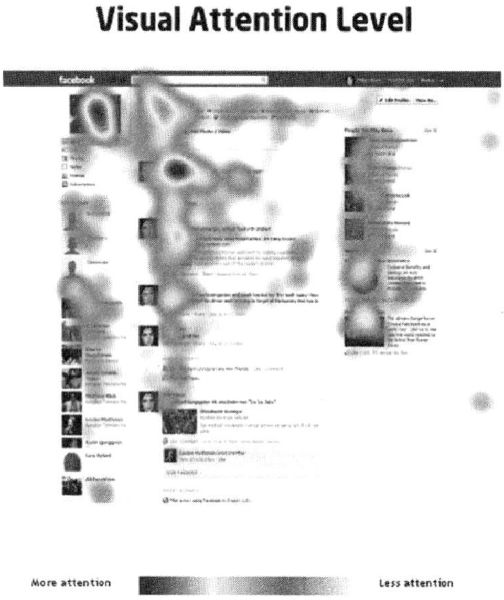

图 11-2　Facebook 个人页面眼动轨迹图

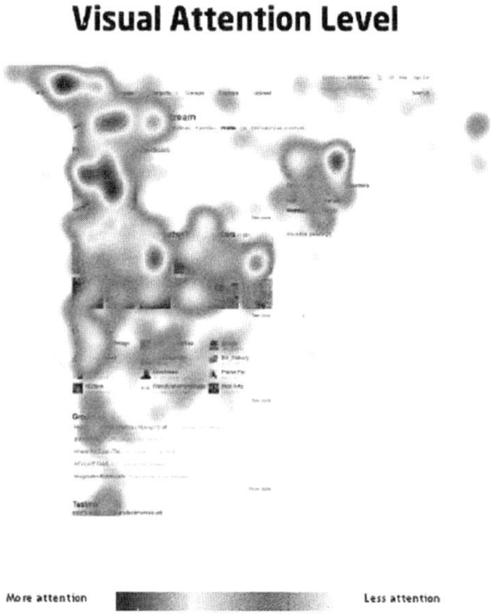

图 11-3　Flickr 个人页面眼动轨迹图

根据上述实证研究,我们可以得知在报纸媒体上,新闻评论如想引起受众注意,需要尽量把评论内容放在靠左上方的位置,同时辅以醒目的标题;而放在网络媒体上,除了将重要内容放在左上方以外,还可以配合图片,以取得更明显的效果。

随着 4G、5G 网络的快速发展和 Wi-Fi 的普及,以手机为代表的移动端已成为人们获

---

① 喻国明,汤雪梅,苏林森,李彪.读者阅读中文报纸版面的视觉轨迹及其规律——一项基于眼动仪的实验研究[J].国际新闻界,2007(8):13.

② KESSLER S. Here's How People Look at Your Facebook Profile — Literally[EB/OL].(2011-11-30)[2018-03-02]. http://mashable.com/2011/11/30/social-profile-eye-tracking/.

取新闻的主要渠道。艾瑞咨询数据显示,59.6%的网民倾向于通过手机新闻客户端获取新闻资讯。路透新闻研究所的调查也显示,越来越多的人选择用手机阅读新闻。因此,在小屏端打造吸引受众注意、适合受众观看的新闻评论内容至关重要。

研究发现,受众在手机端阅读可视化材料与过去阅读纯文本材料的方式不同。阅读文字材料是顺序阅读,而阅读可视化材料时,视觉更多地受到刺激点的影响。色彩、面积等视觉元素,甚至标题(字体、字号被强调处理)都会成为视觉的刺激点(图 11-4)[①]。因此,媒体在打造移动端的新闻评论时,需精心考虑各种元素的组合安排,更好地引起受众注意。

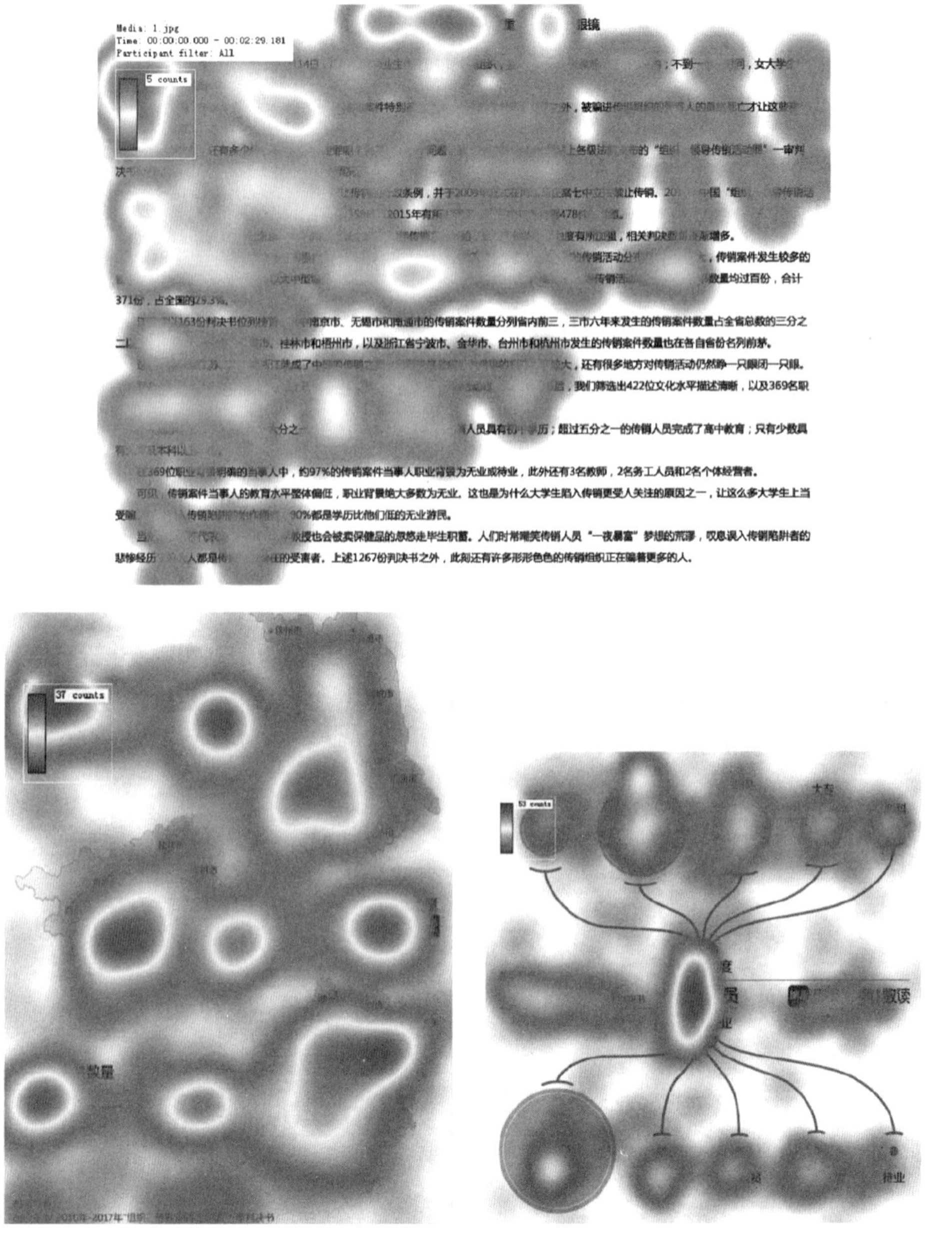

图 11-4　数据可视化材料热点图

---

① 许向东.数据可视化传播效果的眼动实验研究[J].国际新闻界,2018(4):168.

第二是新闻评论的标题。具有新异性的事物往往容易吸引公众注意，因此可以通过运用新鲜的事例、手法或语言引发受众兴趣，设计出能够吸引受众眼球的新闻评论标题。在传统媒体时代，就有大量的优秀新闻评论的例子。例如1993年6月26日《中国青年报》"求实篇"的《牛毛出在羊身上》，1996年11月11日《法制日报》"法制论坛"的《"吹牛"也犯法》，2004年4月11日央视国际"央视网评"的《"红包"为什么这样"红"?》，2012年10月31日《新京报》的《莫言获奖苦了萝卜》，等等，都是通过设计巧妙的标题引发受众好奇心，从而吸引受众关注新闻评论具体内容。

不仅如此，标题的撰写还可以通过各种文学修辞手法，引起受众兴趣。如使用比喻法，利用事物间的相似点，以对此物描绘来表现彼物，例如1987年6月18日松花江人民广播电台的《"嫁"出去的"姑娘"也要管》，1990年10月31日《经济日报》"每周经济观察"的《怎样把"蛋糕"做大》，1999年4月1日北京电视台《今日话题》的《会议缘何出"虫子"》。可使用比拟法，借助于想象力把物当作人进行描述，如1996年3月20日《人民日报》"国际札记"的《奥斯维辛醒着》，2004年7月11日新华网的《京城是被暴雨"灌瘫"的吗?》，2011年10月29日《新京报》的《"潘币"挠了时代的痒痒 》。可使用借代法，借用事物内部或外部不可分割的相关联系，以与事物相关的部分名称代替事物的本体，如1991年12月27日《人民日报》"今日谈"的《多交"毡帽朋友"》，1998年4月5日中央电视台《焦点访谈》的《飞去"乌纱"又飞来》。可使用回环法，把词语或句子在组合过程中颠倒重复，使其首尾呼应，形成回环，如1989年1月7日《人民日报》"漫话"的《"官钓"与"钓官"》，1995年7月12日中央人民广播电台《新闻纵横》的《"如意"不如意》等。可以使用双关法，如1996年12月7日中央电视台《焦点访谈》的《巨额粮款化为水》，关注了这样一个事实：黑龙江省五大连池市的农民出售粮食三个月后，竟然没有一个人拿到售粮款。记者对此进行了深入的采访，最后发现该市违反国家规定，把粮款挪用于建设矿泉水厂。其标题有两层含义：一为农民的粮款都用以修矿泉水厂，变成了矿泉水；二为农民的血汗钱换回一纸白条，犹如东流之水，有去无回。该新闻评论标题一语双关，十分巧妙(图11-5)。

图11-5 《焦点访谈》节目截图

进入新媒体时代之后，由于阅读场景的碎片化、阅读方式的快餐化，对新闻评论的标题有新的要求：既要吸引眼球，又不能过于耸动，造成格调低俗甚至带来负面影响。

事实上，新媒体时代，网络媒体制造耸动标题吸引关注的例子层出不穷。例如2015年1月10日，微信公众号“石狮民生事”发文并配惊悚标题《一家34口灭门惨案》，称“凌晨6点发生重大血案，一家34口被残忍杀害，其中一名有孕在身”。其实是34只老鼠死亡一事。该微信文章煞有介事地写道：“据警方初步判断，事件很可能是邻里纠纷引发的。受害者与犯罪嫌疑人本是邻居，受害者到邻居家偷吃方便面时被发现。”事后当地警方以“扰乱公共秩序”的名义对发布者进行拘留。这样的事例给媒体从业人员以警示：吸引受众关注不能突破新闻真实性与客观性的底线。

在这一时代背景下，新媒体的新闻评论标题大多直接明了，善用疑问、诘问、设问等手法，提高受众的关注度。如2016年11月4日的“人民网评”《北京居住证，真的便民了吗?》，2016年12月9日的“人民网评”《谁该为167名女大学生裸照公开负责?》，2018年7月18日的澎湃新闻“马上评”《出国审批“逼疯”大学青椒，说好的“最多跑一次”呢?》，2018年7月2日的《环球时报》社评《环太军演“孤立”中国？太自恋了吧》，2018年6月5日的《环球时报》社评《半岛终战宣言怎么签？效果最重要》等，此类标题均能引起受众的好奇心，适应当前的媒体形态。

第三是新闻评论的开头。由于在阅读新闻评论时，受众往往处于无意注意状态下，愿意付出的意志努力较低。因此受众是否会阅读一篇新闻评论，很大程度上取决于文本的传播效率。根据美国传播学者施拉姆表述的传播效率公式：

选择的或然率＝所偿的保证/费力的程度。

这是一种接受规律。新闻评论的结构也受这个规律支配。目前从新闻评论实践来说，有两种方法提高传播效率。

其一是把新闻评论最重要的要素放在最前面。对新闻评论而言，最重要的要素是对新闻事件的认识和这一活动的结果，即论点。为了提高传播效率，新闻评论需要把认识过程最后得出的结论尽快写在前头，最好是能够在叙述完评论对象后立即说出来。因此在表达上，从结论开始，是新闻评论写作和阅读的一种有效结构。以《人民日报》评论国际关系的“钟声”专栏为例，目前每篇评论均会把结论写在最前面。

例如，《为实现普遍安全贡献中国智慧》①：

> 中国倡导的安全观，体现出对时与势的准确把握，因其被实践所证明的正义性、可行性、有效性而受到国际社会普遍赞赏。
>
> …………

《“精明作秀”代替不了真诚反省》②：

---

① 钟声.为实现普遍安全贡献中国智慧[N].人民日报，2018-06-15.

② 钟声.“精明作秀”代替不了真诚反省[N].人民日报，2016-12-29.

在军国主义战争罪责问题上，是否对历史完成了清算，不是由加害者自己说了算。

…………

图 11-6 微信评论类公众号截图

其二是在文章开头标明全文字数，告知受众大约的阅读时间，也能够提高受众的接受度(图11-6)。

除此之外，还可以通过一些有吸引力的开头方式，带领受众进入设定情景。如美国佐治亚大学新闻学者康拉德·芬克(Conrad C. Fink)在《冲击力：新闻评论写作教程》一书中归纳出的“瓶颈结构”。“瓶颈结构”一般是以一个真实的故事或人物开头，从细微处入手吸引受众往下读。

例如，《日本头号议题：人口减少，日本怎么迎接外国人?》①：

在日本埼玉县川口市的一个名叫“芝园团地”的社区，一场没有硝烟的“战争”已经持续多年。对阵的双方，分别是日本籍居民和移居这里的外国籍居民。

看起来这场旷日持久的“战争”也许像是小打小闹，比如：日本居民会指责外国居民高空抛撒垃圾、深夜制造噪声等，打扰了自己原本宁静有序的生活；而外国居民因为语言和生活习惯等差异，无法及时获得公共服务资讯和支持，更不用说融入社区。被媒体反复提及的一次激烈冲突，则是一张公用木桌被匿名涂写很多恶毒话语。

2004年开始，芝园团地自治会(注：日本社区的自治会类似中国城市的业委会)意识到这个问题。担任自治会事务局局长的冈崎广树开始尝试平息双方的不安和不满。在他的推动下，那张引发争议的木桌也在2015年被粉刷一新，天蓝色的底漆上印满了居民们五颜六色的手掌印，变成芝园团地宣传多元文化共生的标志物。

…………

看着蓝色桌面上五彩斑斓的手印——它们与周围建筑的素净色彩形成鲜明对比——我不禁好奇：作为一个族群相对单一、文化高度均质的国家，日本将如何在社群加速多元化和国际化的世界大势中自处?

…………

文章通过日本埼玉县一个社区文化融合经历引出日本如何处理外来移民与文化多

① 邓江波. 日本头号议题：人口减少，日本怎么迎接外国人[N]. 南方周末，2018-07-12.

元这一命题，从具体事件的“颈”衔接到宏观层面的“瓶”，颇有“引君入瓮”之感。

通过上述几种方法，新闻评论能够吸引到受众的注意，从而把受众带入认知情景中去。

（二）为受众提供认知背景

思维是人脑对客观现实概括的和间接的反映。它反映的是事物的本质和事物间规律性的联系。但在现实生活中，所发生的新闻事件常常带有一定的专业性，普通公众难以理解，更难以把握事件背后的本质和规律，因此新闻评论必须提供给受众相应的认知背景，才能帮助受众把对新闻事件的认知纳入自己的认知结构之中。

例如，中美贸易战发生之后，普通民众对其充满担忧，《环球时报》专门发表社评《中国战略回旋余地从未像今天这样大》[1]：

> 中美贸易战打响了，一些人担心，它是对中国国运的挑战。这样的危机感不能说是杞人忧天，这场贸易战是中国崛起路上的一道坎，历史将会留下对它的记述。
>
> 但把这道坎放到中国改革开放的全程去看，我们对它的认识会更全面。这40年中国经历了好几道大坎，这场贸易战以及由此导致的中美关系紧张能算是最大的坎吗？它引起的社会争论和焦虑是最严重的吗？恐怕都未必是。
>
> 改革开放初期直到2000年前后，中国的改革开放有过好几轮震荡和突围。较为严重的通胀、下岗潮都是计划经济时期不曾经历过的挑战，国家当时可以应对它们的资源很少。更严重的是，80年代末90年代初的那几年，西方联手对中国进行经济制裁，导致中国经济的短时间停滞。
>
> 另外，1996年发生重大台海危机，1999年和2001年先后发生北约轰炸中国驻南联盟使馆和中美撞机危机，每一次都是对中国的严峻考验。
>
> …………
>
> 很难比较中美贸易战与之前的挑战哪个更严重，因为它们的发生逻辑和冲击方式不太一样。但有一点是确定的，中国今天应对挑战的资源最多，回旋空间也最大。
>
> 中国社会的综合规模和维度都已今非昔比，这究竟让这个国家更有韧性了，还是被系统性危机击垮的风险更大了呢？应当说，这两条线索都不是空谈，但很重要的一点是，中国社会有化风险为韧性的巨大主动性，而非我们要被动地接受命运安排。
>
> 中国现代化总的来说已经上路，中国发展的内在动力机制已经生成，从传统到现实，从文化到政治的诸多元素都成为它的燃料。中国的前进远非一场贸易战就能阻止的，也不是大国关系变动就能动摇的。美国要从外部阻止中国这种规模的文明复兴，这将是人类历史上从未有过的赌博，美国即使付出难以置

---

① 中国战略回旋余地从未像今天这样大[N]. 环球时报，2018-07-13.

信的成本和牺牲,也未必管用。

中国崛起是历史大事件,我们能越来越清晰地感知,决定中国崛起命运的还是中国自己做得怎么样,而不是别人如何对待我们。中国的政治体制能否巩固且发扬光大,各项经济和社会改革能否落实,开放的大门是否越开越大,对它们的回答将是决定性的,而非美国在某个时期里对我们的产品征收多高的关税。

实际上,从改革开放全面启动之后,中国就不断被各种不确定性困扰。往未来看,我们一直担心失去战略机遇期。回头看,又发现我们一直处在战略机遇期里。我们每年年初都说,今年很关键,这几年挺过去,以后就会好得多。从大历史的角度看,中国今天遭遇的困难与过去的挑战没有什么不同。

大国崛起都意味着顶级的战略承压,但崛起的后劲不一样,应对挑战的政治策略和哲学方式也会不同。中国崛起不是一次莽撞的碰运气,我们的潜力、历史经验和民族的整体自信都是独一无二的。

中国主张的人类命运共同体是全球化时代的一次思想革命,如果美国非要按照旧思维搞中美国运的零和博弈,那么从历史的大概率看,是中国文明再次复兴的成功可能性高,还是美国霸权持之以恒的可能性高呢?答案几乎是不言而喻的。

这篇文章通过对中美贸易战的分析,将这一矛盾放到中国改革开放的全程去看,点明这个事件背后所蕴含的意义:中国崛起和构建人类命运共同体的大变革。从而引导受众把对事件的解读放在当前国际局势的大背景之下,让受众对该新闻事件的认知上了一个台阶。

(三)引导受众分析与预测

除了为受众提供认知背景以外,新闻评论更重要的任务是引导受众认识新闻事件背后的普遍规律,并运用这些规律来分析身边的具体事例,预测未来的事态发展。总体而言就是引导受众从认识个别事件到掌握普遍规律,再运用普遍规律分析具体事件。通过对信息的处理,包括分析、抽象、综合、概括、对比等,完成思维的整个过程。

例如,2016年国际风云变幻,无论是英国脱欧还是美国大选,都引起了全世界的广泛关注。2017年中国新闻奖获奖评论《民主失算与媒体失范》[①]便是从这两件国际大事入手,讨论了西方国家存在的根本矛盾:

岁末年终,回眸今年的世界大事,有两件事会迫不及待、争先恐后地赫然跃入公众视野:英国脱欧公投和美国总统大选。这两件事之所以如此炫耀显赫,不是因为它们实行一人一票的选举制,让民众充分发扬民主,世界上不乏此类案例;也不是因为它们赢得各种媒体青睐,受到连篇累牍的关注,国际上经常发

① 李新烽. 民主失算与媒体失范[N]. 中国社会科学报,2016-12-29.

生此类事情。它们之所以如此张扬显眼，其独特之处在于：其一，性质相同，发生在最发达的资本主义民主国家，政府行为，全民参与，程序完善；其二，结果相似，选举结果与初衷南辕北辙，让各自国家的选民大跌眼镜，推倒重来的呼声不绝于耳，首相总统不得不出面回应；其三，媒体相仿，英国公投和美国大选前，两国媒体纷纷选边站队，英国媒体分为两大阵营竭尽全力助威造势，美国舆论则形成史无前例的一边倒；其四，影响相当，以客观公正自由自居的英美媒体，公然挑战新闻职业守则和新闻道德规范，搬起石头砸自己的脚，所造成的负面影响相当深广；其五，疑问相继，世人纷纷发问，探究公投和大选结果出人意料的深层原因，意欲打破砂锅问到底。一言以蔽之，此两件大事集中暴露了西式民主失算与西方媒体失范的严重弊端，这一现象让人深思，发人深省，影响深远。

英国采取公投方式决定与欧盟的关系，卡梅伦当初是胸有成竹、胜券在握的，旨在通过公投取得“一石三鸟”之效果：平息国内的脱欧议论，稳定与欧盟的关系，进而筑牢执政根基。未料事与愿违，自我玩火，外加媒体煽风点火，风长火势，脱欧之烈火似脱缰之野马而失控。民主与卡梅伦开了一个不大不小的玩笑，在哼着小调告别唐宁街 10 号时，首相先生想必会为自己的失策、公投的失准、民主的失算而悔恨不已。这从他最后阶段不遗余力为“留欧”大声呐喊就能管中窥豹，可见一斑。英国不乏“事后诸葛亮”为他指点迷津：对于像脱欧这样关乎全民利益的重大议题，应该由议会决定，哪能让公投决断？

再把目光转向大西洋彼岸的美国，看看总统大选的新闻报道。维基解密网曝光的一些民主党人邮件证实：民主党竞选总部与媒体界频频私下勾结。俄罗斯《消息报》分析了美国十几家一贯亲共和党媒体的报道，发现“象”党的院外集团转而站到“驴”党一边：“几乎所有美国媒体都顾不上保持客观立场，都支持民主党总统候选人希拉里。一拨亲共和党的媒体也背弃了数百年的传统，为民主党人摇旗呐喊。”难怪特朗普戏谑道：“美国媒体和希拉里躺在一张床上。”

然而，与英国公投结果一样出乎所料，特朗普胜选了，法国《世界报》将其与 2001 年骇人听闻的“9・11”恐怖袭击相提并论。对此，西方有识之士从两个方面反躬自问：媒体为何失范？民主缘何失算？

在深挖民主失算的根源时，英美精英人士不约而同地认为，“颠覆性”大选难挽“美式民主”颓势，其根源在于西方体制性腐败。这是因为“这场政治灾难在很大程度上是我国制度自己造成的”，美国《外交政策》双月刊网站的文章进而列举了美国制度的三大弊端：首先是疏忽之过，大多数民众未能从经济发展中受益，政府却袖手旁观；其次是佣金之错，大公司和华尔街一直在通过游说和竞选捐款为政治影响力投入巨资，他们在华盛顿格外有发言权；最后是包容精神之失，“这场选举扯掉了最后一丝对美国民主制度和公共生活中包容精神的尊重”。在竞选过程中，有的总统候选人丑化对手，吹嘘自己，讽刺弱势群体。在英国《独立报》网站 12 月 3 日的一篇文章中，透明国际创始人之一劳伦斯・科克罗夫特将西方体制腐败分为五种类型：竞选资金、游说行业、金融腐败、企业行贿和腐败危及碳排放的努力。

其实,对于资本主义制度的腐败和资产阶级民主自由的虚伪,慧眼识珠的美国人早已有所洞察。这次美国总统竞选及其新闻报道,就勾起人们对马克·吐温的著名小说《竞选州长》和迈克·奎因的讽刺小说《金喇叭》的清新回忆。

对于美国媒体严重误判大选结果,未能把握本国的“复杂脉搏”,《纽约时报》媒体专家吉姆·鲁滕贝格认为,这源于新闻“没有成功检测到很大一部分美国选民沸腾的愤怒,这些人感到自己被一个只让某些人享受到的经济复苏所抛弃。他们也感到被华盛顿、华尔街和大型媒体的精英们所羞辱”。对此,德国传媒学专家沃维大声疾呼:西方记者和学者不能再“生活在象牙塔里”了!

英国脱欧公投和美国总统大选,犹如两记响彻全球的警钟,告诫西式民主的吹鼓手们和西方新闻自由的标榜者们,你们的民主模式和新闻自由范式并非十全十美、尽善尽美,再勿“以我为中心”对别国的民主与自由指手画脚、横加干涉了。文明的多样性是人类社会的显著特征,民主和自由并不存在所谓的完美模式和完满范式,适合各自国情、行之有效且不断发展完善的民主与自由,就是好的模式和范式。也许俄罗斯国际问题专家韦尼阿明·波波夫的一席话意味深长:美国大选彻底暴露了西方的政治体制危机以及社会各阶层的严重分裂。西方执政者需要认识到,面临如此多的全球性问题,开展平等的多边合作已经势在必行。

这篇文章为受众分析了英国脱欧与美国大选整个事件背后的共通之处,对于受众而言,不仅有助于理解当时的世界形势,还可以更深层次地发现西方民主模式与新闻自由范式的痼疾,并思考世界各国应当如何选择适合自身发展模式这样一个全球性的问题。

二、唤起情感

新闻评论不只要以理服人,也要以情感人。除了通过传播丰富的理性信息去锁定受众的注意力,让其进行深层思考外,还应在字里行间体现评论者的感情,或是激烈、奔腾、愤慨,以溢于言表的情势撞击受众的心灵;或是兴奋、热烈、自豪,引起受众的感情共鸣。事实上,对于新闻评论,只有作者在感情的升腾中思考,在深沉的思考中抒情,写出的文章才能切切实实地叩击受众的心灵,引起社会的广泛注意。

从情感层面而言,新闻评论主要通过对正面情感的张扬和引导,以及对负面情绪的表达和排解来触动受众的心灵。

(一)正面情感的张扬和引导

处于当下复杂多变的社会环境之中,人们普遍感到一种茫然不适,从而产生一种对正能量的渴求。这时候,新闻评论通过对正面情感,诸如爱国、敬业、互助、人性光辉等的宣扬,实质就是给整个社会舆论带来一种正能量,也给公众以情感的冲击与方向的指引。

例如在第27届中国新闻奖的评选中,刊登在2016年6月29日《人民日报》要闻版上的《以信仰之光照亮奋斗之路》[①]一文，荣获文字评论特别奖。文章在论述信仰之光如何照亮奋斗之路时，用满腔的正气、大量密集的短句、工整的对句和饱含激荡的情感，将理性与现实巧妙结合。如文中写道：

> 95年，3句话。源于德国小镇特里尔的种子，在一代代中国共产党人的心灵中孕育成长。红色的激流汇入黄色的土层，掀起汹涌壮阔的狂澜，汇聚成光耀中华的绚丽日出，它让世界四分之一的人口选择了马克思主义，荡涤风雨如磐的暗夜，照亮民族复兴的征程，彻底改造了这个古老的国家，彻底改变了人民的命运，彻底改写了人类社会的政治版图。
>
> 从嘉兴南湖红船上寻找光明的摆渡人，到驾驭世界第二大经济体的领航者，中国共产党激励与召唤着亿万人民生死与共、始终相随，让这个曾经四分五裂、一穷二白的国度，于危难中振作，在绝望中重生，已然可见复兴的曙光。
>
> …………
>
> “敌人只能砍下我们的头颅，决不能动摇我们的信仰！因为我们信仰的主义，乃是宇宙的真理！为着共产主义牺牲，为着苏维埃流血，那是我们十分情愿的啊！”1935年8月，方志敏在就义之前慷慨陈词。这位赣东北苏区的创建者，过着“清贫，洁白朴素的生活”，却“生存一天就要为中国呼喊一天”，只因他是“马克思主义笃诚的信仰者”，坚信“苏维埃可以救中国，革命必能得最后的胜利”。
>
> “为了抉择真理，我们应当回去；为了国家民族，我们应当回去；为了为人民服务，我们应当回去；……为我们伟大祖国的建设和发展而奋斗！”1950年2月，华罗庚在归国途中，写下这封《致中国全体留美学生的公开信》。那一年，华罗庚、朱光亚、邓稼先、叶笃正等1 000多名留美学生不畏艰辛奔向新中国，很多人加入了中国共产党。他们相信，“新民主主义已经很明显地指出中国社会建设该取的道路”，“我们的民族将再也不是一个被人侮辱的民族了”。
>
> “我们是有组织、有信仰、有觉悟的人。”2008年5月，瞿永安的11位亲人在汶川地震中丧生。在满地瓦砾的家门口，这位北川县副县长泪流满面磕了三个头，随后起身投入抗灾一线。在那场特大地震之后，从80后女警察蒋敏、组织部长王理效，到参与援建的干部崔学选，定格下无数共产党员的奉献精神。在汶川震区考察救灾和重建的外国友人感慨：“有一条‘经’我们很难取走——你们有这么多勇于献身的中共党员。”
>
> 95年来，无数仁人志士，汇聚于信仰的旗帜之下。在他们身上，有着这个群体的心灵密码，有着共产党人共同的精神基因——
>
> 他们相信，“只有在斗争中无所畏惧，才能在追求真理的过程中把自己雕塑成器”。在这真理里，凝聚着智慧与知识的结晶，也蕴藏着国家与民族发展的路径。沿着这条真理之路，沉沦的中国才能走向复兴，亿万中国人才能过上更好

---

① 任仲平. 以信仰之光照亮奋斗之路——写在中国共产党成立95周年之际(上)[N]. 人民日报，2016-06-29.

的生活。他们视追寻这样的真理为理想,他们以实践这样的真理为信仰。

…………

整篇文章围绕习近平总书记提出的马克思主义“真理”和“道义”两个制高点来撰写,将中国共产党波澜壮阔的95年历史,放到改变中国百年命运的光辉历程中考量,证明马克思主义信仰“让一个政党的成长与一个国家的重生融为一体,在动荡的百年历史中写下不朽的传奇”。评论既有历史纵深感,也有很强的现实针对性;既写出了理论深度,也谈了成绩和问题,是理性思考与感性表达巧妙结合的成功范例。

而对正面情感的张扬,不仅仅在对正面事件进行评论,如举办奥运会、成功发射火箭等激励人心的事件时需要,在面对一些社会负面新闻的时候,也需要通过对正向情感的挖掘,引导公众的心理感受。如近年来各地屡屡出现老年人购买保健品上当受骗,这时候记者可以通过新闻评论的手法,引导人们去思考如何更好地关心和帮助老年人,才能从根本上解决问题。例如澎湃新闻的“深观察”《别让保健品推销员比你更懂你的父母》①:

老年人沉迷于买保健品,早已不是什么新闻了,时不时还以极端方式登上社会版头条,让人唏嘘:青岛一位60岁老人花10万元购买保健品后被坑,留下遗书在海边自杀身亡;重庆一大妈为了买保健品,耗尽老两口节俭一辈子省下的30多万积蓄,导致老伴重病无钱医治,女儿急得要跳楼……这些还只是冰山一角,那些因为“剧情”、细节、损失钱财、酿成后果不具有“爆点”而没被报道的案例,还不知有多少。轻则失财,重则丧命,将保健品(包括医疗器械)推销,比作专门针对老年人的“传销”,可谓恰当。

很多时候,我们并不是不知道老人热衷买保健品的心态:害怕生病,认为花钱买健康值得——也有点闲钱。心理空虚寂寞,渴望得到认同与关爱,而子女们不是太忙,就是没有共同话题,不能给予心灵慰藉。我们也知道促销员的套路:先花式打“免费”旗号,免费讲座、免费领奖品、免费旅游,吸引节俭意识强的老人参与,而后对老人各种嘘寒问暖、体贴入微,让老人不买都不好意思。最后,即便发现上当受骗,老人们也缺乏维权的意识和能力。

但是,除非家有买保健品买到魔怔的老人,否则我们还是很难体会这些家庭的痛苦与绝望,顶多在看到这类新闻时,留下一两句“骗子可恶,老人可怜”这类无关痛痒的评论。很多时候,我们忽视了一些更重要的问题。

…………

得承认,总有人揣着莫名的优越感,对老年人抱有种种偏见,却很难或不屑于尝试站在他们的角度去理解,人对生命与健康的渴望、对死亡的恐惧,本就是本能与共通的。尤其是在身体机能变差的老年,这种心理会变得尤为强烈,这

① 甘琼芳.别让保健品推销员比你更懂你的父母[EB/OL].(2018-06-20)[2019-07-04].http://www.thepaper.cn/newsDetail-forward_2206711.

是不分学历、身份、阶层的。换句话说，在懂老人这点上，保健品促销员比你不知道“高”到哪里去了。他们对老年人心态的洞察，以及采取的“低姿态”，拉近了他们与老人的距离，让老人不知不觉打消了戒备心理，逐渐建立信任，这是保健品骗局屡屡成功的心理基础。等心理上的信任变成情感上的依赖，再想拉老人回头就难了。

还有，我们总是批评老人做得不对，却很少耐心教教他们怎么做才对。比如，熟稔上网的你，可以轻松获得保健品骗局的新闻和防范信息，可以随手转发或直接告诉父母与熟悉的老人；你少打局游戏，花点心思找找商家忽悠中的漏洞，或去听一场保健品讲座，想想“反制”办法；为父母订阅正规的医疗保健报纸杂志，让他们掌握正确的保健知识。最简单的，你多打一个电话，父母就能少接一个骗子的电话。你多回一次家，父母就少一分孤独。你多带父母去做次体检，他们就能更清楚地知道自己的身体状况，而不必忧心忡忡。你给他们买份保险，也能减轻点他们的精神负担。只有让他们掌握了正确的，才能对错误的脱敏。你可以做的，真的很多。

…………

张扬正面情感的新闻评论不一定都是令人热血沸腾的宏大叙事，家长里短、柴米油盐同样能够引发受众的共鸣。这些新闻评论如同循循善诱的母亲，让人们在平凡之中感悟生活的真谛。

(二)负面情绪的表达和排解

相对于正面情感而言，新闻评论更多的功能是针砭时弊，因此新闻评论中所表达出来的负面情绪更为常见。而新闻评论所做的不仅是表达负面情绪，也应该注意帮助社会公众排解负面情绪，起到“社会减压阀”的作用。

在如今的时代背景之下，各种新问题、新矛盾层出不穷，受众内心的焦虑和恐惧，以及对各种社会不良现象的不满和对自己利益受损的愤怒等，如果得不到有效释放和宣泄，长期积累就会形成社会问题。因此，新闻评论应该为公众提供一种合理的渠道，让公众的不良情绪得到宣泄，让社会舆论回到理性平和的区间。

这一渠道的提供一般表现为选取公众中具有代表性的言论，放置在公共媒体上，以代表大众发声。如中国江苏网的一篇文章《甘肃农妇杀子到底是谁的错?》[①]就引入了公众对于这一离奇杀人案的质疑，以及对于当事人贫穷的困境及扶贫工作的反思。

8月26日，甘肃康乐县景古镇阿姑山村老爷弯社发生一起震惊全国的惨案。一位年轻的母亲杨改兰残杀4个孩子后，自杀身亡。9月4日，杨改兰丈夫李克英尸体被发现，经公安机关侦查系服毒死亡。短短8天时间内，杨改兰一

---

① 夏怡.甘肃农妇杀子到底是谁的错?［EB/OL］.(2016-09-12)［2018-03-04］. http://m.haiwainet.cn/middle/3541355/2016/0912/content_30316162_1.html? from=toutiao.

家6口离奇死亡。八口之家,现在只剩下杨改兰的父亲杨满堂和70岁的奶奶杨兰芳。(9月11日《央视新闻》)

俗话说:"虎毒不食子",可是杨改兰竟然对年仅五六岁的亲生孩子狠下杀手,然后自己自杀身亡,真的是听者震惊,闻者哀痛啊!人们不禁询问,到底是什么原因,让一位儿女双全的年轻母亲,选择如此极端的方式结束自己和亲子们的生命?到底是什么委屈、什么困难让人生无可恋?目前警方并未对惨案发生的原因作出最终的公告,但是,随着调查记者深入阿姑山村,走家串户,采访杨满堂,似乎摸索出了一丝线索。

杨改兰没上过一天学,19岁就与李克英结婚育子,可以说,杨改兰是一位早婚的文盲母亲。丈夫入赘,闲时外出打工,农忙时回家务农,夫妻养育4个孩子,家境十分贫寒。就在这入不敷出的困境之下,2014年,阿姑山村取消了杨家的低保资格,理由是杨家的全年人均收入超过精准扶贫的标准。

不难发现,此次报道至少隐含了三个问题。其一,在全国普及义务教育的当今,为何杨改兰一天学都没有上过?是因为她是女孩还是因为家境贫寒?其二,杨改兰未满20岁就结婚,还生育4子,严重违反《中华人民共和国婚姻法》和计划生育的基本规定。其三,阿姑山村取消杨家这样贫寒的低保户是否符合甘肃省颁布的精准扶贫标准?精准扶贫为何没有扶到真正的贫困户?扶贫标准和政策是否符合实际?

9月9日,国务院扶贫办调查组介入此事件,在阿姑山村进行入户调查,了解扶贫工作开展情况,并举行了村民座谈会。希望这次的调查能够解开杨改兰杀子的真正原因,追究相关责任人,希望这类的人伦惨案不再发生。

作者通过一句句诘问,把公众对杨改兰案的各种不满表达得淋漓尽致,而这些诘问不仅仅是作者发出的,更是广大民众的心声,表达出对事件涉及人员和事件处理的强烈不满。

当然,新闻评论不能仅止步于宣泄不良情绪,更重要的是帮助受众更好地排解情绪,最终回归到理性的轨道上。同样是一篇针对杨改兰案的评论,《不能以极端个案指责社会否定时代》[①]就提出不能把个别犯罪案件推及整个社会和时代,来帮助受众排解情绪。

近日,一篇名为《盛世中的蝼蚁》的文章在网络上热传,作者从最近引爆舆论的"甘肃农妇杀子案"谈起,将当事人比作"盛世中的蝼蚁",认为其在社会最底层苦苦挣扎却始终看不到出头之日,被遗弃、碾压是必然结局。无独有偶,辽宁一个运钞车司机劫持运钞车抢走600万元现金的事也被热议,有人起底称他是为还债而抢劫,言下之意是,此人本性善良,铤而走险实属现实所迫。

恻隐之心,人皆有之。即便在一些极端案件中,犯罪嫌疑人本身所遭遇的窘迫与不幸,确有值得同情的地方,但一码归一码,同情不能代替谴责。首先要

① 崔文佳.不能以极端个案指责社会否定时代[N].北京日报,2016-09-14.

强调的是，这两起案件的事实是清楚的，一个杀了人，一个抢了银行的运钞车，再多悲情渲染也无法改变他们犯罪的事实，无法帮他们开脱罪责。任何时代、任何社会里，贫穷困厄都不能成为走向犯罪、戕害他人的理由，陷于困境的人不在少数，绝大多数人也不会因此而去走极端。放大犯罪嫌疑人的悲情，以此来为他们的犯罪行为辩解，不能不说是颠倒了基本的是非。

至于所谓"盛世蝼蚁"论，更是完全不顾逻辑。仅从目前报道出来的事实已不难了解，甘肃农妇杨改兰的悲剧，并非完全缘于贫穷，而是有着更为复杂的原因，其家庭因素、个人因素恐怕不容忽视。无法想象，一位母亲会仅仅因为贫穷就对四位亲生骨肉举起斧头、灌下农药。这样的人伦惨剧，显然是极为极端的个案。将这样的极端个案扩大化，推论到全社会，归因于社会对弱势群体的漠视和社会保障的失败，无疑是荒诞的，逻辑上根本不能成立；倘若借此来否定现行各种制度，否定这个社会、这个时代整体上的巨大发展成就，那属于别有用心。像"一个人为钱犯罪，这个人有罪；一个人为面包犯罪，这个社会有罪"之类的"警句"，缺乏基本的逻辑理性和法治精神，只能煽惑人心而已。

近些年，总有一些声音，喜欢将少数极端个案夸大为社会普遍现象，将事情的复杂成因简化为体制失败，用情绪湮没理性，用个案否定整体。你说"伟大复兴"，他说"与我何干"；你说"大国崛起"，他说"蝼蚁屁民"。这种人想要制造的效果，无非是消解国家民族的宏大叙事，导致个人与国家的疏离。这种论调值得引起我们高度警惕。事实是，中国正在蒸蒸日上，十几亿中国人的生活正在发生巨大改变，这是全世界有目共睹的事实，也是中国人民的切身感受。于每一个体而言，国家的富强、民族的复兴、社会的进步，不是不重要，而是太重要。所谓国家、所谓社会，不就是所有国民、所有社会成员的总和吗？

当然，中国是有着13亿多人口的发展中国家，内部发展还十分不均衡，所以我们还必须面对扶贫攻坚的重任、转型升级的阵痛，也很难完全避免某些个案的发生。但我们需要在全社会构建这样的信念：发展中的问题，终究要靠进一步的发展来解决，也一定能够随着进一步的发展而得到解决。这已被改革开放三十多年来的事实反复证明。在这样的共识下，共建更理性平和的社会，不以任何原因作为侵害他人的借口，不以任何言论为犯罪行为开脱，不以情绪混淆是非判断，不以个案否定社会的整体进步，或许这才是我们期许中的法治社会应有的样子。

正所谓"动之以情，晓之以理"，在互联网高速发展的今天，舆论热点一个接着一个，煽情何其容易，而有职业操守的媒体更需要的，是发出理性之声的勇气和耐心。媒体应该让公众在发泄不满之余也能有所反思，从而促进问题的解决。

三、行为引导

新闻评论从认知层面和情感层面对公众产生的影响，最终会从公众行为层面的变化反馈出来。

(一)提供表达平台

随着社会经济文化的大发展,公众发表自己的意见观点和对国家建言献策的表达欲望日益增强。事实上,这种表达通过网络平台无时无刻不在发生,但往往由于目前理性平和讨论环境的缺失,很多表达最终陷入了二元对立和谩骂之中。这种表达如何在平等、理性、公开的氛围中进行,从而取得更大范围的社会共识,新闻评论所提供的表达平台是非常关键的。

媒体开辟群言性专栏、刊登读者来信、电视广播平台的短信、微博、微信互动,尤其是网络回帖、转发、评论等公共空间使公众有了理性表达和互动的渠道,公众的话语权得以真正实现。而这种话语权主要有如下两种表现形态:其一,个人言论显示出来的思想立场、情感态度、道德观念等得到大家的支持、理解和赞赏;其二,他人的言论表达出了自己的观点,激发了自己的思考,触动了自己的情感,促使自己参与讨论并融入特定的社会氛围之中。当公众通过新闻评论这一表达平台,能以平和的心态、理性的表述来充分表达自己的意见、观点和对国家的建言献策,并能让更多人接触、了解、讨论并达成共识之时,在整个社会当中新闻评论者的声音在被倾听、被承认、被重视之时,公众参与社会公共事务的热情才会更加持久。

(二)提供正确的价值观参考体系

对于当代人而言,学习对象有很大一部分来源于大众传媒,甚至可以说大众传媒的很多内容影响了公众价值观体系的形成。当新闻评论者积极担负起社会公共知识分子的角色时,他们就能以健全的社会道德和正确的时代价值观给予受众心理补养,为受众注入现代意识和正确的价值观参照体系,使得受众在面对急剧的社会变化时能够及时跟上社会发展的步伐。通过长期潜移默化的影响,公众受到积极的价值观和时代精神的熏陶,就能形成积极正面的社会主流思想,从而消解大量的社会负面情绪。

例如《环球时报》的《挡高铁车门的女士该受什么惩罚》[①]:

> 9日互联网上流出的一段视频显示,5日在合肥高铁站一列开往广州南的列车上,一名带着孩子的妇女为等丈夫用身体强行阻挡车门关闭,拒绝列车员和乘客反复劝解。这段视频引来潮水般的议论,绝大多数公众对该妇女持批评、谴责态度。
>
> 互联网迅速披露出该女子的确切身份,她姓罗,是合肥一所小学的教导处副主任。该区教体局迅速对她做出停职处理,还要求全区教师开展学习,提高师德和守法意识。
>
> 罗女士的行为违反了《铁路安全管理条例》,甚至有可能涉嫌违法,这是绝大多数看了视频的人一眼就能识别出的。但是罗女士因为等待据说在检票处

① 单仁平.挡高铁车门的女士该受什么惩罚[N].环球时报,2018-01-10.

受阻的丈夫上车，很担心一家人不能同时赶上车，而表现出破坏规则的“撒泼之举”，其实这种现象在生活中不乏有之，只不过罗女士被视频记录下来，上传到网上。

…………

合肥高铁站的这起事件带来了强烈触动：一位本应有较高文化素养的女士，却在对自己来说重要的时刻公然不计后果地对抗规则，这其实是我们基层社会规则意识孱弱的一个缩影。

或许还可以问一下：9 日人们看到的一系列后续反应也都是很合规则和很恰当的吗？

罗女士的确在高铁上违反了管理条例，但这是对她进行“人肉”，将她的所有个人信息公之于众的理由吗？她在高铁站犯糊涂，应该处理她的是执法系统，而她所在单位在视频公布的当天就停她的职，表现出迎合网上舆论的“政治正确”，这很必要吗？

每个人都有可能在某个场合因特殊原因失态，他应当承受的处罚似乎应局限在与那个场合有关联的范围内。而周围一旦有人用手机记录下那个过失，犯错者立刻就成为全社会的千夫所指，他失去的东西远远多于如果相关视频没有上传到互联网上，这种惩罚量级上的巨变又根据的是什么呢？

中国社会处在一个从不发达到发达、秩序逐渐升级的复杂过渡期。……中国社会的全面现代化任重而道远。

这则评论从妇女挡高铁车门谈起，实质上是在讨论国人如何形成法治意识及规则意识。通过这样的文章，媒体逐步引导公众学习和思考，形成现代公民意识。

(三)提供决策参考

当前新矛盾、新问题层出不穷，如果受众缺乏现代社会意识和处理当前问题的方法，他们在面临困难时，就容易不知所措，从而产生各种焦虑、恐惧情绪。假如媒体能够及时传播现代社会意识和法治观念，同时介绍类似事件的处理方法，受众就会相应地增强风险意识，掌握更多解决问题的方法。

例如《拾手机索酬不成竟摔碎：应以法律规制“拾金强昧”》①：

近日，一则社会新闻令网友咋舌：浙江宁波一女子路途中丢失手机，拾到手机者要求2 000元报酬方可归还，因报酬数额分歧两人协商未果，见失主报警，拾到者直接将手机摔碎。在新闻的相关评论区内，网友们纷纷表达了自己的愤怒之情。确实，拾到手机者的行为挑战了公众的传统认知，令观者深感不适。

拾金不昧，是中国的传统美德。近年来，随着经济、文化水平的不断提高，

① 李勤余. 拾手机索酬不成竟摔碎：应以法律规制“拾金强昧”[EB/OL]. (2018-06-23)[2019-03-28]. http://www.thepaper.cn/newsDetail-forward_2214634.

国人对于“拾到东西该怎么还,该不该收取酬金”等问题的理解也在逐渐深入。应该说,处理方法的人性化、宽容化已经成为大势所趋。归还过程中,在双方你情我愿的前提下,失主可以给捡到者一定的补偿。

但是,一条法律和道德上的底线仍然是清晰而不容跨越的,那就是捡到失物者有义务归还失物。如果失主不愿意补偿,捡到者不可以强行索要。以上两点是不容商榷的。从新闻中看,捡到手机的那位宁波女子,显然把此事视作有利可图。手机失主的苦苦哀求以及拾到手机者的蛮横态度,彻底点燃了观者的怒火。平心而论,新闻中的宁波女子在道德上的缺失,是显而易见的。

不过,撇开感情因素,以客观的视角和态度来看待此事,或许更有帮助。首先应该明确的是宁波女子所需承担的法律后果:捡到失物者拒不归还,属于不当得利,失主可以通过民事诉讼要求返还;如果失物价值超过2万元,则涉嫌非法侵占,捡到失物者可能构成刑事犯罪。

在上述新闻中,捡到手机者非但拒不归还,还将它摔坏,造成了另一个后果:失主财物受损,当损失金额达到一定的程度,将构成故意损坏他人财物罪。另外,即便损失金额比较小,达不到刑事标准,其行为也已经触犯《治安管理处罚法》。

简而言之,捡到失物不仅应当还,而且必须还。动了贪念或邪念,想要私吞、毁坏失物之人,将会受到法律和道德层面的双重惩罚。因此,我们有理由严厉批评这位女士的行为,但不应将此事当作茶余饭后的谈资,一笑(怒)了之。期待此事能够得到妥善的后续处理,让所有人认识到:失主的合法权益得到有力的保护,别有用心之人才不敢造次。

从今往后,凡遇此类事件,失主应固定证据,确认对方的身份信息,随后报警求助。此番失主拍下的视频,就成了有力的证据。相信,只要掌握了合理、合法的应对之策,无论昧心者如何蛮横,失主也能从容面对。

文章通过分析“妇女捡到手机索2 000元酬金未果,见失主报警直接摔手机”这一具体新闻事件,让公众了解如何通过合理合法的手段,正确运用法律法规维护自身权益。通过传播这一现代法律意识,为受众在生活中遭遇类似问题提供解决参考。

复习要点

本章节中,除了对新闻评论的定义、特点作一般性了解以外,应掌握以下两个重点:

一、在新媒体时代背景下新闻评论的重要性

在新媒体的时代背景下,由于海量信息传播的存在,一般而言,人们已经不缺少新闻信息。媒体唯有运用多种传播渠道,通过新闻评论在第一时间发出自己的声音,提供一流水准的分析与解读,才是提升竞争力的有效途径。

二、新闻评论对受众心理的影响

新闻评论通过影响受众的心理过程,引导受众进行正确认知,唤起受众正面的情绪情感,为受众提供行为导向,从而达到引导社会舆论、启迪受众心理和行为的效果。

新闻评论通过位置摆放、创作有吸引力的标题和设计新颖的文章开头等方式来获取受众注意,并为受众提供认知背景,引导受众正确认知和分析、预测新闻事件。通过正面情感的张扬和引导及负面情绪的表达和排解,起到“社会减压阀”的作用,并最终通过为公众提供表达平台、提供正确的价值观参考体系及决策参考,对公众的行为层面的变化产生影响。

复习题

1. 新闻评论在新媒体时代的重要性是什么?
2. 新闻评论吸引受众的目的是什么? 有哪些途径?
3. 请举例说明新闻评论是如何影响受众行为的?

第十二章　网民心理

以互联网为代表的新媒体的出现,标志着人类正式进入了新媒体时代。它不仅深刻地影响着政治、经济、文化等社会生活的方方面面,而且孕育并诞生了一个庞大的使用群体——网民。一般地说,网民是一个较为宽泛的概念,所有通过技术终端(如计算机、以手机为主的移动终端设备等)连接互联网并从事相关网络活动的使用者都可以称为网民。中国互联网络信息中心(CNNIC)把"半年内使用过互联网的6周岁及以上中国公民"都定义为网民。

迄今为止,互联网在中国已经经历了近三十年的发展历程,不断地为各个领域提供着丰富多样的服务性功能,成为中国社会运行的重要基础设施之一。据中国互联网络信息中心(CNNIC)发布的第43次《中国互联网络发展状况统计报告》显示,截至2018年12月,中国网民规模达8.29亿,全年新增网民5 653万人,较2017年年底增长3.8%,互联网普及率达59.6%;中国手机网民规模达8.17亿,全年新增手机网民6 433万人。网民中使用手机上网人群的占比由2017年的97.5%提升至2018年年底的98.6%,网民手机上网比例继续攀升。①

飞速发展的互联网和日益壮大的网民队伍,构建出一个拥有改变现实力量的虚拟世界,对信息传播领域产生了不小的冲击。有学者指出,相对于旧媒体,新媒体的第一个特点是它的消解力量——消解传统媒体(电视、广播、报纸等)之间的边界,消解国家与国家之间、社群之间、产业之间的边界,消解信息发送者与接收者之间的边界,等等。传统的传播机制体现的是一种典型的沙漏模式,即信息从四面八方汇聚过来,成"线状"地通过"漏口",然后传播给众多读者或观众,政府部门、记者、编辑无疑是"信息漏口"的把关人。② 然而在新媒体时代,互联网等媒体的技术特性,决定了网民可以身兼信息"传者"与"受者"的双重角色,传统的信息传播方式也随之发生了改变,一个"人人都是通讯社、个个都有麦克风"的"全民记者"时代俨然已经到来。

与传统媒体的受众不同,在信息传播过程中,网民的"传受角色一体化"倾向十分明显。基于网民依然是以受众角色所进行的相关信息传播活动居多,因此本书研究的网民,仅指"网络新闻用户"(或称"网络新闻受众"),即网络新闻传播中的接收者。第43次

---

① 中国互联网络信息中心.第43次中国互联网络发展状况统计报告[R/OL].(2019-02-28)[2019-08-05].www.cac.gov.cn/2019-02/28/c_1124175677.htm.

② 王璋.网络新闻传播的"后把关人时代"[J].军事记者,2004(6):57.

《中国互联网络发展状况统计报告》显示，截至 2018 年 12 月，我国网络新闻用户规模为 6.75 亿，年增长率为 4.3%，网民使用比例为 81.4%。其中，手机网络新闻用户规模达到 6.53 亿，占手机网民的 79.9%，年增长率为 5.4%。[①] 不断攀升的“网络新闻用户”规模使得网络新闻的传播力和影响力空前高涨，对社会生活的各个领域产生越来越深刻的影响。

第一节　网民的心理特征

网民心理，既具有与传统媒体的受众相似的心理特征（如求知、求新、求异、求近等），又有其独特性。这主要是由网络区别于其他传统媒体的传播特性所决定的。不少传播学者认为，“媒介不仅通过它的内容影响人的认识、价值观和行为，一种媒介的出现、使用和普及以及它所形成的媒介工具环境本身，都会在很大程度上改变人的个性和人格”[②]，影响人的认知、情绪情感和行为反应。互联网所具有的匿名性、开放性和互动性等特征，都是影响网民心理的重要因素。

一、安全心理

网络提供给网民的是一种前所未有的赛博空间，在这个平台上，网民可以轻松地隐匿自己的性别、年龄、身份、地位等特征，转而以一种新的网络身份进行相关活动，如浏览新闻、参与新闻反馈和互动等。匿名是网民在互联网上最突出的心理状态，它给予网民极大的自由度和随意度，降低了网民从事网络活动时的心理压力。由于处在没有社会和道德约束力的隐匿状态，网民的安全感有一定程度的提升。此外，由于安全心理的作用，网民在虚拟的网络世界中敢于更真实地表达自己的观点，并呈现出一些与真实世界中不尽相同的行为表现。需要注意的是，在匿名状态和安全心理的驱动下，网民容易失去社会责任感和自我控制的能力，产生一些非理性的言论和行为。

二、减压宣泄心理

在转型期的中国，人们的生活节奏正在日益加快，竞争越来越激烈，人际关系也变得越来越复杂，随之而来的一系列问题常常使人们处于失衡状态，个人的亚健康情绪及亚健康心理的积累越来越多，以至于有人说，“人类进入了情绪负重年代”，而诱发的众多的社会矛盾也与此密切相关。由于网络的开放性、包容性和多元性，很多网民选择在互联网上通过浏览视频、跟帖、转发、网络游戏等方式发泄情绪，来缓解日常生活各方面的压力。因此，在减压和宣泄心理的驱动下，网民更容易关注娱乐的、负面的、感官刺激较强的内容。

---

① 中国互联网络信息中心. 第 43 次中国互联网络发展状况统计报告[R/OL]. (2019-02-28)[2019-08-05]. www.cac.gov.cn/2019-02/28/c_1124175677.htm.

② 郭庆光. 传播学教程[M]. 北京：中国人民大学出版社，1999：151.

三、自我认同心理

自我认同是能够理智地看待并且接受自我以及客观世界，精力充沛，热爱生活，不易沉浸在悲叹、抱怨或悔恨之中，能够奋发向上，积极而独立。有明确的人生目标，并且在追求和逐渐接近目标的过程中会体验到自我价值以及社会的承认与赞许。既能从这种认同感中巩固自信与自尊，同时又不会一味地屈从于社会与他人的舆论。互联网的出现，改变了人类发觉自我、呈现自我和再现自我的方式，它兼具公共性和个体性的特征，有助于网民在自我表达、自我反思和与其他人交往的过程中进一步确认“我是谁”。如网友通过参与微博、博客、论坛等日常讨论活动，在与其他网友交流的过程中不断进行着虚拟身份与现实身份的自我认同，从而更全面地认识本我、现实我和理想我，形成对自我的一种整体性和系统性的认识。网民主动地、由外向内地在互联网上实现自我认同，这种自主性的加强，使得网民在网络传播中更容易表达自我的观点，并追求个性，彰显自己的独特性。

互联网多元化的功能使其能够在许多场景下真实地模拟现实生活，让网民得以在网络世界中重塑自我。一些在现实世界中难以实现的个人理想，难以满足的心理需求也可以在网上得到实现，这就增强了他们存在的满足感。而在博客、空间、社交网站中个人主页网站的应用，更是为网民提供了新的自我认知平台。使用个人博客、空间越多的网民，越能够获得较高水平的自我认知。使用社交网站越多的网民，自我认知的程度也越高。①

四、从众心理

所谓从众心理，即个体在群体的影响或压力下，放弃自己的意见或违背自己的观点使自己的言论、行为保持与群体一致的现象，即通常所说的“随大流”。② 从众心理是一种常见的社会心理现象，在网络中，这种从众心理更容易形成和放大。由于网民的聚合性较强，甚至可以在非常短的时间内，仅凭一个新闻事件或讨论的议题，就迅速地集合成一个新的群体。这个群体有着趋于一致的观点和看法，而且不自觉地形成强烈的集体认同，容易出现理性趋于减弱，非理性因素增加的情况。特别是近年来，随着微博、微信等社交媒体的强势崛起，作为一种基于社会网络的新型网络传播方式，其“人际圈”的黏合力使得网民的从众心理和行为更容易形成和发生。微博、微信、百度贴吧等社交媒体上的高转发量和评论量正是网民从众心理的体现。

发生在 2016 年 1 月 20 日的“帝吧出征 Facebook”就是一则典型的网络从众心理事件。2016 年 1 月，韩国娱乐公司 JYP 旗下的中国台湾地区周姓女艺人因涉嫌“台独”在新浪微博上被质疑和举报后，引发了大量中国网民的极度反感和愤怒。百度“李毅吧”(帝吧)宣布于 1 月 20 日 17 时开展“FB 圣战”，号召和组织网友去三立新闻、苹果日报等

---

① 赵光霞. 北大新闻传播学院教授谢新洲出席传播学大会并发言[EB/OL]. (2010-07-10)[2018-07-08]. http://media.people.com.cn/GB/40606/12108467.html.

② 李云捷，伍永亮，张同航. 从众行为的心理探析[J]. 山东省青年管理干部学院学报，2008(1)：75.

台湾媒体的Facebook主页上大规模刷屏。在以“爱国主义”“反台独”为主要诉求的活动号召下，自发组织起来的大批网友迅速集结成一个庞大的群体，通过发送爱国主义诗词、歌曲、图片、表情包等方式，在目标媒体的Facebook主页上刷屏，从而对其“台独”行为进行声讨，宣扬爱国主义精神。很快，这一事件就登上了新浪微博热搜榜的首位，网友的搜索量、转发量和评论量都居高不下。尽管参与“帝吧出征Facebook”事件的网友保持了巨大的克制和理性，但在民族情感的驱动下，强烈的集体认同会降低个体的理性判断，难免出现一些非理性的行为，比如谩骂，发送带有侮辱性的文字、图片进行人身攻击等。

第二节 网民的新闻心理特征

新闻是对新近或正在发生的事实的报道。传统意义上的新闻，依托的是报纸、广播和电视等媒体形式。互联网的出现改变了新闻的传播媒介和传播方式。目前，关于网络新闻的定义，大致有两类观点：其一，网络新闻是指在互联网上利用网络技术和网络功能对新近或正在发生的事实所做的多媒体、全方位的报道；其二，网络新闻是指通过互联网发布传播的新闻，其途径可以是网站、新闻组、邮件列表、公告板(BBS)、网络寻呼等，手段可以单一使用和复合使用，其发布者(指首发)、转发者可以是任何机构也可以是任何人。本研究正是在网络新闻这一媒介环境中讨论网民的认知、情绪情感和行为。

一、网民新闻认知的特点

网络新闻与传统意义上的新闻之间最大的差异在于，传统新闻是在现实生活中进行传播和发生影响的，而网络新闻是来源于现实生活的新闻信息，在互联网构筑的虚拟世界中进行传播和发生影响后，继而又回到现实生活中进行传播和扩散。从这个意义上说，网络新闻传播的路径要更复杂。传播路径的复杂性和传播载体的独特性，导致网民的新闻认知也具有区别于传统受众的一些特点。

(一)整体性

网民的新闻认知包括文字、网页空间、导航结构、超链接、图片、动画、多媒体等形式所承载的各种信息，结合感觉、知觉、记忆、思维、联想等认知特点组合而成的一个整体结构。

在整体性上的表现，主要体现在三个方面。首先，信息通道的整体性。传统的媒介形式，诉诸的是一种或两种感官，而网络新闻诉诸的感觉通道要丰富得多。在感觉和知觉方面，网民受到的是文字、图片和视频等多通道信息的同时刺激。互联网传播信息采用的是多媒体方式，记者、编辑处理新闻不再是单一的文字或音视频的处理，而是形形色色的各种形态，如文本、表格、语言、声音、图形、动画、图像及视频等，并将它们有效地结合在一起，给人以最直观的感受。由于其传达信息的方式极为丰富和生动，新闻的表现力也得到加强。而报纸等印刷媒介传播新闻只能通过文字与图片，广播传播新闻只能用声音,电视虽然也是多媒体,但传播信息的方式也远不及互联网丰富生动。[①]

其次,信息来源的整体性。网民同时会接受来自传统媒体、网络媒体的双重信息,而这两种信息之间有时是不完全对等的关系。故网民的新闻认知呈叠加状态,有时会出现冲突性的特征。且在与传者、其他网民的互动中,这种刺激被不断强化,或反向增强。如2018年7月15日,国家药品监督管理局发布通告,称长春长生生物科技有限责任公司冻干人用狂犬病疫苗生产存在记录造假等严重违反《药品生产质量管理规范》的行为。随后,人民日报、光明日报、检察日报等各大主流媒体进行了题为《一查到底,方可纾解疫苗焦虑》《"狂犬病疫苗记录造假",没有不良反应也该问责》《疫苗生产记录造假,致歉就能了事?》等相关报道。7月24日,有新浪微博网友发文称,长春长生生物科技有限责任公司董事长高俊芳为吉林省委原书记、人民日报社原社长高狄的女儿,并配发了高狄相关简历和照片等资料,引起了广泛传播和舆论热议。传统媒体并未对涉案的长生生物董事长高俊芳的家庭背景做过多介绍,却有网络媒体言之凿凿称其是"官二代"。面对这两种存在不对等关系的信息,不少网民选择相信网络媒体信息。直到高狄唯一的女儿向深圳公安报案,并发表声明后,这则网络谣言才偃旗息鼓。

最后,信息沟通的完整性。网民的新闻认知不仅存在于网络这个场域内,而且会延伸到"线下"的现实生活中,并在现实生活中继续传播。这种新闻认知也深刻地受到人际沟通的影响。

(二)层次化

传统媒体在新闻的写作和传播上遵循的是一种线性模式,如报纸用版面来承载新闻内容,广播和电视依照时间顺序进行内容的组织和播出,而网络新闻采用的"超文本"格式,则使新闻的写作和传播突破了线性传播的藩篱,转而以一种层次性和开放性的特征,影响着受众的新闻认知。在网络新闻的传播中,受众对新闻认知的层次化是和网络新闻的层次化紧密联系在一起的。

这种层次化的认知主要体现在宏观和微观两个层面。首先,从宏观的角度上说,如果想接触到网络新闻的内容,由于互联网接入设备的差异,受众的认知需要随着鼠标或手指的点击,从专业的新闻网站(或门户网站)→新闻频道→新闻标题→具体的新闻内容,或从微信、微博、客户端等手机App应用→新闻媒体微信公众号(或微博账户、新闻客户端)→新闻标题→具体的新闻内容,实现一个基本的层次化的认知过程。如阅读网易2019年8月20日的一则题为《阿贾克斯又把球传进了球门!打出最"意外"4:1,门将懊恼捶地》的体育新闻,受众的认知需经过网易主页→体育频道→网页上方的新闻分类导读栏→新闻正文等四个层次,才能获得相关信息。这个过程中,"新闻正文"之前的任一层次,都是受众进行信息浏览和阅读的关卡。美国著名传播学者施拉姆在20世纪50年代就影响受众对媒介内容选择的决定性因素提出一个公式:选择的或然率=报偿的保证/费力的程度。公式中"报偿的保证"指传播内容满足选择者的需要的程度,而"费力的

---

① 马琳,甘露.互联网对新闻价值的影响[N].光明日报,2004-10-28.

程度”则指得到这则内容和使用传播途径的难易状况。[1] 在网络新闻的传播中，“费力的程度”和新闻的展开层次密切相关，展开层次越多，受众需要付出的时间和耐心就越多，这种烦琐复杂的展开层次极易使受众放弃对新闻的阅读。因此，新闻网站(或门户网站)的界面设计应具有简约有序的版面编排和清晰高效的导航结构，使受众能够快速地获得有效信息。腾讯 QQ 等网络即时通信工具、360 新闻等网站采用的弹出式新闻，就以对新闻事件的快速反应，缩短了受众获得信息的通道。以腾讯 QQ 为例，在用户使用的过程中，一旦有即时性的重大新闻发生，如 2013 年 11 月 15 日中共中央深化改革决定全文发布后，QQ 第一时间在页面下方弹出一个“腾讯网新闻”的小对话框(图 12-1)。通常一个弹出式对话框只对应一则新闻，且内容仅涉及新闻标题及内容提要，一般不超过 50 个字，网民只需点击该对话框，便可以直接进入正文阅读，增加了阅读的针对性和便捷性。

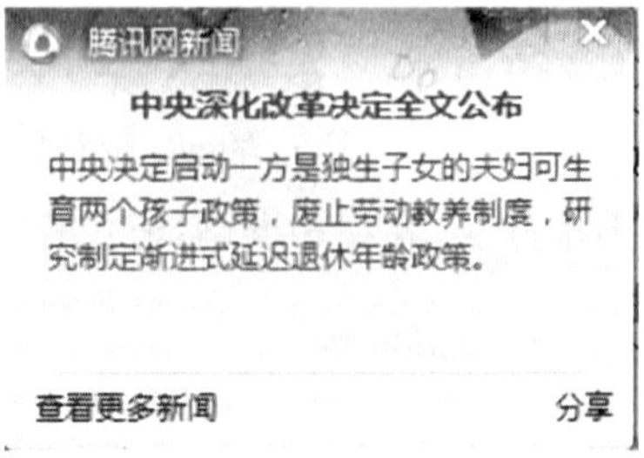

图 12-1　腾讯 QQ 弹出式新闻

其次，从微观的角度上说，目前，一个完整的网络新闻作品通常可以分解为以下层次。层次一：标题；层次二：内容提要；层次三：新闻正文；层次四：关键词或背景链接；层次五：相关文章或延伸性阅读。[2] 通过这种层次化的阅读，受众的认知也经历了一个由浅入深、由点到面的变化，对新闻各个层次的解读也会更深刻。值得注意的是，在诸多新闻结构要素中，新闻标题对网民的认知起着最重要的影响。受众在新闻信息的接受过程中，普遍存在着一种“求短喜精”的心理，希望在最短的时间内获得最大的信息量，并获得精确的新闻事实。[3] 尤其是在网络时代，网民面对的是海量的信息，注意力相对短暂，阅读也经常呈现出随意性的特征，作为对新闻进行概括和总结的新闻标题便成为吸引网民注意力、提示和引导网民点击阅读的关键因素。此外，网络新闻具有标题和正文分离的特点，网民只有通过点击标题链接才能进入新闻正文进行阅读，标题是网民“选择性注意”的首个环节。也就是说，标题决定着相关新闻内容能否进入网民的信息加工区域。因此，网络新闻标题比传统的新闻标题能更有效地发挥引导和提示阅读的作用。

基于网络新闻标题的重要性，网络编辑在标题的制作上使用了大量的语言策略来吸引网民。如制造悬念，使用疑问句做新闻标题，例如《河南扫黑除恶大案开庭，8 名公职人员如何为黑恶势力“撑伞”?》(新华网 2018 年 8 月 23 日)、《个税法修正案(草案)今起将二审 起征点是否会超5 000元?》(中新网 2018 年 8 月 27 日)；模仿来自影视剧、网络综艺节目、流行音乐等文化产品中的热门语词，增强亲切感，例如《号外号外～江苏卫视今晚要搞的 skr 知识界的大新闻》(荔枝网 2018 年 7 月 27 日)使用因在热门网络综艺节目《中国新说唱》中被频繁使用而走红网络的 skr 一词、《确认过眼神，晋江发展遇上对的“人”》(中青在线 2018 年 7 月 12 日)模仿流行歌曲《醉赤壁》中的歌词；使用感叹句，增强气势和感

---

① 施拉姆，波特. 传播学概论[M]. 陈亮，等译. 北京：新华出版社，1984：114.

② 彭兰. 中国网络新闻的六大发展[J]. 杭州师范学院学报(社会科学版)，2004(5)：16.

③ 贺琛. 受众的信息接受心理与新闻结构方式的演变[J]. 中国高校科技与产业化(学术版)，2006(3)：405.

染力,例如《60米超远吊射！俄超巡航导弹破门 自信门将成背景帝》(网易体育2018年8月23日)等。

不过需要注意的是,在新闻标题的拟定上,网络媒体依旧要秉持新闻专业主义精神,力求真实、客观和准确,避免枉顾事实真相、哗众取宠、赚取眼球的“标题党”现象。

(三)间断性

网络新闻采用“超链接”技术作为其表现形式,实现了文本、表格、语言、声音、图形、动画、图像及视频等多种内容的整合。受众凭借自己的兴趣、爱好和需要,在对网络新闻信息的认知过程中,可以在多种内容间随意地跳跃和转换。这种跳跃式的新闻阅读方式使网民的认知呈现出间断性的特点。网民原本有目的的信息搜索,可能会因为网页上的一个耸动的新闻标题、一个妙趣横生的图片或一段搞笑的文字等内容的吸引而改变,从而与初始的阅读目的渐行渐远。最后,网民可能会返回到初始页面继续阅读,也可能彻底遗忘原先的阅读任务。这种间断性的认知方式对认知深度和效果的影响较大,使网络阅读更多地呈现出随意性、浅层性、碎片化的特征。

二、网民情绪情感体验的特征

情绪和情感表达了人与客观事物之间极为复杂的相互关系,客观事物对个体的多方面的意义,组成了多种多样的情绪和情感类别。由于情绪和情感的极端复杂性,学界对情绪和情感的实质至今仍没有得到一致的结论。当前比较流行的一种看法是,情绪和情感是人对客观事物的态度体验及相应的行为反应。这种看法说明,情绪和情感是以个人的愿望和需要为中介的一种心理活动。当客观事物或情境符合主体的需要和愿望时,就能引起积极的、肯定的情绪情感;当客观事物或情境不符合主体的需要和愿望时,就会产生消极、否定的情绪情感。因此,情绪情感是个体与环境之间某种关系的维持或改变。在这个意义上可以说,网民的情绪情感体验是在网络构筑的虚拟世界中,网民个体与网络环境某种关系的维持与改变。

(一)网民情绪情感的表达

情绪和情感是个体的内部主观体验,但情绪情感发生时,往往伴随着一定的外部表现和行为特征。情绪、情感表达便是指个体处在情绪、情感状态下有意识或无意识的表现,如表情,包括面部表情、姿态表情、语调表情等。

网民情绪情感的表达有“线上”和“线下”两种表达方式。在“线上”,由于网民是以电脑、手机等新媒体形式为媒介进行新闻阅读和交流的,无法通过自己的真实表情来进行情感传递,所以主要是通过一些情绪性的符号,表达自己的情绪情感信息,以弥补网络新闻接受过程的情绪情感表达的缺失。

其中,网络表情符号是指将字符、图形等组合起来模拟表情、体态、动作,以在网络交流中表达情绪情感的视觉性符号。它伴随着网络技术的革新而不断演变至今。[①] 在早期，情绪性的网络表情符号主要以人脸抽象化的字符式表情符号为主。这类符号仅用键盘敲击便可形成，操作简单、表达直观，如－）表示微笑、－P 表示吐舌头、－（表示沮丧、^_〈表示挤眉弄眼、o(∩_∩)o 表示开心、\(^o^)/表示举手欢呼等。后期，随着 QQ、微信等即时通信工具和 Photoshop 等图像处理软件的发展，情绪性符号呈现出系列化、丰富化、形象化和个性化等特征。这类图标式或卡通形象式的表情符号用鼠标点选即可使用，比传统的键盘输入更为便捷，在表达和诠释情感上更为丰富和准确，如经典的小黄脸表情、兔斯基等。近年来，作为上述网络表情符号的变体，种类繁多、内容丰富的“图片＋文字”式的表情包，日渐成为网民表达情绪情感的重要途径和方式。表情包中的图片大部分以影视剧、动漫中的人物形象为原型，对原始图片、截图进行二次加工，配合网络流行语的使用，加之以天马行空的创意，映射了广大网民真实的情感关照和表达需求。[②]

网民通过在一些网络新闻的跟帖和评论栏中输入字符式、图标式、卡通形象式、表情包等情绪化的网络表情符号或语言，来表达自己的情绪情感。同时，在网络新闻的制作与传播过程中，媒体也偶尔把表情包等网络表情符号作为传播内容加以运用，这在一定程度上体现了媒体对网民情绪情感的调动与积极回应。

网民“线下”的情绪情感表达方式并无特殊之处。网民随着网络新闻的具体内容和自己的个性特征，呈现出不同的表现方式。如出现或微笑或哭泣的面部表情、或捧腹大笑或捶胸顿足的姿态表情和或高或低、或强或弱的语调表情。

（二）网民情绪情感的特征

网民的情绪情感体验更为丰富、直观，其特征主要有以下几点：

1. 重宣泄

在网络构筑的虚拟社会中，网民隐匿了自己的身份，现实生活中的个人角色换以新的电子符号出现，且湮没在海量的网民中。在去个性化的网络中，网民可以更随心所欲地表达自己的观点和情绪，以此来宣泄在现实生活中的不满和压抑。宣泄成为网民最重要的情绪体验之一，互联网则成为网民不良情绪的最佳发泄场所。如 2009 年 7 月 24 日，吉林通化钢铁股份公司因股权调整发生职工聚集上访的群体性事件，造成新任总经理被职工殴打，不治身亡的严重后果。然而很多新闻跟帖赞扬通钢“工人阶级了不起”，幸灾乐祸于“打死个把资本家有什么了不起”[③]。

近年来，网络群体性事件层出不穷，有些网络事件达到了千万次的点击率，如“重庆保时捷女司机掌掴事件”“北京劳斯莱斯女司机堵医院急救通道事件”“北大退档河南考

---

① 孙雨婷. 从网络表情包看视觉化语言及情绪表达[J]. 新闻知识，2016(10)：78-81.

② 波澜. 表情包编年史：对主流文化的一种对抗式解读[EB/OL]. (2017-11-19)[2018-03-09]. http://www.sohu.com/a/205351257_405942.

③ 何源. 网络民主 草根狂欢[EB/OL]. (2010-03-08)[2018-03-09]. https://tech.sina.com.cn/b/2010-03-08/13431269977.shtml.

生事件”等。这些网络事件引发了网民的热议。在网民的热议中,频现一些对政府官员的负面评论,还出现了不少一骂了之的负面情绪的宣泄与表达。2018年8月29日,新京报的官方微博发布了一则转载自澎湃新闻的报道《山东省政府:超强降雨是洪灾主因,潍坊市水库调度符合规定》。报道中,专家组对此次山东洪灾的原因进行了分析介绍,但网友似乎并不认可官方的说法,其微博评论鲜明地表达了网友的态度,如“官话连篇、反正受灾的不是你”“甩锅总是有理由的”等。虽然报道内容的真实性与客观性仍待商榷,但微博评论折射出的网民情绪是真实的。对这种现象,有文章指出,“在一些地方,有的参与群体性事件的群众,自己并没有直接的利益诉求,而是借机宣泄长期积累的不满情绪”①。

2. 重娱乐

目前的大众文化以娱乐性和消费性为主要特征,浸淫在这种文化中的网民主体,不太注重事物本身的深刻性和提炼性,而更多地关注形象化、娱乐化的内容及表达。据中国互联网络信息中心的调查,中国网民更喜欢在互联网上娱乐,听音乐、打游戏、看网络视频等娱乐性应用的使用率均在60%以上,远高于美国。② 一些娱乐元素较强的网络新闻,加上逼真的音效和视觉效果,能够不断扩散和强化网民的娱乐满足感。

3. 理性与非理性交织

总体来看,当代中国社会的心态已趋于开放进取、理智成熟、多元包容。但不可忽视的是,社会心态仍处于不断调整、适应、分化的动态过程之中。尤其从网上看,互联网已经成为当下中国社会的非理性情绪的集散地,由多种主客观因素引发、集聚、演化并逐渐累积下来的社会情绪,在网上蔓延扩散。③

网络社会的一个最显著特征就是匿名性。相对于现实社会中各种等级关系的存在,人们在网络社会中主要以个体化的方式行动。当众多的个体以某种方式行动的时候,他们就有可能演化成一个群体。“面对非常规突发事件,网民群体往往在一个极短的时间内有了危机感与紧迫感,没有时间也缺乏能力去进行理性分析与思考。在‘身体不在场’的网络空间,人们隐匿了真实身份后,责任感也随之降低。”④于是,非理性情绪便随之滋生,并从个体蔓延到更大的群体。

网络暴力是网络非理性最明显的表现之一。2018年5月,一则题为《王凤雅小朋友之死》的文章在网络上流传开来。文章称,王凤雅的父母用以女儿名义募得的15万元善款带着儿子去北京治疗兔唇,却放任女儿的眼病不断恶化。小凤雅的遭遇引起了社会的极大关注,网友纷纷指责王凤雅的父母涉嫌“诈捐”、重男轻女和虐待。网友义愤填膺的指责、谩骂在网络上随处可见。但随后,“小凤雅事件”很快出现反转,当地警方表示并不存在“诈捐”等情况。在这场网络暴力中,公众仅凭一幅朋友圈截图(内容为王凤雅的母

① 于文秀,于新城.网络生存的文化意蕴探寻[J].求实,2001(6):123.
② 王京婕.中美互联网发展对比:各领千秋自有优势[EB/OL].(2009-07-17)[2018-03-09].http://blog.sina.com.cn/s/blog_5101b9050100ek18.html.
③ 薛素芬.当前网络社会情绪分析[J].新闻爱好者,2011(14):76.
④ 李大庆.网民在突发事件中具有5大非理性特征[N].科技日报,2010-08-17.

亲带其弟弟在北京治病),便质疑王凤雅的父母涉嫌“诈捐”和虐待。不难看出,公众保护弱小、同情弱者的人道主义情感湮没了理性的思考,助长了非理性情绪的蔓延,对当事人造成了严重的伤害。

4.易传染

情绪分为积极情绪和消极情绪两种。其中,消极情绪和病毒一样,具有较强的感染性。美国心理学家加利·斯梅尔的长期研究发现,原来心情愉快、个性开朗的人,如果常与一个整天愁眉苦脸、抑郁难解的人相处,不久也会变得情绪沮丧起来。一般来说,个人的敏感性和受暗示性越强,越容易感染消极情绪,而且这种传染过程是在不知不觉中完成的。美国另一位心理学教授詹姆斯·科因的研究证明,只要二十分钟,一个人就可以受到他人低落情绪的感染。

新闻事件的新闻价值(如新奇性、显著性等特征)很容易引起公众积极或消极的情绪体验,这种情绪通常是由某个人或一些人产生的,然后通过与周围其他人的接触、交流,在一定的人群和地域中相互影响。有学者指出,受众在一个论坛或贴吧里的感觉就像在一个广场上一样,所有人的情绪都可以相互传染。网络新闻通过借助一定的媒介手段(如手机、网络等)来散播这类情绪,使更大范围内的公众产生情绪共鸣和认同,最终形成社会情绪。尤其是在诸多消极情绪中,恐惧和愤怒的传染性最大,因为它们最容易感染人。在消极情绪的潜在感染人群中,女性比男性容易感染情绪,成为消极情绪的模仿者和接受者。

三、网民对新闻的接受行为

(一)网络新闻获取行为

1.追求便捷的终端获取

传统的新闻获取终端,以纸张、收音机、电视机为主,而网民对网络新闻的获取,可以通过电脑、手机等多种智能便携终端接入互联网进行。这些能够与移动互联网连接、具有复杂信息处理能力、拥有开放操作系统和扩展功能、可以使用多元应用程序的智能便携终端,极大地改变着信息获取和信息传播的结构模式。这些智能便携终端已经实现了多媒体信息的集成。借助这些终端,每个社会成员打造起全新的个人信息的门户平台和多元社会关系的交往平台。[①] 网络新闻在各种智能便携终端设备,特别是智能手机的辅助之下,在获取的时效性、便捷性和实用性上都达到了前所未有的高度。

此外,一些新闻机构的网站(如人民网、新华网)和传统的门户网站(如新浪、搜狐)是网民获取新闻的首选网站。但近几年来,微信、微博、Facebook、Twitter 等社交媒体逐渐成为受众访问新闻的重要渠道。根据美国皮尤研究中心 2017 年 9 月发布的调查结果,社交媒体对人们阅读新闻的影响继续提升。报告称,超过三分之二(大约 67%)的美国人

---

① 崔元苑.高钢:网络数字技术应以满足人的信息需求为核心[EB/OL].(2011-11-21)[2019-03-10].http://media.people.com.cn/GB/22114/234362/234363/16326853.html.

通过社交媒体获取新闻，这一数据高于2016年的62%。其中，50岁以下的美国人中，有78%的人通过社交媒体获取新闻，这一数据与2016年大致持平。而55%的55岁以上的美国人从社交媒体网站上获取新闻，这一数据明显高于2016年的45%。同时，调查结果显示，Facebook超过所有其他社交媒体，成为美国成年人获取新闻的主要渠道，紧随其后的是YouTube和Twitter。① 在我国，微信、微博等社交媒体也成为网民获取新闻资讯的重要途径。这些社交媒体利用手机App应用和多种技术手段，可以及时、迅速地推送新闻，并方便网民分享和讨论，成为足以与新闻机构网站和门户网站相匹敌的传播力量。

2. 以“pull”(拉)为主的获取方式

传统意义上的受众，面对的是点对面、一对多的单向传播，只能被动地接收经过媒体选择加工后“push”(推)的新闻信息。而网络受众，面对的是点对点的双向传播，完全可以按照自己的需要和兴趣，主动寻找信息，并从海量的网络新闻信息中“pull”(拉)出自己想获取的新闻，而不再是被动地等待媒体“push”(推)来的新闻信息。同时，网民还可以随意决定自己浏览新闻的顺序、时间长度、信息量等，这种新闻获取方式的变革，体现了网络新闻获取方式的灵活性、针对性和个性化。

(二)网络新闻阅读行为

阅读是受众对视觉输入的语言文字等材料进行解码从而获取信息、提取意义的心理过程。② 由于媒介载体的差异，网络新闻阅读行为与传统的新闻阅读行为有着明显的差异。

1. “非线性”的有意或随意阅读

传统的阅读属于线性阅读，受众的阅读依赖一种相继的线性顺序进行，叙事的段落、句子之间按照逻辑顺序成为一体，同时，要求受众的注意力集中，目光相对投放在阅读物上，也需要投入更多的想象力。阅读活动是一种从作者向读者的、单向的、受控制的对话。它的根本性质是带有控制性的，受众只能选择读或不读，而且阅读必须在作者或编者所划定的领域内对信息进行接收和理解。这时读者的阅读是线性的，其思维虽然具有对信息进行再创造的成分，但依然被局限在作者或编者限定的范围内。③

网络新闻所提供的超链接阅读，改变了人们传统的线性阅读方式，网民可以任意地点击鼠标，在不同的新闻或新闻的不同内容间进行非线性选择，也可以在打开的不同新闻网页间随意切换。在非线性的阅读中，受众在最开始，很有可能是有意地按照他最迫切希望获取的新闻信息进行阅读的。但在后续的阅读过程中，很有可能因为当前页面上的新文字、新图片或新视频，转移注意力，转向点击链接、进入新网页。

网络新闻阅读以反复不断地点击浏览和转换为主要方式，因此在网络新闻的阅读

---

① 许小廷，刘超. 2017年社交媒体使用报告：绝大部分美国人只用社交媒体看新闻[EB/OL]. (2017-09-12)[2018-03-10]. https://www.jzwcom.cn/jzw/32/18335.html.

② 李泽光. 创造阅读研究[D]. 重庆：西南师范大学，2001.

③ 付梅，刘娟，葛明贵. 新媒体时代阅读方式的转变与大学生阅读[J]. 安徽工业大学学报(社会科学版)，2010，27(2)：113.

中，有意阅读和随意阅读随时处于互相转换的状态，这是由新闻网页的文字、图片、视频等诸多元素和网民的兴趣和需求所共同决定的。必须承认的是，这种非线性的有意或随意阅读，虽然增加了新闻阅读的灵活性，方便了网民在各类信息中的转换，但由于网络新闻的阅读常常因为“超链接”的存在而脱离了既定的阅读目标，网民的阅读效率实际上降低了。

2.“浏览式”的浅阅读

浅阅读就是阅读不需要思考而采取跳跃式的阅读方法，所谓囫囵吞枣、一目十行、不求甚解，它追求的是短暂的视觉快感和心理愉悦。浅阅读是随着网络、手机为主体的新媒体技术手段的发展和急剧膨胀的信息量而出现的。由于网络提供了一种低成本的信息分享方式，网民可以通过即时在线浏览新闻网站、网页，获得相关信息，区别于以往纸质阅读的细致阅读，网络新闻强调快速和快感。

从客观的阅读过程来看，除非是重大新闻、突发新闻、个人兴趣所在的新闻事件，受众会花费相对较多的时间阅读和着意去了解更为翔实的背景材料之外，一般只关心有什么新闻，而不会太在意事件的细节。许多网民的新闻阅读往往是在接发电子邮件、网络聊天、下载资料的间隙匆匆完成的，手中的鼠标会很轻易地将阅读的视线从新闻网页上点击移开。这种阅读心态注定了受众对新闻信息的关注只是一种粗线条式的、蜻蜓点水般的浏览，受众对花在每一条新闻上的时间是非常吝啬的。[①]

据美国学者的研究发现：79％的网络读者对内容一扫而过，只有16％的人逐字逐句地阅读。网络新闻传播开辟了人类信息传播史上扫描式阅读（浅阅读）的时代。扫描式阅读有一定的目的性，是带着问题寻找答案的阅读方法，在网络新闻接触中具有很高的实用价值。进行扫描式阅读时，受众在接触新闻内容时有明确的指向，依靠自身对网络新闻的二至三个关键词语，用作寻找新闻的指示牌，然后到新闻故事中迅速扫描。[②]

（三）网络新闻流行语使用行为

网络流行语指在一定时期内，网络平台上被网民普遍使用的话语形式。它带有很强的媒介性，是一定时期内社会政治、经济、文化、环境及人们心理活动等因素的综合产物，并在网络传媒的推动下盛行的词、短语、句子或特定的句子模式。[③]在流行于互联网的语言中，有不少来自网络新闻。如“且行且珍惜”“任性”“小目标”“高铁双煞”“官宣”等流传甚广的流行语背后都有一个所指的新闻事件与多条网络新闻。

以“高铁双煞”为例。2018年8月21日，在一辆从济南西站开往北京的高铁列车上，某名男子霸占本属于他人的靠窗座位，并拒绝与对前来劝阻的乘务员沟通，称“无法起身，不能归还座位”。视频上传到网络之后，多家社交媒体、知名新闻网站纷纷转载并进行报道。由于网络传播的速度快、范围广，此事件迅速升温成为网络热点事件，引发了广大网友的强烈关注。有网友将此事件中的“霸座男”和2018年3月“高铁上谩骂吃泡面

① 陈平.浅探网络新闻受众阅读心理与对策[J].企业家天地，2009(5)：208.

② 王贵斌.以读者原则透视网络新闻的关键词写作[J].新闻知识，2007(8)：65.

③ 杨玲.从网络流行语看大众文化特征[D].武汉：华中师范大学，2006.

男子”事件中的“泡面姐”联系起来,称其为“高铁双煞”。这一语词引发了网民的共鸣,并随着事件的发展和舆论的持续关注,迅速成为网络流行语,激起了网民对社会公德的广泛热议和对违反社会公德等不良行为的谴责。

不难看出,对社会现实的关注、对新闻事件的意见表达和情感宣泄,成为网民使用网络流行语的主要目的。这是在接受新闻之后,网民的第二次信息解读,也是对其接受行为的进一步深化。通过流行语的使用和传播,网络新闻在网民中不断地加以强化,并延伸到“线下”的现实生活中,促进了更多人的新闻接受行为。

第三节　网络谣言的接受和破解心理

谣言是一种以公开或非公开等渠道传播的对公众感兴趣的事物、事件或问题的未经证实的阐述或诠释。[①] 长久以来,在人们约定俗成的概念里,习惯于把谣言等同于“虚假消息”或“虚假新闻”。在信息传播技术匮乏的过去,谣言一般是通过口耳相传的方式在人群中流传,传播速度比较缓慢,社会影响力也比较有限,只限于局部地区内的传播。随着信息技术和全球一体化进程的高速发展,信息资源逐渐实现了全球化流动和共享。在由网络论坛、微博、博客、微信朋友圈等构成的互联网环境中传播的网络谣言,突破了传播空间的壁垒,可以短时间内在全国和全球范围内广泛传播,形成难以估计的影响力。

一、网络谣言的接受心理

(一)有选择的信息加工

谣言传播中,公众信息加工的心理步骤主要是感知和记忆,而且这两个步骤通过传播链上的每个传播主体无穷无尽地重复。

1. 多通路的感知

著名的传播学者麦克卢汉提出了“媒介是人的延伸”的观点,即任何媒介不外乎是人的感觉和感官的扩展和延伸,如“文字是视觉的”“电视是听觉和触觉的”。在谣言传播过程中,包括网民在内的公众是通过口耳相传,或是报纸、广播和电视等传统媒体,网络和手机等新媒体来“感觉”谣言信息的。口耳相传利用声音来刺激人的听觉;报纸利用文字和图片来刺激人的视觉;广播利用声音来刺激人的听觉;电视、网络、手机则利用声音、文字、图片和图像来刺激人的视觉和听觉。接收到这些不同媒介的刺激后,感官“将外界的物理能量输入到神经和认知系统,并在此对能量做进一步加工”[②],于是,公众才会产生知觉、记忆、思维等一系列高级心理现象。心理学研究表明,人感受信息时,70%～80%来自视觉通路,10%～15%来自听觉通路。[③] 网络谣言多配以丰富的图片、音视频信息,它

---

① 胡钰.大众传播效果:问题与对策[M].北京:新华出版社,2000:114-115.

② 贝斯特.认知心理学[M].黄希庭,译.北京:中国轻工业出版社,2000:4.

③ 艾森克,基恩.认知心理学:第3版[M].高定国,等译.上海:华东师范大学出版社,2004:3.

诉诸多种感觉通路，对公众感知的影响更大一些。

2. 过滤性的记忆

记忆是在头脑中积累和保存个体经验的记忆过程。需要注意的是，人们对信息的记忆是有所选择的，他们不会将读到的、听来的或以其他方式得来的信息原封不动地储入或调出大脑。人们总是按照自己的信仰和身处的情境润饰信息，令之符合自己的期待、需求。[①] 由于人们只相信他们愿意信仰的、期待发生的、可以相信的，于是就出现心理学所说的过滤性选择的认知过程。[②]

在谣言传播过程中，这种认知的过滤性选择主要表现为公众倾向于记住谣言信息内容中与自己原有观点一致的那些部分，而忘掉与自己观点不一致的部分。这一行为往往是出于潜意识，它可能用以加强而非改变受众对谣言已有的看法。

此外，从谣言传播的角度来看，"集体记忆"构成了谣言传播的选择性心理，它为谣言传播提供了历史材料，又为谣言传播的内容提供了"资料库存"。换句话说，它是民众选择材料的筛选器。[③] 由新浪域名"sina"引起的谣言便是典型的集体记忆发挥作用的结果。从2000年起，"sina即支那，是日本人对中国的侮辱性称呼"的谣言便通过BBS、E-mail、QQ等方式在网络上大量流传。但谣言背后的真实情况是：sina是新浪前身之一华渊资讯公司的英文名称，当时华渊旗下的网站叫sinanet. com。sina是Sino（印度语中"中国"之意）和China的合拼，取意"中国"。中英文结合起来，就是"一个不断创新的为全体华人服务的网上世界"，与日语的"支那"毫无关系。尽管如此，关于新浪域名涉嫌辱华的谣言，不少公众仍然采取相信的态度，甚至有公众发起"抵制新浪"的行动。[④]

20世纪三四十年代的日本侵华、辱华的历史，已经深深地铭刻在中国人的集体记忆中，这样的集体记忆并不会因时间的流逝而被任意损毁和修改。流传在中国的涉日网络谣言还有很多，如"日本利用基因技术以知名化妆品和食品为主要媒介来改变我们中国人的基因""日本将上海环球金融中心设计成太阳旗和日本军刀，是为了破坏中国风水"，等等。这些涉日网络谣言之所以有较大的传播力和影响力，正是因为它们激活和唤醒了造谣者、传谣者和信谣者脑海中关于日本侵华史的集体记忆。在集体记忆的影响下，网民倾向于相信谣言内容，也就失去了对谣言真实性的判断。因此，可以认为，有些谣言的产生和爆发实际上是一个被激活的集体记忆的过程。[⑤]

总之，人的心理记忆机制作用是非常强大的，谣言传播链中的每个个体把经过人脑记忆机制加工后的信息依次传播出去，这样每经过一个人的记忆加工，信息的准确性就会发生或多或少的偏差，一传十、十传百，一次次累积起来的偏差的合力最终会导致原始信息发生根本性的变化，谣言便产生了。

---

① HARRIS J R. A Cognitive Psychology of Mass Communication，Hillsdale：Lawrence Erlbaum Associates，1989：33.

② OVERHOLT T W. Prophecy in Cross Cultural Perspective，Atlanta：Scholars Press，1986：18.

③ 郭小安. 谣言传播与社会心理[J]. 武汉理工大学学报（社会科学版），2008(2)：208.

④ 张旭光. "新浪是日本公司"谣言再起　陈彤怒斥造谣者[EB/OL]. (2005-03-18)[2013-04-28]. http://www.techweb. com. cn/news/2008-05-29/333194. shtml.

⑤ 李若建. 社会变迁的折射：20世纪50年代的"毛人水怪"谣言初探[J]. 社会学研究，2005(5)：184-186.

(二)惯性化的感性直觉思维

有些网络谣言的内容是非常荒诞的,如"广州大学生被偷肾""艾滋病毒注入西瓜""米粉含虫""肯德基变种鸡""可乐杀精"等。谣言本身经不起任何科学和理性的检验,之所以流行和中国人传统的感性直觉思维方式分不开。

当代学者余秋雨认为,中国文化的毛病之一是不在乎实证。"中国人特别喜欢听谣言,而且通过中国文化的方式找不到辟谣的程序,这是一个严肃的文化问题。"①"由于中国传统的思维方式具有强烈的直观猜测性,因此在思维活动中总是把人的感受、经验乃至主张合理外推,通过现象类比,由人及物,解释自然和社会的各种现象。这种思维方式无论是从形式上,还是在方法上,都缺乏严格的逻辑分析和缜密的理论思维。其思维定势无不表现出重经验思考轻理性抽象、重笼统概括轻具体剖析、重定性推理轻定量分析、重宏观运筹轻微观观察的特征。由于缺乏理性分析的方法和过程,对于很多信息,人们往往采取'宁可信其有,不可信其无'的简便办法。"②虽然公众的认知过程得到了简化,认知效率得到了提升,但是这种思维惯性带来的认知偏差直接导致公众对谣言的不加分辨和盲目轻信。

(三)深刻的民间信仰认同

中国民间信仰与民俗文化源远流长,博大精深,凝结着中华民族数千年来的文化心理积淀,是中国传统文化的重要载体,并随着时间的推移、社会的进步及中外文化的交流而不断嬗变和演进。中国民间信仰已经越来越频繁、深入地出现并渗透和融入公众的日常生活之中,如供财神、祭祀祖先等,更多的民间信仰则转化为大众追求心理安慰的俗信,成为集体无意识传承的精神归属需要,表达人民求福避祸的心理,如发家致富、家人健康平安、婚姻幸福、事业有成等美好的愿望。③

由于民间信仰具有极强的生命力和广泛的认同度,别有用心的人便利用民间信仰作为素材来编造谣言,蛊惑人心,引发公众恐慌情绪,蓄意制造社会混乱,谋取个人利益。从18世纪末近代中国的"叫魂"与"采生折割"(旧时一种捕杀生人,折割其肢体,取五官脏腑等用以和药敛财的罪恶行为)到20世纪80年代"宝洁公司的标志与魔鬼有关",在古今中外的历史上,这样的谣言层出不穷。

民间信仰深刻地影响着公众的认知图式,影响着公众对谣言真实性的判断。谣言的内容一旦加入民间信仰的成分,便很容易在公众中得到广泛的认同。以前些年流传甚广的"寡妇年"谣言为例,所谓的"寡妇年",就是当年没有立春的年份。因为2009年农历闰了五月,而二十四节气是按阳历来确定的,所以2010年的立春就到了春节之前。人们往往把春节当作农历新年的开始,这样一来,农历2010年一开始就没有立春。"春"字在传统文化当中除了表示季节之外,还含有阴阳结合、雌雄交合的意思。没有立春,人们往往

---

① 余秋雨.中国文化不在乎公德 中国人特喜欢听谣言[N].文学报,2009-08-18.

② 张传新.非典流言流传的根源与启示[J].山东大学学报(哲学社会科学版),2003(6):76.

③ 石慧敏.传统文化心理与谣言传播中的公众态度和行为[J].中北大学学报(社会科学版),2011(3):112.

就引申到男女不能结合的意思上来，于是民间普遍认为在这一年结婚的妻子会克死自己的丈夫，有人就把这种年份称为“寡妇年”。而实际上，“无春”只是正常的历法演变，与吉凶祸福无关，更不可能影响到婚姻的幸福与否。但是，仍然有网民对“寡妇年”的谣言深信不疑。

（四）强烈的整体情感

人类学家彼得·林哈特认为，谣言通常体现了公众的整体情感，而且这些情感往往无法在理性层面上得以表达。尤其是当谣言以道德感为主要诉求时，公众对其接受程度相对较高。

道德感是人所特有的一种高级情感，是道德品质的一个重要组成部分。它是人们运用一定的道德标准评价自身或他人行为时所产生的一种情感体验。行为符合道德准则便产生满意、肯定的体验，如爱慕、敬佩、赞赏、热爱、欣慰、荣誉等；不符合便产生消极、否定的体验，如羞愧、憎恨、厌恶等。道德感按其内容可以分为：自尊感、荣誉感、义务感、责任感、同志感、友谊感、人道主义情感、爱国主义情感与国际主义情感等。①

其中，爱国主义情感和人道主义情感皆为深厚有力的情感，容易激发并造成强烈的情感共鸣。如 2015 年尼泊尔地震后“持中国护照免费登机”谣言、2016 年“南海硝烟、首战告捷”谣言、2017 年“萨德入韩”事件中的“中国人为泄愤砸韩国车”谣言、2018 年“假和尚偷抢拐小孩”谣言等。由于这些谣言感性十足，情真意切，字里行间充满着浓浓的爱国主义情感，尤其文末“爱国的中国人”“让中国人骄傲”“有爱心就转”“有良知就转”等煽动性字眼，十分容易激发网民的情感共鸣，谣言也因此达到了空前的传播规模。

（五）不断的群体强化与暗示

网络谣言传播中，群体中的不同个体对同一则谣言的传播，不断地强化着某一个体对谣言内容的认知，即使该个体在一开始并没有相信谣言，但在群体成员对谣言的不断重复和强化中，个体很有可能改变原先的认知，转而相信并传播谣言。

暗示是在无对抗条件下，用某种间接的方法对人们的心理和行为产生影响，从而使人们按照一定的方式去行动或接受一定的意见、思想。② 法国社会心理学家勒庞指出：“群体通常总是处在一种期待注意的状态中，因此很容易受人暗示。最初的提示，通过互相传染的过程，会很快进入群体中所有人的头脑，群体感情的一致性会立刻变成一个既定事实。”③

在 2018 年 2 月“甘南地区出现‘漂浮汽车’，武警封锁方圆 5 公里”的网络谣言中，某网民发布的网络视频是对事实真相的第一次歪曲，也是传染性暗示过程的源头。在暗示的心理机制作用下，该网民利用特效技术捏造看上去所谓证据确凿的“事实”——“把歪曲的想象力所引起的幻觉和真实事件混为一谈”，迅速被网络中的其他成员所接受。由

---

① 朱智贤. 心理学大词典[M]. 北京：北京师范大学出版社，1989：101.

② 肖旭. 社会心理学[M]. 成都：电子科技大学出版社，2008：339.

③ 勒庞. 乌合之众——大众心理研究[M]. 冯克利，译. 广西师范大学出版社，2007：57.

于有影像资料的佐证，在"眼见为实"的心理作用下，网民不断地转发、评论，表示对谣言的支持和赞同。随着该事件搜索量、转发量和评论量的增加，谣言在群体成员间不断地进行心理暗示，变成了不容抗辩的"事实"。

此外，人对暗示的易感程度，与个体的年龄、性别、个性、心理活动过程等相关。心理学家认为，刚强、有主见的人比较不容易接受暗示，而依赖性强、没有主见、心胸狭窄的人更容易接受暗示。在相同环境中，独立性差的人容易接受暗示，比如女性比男性容易接受暗示，儿童比成人容易接受暗示。就一个人来说，当处于某些应激、疲倦、情境不明、陷入困境等状态下，容易接受暗示。比如在地震、水灾等情况下，人就特别容易受到暗示。① 而谣言的主题又常常涉及地震、水灾等与人们生命财产安全密切相关的内容，所以谣言传播中群体的暗示心理尤为强烈。

二、网络谣言的破解心理

(一)理性客观的批判性思维

正如西方著名学者奥尔波特(Allport)和波斯特曼(Postman)指出的那样，谣言仅在缺乏"证据的可靠标准"时盛行，但我们不能总是很容易知道证据的可靠标准何时出现，我们不会总能分辨哪是事实，哪是想象。在大多数事情上，我们都是非专业的，谣言就因此而产生。我们既没有时间，也没有耐心去检验我们所听到的、看到的是否背离证据的外在标准，即使有时这些标准存在，普通民众也很难得到。所以，我们抵御谣言唯一可靠的方法，就是对所有道听途说的描述持普遍怀疑态度。②

也就是说，当面对那些"未经证实的信息"时，不管信息内容多么吸引人，不管信息的影响力有多大，不管信息的传播者多么具有可信度，不管周围有多少人相信该信息，公众都应该抱有谨慎、怀疑的态度，不轻易相信谣言，要善于进行理性思考和独立判断。

(二)良好的媒介素养

在信息爆炸的现代社会，谣言披着真实的外衣无处不在，并且信息时代的谣言传播，早已脱离了口耳相传的阶段，而是紧密地与网络、手机等各式媒介联系在一起，呈现出多媒体整合的新特征。因此，媒介素养的高低，直接关系到公众对网络谣言的鉴别和判断。

美国学者丹尼斯(Dennis)指出，如果没有媒介素养，媒介就"如同污染我们的食物和饮用水一样，将毒害人们的精神"。如果公众具有较高的媒介素养，便能积极地获取、分析、评价和传播各种媒介报道的信息，不容易受到谣言和错误舆论的蛊惑和影响而导致言行的失范；而如果公众没有良好的媒介素养，当面对海量信息时很容易无所适从，失去判断力，容易盲目相信或传播谣言，甚至采取过激行为。因此，对公众加强媒介素养教育(尤其是关于新媒体的媒介素养教育)是网络谣言防控的重要内容之一。

---

① 熊丽丹. 暗示力[M]. 上海：文汇出版社，2012：5.

② 奥尔波特，等. 谣言心理学[M]. 刘水平，等译. 沈阳：辽宁教育出版社，2003：序言 3-4.

复习要点

一、网民的心理特征

网民心理既具有与传统媒体的受众相似的心理特征(如求知、求新、求异、求近等)，又有其独特性。主要表现在以下几个方面：

1. 安全心理。网络的匿名性给予网民很大的自由度和随意度。由于安全心理的作用，网民在虚拟的网络世界中能更真实地表达自己的观点，并呈现出一些与真实世界中不尽相同的行为表现。但需要注意的是，在匿名状态和安全心理的驱动下，网民容易失去社会责任感和自我控制的能力，产生一些非理性的言论和行为。

2. 减压宣泄心理。由于网络的开放性、包容性和多元性，网民常通过浏览视频、跟帖、转发、玩网络游戏等方式来宣泄情绪、缓解压力。

3. 自我认同心理。网民通过参与微博、博客、论坛等活动，在与网友交流的过程中不断进行着虚拟身份与现实身份的自我认同，从而能更全面地认识本我、现实我和理想我，形成对自我的一种整体性和系统性的认识。

4. 从众心理。在网络中，从众心理更容易形成和放大。由于网民的聚合性较强，甚至可以在非常短的时间内，仅凭一个新闻事件或讨论的议题，就迅速地集合成一个新的群体，并不自觉地形成强烈的集体认同，从而出现理性趋于减弱的情况。

二、网民的新闻心理特征

1. 网民新闻认知的特征

首先，网民的新闻认知具有整体性，其认知对象包括文字、网页空间、导航结构、超链接、图片、动画、多媒体等形式所承载的各种信息。网民通过感觉、知觉、记忆、思维、联想等认知活动，将各种信息组合成为一个整体结构。

其次，网民的新闻认知呈现层次化的特征。网络新闻采用的“超文本”格式，使得新闻的写作和传播突破了线性传播的藩篱，并以层次性和开放性的特征影响着受众的新闻认知。

最后，网民的新闻认知具有间断性的特征。网络新闻采用超链接技术作为其表现形式，实现了文本、表格、语言、声音、图形、动画、图像及视频等多种内容的整合。网民凭借自己的兴趣、爱好和需要，可以在多种新闻信息间随意地跳跃和转换，这种跳跃式的新闻阅读方式，使网民的认知呈现出间断性的特点。

2. 网民情绪情感体验的特征

其一，由于网民是以电脑、手机等新媒体设备进行新闻阅读和交流的，所以他们只能通过一些情绪性的符号来表达自己的情绪情感。

其二，网民的情绪情感体验还具有重宣泄、重娱乐、理性与非理性交织和易传染等特征。

3. 网民对新闻的接受行为

首先，网络新闻获取行为的特征主要是追求便捷的终端获取和以“pull”(拉)为主的获取方式。

其次，网络新闻阅读行为与传统的新闻阅读行为有着明显的差异。主要表现在“非线性”的有意或随意阅读和“浏览式”的浅阅读。

最后,网络流行语是网民在接受新闻之后的第二次信息解读,也是对于其接受行为的进一步深化。通过流行语的使用和传播,网络新闻不断地在网民中加以强化,并延伸到线下的现实生活中,促进了更多人的新闻接受行为。

三、网络谣言的接受和破解心理

1. 网络谣言的接受心理

第一,在谣言传播过程中,认知的过滤性选择使网民倾向于记住谣言信息内容中与自己原有观点一致的那些部分,而忘掉与自己观点不一致的部分。

第二,惯性化的感性直觉思维带来的认知偏差导致受众对谣言的不加分辨和盲目轻信。

第三,久远的民间信仰认同深刻地影响着公众的认知图式,影响着受众对谣言真实性的判断。

第四,谣言通常是体现了受众的整体情感,这些情感难以在理性层面上表达。

第五,网络谣言传播中,即使某个个体在一开始并不相信谣言,但在群体成员对谣言不断地强化和暗示中,个体很有可能改变原先的认知,转而相信并传播谣言。

2. 网络谣言的破解心理

其一,网络谣言的破解需要网民持有理性客观的批判性思维。

其二,网络谣言的破解需要网民具有良好的媒介素养。

复习题

1. 网民的心理特征是什么?
2. 简述网民新闻认知的特点。
3. 试述网民情绪情感表达的特征。
4. 简述网络新闻阅读行为的分类。
5. 简述网络谣言的接受和破解心理。

附录　心理测验

一、气质类型的测量和鉴定

到目前为止，国际上还没有一种研究气质的客观指标，但对气质还是可以进行客观研究的。近年来，我国心理学工作者和教育工作者编制的《60题气质调查表》，曾对中专生及大学生做过相当数量的调查，得到比较广泛的应用。

下面60题可以帮助你大致确定自己的气质类型。在回答这些问题时，你认为很符合自己情况的记2分，比较符合自己的记1分，介于符合与不符合的记0分，比较不符合的记－1分，完全不符合的记－2分。

1. 做事力求稳妥，不做无把握的事。
2. 遇到可气的事就怒不可遏，想把心里话全说出来才痛快。
3. 宁肯一个人干事，也不愿很多人在一起。
4. 到一个新环境很快就能适应。
5. 厌恶那些强烈的刺激，如尖叫、噪声、危险镜头等。
6. 和人争吵时，总是先发制人，喜欢挑衅。
7. 喜欢安静的环境。
8. 善于和人交往。
9. 羡慕那种善于克制自己感情的人。
10. 生活有规律，很少违反作息制度。
11. 在多数情况下情绪是乐观的。
12. 碰到陌生人觉得很拘束。
13. 遇到令人气愤的事，能很好地自我克制。
14. 做事总是有旺盛的精力。
15. 遇到问题常常举棋不定，优柔寡断。
16. 在人群中从不觉得过分拘束。
17. 情绪高昂时，觉得干什么都有趣；情绪低落时，又觉得什么也没意思。
18. 当注意力集中于某一事物时，别的事物很难使我分心。
19. 理解问题总比别人快。
20. 碰到危险情景时，常有一种极度恐怖感。
21. 对学习、工作、事业怀有很高的热情。
22. 能够长时间做枯燥、单调的工作。
23. 符合兴趣的事情，干起来劲头十足，否则就不想干。

24. 一点小事就能引起情绪波动。
25. 讨厌做那种需要耐心、细致的工作。
26. 与人交往不卑不亢。
27. 喜欢参加热烈的活动。
28. 爱看感情细腻、描写人物内心活动的文学作品。
29. 工作学习时间长了,常感到厌倦。
30. 不喜欢长时间地谈论一个问题,愿意实际动手干。
31. 喜欢侃侃而谈,不愿窃窃私语。
32. 别人说我总是闷闷不乐。
33. 理解问题常比别人慢些。
34. 疲倦时只需短暂休息就能精神抖擞,重新投入工作。
35. 心里有话,宁愿自己想,也不愿说出来。
36. 认准一个目标就希望尽快实现,不达目的,誓不罢休。
37. 同样和别人学习、工作一段时间后,常比别人更疲倦。
38. 做事有些莽撞,常常不考虑后果。
39. 教师或师傅讲授新知识、技术时,总希望他讲慢些,多重复几遍。
40. 能够很快地忘掉那些不愉快的事情。
41. 做作业或完成一件工作总比别人花的时间多。
42. 喜欢运动量大的剧烈的体育活动或参加各种文艺活动。
43. 不能很快地把注意力从一件事情转移到另一件事上去。
44. 接受一个任务后,就希望把它迅速解决。
45. 认为墨守成规,比冒风险强。
46. 能够同时注意几件事物。
47. 当我烦闷的时候,别人很难使我高兴起来。
48. 爱看情节起伏跌宕、激动人心的小说。
49. 对工作抱有认真严谨、始终一贯的态度。
50. 和周围人的关系总是相处不好。
51. 喜欢复习学过的知识,重复做已经掌握的工作。
52. 希望做变化大、花样多的工作。
53. 小时候会背的诗歌,我似乎比别人记得更清楚。
54. 别人说我"出语伤人",可我并不觉得这样。
55. 在体育活动中常因反应慢而落后。
56. 反应敏捷,头脑机智。
57. 喜欢有条理而不甚麻烦的工作。
58. 兴奋的事情常常使我失眠。
59. 老师讲新概念,常常听不懂,但是弄懂以后就很难忘记。
60. 假如工作枯燥无味,马上就会情绪低落。

附:确定气质类型的方法。

1. 将每题得分填入下表相应"得分"栏内。
2. 计算每种气质类型的总分数。
3. 气质类型的确定:如果某类气质得分明显高出其他三种,均高出4分以上,则可定为该类气质。

此外，如果该气质得分超过20分，则为典型型，如果该类得分在10～20分，则为一般型。

胆汁质	题号	2	6	9	14	17	21	27	31	36	38	42	48	50	54	58
	得分															
多血质	题号	4	8	11	16	19	23	25	29	34	40	44	46	52	56	60
	得分															
黏液质	题号	1	7	10	13	18	22	26	30	33	39	43	45	49	55	57
	得分															
抑郁质	题号	3	5	12	15	20	24	28	32	35	37	41	47	51	53	59
	得分															

如果两种气质类型得分接近，其差异低于3分，而且又明显高于其他两种，高出4分以上，则可定为两种气质的混合型。

如果三种气质得分均高于第四种，而且接近，则为三种气质的混合型，如多血质——胆汁质——黏液质混合型。大部分人属于一般型和两种类型的混合型。

二、内外向人格调查表

——根据内曼和科尔施太特命题表

1. 能独断独行　是(否)
2. 快乐主义的人生观　(是)否
3. 喜静安闲　是(否)
4. 对人十分信任　(是)否
5. 筹思五年以后的事　是(否)
6. 遇有集体活动愿在家不参加　是(否)
7. 能在大庭广众中工作　(是)否
8. 常做同样的工作　是(否)
9. 觉得集会的乐趣与个别交际无异　(是)否
10. 三思而后决定　是(否)
11. 不愿别人提示，而愿独出心裁　(是)否
12. 安静而非热烈地娱乐　是(否)
13. 工作时不愿人在旁观看　是(否)
14. 厌弃呆板的职业　(是)否
15. 宁愿节省而不愿耗费　是(否)
16. 不常分析自己的思想和动机　(是)否
17. 喜欢冥想幻想　是(否)
18. 自己擅长的工作愿意人在旁观看　(是)否
19. 怒时不加抑制　是(否)
20. 工作因人赞赏而改善　(是)否
21. 喜欢兴奋紧张的劳动　(是)否

22. 常回想自己 是(否)
23. 愿做群众运动领袖 (是)否
24. 公开演说 (是)否
25. 使梦想成为事实 是(否)
26. 很讲究写应酬信 是(否)
27. 做事粗糙 (是)否
28. 深思熟虑 是(否)
29. 能将强烈的情绪(如喜、怒、悲)表现出来 (是)否
30. 不拘小节 (是)否
31. 对人十分小心 是(否)
32. 与观点不同的人自由联络 (是)否
33. 喜猜疑 是(否)
34. 轻听人言,不假思索 (是)否
35. 愿意读书不愿做实际工作 是(否)
36. 好读书不求甚解 (是)否
37. 常写日记 是(否)
38. 在群众中肃静无哗 是(否)
39. 不得已而动作 (是)否
40. 不愿回想自己 (是)否
41. 工作有计划 是(否)
42. 常变换工作 (是)否
43. 对麻烦事情愿避免不愿承担 是(否)
44. 重视谣言 是(否)
45. 信任别人 (是)否
46. 非极熟悉的人不轻易信任 是(否)
47. 愿研究别人而不愿研究自己 (是)否
48. 放假期间愿找一安静的地方而不喜欢热闹场所 是(否)
49. 意见常变化而不固定 (是)否
50. 任何说话场合均愿参加 (是)否

说明一:凡带括号的代表外向,无括号的代表内向。

说明二:如果被试者不能确定(是)和(否),可以不答。

说明三:以上50个题目,25个属于外向,25个属于内向。

如果被试者认为自己的情况符合提问内容,就在“是”上画0;如果不符合就在“否”上画0。

评分公式:①

$$\text{向性指数:}\frac{\text{外向性反应总数}+\frac{1}{2}\text{没有回答的总数}}{25}\times 100$$

注:所得向性指数如果大于等于115,定为外向型,所得向性指数如果小于等于95,定为内向型,中间者为中间型。(有关内外向者的行为表现请参看本书第82页和第180页。)

① 叶奕乾,等.图解心理学[M].南昌:江西人民出版社,1982.

三、卡特尔十六种人格因素测验(AB合并本)

本测验包括一些有关个人兴趣与态度的问题。每个人都各有自己的看法,对问题的回答自然不同。无所谓正确或错误,请试者尽量表达自己的意见。

作答时,请注意下列四点:

(1)请不要费时斟酌,应当顺其自然地依你个人的反应选答。一般说来,问题都略嫌简短并且不能包含所有有关的因素或条件。譬如第一题是有关球赛的问题,你对于参观排球赛或篮球赛的爱好可能不同,你的回答应就一般球赛而论。通常每分钟可做五六题,全部问题应在半小时内完成。

(2)除非在万不得已的情形下,尽量避免如"介乎A与C之间",或"不甚确定"这样的中性答案。

(3)请不要遗漏,务必对每一个问题作答。有些问题似乎不符合于你,有些问题又似乎涉及隐私,但本测验的目的,在于研究、比较青年和中老年人的兴趣和态度,希望试者真实作答。

(4)作答时,请坦白表达自己的兴趣与态度,不必顾忌主试者或其他人的意见与立场。

1. 我很明了本测试的说明:
A. 是的。　B. 不一定。　C. 不是的。

2. 我对本测验每一个问题都会按自己的真实情况作答:
A. 是的。　B. 不一定。　C. 不同意。

3. 有度假机会时,我宁愿:
A. 去一个繁华的都市。　B. 介乎A与C之间。　C. 闲居清静而偏僻的郊区。

4. 我有足够的能力应付困难:
A. 是的。　B. 不一定。　C. 不是的。

5. 即使是关在铁笼内的猛兽也会使我见了惴惴不安:
A. 是的。　B. 不一定。　C. 不是的。

6. 我总避免批评别人的言行:
A. 是的。　B. 有时如此。　C. 不是的。

7. 我的思想似乎:
A. 走在了时代的前面。　B. 不太一定。　C. 正符合时代。

8. 我不擅长说笑话讲趣事:
A. 是的。　B. 介乎A与C之间。　C. 不是的。

9. 当我看亲友邻居争执时,我总是:
A. 任其自己解决。　B. 置之不理。　C. 予以劝解。

10. 在社交场合中,我:
A. 谈吐自然。　B. 介乎A与C之间。　C. 退避三舍,保持沉默。

11. 我愿做一名:
A. 建筑工程师。　B. 不确定。　C. 社会科学的教员。

12. 阅读时,我宁愿选读:
A. 著名的宗教教义。　B. 不确定。　C. 国家政治组织的理论。

13. 我相信许多人都有些心理不正常,虽然他们都不愿意这样承认:
A. 是的。　B. 介乎A与C之间。　C. 不是的。

14. 我所希望的结婚对象应擅长交际而无须有文艺才能:
A. 是的。　B. 不一定。　C. 不是的。

15. 对于头脑简单和不讲理的人,我仍然能待之以礼:
A. 是的。　B. 介乎A与C之间。　C. 不是的。
16. 受人侍奉时我常感到不安:
A. 是的。　B. 介乎A与C之间。　C. 不是的。
17. 从事体力或脑力劳动后,我比平常人需要更多的休息才能恢复工作效率:
A. 是的。　B. 介乎A与C之间　C. 不是的。
18. 半夜醒来,我会为种种忧虑而不能再入眠:
A. 常常如此。　B. 有时如此。　C. 极少如此。
19. 事情进行不顺利时,我常会急得掉眼泪:
A. 从不如此。　B. 有时如此。　C. 时常如此。
20. 我认为只要双方同意就可以离婚,不应当受传统礼教的束缚:
A. 是的。　B. 介乎A与C之间。　C. 不是的。
21. 我对于人或物的兴趣都很容易改变:
A. 是的。　B. 介乎A与C之间。　C. 不是的。
22. 筹划事务时,我宁愿:
A. 和别人合作。　B. 不确定。　C. 自己单独进行。
23. 我常会无端地自言自语:
A. 常常如此。　B. 偶然如此。　C. 从不如此。
24. 无论工作、饮食或出游,我总是:
A. 很匆忙,不能尽兴。　B. 介乎A与C之间。　C. 很从容不迫。
25. 有时我会怀疑别人是否对我的言谈真正有兴趣:
A. 是的。　B. 介乎A与C之间。　C. 不是的。
26. 在工厂中,我宁愿负责:
A. 机械组。　B. 介乎A与C之间。　C. 人事组。
27. 在阅读时,我宁愿选读:
A. 太空旅行。　B. 不大确定。　C. 家庭教育。
28. 下列三个字中哪个字与其他两个字属于不同类别:
A. 狗。　B. 石。　C. 牛。
29. 如果我能重新做人,我要:
A. 把生活安排得和以前不同。B. 不确定。　C. 生活得和以前相仿。
30. 在我一生之中,我总能达到我所预期的目标:
A. 是的。　B. 不一定。　C. 不是的。
31. 当我说谎时,我总觉内心不安,不敢正视对方:
A. 是的。　B. 不一定。　C. 不是的。
32. 假使我手持一支装有子弹的手枪,我必须取出子弹后才能心安:
A. 是的。　B. 介乎A与C之间。　C. 不是的。
33. 朋友们大都认为我是一个说话风趣的人:
A. 是的。　B. 不一定。　C. 不是的。
34. 如果人们知道我的内心世界,他们都会感到惊讶:
A. 是的。　B. 不一定。　C. 不是的。

35. 在社交场合中，如果我突然成为观众注意的中心，我会感到局促不安：
A. 是的。　B. 介乎 A 与 C 之间。　C. 不是的。
36. 我总喜欢参加规模庞大的聚会、舞会或公共集会：
A. 是的。　B. 介乎 A 与 C 之间。　C. 不是的。
37. 在下列工作中，我喜欢的是：
A. 音乐。　B. 不一定。　C. 手工。
38. 我常常怀疑那些过于友善的人的动机是否如此：
A. 是的。　B. 介乎 A 与 C 之间。　C. 不是的。
39. 我宁愿自己的生活像：
A. 一个艺人或博物馆学家。　B. 不确定。　C. 会计师或保险公司的经纪人。
40. 目前世界所需要的是：
A. 多产生一些富有改善世界计划的理想家。
B. 不确定。
C. 脚踏实地的可靠公民。
41. 有时候我觉得我需要做剧烈的体力运动：
A. 是的。　B. 介乎 A 与 C 之间。　C. 不是的。
42. 我愿意与有礼貌有教养的人来往，而不愿和粗鲁野蛮的人为伍：
A. 是的。　B. 介乎 A 与 C 之间。　C. 不是的。
43. 在处理一些必须凭借智慧的事务中，我的父母的确：
A. 较一般人差。　B. 普通。　C. 超人一等。
44. 当上司（或教师）召见我时，我：
A. 总觉得可以趁机会提出建议。
B. 介乎 A 与 C 之间。
C. 总怀疑自己做错了什么事。
45. 假使薪俸优厚，我愿意专任照料精神病人的职务：
A. 是的。　B. 介乎 A 与 C 之间。　C. 不是的。
46. 看报时，我喜欢读：
A. 当前世界基本社会问题的辩论。
B. 介乎 A 与 C 之间。
C. 地方新闻的报道。
47. 我曾担任过：
A. 一种职务。　B. 多种职务。　C. 非常多的职务。
48. 逛街时，我宁愿观看一个画家写生，而不愿旁听人家的辩论：
A. 是的。　B. 不一定。　C. 不是的。
49. 我的神经脆弱，稍有刺激性的声音就会使我战栗：
A. 时常如此。　B. 有时如此。　C. 从未如此。
50. 我在清早起身时，就常常感到疲惫不堪：
A. 是的。　B. 介乎 A 与 C 之间。　C. 不是的。
51. 我宁愿是一个：
A. 管森林的工作人员。　B. 不一定。　C. 中小学教员。

52. 每逢年节或亲友生日,我:
A. 喜欢互相赠送礼物。 B. 不太确定。 C. 觉得交换礼物是麻烦事。
53. 下列数字中,哪个数字与其他两个数字属于不同类别:
A. 5。 B. 2。 C. 7。
54. "猫"与"鱼"就如同"牛"与:
A. 牛乳。 B. 牧草。 C. 盐。
55. 在做人处事的各个方面,我的父母很值得敬佩:
A. 是的。 B. 不一定。 C. 不是的。
56. 我觉得我有一些别人所不及的优良品质:
A. 是的。 B. 不一定。 C. 不是的。
57. 只要有利于大家,尽管别人认为卑贱的工作,我也乐而为之,不以为耻:
A. 是的。 B. 不太确定。 C. 不是的。
58. 我喜欢看电影或参加其他娱乐活动:
A. 每周一次以上(比一般人多)。
B. 每周一次(与通常人相似)。
C. 偶然一次(比通常人少)。
59. 我喜欢从事需要精确技术的工作:
A. 是的。 B. 介乎A与C之间。 C. 不是的。
60. 在有思想、有地位的长者面前我总较为缄默:
A. 是的。 B. 介乎A与C之间。 C. 不是的。
61. 就我来说,在大众前演讲或表演是一件不容易的事:
A. 是的。 B. 介乎A与C之间。 C. 不是的。
62. 我宁愿:
A. 指挥几个人工作。 B. 不确定。 C. 和团体共同工作。
63. 纵使我做了一桩贻笑大方的事,我也仍然能够将它淡然忘却:
A. 是的。 B. 介乎A与C之间。 C. 不是的。
64. 没有人会幸灾乐祸地希望我遭遇困难:
A. 是的。 B. 不确定。 C. 不是的。
65. 堂堂的男子汉应该:
A. 考虑人生的意义。 B. 不确定。 C. 谋家庭的温饱。
66. 我喜欢解决别人已弄得一塌糊涂的问题:
A. 是的。 B. 介乎A与C之间。 C. 不是的。
67. 我十分高兴的时候总有好景不长之感:
A. 是的。 B. 介乎A与C之间。 C. 不是的。
68. 在一般困难处境下,我总能保持乐观:
A. 是的。 B. 不一定。 C. 不是的。
69. 迁居是一桩极不愉快的事:
A. 是的。 B. 介乎A与C之间。 C. 不是的。
70. 在我年轻的时候,如果我和父母的意见不同,我经常:
A. 坚持自己的意见。 B. 介乎A与C之间。 C. 接受他们的意见。

71. 我希望我的爱人能够使家庭：

A. 有其本身的欢乐与活动。 B. 介乎 A 与 C 之间。 C. 成为邻里社交活动的一部分。

72. 我解决问题多数依靠：

A. 个人独立思考。 B. 介乎 A 与 C 之间。 C. 与人互相讨论。

73. 需要当机立断时，我总是：

A. 镇静地运用理智。 B. 介乎 A 与 C 之间。 C. 紧张兴奋，不能冷静思考。

74. 最近，在一两桩事情上，我觉得自己无辜受累：

A. 是的。 B. 介乎 A 与 C 之间。 C. 不是的。

75. 我善于控制我的表情：

A. 是的。 B. 介乎 A 与 C 之间。 C. 不是的。

76. 如果薪俸相等，我宁愿做：

A. 一个化学研究师。 B. 不确定。 C. 旅行社经理。

77. “惊讶”与“新奇”犹如“惧怕”与：

A. 勇敢。 B. 焦虑。 C. 恐怖。

78. 下列三个分数中，哪一个与其他两个属不同类别：

A. 3/7。 B. 3/9。 C. 3/11。

79. 不知什么缘故，有些人故意回避或冷淡我：

A. 是的。 B. 不一定。 C. 不是的。

80. 我虽善意待人，却得不到好报：

A. 是的。 B. 不一定。 C. 不是的。

81. 我不喜欢那些夜郎自大、目空一切的人：

A. 是的。 B. 介乎 A 与 C 之间。 C. 不是的。

82. 和一般人相比，我的朋友的确太少：

A. 是的。 B. 介乎 A 与 C 之间。 C. 不是的。

83. 出于万不得已时，我才参加社交集会，否则我总设法回避：

A. 是的。 B. 不一定。 C. 不是的。

84. 在服务机关中，对上级的逢迎得当，比工作上的表现更为重要：

A. 是的。 B. 介乎 A 与 C 之间。 C. 不是的。

85. 参加竞赛时，我看重的是竞赛活动，而不计较其成败：

A. 总是如此。 B. 一般如此。 C. 偶然如此。

86. 我宁愿我所从事的职业：

A. 有固定可靠的薪水。

B. 介乎 A 与 C 之间。

C. 薪资高低能随我工作的表现而随时调整。

87. 我宁愿阅读：

A. 军事与政治的事实记载。 B. 不一定。 C. 一部富有情感与幻想的作品。

88. 有许多人不敢欺骗、犯罪，主要原因是怕受到惩罚：

A. 是的。 B. 介乎 A 与 C 之间。 C. 不是的。

89. 我的父母(或保护人)从未很严格地要我事事顺从：

A. 是的。 B. 不一定。 C. 不是的。

90. “百折不挠、再接再厉”的精神似乎完全被现代人忽视了：

A. 是的。　　B. 不一定。　　C. 不是的。

91. 如果有人对我发怒，我总：

A. 设法使他镇静下来。　　B. 不太确定。　　C. 也会恼怒起来。

92. 我希望大家都提倡：

A. 多吃蔬菜以避免杀生。

B. 不一定。

C. 发展农业，捕灭对农产品有害的动物。

93. 无论在极高的屋顶上或极深的隧道里，我很少觉到胆怯不安：

A. 是的。　　B. 介乎A与C之间。　　C. 不是的。

94. 只要没有过错，不管人家怎样归咎于我，我总能心安理得：

A. 是的。　　B. 不一定。　　C. 不是的。

95. 凡是无法运用理智来解决的问题，有时就不得不靠权力来处理：

A. 是的。　　B. 介乎A与C之间。　　C. 不是的。

96. 我十六七岁时与异性朋友的交游：

A. 极多。　　B. 介乎A与C之间。　　C. 比别人少。

97. 我在交际场合或所参加的组织中是一个活跃分子：

A. 是的。　　B. 介乎A与C之间。　　C. 不是的。

98. 在人声嘈杂中，我仍能不受妨碍，专心工作：

A. 是的。　　B. 介乎A与C之间。　　C. 不是的。

99. 在某些心境下，我常因困惑引起幻想而将工作搁置下来：

A. 是的。　　B. 介乎A与C之间。　　C. 不是的。

100. 我很少用难堪的话去伤害别人的感情：

A. 是的。　　B. 不太确定。　　C. 不是的。

101. 我更愿意做一名：

A. 商店经理。　　B. 不确定。　　C. 建筑师。

102. “理不胜辞”的意思是：

A. 理不如辞。　　B. 理多而辞寡。　　C. 辞藻丰富而理由不足。

103. “锄头”与“挖掘”犹如“刀子”与：

A. 雕刻。　　B. 切剖。　　C. 铲除。

104. 我常横过街道，以回避我不愿招呼的人：

A. 很少如此。　　B. 偶然如此。　　C. 有时如此。

105. 在倾听音乐时，如果人家高谈阔论：

A. 我仍然能够专心倾听，不受影响。

B. 介乎A与C之间。

C. 我会因不能专心欣赏而感到恼怒。

106. 在课堂上，如果我的意见与教师不同，我常：

A. 保守缄默。　　B. 不一定。　　C. 当场表明立场。

107. 我和异性友人交谈时，竭力避免涉及有关“性”的话题：

A. 是的。　　B. 介乎A与C之间。　　C. 不是的。

108. 我待人接物的确不太成功：
A. 是的。　B. 不尽然。　C. 不是的。
109. 每当考虑困难问题时，我总是：
A. 一切都未雨绸缪。　B. 介乎 A 与 C 之间。　C. 相信到时候会自然解决。
110. 我所结交的朋友中，男女各占一半：
A. 是的。　B. 介乎 A 与 C 之间。　C. 不是的。
111. 我宁可：
A. 结识很多的人。　B. 不一定。　C. 维持几个深交的朋友。
112. 我宁为哲学家，而不做机械工程师：
A. 是的。　B. 不一定。　C. 不是的。
113. 如果我发现某人自私不义时，我总不计一切指责他的弱点：
A. 是的。　B. 介乎 A 与 C 之间。　C. 不是的。
114. 我善用心机去影响同伴，使他们能协助实现我的目标：
A. 是的。　B. 介乎 A 与 C 之间。　C. 不是的。
115. 我喜欢担任戏剧、音乐、歌剧等新闻采访工作：
A. 是的。　B. 不一定。　C. 不是的。
116. 当人们颂扬我时，我总觉得不好意思：
A. 是的。　B. 介乎 A 与 C 之间。　C. 不是的。
117. 我以为现代最需要解决的问题是：
A. 政治纠纷。　B. 不太确定。　C. 道德目标的有无。
118. 我有时无故地产生一种面临横祸的恐惧：
A. 是的。　B. 有时如此。　C. 不是的。
119. 我在童年时，害怕黑暗的次数：
A. 极多。　B. 不大多。　C. 没有。
120. 黄昏闲暇，我喜欢：
A. 看一部历史探险影片。　B. 不一定。　C. 念一本科学幻想小说。
121. 当人们批评我古怪时，我觉得：
A. 非常气恼。　B. 有些动气。　C. 无所谓。
122. 在一个陌生的城市找住址时，我经常：
A. 见人问路。　B. 介乎 A 与 C 之间。　C. 参考市区地图。
123. 朋友们申言要在家休息时，我仍设法怂恿他们外出：
A. 是的。　B. 不一定。　C. 不是的。
124. 在就寝时，我：
A. 不易入睡。　B. 介乎 A 与 C 之间。　C. 极容易入睡。
125. 有人烦扰我时，我：
A. 能不露声色。　B. 介乎 A 与 C 之间。　C. 要说给别人听，以泄气愤。
126. 如果薪俸相等，我宁愿做一个：
A. 律师。　B. 不确定。　C. 飞行员或航海员。
127. 时间永恒是比喻：
A. 时间过得很慢。　B. 忘了时间。　C. 光阴一去不复返。

128. 下列三项记号中,哪一项应紧接:XOOOOXXOOOXXX

A. XOX。 B. OOX。 C. OXX。

129. 在陌生的地方,我仍能清楚地辨别东西南北的方向:

A. 是的。 B. 介乎 A 与 C 之间。 C. 不是的。

130. 我的确比一般人幸运,因为我能从事自己所乐意的工作:

A. 是的。 B. 不一定。 C. 不是的。

131. 如果我急于想借用别人的东西,而物主恰又不在,我认为不告而取亦无大碍:

A. 是的。 B. 介乎 A 与 C 之间。 C. 不是的。

132. 我喜欢向友人追述一些以往有趣的社会经验:

A. 是的。 B. 介乎 A 与 C 之间。 C. 不是的。

133. 我更愿意做一名:

A. 演员。 B. 不确定。 C. 建筑师。

134. 工作学习之余,我总要安排计划,不浪费时间:

A. 是的。 B. 介乎 A 与 C 之间。 C. 不是的。

135. 与人交际时,我常会无端地产生一种自卑感:

A. 是的。 B. 介乎 A 与 C 之间。 C. 不是的。

136. 主动与陌生人交谈:

A. 是一桩难事。 B. 介乎 A 与 C 之间。 C. 毫无困难。

137. 我喜欢的音乐,多数是:

A. 轻快活泼。 B. 介乎 A 与 C 之间。 C. 富于情感。

138. 我爱做白日梦(即完全沉浸于幻想之中):

A. 是的。 B. 不一定。 C. 不是的。

139. 未来二十年的世界局势将好转:

A. 是的。 B. 不一定。 C. 不是的。

140. 童年时,我喜欢阅读:

A. 战争故事。 B. 不确定。 C. 神仙幻想故事。

141. 我素来对机械、汽车、飞机等有兴趣:

A. 是的。 B. 介乎 A 与 C 之间。 C. 不是的。

142. 我愿意做一个缓刑释放罪犯的管理监视人:

A. 是的。 B. 介乎 A 与 C 之间。 C. 不是的。

143. 人们认为我只不过是一个能苦干、稍有成就的人而已:

A. 是的。 B. 介乎 A 与 C 之间。 C. 不是的。

144. 在逆境中,我总能保持精神振奋:

A. 是的。 B. 介乎 A 与 C 之间。 C. 不是的。

145. 我以为人工节育是解决世界经济与和平问题的要诀:

A. 是的。 B. 不太确定。 C. 不是的。

146. 我喜欢独自筹划,避免人家的干涉和建议:

A. 是的。 B. 介乎 A 与 C 之间。 C. 不是的。

147. 我相信上司不可能没有过错,但他仍有权做当权者:

A. 是的。 B. 不一定。 C. 不是的。

148. 我总设法使自己不粗心大意，忽略细节：
A. 是的。 B. 介乎 A 与 C 之间。 C. 不是的。
149. 与人争辩或险遭事故后，我常发抖，精疲力竭，不能安心工作：
A. 是的。 B. 介乎 A 与 C 之间。 C. 不是的。
150. 没有医生处方，我从不乱用药：
A. 是的。 B. 介乎 A 与 C 之间。 C. 不是的。
151. 为了培养个人的兴趣，我愿意参加：
A. 摄影组。 B. 不确定。 C. 辩论会。
152. 星火、燎原对等于姑息与：
A. 同情。 B. 养奸。 C. 纵容。
153. “钟表”与“时间”犹如“裁缝”与：
A. 西装。 B. 剪刀。 C. 布料。
154. 生动的梦境常常滋扰我的睡眠：
A. 时常如此。 B. 偶然如此。 C. 从未如此。
155. 我过去曾撕毁一些禁止人们自由的布告：
A. 是的。 B. 介乎 A 与 C 之间。 C. 不是的。
156. 在一个陌生的城市中，我会：
A. 到处闲游。 B. 不确定。 C. 避免去较不安全的地方。
157. 我愿服饰素洁大方，而不愿争奇斗艳惹人注目：
A. 是的。 B. 不大确定。 C. 不是的。
158. 黄昏时，安静的娱乐远胜过热闹的宴会：
A. 是的。 B. 不太确定。 C. 不是的。
159. 我常常明知故犯，不愿意接受好心的建议：
A. 偶然如此。 B. 罕有如此。 C. 从不如此。
160. 我总把“是非”“善恶”作为判断或取舍的原则：
A. 是的。 B. 介乎 A 与 C 之间。 C. 不是的。
161. 我工作时不喜欢有许多人在旁参观：
A. 是的。 B. 介乎 A 与 C 之间。 C. 不是的。
162. 故意去为难一般有教养的人，如医生、教师等人的尊严：
A. 是的。 B. 介乎 A 与 C 之间。 C. 不是的。
163. 在各种课程中，我较喜欢：
A. 语文。 B. 不确定。 C. 数学。
164. 那些自以为是、道貌岸然的人最使我生气：
A. 是的。 B. 介乎 A 与 C 之间。 C. 不是的。
165. 与平常循规蹈矩的人交谈：
A. 颇有兴趣，亦有所得。 B. 介乎 A 与 C 之间。 C. 他们思想的肤浅使人厌烦。
166. 我喜欢：
A. 有几个时时对我很苛求却富有感情的朋友。
B. 介乎 A 与 C 之间。
C. 不受别人的干涉。

167. 如果做民意投票时,我宁愿投票赞同:

A. 切实根绝有心理缺陷者的生育。

B. 不确定。

C. 对杀人犯判处死刑。

168. 我有时会无端地感到沮丧痛苦:

A. 是的。　B. 介乎A与C之间。　C. 不是的。

169. 当我与立场相反的人辩论时,我主张:

A. 尽量找出基本观点的差别。

B. 不一定。

C. 彼此让步以解决矛盾。

170. 我一向重感情而不重理智,因而我的观点常动摇不定:

A. 是的。　B. 大致如此。　C. 不是的。

171. 我的学习效率多有赖于:

A. 阅读好书。　B. 介于A与C之间。　C. 参加团体讨论。

172. 我宁选一个薪俸高的工作,不在乎有无保障,而不愿任薪俸低的固定工作:

A. 是的。　B. 不太确定。　C. 不是的。

173. 在参加辩论以前,我总先把握住自己的立场:

A. 经常如此。　B. 一般如此。　C. 必要时才如此。

174. 我常被一些无谓的琐事所烦扰:

A. 是的。　B. 介乎A与C之间。　C. 不是的。

175. 我宁愿住在嘈杂的城市,而不愿住在安静的乡村:

A. 是的。　B. 不太确定。　C. 不是的。

176. 我宁愿:

A. 负责领导儿童游戏。　B. 不确定。　C. 协助修理钟表。

177. 一人一事,众人受累,我对这句话的反应是:

A. 愤。　B. 偾。　C. 喷。

178. 望子成龙的家长往往(　)苗助长:

A. 揠。　B. 堰。　C. 偃。

179. 气候的转变并不影响我的情绪:

A. 是的。　B. 介乎A与C之间。　C. 不是的。

180. 因为我对一切问题都有些见解,大家都公认我富于思想:

A. 是的。　B. 介乎A与C之间。　C. 不是的。

181. 我讲话的声音:

A. 洪亮。　B. 介于A与C之间。　C. 深沉。

182. 人们公认我是一个活跃热情的人:

A. 是的。　B. 介于A与C之间。　C. 不是的。

183. 我喜欢旅行和有变动机会的工作,而不计较工作本身是否有保障:

A. 是的。　B. 介于A与C之间。　C. 不是的。

184. 我治事严格,凡事都务求正确尽善:

A. 是的。　B. 介于A与C之间。　C. 不是的。

185. 在取回或归还东西时，我总仔细检查是否东西还保持原状：

A. 是的。　　B. 介于 A 与 C 之间。　　C. 不是的。

186. 我通常精力充沛，忙碌多事：

A. 是的。　　B. 不一定。　　C. 不是的。

187. 我确信我没有遗漏或不经心回答上面任何问题：

A. 是的。　　B. 不确定。　　C. 不是的。

注：该心理测验引自北京师范大学心理咨询和心理测量中心修订并印制的《16PF》。

测验时，若自己得不出结论，需在心理学教师或心理咨询人员的指示下进行，也可在网上寻找答案。

四、意志品质自测简易量表

下面 20 道题，请你逐题认真读一读，然后在题后的五种答案中选择一种（只能选择一种），在下面画上线“——”

1. 我很喜欢长跑、远途旅行、爬山等体育运动，但并不是因为我的身体条件适合这些项目，而是因为它们能使我更有毅力。

（同意、比较同意、可否之间、不大同意）

2. 我给自己订的计划常常因为主观原因不能如期完成。

（这种情况很多、较多、不多不少、较少、没有）

3. 如没有特殊原因，我能每天按时起床，不睡懒觉。

（很同意、较同意、可否之间、不大同意、不同意）

4. 制订的计划应有一定的灵活性，如果完成计划有困难，随时可以改变或撤销它。

（很同意、较同意、无所谓、不大同意、反对）

5. 在学习和娱乐发生冲突时，哪怕这种娱乐很有吸引力，我也会马上决定去学习。

（经常如此、较经常、时有时无、较少如此、非如此）

6. 学习或工作中遇到困难的时候，最好的办法是立即向师长、同志、同学求援。

（同意、较同意、无所谓、不大同意、反对）

7. 在练长跑中遇到生理反应，觉得跑不动时，我常常咬紧牙关坚持到底。

（经常如此、较常如此、时有时无、较少如此、不如此）

8. 我常因读一本引人入胜的小说而不能按时睡眠。

（经常有、较多、时有时无、较少、没有）

9. 我在做一件应该做的事之前，常能想到做与不做的好坏结果而有目的地去做。

（经常如此、较常如此、时有时无、较少如此、从不如此）

10. 如果对一件事不感兴趣，那么不管它多么重要，我的积极性也不高。

（经常如此、较常如此、时有时无、较少如此、非如此）

11. 当我同时面临一件该做的事和一件不该做却吸引着我的事时，我常常经过激烈斗争，使前者占上风。

（是、有时是、是与非之间、很少这样、不是）

12. 有时我躺在床上，下决心在第二天要干一件重要事情（例如突击学一下外语），但到第二天，这种劲头又消失了。

（常有、较常有、时有时无、较少、没有）

13. 我能长时间做一件重要但枯燥无味的事情。

(是、有时是、是与非之间、很少这样、不是)

14. 生活中遇到复杂情况时,我常常优柔寡断、举棋不定。

(是、有时是、是与非之间、很少这样、不是)

15. 做一件事之前,我首先想的是它的重要性,其次才想它是否使我感兴趣。

(是、有时是、是与非之间、很少是、不是)

16. 我遇到困难情况时,常常希望别人帮我拿主意。

(是、有时是、是与非之间、很少是、不是)

17. 我决定做一件事时,常常说干就干,决不拖延或让它落空。

(是、有时是、是与非之间、很少是、不是)

18. 在和别人争吵时,我会忍不住说一些过头话,甚至骂他几句。

(时常有、有时有、有时无、很少有、没有)

19. 我希望做一个坚强的有毅力的人,因为我深信"有志者事竟成"。

(时常有、是与非之间、很少是、不是)

20. 我相信机遇,好多事实证明,机遇的作用有时大大超过人的努力。

(是、有时是、是与非之间、很少是、不是)

注意:

1. 一定要实事求是,不然就失去了自测的意义。

2. 填完后,请自行计分,方法如下:凡单序号题(1、3、5……),每题后面的五种回答,从第一到第五依次记5、4、3、2、1分,凡双序号题(2、4、6……),题后五种回答依次记1、2、3、4、5分。

注:81~100分　意志很坚强

61~80分　意志较坚强

41~60分　意志品质一般

21~40　意志较薄弱

0~20分　意志很薄弱

姓名________

总分________ 自测时间________

参考书目

1. 刘京林. 新闻心理学原理[M]. 修订版. 北京:新华出版社,2012.
2. 刘京林,等. 传播中的心理效应解析[M]. 北京:中国传媒大学出版社,2009.
3. 刘京林. 发展·融合与传播心理[M]. 北京:中国广播电视出版社,2011.
4. 周冠生. 素质心理学[M]. 上海:上海人民出版社,2000.
5. 刘晓红,卜卫. 大众传播心理研究[M]. 北京:中国广播电视出版社,2001.
6. 虞达文. 新闻心理学[M]. 武汉:武汉大学出版社,2001.
7. 童清艳. 超越传媒——揭开媒介影响受众的面纱[M]. 北京:中国广播电视出版社,2002.
8. 勒庞. 乌合之众——大众心理研究[M]. 冯克利,译. 北京:中央编译出版社,2004.
9. 华莱士. 互联网心理学[M]. 谢影,荀建新,译. 北京:中国轻工业出版社,2001.
10. 利文斯通. 理解电视——受众解读的心理学[M]. 龙耘,译. 北京:新华出版社,2006.
11. 阿伦森,等. 社会心理学[M]. 侯玉波,等译. 北京:中国轻工业出版社,2005.
12. 李维斯,纳斯. 媒体等同:人们该如何像对待真人实景一样对待电脑、电视和新媒体[M]. 卢大川,等译. 上海:复旦大学出版社,2001.
13. 施瓦茨. 如何成为顶级记者[M]. 曹俊,王蕊,译. 北京:北京:中央编译出版社,2003.
14. 龙耘. 电视与暴力——中国媒介涵化效果的实证研究[M]. 北京:中国广播电视出版社,2005.
15. 严峰,卜卫. 生活在网络中[M]. 北京:中国人民大学出版社,1997.
16. 杨保军. 新闻活动论[M]. 北京:中国人民大学出版社,2006.
17. 王怡红. 人与人的相遇——人际传播论[M]. 北京:人民出版社,2003.
18. 彭玲. 影视心理学[M]. 上海:上海交通大学出版社,2006.
19. 金维一. 电视观众心理学[M]. 上海:复旦大学出版社,2005.
20. 张春兴. 现代心理学[M]. 上海:上海人民出版社,2005.
21. 李良荣. 新闻学导论[M]. 北京:高等教育出版社,2001.
22. 刘建明. 当代新闻学原理[M]. 北京:清华大学出版社,2003.
23. 靖鸣. 采访对象主体论[M]. 北京:人民出版社,2005.
24. 艾丰. 思考的笔[M]. 北京:中国新闻出版社,1988.
25. 艾丰. 新闻采访方法论[M]. 北京:人民日报出版社,1982.
26. 彭聃龄,等. 普通心理学[M]. 修订版. 北京:北京师范大学出版社,2002.
27. 黄希庭. 普通心理学导论[M]. 北京:人民教育出版社,1992.

28. 时蓉华. 社会心理学[M]. 杭州:浙江教育出版社,2003.
29. 司马贺. 人类的认知——思维的信息加工理论[M]. 张厚粲,等译. 北京:科学出版社,1986.
30. 史密斯. 当代心理学体系[M]. 郭本禹,等译. 西安:陕西师范大学出版社,2005.
31. 丁法章. 新闻评论教程[M]. 上海:复旦大学出版社,2002.
32. 胡文龙,秦珪,涂光晋. 新闻评论教程[M]. 北京:中国人民大学出版社,1998.
33. 董天策. 网络新闻传播学[M]. 福州:福建人民出版社,2009.
34. 卡普费雷. 谣言:世界最古老的传媒[M]. 郑若麟,译. 上海:上海人民出版社,2008.